テーマで読み解く

中国の文化

湯浅邦弘
［編著］

ミネルヴァ書房

テーマで読み解く中国の文化

目次

序章 中国文化を学ぶために……湯浅邦弘…1
1 文化とは何か……3
2 本書の構成……4
第一章 世界遺産……湯浅邦弘…9
1 中国の歴史と文化——文化遺産登録のはじまり……11
世界遺産とは　万里の長城　秦の始皇帝陵と兵馬俑
2 儒教と孔子のふるさと——曲阜三孔……15
孔子廟　孔府　孔林　岱廟　泰山
3 文字の起源——殷墟……19
甲骨文字の発見　殷墟と展示の工夫
4 辺境の文化遺産と課題……21
麗江古城　敦煌莫高窟　敦煌芸術　新たな世界遺産
コラム1 青銅器……宮本一夫…28
第二章 漢字……横田恭三…35
1 文字文化の黎明と展開……37
現存最古の漢字　青銅器文化の発達　墨書の実相
2 漢字の一大変革——〝隷変〟……41
隷変とは　文書行政と文字統一　『説文解字』序に見える「八体」
3 多様な書体・書風と美意識……45

多様化する書体・書風　楷書の萌芽　書き手の美意識
古代の書写用具

4 典型となる書体確立への道……50
碑誌に刻された公式書体の変遷　典型となった王羲之の書
究極の様式　字書の歴史

5 書芸術と文字文化……54
士大夫の書　法帖の発達と金石学の隆盛　印刷術の発達と字体

コラム2　漢字に関する用語解説……横田恭三……58

第三章　書　籍……中村未来……63

1 筆記媒体の変遷……65
甲骨文と金石文　竹簡・木簡・帛書　紙の発明と改革

2 書物の変遷と印刷の歴史……70
印刷技術の誕生と発達　書物の装丁　書誌学用語
印刷・出版の隆盛

3 増大する漢籍とその分類法……76
多様な文献の刊行　中国古代の蔵書と目録学の発達

4 書物の新展開……79
偽書と新出土文献の発見　現在の図書分類と図書館の試み　電子化された漢籍

コラム3　印　章……湯浅邦弘……84

第四章　学　問……………………………………………………………佐藤一好…89
1　古代の学問・学校……………………………………………………………91
「学」と「問」　「学問」　夏・殷・周の学校
2　孔子の学問・教育……………………………………………………………94
学問の喜び　孔子の学校　学問の目的　孔子の名言
学ぶ孔子・教える孔子
3　学問論と『論語』……………………………………………………………100
『荀子』勧学篇　『顔氏家訓』勉学篇　『近思録』
4　笑話と『論語』………………………………………………………………106
「高名な読書家」　「昼寝」　「宦官」
第五章　法と政治……………………………………………………………宇田川幸則…111
1　法家思想…………………………………………………………………………113
法の字義　法家思想の系譜　韓非の人物像と時代背景
韓非の思想　法　術　勢　法・術・勢の関係
2　伝統中国法・政治と法家思想………………………………………………119
韓非と秦の国家統治　秦代の刑罰　「儒教国家」の裏の顔
律令と法家思想　改革家と法家思想
3　現代中国法・政治と法家思想………………………………………………124
中国＝儒教国家？　厳罰主義　死刑　刑民不分
4　国家統治の道具としての法…………………………………………………129
依法行政・依法治国　司法も統治の道具か　法家と儒家

コラム4　国情・面子……古田茂美…133

第六章　文学と絵画……浅見洋二…137

1 文人と絵画……139

2 六朝時代（魏晋南北朝時代）……140

曹植・嵇康と顧愷之　謝霊運と宗炳

3 唐代前期……145

杜甫の題画詩　「真」と「仮」

4 唐代後期……149

水墨画の誕生・普及　鄭谷と段賛善

5 宋代……152

文人画の成立　詩題の絵画化

6 「詩画一律」……155

「詩中に画有り」　「画中に詩有り」

7 文人画の理想……159

第七章　文学と音楽……谷口高志…163

1 歌謡集『詩経』……165

『詩経』のうた　国風の恋歌　恋心か譏言か

2 楽府の世界……170

漢代の楽府　楽府の分類　楽府の継承

3 唐詩と音楽……175
音楽の国際化と玄宗　楽人の物語　白居易の「琵琶引」
音楽の言語化

コラム5　神　話……中村未来　186

第八章　故事と歴史……草野友子　191

1 歴史観と歴史書……193
『春秋』と『左伝』　国別史『国語』　司馬遷『史記』

2 故事集の誕生……198
劉向の登場　『新序』『説苑』『列女伝』
『戦国策』と縦横家

3 新出土文献の発見……204
馬王堆帛書の発見　上博楚簡の発見　楚国故事と伝世文献
楚国故事の著作意図　清華簡の発見

4 故事集と歴史書の展開……210
故事集の展開　長編通史と紀事本末体　歴史学の誕生

コラム6　武　器……福田一也　215

第九章　科　挙……鶴成久章　221

1 科挙制度の成立……223
科挙のはじまり　土台を固めた唐王朝　骨格を作りあげた宋王朝

2 科挙制度の完成……226

制度を完成させた明王朝　学校試の制度化　地域間格差の調整
科挙制度の終焉

3 受験生の立場からみた科挙制度……232
試験勉強　郷試と会試の受験　八股文　合格発表

4 試験場と試験業務の実態……236
貢院の構造　試験官の構成　出題の方法　答案の審査
合格者の決定

5 科挙制度と中国文化……240
殿試の晴れ舞台　状元という夢　負の試験文化

コラム7 成　語……椛島雅弘……246

第十章　宗教と民間信仰……川野明正……251

1 祖先祭祀と儒教……253
初期の儒教　「鬼」と「魂魄」　祖先祭祀と「牌位」
「孝」と生命の連続性

2 観音菩薩と中国仏教……255
初期の中国仏教　観音信仰

3 道　教……257
正一教系道教　全真教系道教

4 中国宗教の性格……258
中国宗教のキーワード「三教合一」　華人寺院の神仏

5 民間信仰世界から見た霊格の種類と変化……260

漢族の信仰感覚　霊格の分類　鬼　精　鬼怪　精怪
蠱　祖先　神　ダイナミックな霊格の位格変化
6 民間信仰の神界の系統……266
神と人との関係　神の世界と人の世界の平行関係
民間信仰での道教・仏教・儒教の要素　相補する三教と民間信仰世界
コラム8　年中行事……草野友子……272

第十一章　卜　筮……近藤浩之……279
1 亀卜・骨卜……281
先に骨卜、後に亀卜　甲骨卜の刻辞
新資料『卜書』と『史記』亀策列伝　中国の倭人伝に見える骨卜
弥生時代の骨卜と古墳時代の亀卜
2 易筮（蓍筮）とその諸相……289
八卦と六十四卦　卜筮の書から哲学の書へ
『周易』の構成と十翼（十篇の易伝）　出土した『易』と卜筮併用
卦を求める方法（筮法）　擲銭法について　易は中たるか
コラム9　華夷思想……渡邉英幸……303

第十二章　医　学……町　泉寿郎……315
1 医学古典の形成……317
伝説や古典からみる先秦時代の医学　陰陽五行説　漢書芸文志
黄帝内経　本草経　傷寒論　医事制度の形成
2 医学古典の流伝……324

魏晋南北朝における医学古典の伝承
隋唐代、律令体制下の医学古典と臨床
3 医学古典の新展開……327
宋代印刷文化と医学　金元代における新しい医学理論の展開
明清の医事制度と臨床各科

第十三章　日本漢詩文……合山林太郎…335
1 古代・中世の日本漢詩文……337
奈良・平安時代の漢詩文　鎌倉・南北朝・室町時代の漢詩文
2 江戸時代の漢詩文……340
漢籍輸入および和刻本　漢詩と儒学　漢詩の大衆化
3 江戸漢詩における表現の問題……344
江戸時代における詩風転換　格調と性霊
性霊派の詩に対する評価の変遷
4 江戸漢詩の周辺……348
漢詩と狂詩　漢文の状況
5 明治時代の漢詩文……351
漢詩文と近代の社会・文化　明治・大正・昭和における漢文文化

第十四章　東西文化交渉……陶　徳民…357
1 東西文化交渉史の概観……359
「東西交渉」史観と「中西交通」史観

ヒトが「交渉」・「交流」の主体
2 ルイ一四世の「お雇い」中国人黄嘉略……362
ローマ教皇と康熙帝の「典礼論争」　黄嘉略の西教観
モンテスキューの中国像に影響した黄嘉略の祖国観
3 「叩頭問題」の行方を見守ったマーティン……368
西学導入と布教権獲得　「礼儀の邦」中国に関する認識
「叩頭強要」の論理と作法に対する観察
4 東西融和の唱道と「典礼論争」の決着……372
王韜とレッグの運命的出会い　東西の融合を唱えた王韜
「上帝」の賛美歌を吟じたレッグ
清朝とローマ教皇庁の唯我独尊主義の放棄
コラム10 貨 幣……柿沼陽平……379
あとがき 385
中国文化史年表 387
人名・事項索引

序章　中国文化を学ぶために

湯浅邦弘

秦の兵馬俑

1 文化とは何か

「文化」――何という美しい響きであろうか。また、何ととらえどころのない言葉であろうか。

一つの手がかりとして、「世界遺産」を取り上げてみよう。世界遺産は、文化遺産、自然遺産、複合遺産に三分類される。そこでは、「文化」と「自然」とが対応しているのである。つまり、「自然」が人間の手の加えられていないものであるのに対して、「文化」は人間の英知が作り出し、脈々と伝承されているものなのである。富士山が自然遺産ではなく、文化遺産として登録されたのも、単に山の美しさが認められたからではない。その山にまつわる歴史的な行為や遺物が高く評価されたからである。世界遺産に登録されると、一気にステイタスが上がる。だが、その対象は意外と広く、富士山と「文化」という意表を突く組み合わせも登場するというわけである。

また、文化とは、必ずしも形ある「もの」とは限らない。たとえば、重要文化財は、有形文化財と無形文化財とに分かれる。形のないもの、すなわち音楽・工芸・演劇などの「わざ」も立派な文化財なのである。そして、とりわけ重要な無形文化財の保持者を「人間国宝」という。有形・無形いずれでも、人間の精神・営為と深く関わるものが文化であり、その範囲は相当に広い。

さらに、「チンパンジーの文化」というように、ある動物集団の特徴的な行動を比喩的に「文化」と呼ぶ場合もある。石を使って木の実を砕いたり、木の枝を使って蟻の巣をつつくなど。学習によって獲得された「わざ」が「文化」的だと考えられるからである。

いったい文化とは何なのか。なかなか定義は難しい。人は「文化生活」にあこがれるが、どの程度を文化的と考えるのかは、時代によっても地域によっても異なってくるであろう。かつて関西には、「文化住宅」という不動産用語があった。アパートを探しに不動産屋に行くと、「文化ですか」と聞かれる。その「文化」という響きにつられて物件を見に行くと、とんでもない安アパートに愕然とする。どこが「文化」だったのだろう。

しかし、人間を他の動物から分かつ重要な指標であることには間違いない。また、多くの民族・国家・地域・世代などの特徴を、この「文化」によって考察することができるであろう。典型的な学問分野で、これに類似するアプローチは、「哲学（思想）」「歴史学」「文学」であろうか。伝統的な文学部を抱える主要大学では、今でもこうした枠組みで専門分野が構成されている。ただ、この枠組みでは、対象の全体像を的確にとらえがたい場合もある。そこで有効になるのが「文化」という大きな網。旧来の哲学・史学・文学の枠を超えて、対象に迫ることができると期待される。

本書は、こうした見通しのもとに、中国の文化を探ろうとする試みである。全体は、一四の章からなり、この章立てがすでに本書の目指すものを端的に表している。

2 本書の構成

はじめに、「世界遺産」を取り上げた。中国はイタリアに次いで世界で二番目に多く世界遺産を抱えている。このうちの文化遺産をひとめぐりすれば、中国文化の特徴がおおまかに把握できるであろう。中国の歴史と文化を代表する万里の長城や秦始皇帝陵などが一九八七年、中国最初の世界遺産（文化遺産）として登録された。この章では、そうした代表的な世界遺産を紹介しながら、世界遺産が町おこしと密接につながって顕彰されている現状や、経年劣化・風化による遺産の危機という課題についても考える。まずはこの第一章で、中国文化のアウトラインをつかんでいただきたい。

第二章以下は、中国の伝統的な文化を一つずつ取り上げる。まず第二章は「漢字」。中国は早熟な文字文化の国である。漢字は東アジア諸国に伝わり、漢字文化圏を形成した。古代文明の中で、その文字が今も残って使われているのは、中国の古文字すなわち漢字のみである。日本の歴史や文化も、この漢字を抜きには考えられない。漢字の成立から書体の変遷、そして書芸術の誕生について論ずる。

第三章は、その文字文化の集積とも言える「書籍」。甲骨文字からはじまり、やがて紙が発明され、さらに印刷技術が確立するまでをたどる。書物の誕生と形態の変化、そして厖大な書籍を分類する独特のわざ、すなわち目録学についても解説する。さらには最新の書籍の形である電子書籍について触れるのも、この章の特徴である。

続く第四章は、その書籍に深く関わる中国の「学問」である。文字と書籍を基盤として、中国は古くから学校制度を整えた。孔子も、「学んで時に之を習う」ことを推奨し、学ぶこと、教えることが伝統的に重視されていった。人は学問によって文化的になっていく。そこで、「笑話」「寓話」「小説」といった小品文学の中にも、学問を主題とするものが表れる。こうした点を含めて、中国の学問文化について考えるのが、この章である。

第五章は一転して「法と政治」。戦国時代の思想家韓非子《かんぴし》が唱え、秦の始皇帝が採用した統治方法。これが今にも伝わる「法治」である。法とは何か。法による統治はどのような人間観を前提としているのか。また、一般には儒教の国として知られる中国とこの法治とはどのような関係にあるのか。現代中国は、法治国家なのか。こうした問題に迫るのが、この第五章である。

次の第六章と第七章は、対をなす二つの章である。ともに文学と芸術の関係を論ずる。第六章の「文学と絵画」は、古代から明・清代まで、ほぼ時代順に、文学と絵画の関係をたどる。中国文学の特色の一つに、この両者の密接な関係がある。文人（詩人）が書画を創作し、書画が一つの文学的表現方法となっている。この特異な関係を魏晋時代から宋代を中心にひもとく。また、第七章「文学と音楽」は、古代歌謡、唐詩と音楽、宋元代の詞曲を三つの柱として、中国文学と音楽との関係について考える。有名な『詩経』や『楚辞』も、音楽と切り離して考えることはできない。むしろ、両者の深い関係に留意することで、その文化的特質が表れてくる。

続く第八章と第九章は、中国の歴史に関わる章である。第八章の「故事と歴史」は、近年発見された新出土文献にも触れながら、故事や歴史を古くから記録・伝承してきた中国の文化的特質を明らかにする。多くの故事を記録し伝えようとしたのはなぜなのか。代表的な故事集や歴史書にはどのようなものがあるのかを論ずる。また第九章は、中国の試験制度「科挙」を取り上げる。日本は、中国から多くの文化を学んだが、取り入れなかった制度の一つに「科挙」がある。科挙とは何なのか。試験科目と受験勉強、試験場の構造と試験業務などを紹介しながら、科挙がどのような文化的特質を示しているのかを明らかにする。

終盤に入り、第十章と第十一章は、ともに中国の精神文化の特色を考える章である。第十章「宗教と民間信仰」は、中国古代の霊魂観念と儒教、不老不死の観念と道教、観音信仰と仏教などを解説した後、多様な中国民間信仰の世界を紹介する。祈りは形ある「もの」ではないが、精神文化を最も良く表現するものであるとも言えよう。また、第十一章「卜筮《ぼくぜい》（占い）」は、中国古代の人々が天神や鬼神に吉凶を問う方法として「卜筮」があったことを指摘し、その方法と理論的背景について解説する。近年出土した関連資料を取り上げ、さらに日本の卜筮について論じるのも、この章の特色である。

第十二章は「医学」。高度な文化の「わざ」として、医学ははずせない。この章では、ほぼ時代に沿って中国医学の文献と理論を紹介する。「養生《ようせい》」や「本草《ほんぞう》」などがキーワードとなる。今では、西洋医学に対して「漢方」と呼ばれるが、日本への大きな影響も見逃すことはできない。

最後に、中国文化の展開という意味で、二つの章を設けた。第十三章は「日本漢詩文」。古代から中世、近世へと続く日本漢詩文の歴史について概説した後、特に日本の近世・近代に的を絞り、漢籍が輸入され漢詩文集が和刻《わこく》（日本で印刷出版）される状況を解説する。漢字・漢文の地位が低迷する昨今、充分に理解しておきたい章である。また第十四章は「東西文化交渉」。文化交渉とはよく耳にする言葉であるが、そもそも、この場合の東とは、西とは。また交渉とは。これを古代・中世・近世・近代とたどりながら、具体的な文化交渉を解説する。これにより、中国文化の影響力の強さを改めて実感できるであろう。

以上の章によって、中国文化の基本的特質はほぼ明らかにできるのではないかと考える。もっとも、本書で取り上げるのは、中国の伝統的文化であり、はじめの一歩として是非学んでほしいテーマ群である。建築・科学・芸能・衣食などども取り上げる方が良かったかも知れないが、まずはこの一四のテーマで、中国文化の基本を充分に学ぶことができよう。ただ、この他にも、中国ならではの文化といって良いものがある。そこで、一つの章を構成するほどではないにしても、必ずおさえておきたい文化について、コラムにまとめ、それを章と章との間に挿入することとした。分量はわずかだが、それぞれにインパクトのあるコラムである。

まず、有形のものとして「青銅器」と「印章」。荘厳な青銅器は、古代中国文化のシンボルである。三本足の「鼎《かなえ》」は良く知られるところである。青銅器はいつどのようにして生産されるようになったのか。その形状や装飾の意味は。また地域的な特色はあるのか。印章は、いわゆるハンコの文化として、今でも、日本では現役で生き続けている。もともとどのような役割を持っていたのか。どのような種類があるのか。

また、「貨幣」や「武器」は、東西共通の「もの」とも言えるが、そこには自ずから中国ならではの文化が投影されている。古代中国の代表的な貨幣とはどのようなものか。物々交換から貨幣を媒介とした売買への転換。そこには、貨幣に込められた一つの文化が見て取れよう。武器については異論があるかもしれない。武器は戦争の道具であり、文化を破壊するものだとも言えるからである。しかし、武器には、人間の英知が結集される。文化のレベルが知られるのである。中国古代の武器はどのような特色を持っているのだろうか。

一方、無形のものとしては、「国情・面子」「華夷思想」「神話」「年中行事」「成語」を取り上げる。このうち、「面子」は現代中国を理解する場合に、きわめて重要なキーワードでもある。面子を立てる（相手の面子をつぶさない）ことが文化交流の第一歩とされる。「華夷思想」も「面子」とともに、中国理解の重要な柱である。また、中国にはどのような「神話」があるのか。中国神話は乏しいとされるがそれはなぜなのか。「年中行事」や「成語」を知っていれば、中国文化が身近なものとなる。こうしたコラムを読み進めることで、中国文化の理解が一層進むであろう。

ところで、現代中国から見て、真っ先に思い浮かぶ日本の文化とは何だろうか。来日している中国人留学生たちに聞くと、「アニメ」だと即答する。アニメを通して日本の文化や日本語を学ぶというのである。必ずしも、『万葉集』『源氏物語』や「わび」「さび」などではないのである。とすれば、現代中国の文化についても、「反日」や「知日」、「爆買い」や「ネット社会」といった現象にも充分考慮しなければならないであろう。ただ、それは、本書で取り上げる伝統的文化の先にあるもの。まずは、しっかりと本書を学んだ後で、考えてみてはどうだろうか。

なお、本書は、『概説　中国思想史』『名言で読み解く中国の思想家』（ともにミネルヴァ書房刊）の姉妹編である。今回は、「思想」という枠を超え、「文化」という大きな網で中国に迫る。

第一章　世界遺産

湯浅邦弘

雲南省麗江旧市街

ある国・地域の歴史や文化を知るための重要な指標。それが、世界遺産（文化遺産）である。中国では、一九八七年、万里の長城や秦の始皇帝陵などが中国最初の世界遺産として登録された。二〇一五年現在、その総数は四八件。イタリアに次いで世界第二位である。イタリアは、古代ローマの遺跡を中心として多数の文化遺産を有するが、中国の特徴は、広大な領土の東西南北に広く文化遺産が分布し、また歴史的にも、北京原人遺跡や、中国最古の文字とされる甲骨《こうこつ》文字が発見された殷墟《いんきょ》の遺跡など数千年前のものから、明清代の皇帝関連遺跡まで、実に広範囲にわたっている点である。したがって、その保存や展示についても、さまざまな工夫が見られる一方、経年劣化や風化による遺産の危機という問題に直面しているものもある。この章では、中国の代表的な世界遺産を取り上げ、その文化と歴史の概況を把握してみよう。

1 中国の歴史と文化——文化遺産登録のはじまり

世界遺産とは

一九七二年、国際連合教育科学文化機関（ユネスコ）の第一七回総会において、世界の文化遺産及び自然遺産の保護に関する条約（世界遺産条約）が採択された。一九六〇年代、ナイル川のアスワン・ハイ・ダムの建設によって古代エジプトのヌベア遺跡が水没する危機に直面し、国際協力によってこの遺産を守ろうとしたのが契機となった。

一九七八年に一二件が登録されたのを初めとし、二〇一五年現在、計一〇三一件（文化遺産八〇二件、自然遺産一九七件、複合遺産三二件）が指定を受けている。世界遺産は文化遺産、自然遺産、複合遺産の三つに分かれ、このうち、文化遺産は、歴史的、芸術的、学術的にきわめて普遍的な価値を有する「記念工作物」「建造物群」「遺跡」などが対象となる。「記念工作物」とは、「建築物、記念的意義を有する彫刻及び絵画、考古学的な性質の物件及び構造物、金石文、洞穴住居並びにこれらの物件の組み合わせであって、歴史上又は学術上顕著な普遍的価値を有するもの」。「建造物群」とは、「独立し又は連続した構造物の群であって、その建築様式、均質性又は景観内の位置のために、歴史上、芸術上又は学術上顕著な普遍的価値を有するもの」。「遺跡」とは、「人工の所産（自然と結合したものを含む）及び考古学的遺跡を含む地域であって、歴史上、芸術上、民俗学上又は人類学上顕著な普遍的価値を有するもの」と定義される。

中国の文化遺産では、たとえば、敦煌莫高窟《とんこうばっこうくつ》の仏教壁画や仏像群は、このうちの「記念工作物」に該当するであろう。また、万里の長城は「建造物群」に、甲骨《こうこつ》文字の発見で有名な殷墟《いんきょ》は「遺跡」に該当するであろう。さらに、聖なる山とされる泰山《たいざん》は自然と文化の複合遺産である。単なる自然景観という意味ではなく、宗教的な文化財としての価値が認められているのである。

こうした中国の文化遺産の特徴は、広大な領土の東西南北に広く分布し、また歴史的にも、古代から近代まで、実に広範囲にわたる点である。

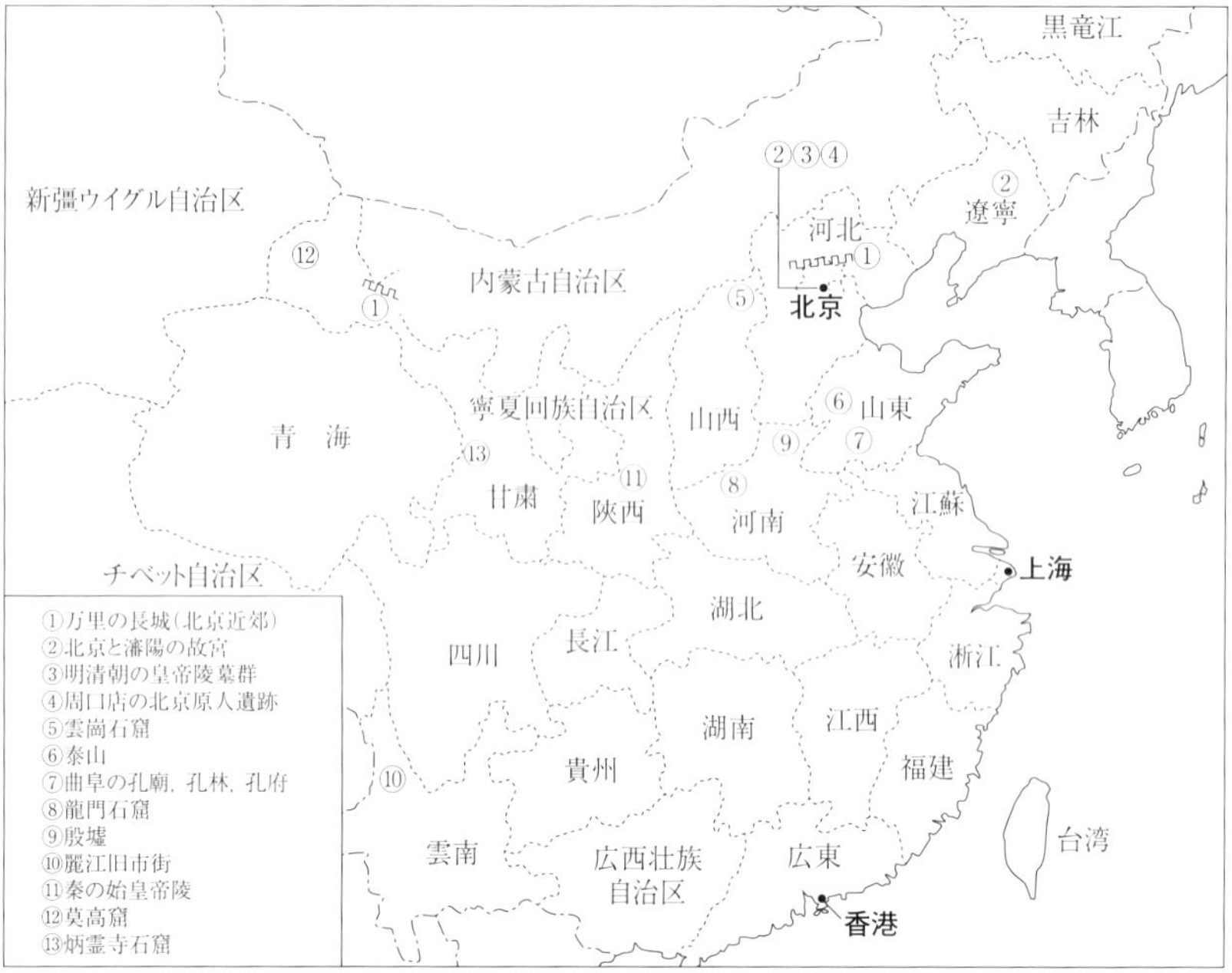

中国世界遺産地図

世界遺産の分布や数は、その国・地域の文化の特質を端的に表すものと言ってよい。また、文化遺産が町おこしと密接な関係にあると意識されることもあり、そうした状況を通して、その国・地域の人々の文化遺産への関心や理解度を測ることもできる。

万里の長城

中国は、一九八五年、世界遺産条約を締結し、翌年から申請を開始した。そして、一九八七年、中国最初の世界遺産（文化遺産）として、万里の長城、北京と瀋陽《しんよう》の故宮《こきゅう》、秦の始皇帝陵と兵馬俑、敦煌莫高窟、周口店《しゅうこうてん》の北京原人遺跡などが登録された。

このうち、多くの人が「中国」と聞いてまず連想するのは、万里の長城であろう。その歴史とスケールにおいて、世界でも、これをしのぐ遺産は見当たらない。中国の都市は、もともと周囲を方形の壁で囲まれた城壁都市であった。そして春秋戦国時代（前七七〇～前二二一）の諸侯は、国境防備のために長城を築いた。その後、秦の始皇帝（在位前二四六～前二一〇）が天下を統一した後、匈奴《きょうど》の侵入を防ぐため、これらの長城をつないで大規模に拡張したのである。これが現在の「万里の長城」の始まりである。さらに、漢代以降の歴代王朝も、この長城の修復・増築に努めた。最も東は、渤海《ぼっかい》湾近くの山海関《さんかいかん》、最も西はシルクロードの中継地である甘粛《かんしゅく》省の嘉峪関《かよくかん》まで、総延長は約六三〇〇キロ余り。ただし、長城の風化は激しく、時代によっても、そのラインは明確ではない。山海関や嘉峪関は明確に残っている長城の一部に過ぎず、その起点と終点がどこであったのかについては諸説がある。

万里の長城

この長城の存在からわかることは、第一に、中華民族が西北の異民族との抗争に対して大きなエネルギーを費やしていたことである。農耕を基本とした中華の漢族は、遊牧民とは異なり、際限の無い領土拡張路線はとらなかった。万里の長城は、異民族に対する防衛施設である。ただし、ここで激戦が行われることを前提に構築されたのではない。長城によって明確なレーンを敷くことは、内外にその国防意識を明示する役割を果たしている。また、一定間隔で烽火《のろし》台が設置されていることからもわかるように、長城の主な任務は、敵の襲来を烽火によって内地にいち早く伝達することであった。一種の軍事通信施設と言ってもよい。

第二は、高度な建設技術である。東方地区では、主として花崗岩を使い、礎石の上に荒石を積み重ね、周囲を石やレンガで覆う。一方西北地域は、版築《はんちく》と呼ばれる工法により、堅く突き固められた土塁を積み重ね、さらにその強度を増すために、土の中に繊維質の多い木材を混ぜることもある。その外側を石やレンガで固めた構造物である。約三〇〇メートル間隔で城楼《じょうろう》が築かれ、兵士が駐屯できるようになっている。

現在、万里の長城を見学するには、北京の西北郊外七〇キロほどのところにある八達嶺《はったつれい》が定番となっている。明代に築かれた長城で、高さは七〜八メートル、幅は六メートル前後。城壁の上を五頭立て

秦の兵馬俑

の馬車が通行できるほどである。向かって右に進む通称「女坂《おんなざか》」は傾斜がやや緩やかであるが、左の「男坂」は勾配がかなり急である。どちらを登っても、尾根に沿って延々と続く長城を目にすることができる。

秦の始皇帝陵と兵馬俑

同年、世界遺産に登録されたのが、秦の始皇帝陵である。歴代王朝が都を築いた西安《せいあん》の近郊に位置する。一九七四年三月に陝西《せんせい》省西安市臨潼《りんどう》区で発見された秦の兵馬俑は、始皇帝の陵墓とともに世界遺産に登録された。出土文物は約六万点。一号坑（歩兵、車兵）、二号坑（車兵、歩兵、騎兵）、三号坑（司令部）、銅車馬《どうしゃば》坑をあわせて、現在、八〇〇〇体余りの兵馬俑が確認されている。

最大の兵馬俑坑である一号坑は、東西二三〇メートル、南北六二メートル、深さ四・五～六メートル。居並ぶ兵士は、死後の始皇帝を守るための近衛《このえ》軍団であった。陣形は方陣で、最前線には、三列の軽装歩兵が並び、その後ろに、戦車と歩兵で構成された主力部隊が配置される。歩兵はみな戈《か》、矛《ぼう》などの武器を手にする姿をしている（ただし、武器そのものはすでに失われていた）。この主体の左右両脇に、外側に向かった歩兵俑があり、これは軍陣の両翼をなす。さらに、最後尾には、後方に面した三列の歩兵俑があり、これは後衛である。

この軍団からわかるとおり、始皇帝は、地上の征服を終えた後も、死後の世界の覇者であり続けようとしたのである。兵馬俑の主力部隊は、始皇帝の陵墓を守るかのように、東に向かって並んでいる。秦は中国の西の端。つまり、敵は東から迫ってくると考えたのである。

現在、兵馬俑坑は、それぞれ巨大な屋根で覆われ、全体が秦始皇帝兵馬俑博物館となっている。博物館の一般公開が始まったのは、一九七九年である。

この兵馬俑坑の西一・五キロの地点に、秦の始皇帝陵がある。司馬遷の『史記』によれば、始皇帝の陵墓は、受刑者七〇万人余りを動員して造られた。その内部には、豪華な宮殿が築かれた。奇物財宝が並べられ、盗掘を防ぐための機械仕掛けの弓もすえつけられた。天井には星座が光り、床には水銀の川が流れている。信じがたい伝承であるが、近年の学術調査によれば、始皇帝陵の土壌は、水銀の含有量が突出して高いという。『史記』の記述どおりであるとすれば、陵墓の中に、ミニチュア版のもう一つの世界が構築されていたことになる。始皇帝は、大規模な陵墓建造によって、現実の中国世界をそっくり地下にも持ちこもうとしたのである。

2 儒教と孔子のふるさと――曲阜三孔

この始皇帝によって「焚書坑儒《ふんしょこうじゅ》」という思想弾圧が行われた。その最大の標的とされたのが儒家であるという。孔子（前五五一？～前四七九）の教えを弟子たちが『論語』としてまとめており、儒家の思想の概要を知ることができる。孔子は、周王朝末期に、それまでの世界秩序が崩壊していく様を目の当たりにし、礼と仁による、人間の心と秩序の回復を説いた。

その孔子が生まれ育ち、晩年を過ごしたのが、魯の都曲阜《きょくふ》（現在の山東省曲阜）である。そしてこの曲阜には、現在、「三孔《さんこう》」と呼ばれる世界遺産がある（一九九四年登録）。

孔子廟

まずは孔子廟《びょう》。紀元前四七八年、孔子が亡くなって一年後に、魯の哀公《あいこう》は、孔子の家を改築して廟とした。これが孔子廟の始まりである。漢代に入り、初代皇帝の劉邦《りゅうほう》（在位前二〇六～前一九五）は、孔子廟の大規模

孔子廟の魯壁

な修復を行い、以後、歴代皇帝も次々に寄進して、孔子廟は現在の偉容を整えるようになった。縦長の敷地は南北一キロにもなる。現在の遺構は、ほぼ明代のもので、入口前には、「曲阜明故城（三孔）旅游区 国家級旅游景区」の石碑が建つ。最も手前の金声玉振《きんせいぎょくしん》坊から順に七つの大門をくぐり、孔子が弟子たちを教育したという「杏壇《きょうだん》」を経て、孔子を祀《まつ》る大成殿《たいせいでん》に至る。高さ二四・八メートル。清の雍正帝《ようぜいてい》の手になる「大成殿」の額がかかる。青地に金色の文字である。黄色の屋根瓦など、皇帝建築様式を備えている。

ここでは、線香の煙がもうもうと立ちこめ、多くの人がひしめくように祈りを捧げる。孔子は人生の神として、また学問の神として、人々の信仰を集めているのである。孔子像の両脇には、顔回、曾参《そうしん》、孟子、子思《しし》の像がある。これを「四《し》配《はい》」と言う。

大成殿の少し右（東）の区画に入ると承聖《しょうせい》門。ここをくぐって詩礼堂《しれいどう》を抜けると「魯壁《ろへき》」がある。前漢時代に、孔子の旧宅から古代文書（孔子旧宅壁中書《へきちゅうしょ》）が発見されたという壁である。始皇帝の焚書坑儒をくぐりぬけ、ここからは、古文（周代の文字）で記された儒教経典が多数発見されたと伝えられている。この魯壁に隣接して、かつて孔子一家が使っていたという井戸「孔宅故井《こうたくこせい》」も残されている。

なお、孔子廟は、この曲阜だけではなく、北京、南京、上海などの中国各地、さらには台湾、日本、朝鮮半島、ベトナムなどの儒教文化圏にも広がり、建設された。日本で現存するものとしては、湯島聖堂、足利学校、水戸・弘道館、岡山・閑谷《しずたに》学校などの孔子廟が有名である。

孔府

三孔の二番目は、孔府《こうふ》である。孔府は、孔子廟の東に隣接し、歴代の孔子直系子孫が住んだ邸宅で、役所を兼ねている。貴族邸宅の様式を備え、北半分と南半分を私的空間と公的空間に分けている。南の大門を入ると、大堂、二堂、三堂と続く公的空間があり、これが公式行事を行う役所にあたる。内宅門《ないたくもん》から北は、前上房《ぜんじょうぼう》、前堂楼、後堂楼と続く私的空間である。部屋の数は全部で四六三。ここで孔家の冠婚葬祭や宴会も挙行されたのである。

孔府の始まりは前漢時代にさかのぼる。孔子を尊崇した漢の劉邦が、孔子直系の子孫に領地と爵位を与え、邸宅に住まわせた。第九代の子孫・孔騰《こうとう》を奉祀君《ほうしくん》に封じたのである。その後、歴代の王朝も直系子孫にさまざまな爵位を与えたが、その中で最も有名なのは、宋代以降の「衍聖公《えんせいこう》」という称号である。そのため、孔府は衍聖公府とも呼ばれる。中華民国の時代まで八〇〇年続いた。孔府は「天下第一家」と称される。

孔林

三孔の三番目は孔林《こうりん》。曲阜魯国故城の北側に位置する。孔子一族の墓地で、二〇〇ヘクタールもの広大な敷地に、孔家一族の墓が一六万基点在している。街の中の森林地帯といった趣。最も長く続いている一族の墓地としては世界最大のものであろう。

孔子の墓の近辺は、特別の一画となっている。参道を進むと、まず沂国述聖公《ぎこくじゅつせいこう》、すなわち孔子の孫の孔伋《こうきゅう》（子思）の墓。続いて泗水侯《しすいこう》、すなわち孔子の子の孔鯉《こうり》の墓。さらにその左奥に、孔子の墓。墓標には、「大成至聖文宣王墓」と刻まれている。墓石には大小無数の亀裂が走っている。文化大革命の際、紅衛兵によって破壊され、のちに断片をつなぎ合わせて修復したためである。

孔子墓

孔子墓の左手には、「子貢廬墓処《しこうろぼしょ》」という小さな建物がある。孔子が亡くなった後、弟子たちは三年の喪《も》に服したのち解散したが、子貢だけは、墓の傍らに庵を作り、そこでさらに三年の喪を加えたとされる。

中国の歴代王朝は、めまぐるしく入れ替わったが、この三孔だけは、絶えることなく悠久の歴史を刻んできたのである。

岱廟

この三孔から北に車で一時間ほどのところに、泰山《たいざん》がある。泰山は、中国五岳の筆頭にあげられる名山で、標高は一五四五メートル。その南の麓にあるのが岱廟《たいびょう》。泰山の神「東《とう》岳《がく》泰山神」を祀る。中国歴代の皇帝が封禅《ほうぜん》の儀《ぎ》（即位の際、天地を祭る儀式）を行った場所で、その中心的建築物である天貺《てんきょう》殿は、北宋の大中祥符《たいちゅうしょうふ》二年（一〇〇九）の創建。北京故宮の太和《たいわ》殿、曲阜孔子廟の大成《たいせい》殿と並び、中国三大宮殿の一つに数えられている。

この天貺殿の周囲には、鐘楼《しょうろう》、鼓楼《ころう》、漢柏院《かんはくいん》（前漢の武帝が封禅の際に植えたとされる柏《かしわ》を記念する）など多くの歴史的建築物が配置されている。また、歴代碑刻《ひこく》展示として歴代名書家の石碑が陳列され、さらには、秦の泰山刻石《こくせき》もある。秦の始皇帝が天下統一後の巡幸《じゅんこう》の際に建てたとされる碑文の一部である。秦の宰相李斯《りし》の篆書《てんしょ》（小篆《しょうてん》）による一〇字ほどの断片であるが、現存する刻石としては中国最古のもの。もともとは二二二字からなっていたという。

この岱廟から、泰山への登頂は始まるのであるが、その両者の密接な関係を象徴するのが、銅亭《どうてい》（銅製のあずまや）である。岱廟内に設置された銅亭は、明の万暦《ばんれき》四三年（一六一五）に泰山頂上に作られたもので、中国三大銅亭の一つ。明末に山から降ろされ、一九七二年、麓の岱廟に設置された。

泰山

泰山は、別名「東岳《とうがく》」。天子が即位する際、天地を祀る儀式を行う聖なる山である。岱廟から七〇〇〇段の階段を自分の足で上るのが、正式な登頂である。だが、一般の旅行客用として、バスとロープウェイがある。

まず、天外村《てんがいそん》広場というバス乗り場に向かう。ここから、専用の登山バスで、天外村遊覧路に入り、くねくねと山肌をめぐりながら上っていくと、中天門《ちゅうてんもん》に至る。標高八八七メートルの地点。

ここでロープウェイ「中天門索道《さくどう》」に乗り換える。日本製のロープウェイで、六人乗りの大型のゴンドラに乗る。これで約五〇〇メートルを上り、ロープウェイ終点「南天門《なんてんもん》」（一九九二年省級重点文物保護単位指定）に至る。なお、これとは別に泰山西方からのロープウェイ「桃花源《とうかげん》索道」もある。

いずれにしても、ここから後は、約三〇〇段の階段を上って山頂まで歩く。途中には、唐摩崖刻石《まがいこくせき》という巨大な石の壁。唐の玄宗《げんそう》皇帝が記した「紀泰山銘」であり、見事に彩色されている。唐の開元《かいげん》一四年（七二六）に刻まれたものであるという。碑の高さは一三メートル。幅は五・三メートル。石段をさらに上っていくと、やがて山頂。玉皇頂《ぎょっこうちょう》という。天外村のバス乗り場を出てから、約二時間弱である。

ここには、道教寺院の玉皇廟《ぎょっこうびょう》がある。また、山頂から少し下ったところに、孔子廟もある。世界最高地にある孔子廟であり、建物は小さいながら、孔子や弟子たちの像を備えた立派な廟である。このように、泰山山頂において、道教と儒教の融合が見られるのである。なお、泰山は、一九八七年、世界遺産（複合遺産）に登録された。年間の観光客は四〇〇万人にのぼる。

世界遺産としての三孔や泰山の特色は、それが町おこしと密接な関係を持つという点である。多くの観光客を集めるため、収容能力の高いホテルをいくつも備え、儒教と山東省との関係を強くアピールしている。「朋《とも》有り遠方より来たる」という『論語』の言葉が、町の至る所に横断幕として掲げられているのが、それをよく示している。山東省では、儒教的倫理に沿ってビジネスをしているという意味で、「儒商」という言葉も使われる。

3 文字の起源――殷墟

甲骨文字の発見

二〇〇六年七月、中国で三三番目の世界遺産に登録されたのが、殷墟である。

殷とは、中国古代の王朝名。紀元前一七世紀頃、湯《とう》王が夏の桀《けつ》王を滅ぼして建国し、はじめ黄河デルタの済水のほとりを中心として、亳《はく》に都を置いた。のち盤庚《ばんこう》（第一九代）が、都を小屯《しょうとん》（今の河南省安陽市）に移してから、国を殷と改めた。紂《ちゅう》王のとき（前一〇三〇年頃）、周の武王に滅ぼされた。殷の人自身は、商人といったので、別名を商ともいう。

場所は、河南《かなん》省（省都は鄭州《ていしゅう》）安陽《あんよう》市の西北（旧小屯村）。中国最古の文字とされる甲骨文字が多数発見されたことにより、漢字のふるさととして現在顕彰されている。

この遺跡が発見された経緯は、一説によれば次のようなものであったという。

一八九九年、清朝の金石学者王懿栄《おういえい》とその食客であった劉鶚《りゅうがく》（号は鉄雲《てつうん》）が、北京の漢方薬店で、当時「龍骨《りゅうこつ》」と称されて売られていた薬（骨片）に古文字を発見した。その後、孫詒譲《そんいじょう》、羅振玉《らしんぎょく》、王国維《おうこくい》、董作賓《とうさくひん》などの著名な学者が

殷　墟

研究に着手。殷代の文字であることが確認され、一九二八年には、出土地（安陽）で最初の考古学的発掘が行われた。以後、一〇年間で一五度にわたる発掘調査の結果、殷の宮殿宗廟《そうびょう》跡、王陵《おうりょう》遺跡、その他の文物が発見された。戦争による中断をはさんだが、一九五〇年に発掘は再開され、一九八六年までに一五万件の甲骨が発見されている。

それまで謎とされてきた殷王朝が確かに存在したことを証明し、また、それまで青銅器や石に記されていた銘文（金石文《きんせきぶん》）に頼るほかなかった古文字研究に、重要な資料を提供したのである。

この殷墟の甲骨文字は、中国最古の体系的な象形文字で、現在、約五〇〇〇字が確認されており、そのうち、約三分の一程度が解読済みである。亀の甲羅や獣の骨に刻まれた占卜の記録で、卜辞《ぼくじ》ともいう。

殷墟と展示の工夫

世界遺産に登録された殷墟は、大きく「宮殿宗廟遺址《いし》」と「王陵遺址」からなる。「宮殿宗廟遺址」には、発掘された五三の建築遺跡、三一の水溝、二九六の窖穴《こうけつ》（深く掘った穴）、二六四の墓葬・祭祀坑などがある。入口すぐの所に、「甲骨文發現地」の石碑が建つ。王が亡くなった際、臣下や馬車が殉死して埋葬されるが、その陪葬墓《ばいそうぼ》も、そのままアクリルボードで上を覆って見学できるようになっている。また、併設されている殷墟博物館には、大量の甲骨文、青銅器、玉器などが収蔵・展示されている。

一方、王陵遺址は、宮殿宗廟遺址と洹河《えんか》という川を隔てた北側に位置する。一二の王陵大墓、二五〇〇の陪葬墓・祭祀坑などからなる。また、ここからは、一九三九年に、司母戊鼎《しぼぼてい》という青銅器が出土している。高さ一三三センチ、重量八三二キロという巨大なものである。鼎の内側に「司母戊」という三文字の銘文があることから命名された。「司母戊」とは、第二三代の殷王である武丁《ぶてい》の妻の名であるが、一九七〇年代に入ってから、この「司」は「后」と読むべきではないかとの説が提起され、現在、「后母戊」と呼ばれる場合もある。この司母戊鼎が出土した王陵大墓はそのまま屋根で覆われており、見学できるようになっている。

この殷墟で特徴的なのは、王墓や陪葬墓、出土した車馬などが、そのまま屋根やアクリルボードで覆われ保存されているという点である。遺構を現状のまま保存し、当時の雰囲気を損なわないようにしているのである。また、出土文物を展示する殷墟博物館では、特に、甲骨文の展示に工夫が見られる。甲骨は、その裏面を焼き、反対面に走ったひび割れで吉凶を占い、その祭文を記すので、表と裏との両方に資料的な価値がある。この博物館では、展示スペースの中央に甲骨を垂直に立て、両面をガラス板で覆って公開している。こうすることで、参観者は、表と裏とを容易に確認することができるというわけである。

なお、安陽には、文字に特化した博物館として、二〇〇九年に開館した中国文字博物館があり、また、文字文化を体験できる施設として、大学内ではあるが、安陽師範学院の中に、「漢字文化体験中心《センター》」がある。ここでは、中国の漢字の歴史を学習できるほか、甲骨文字から拓本をとる実演などを見ることもできる。

4 辺境の文化遺産と課題

中国の世界遺産は、これにとどまらない。中原を遠く離れた辺境地にも、多くの世界遺産がある。まず、南方では、雲南省の麗江《れいこう》がある。省都の昆明《こんめい》から西北に約六〇〇キロ。海抜二四〇〇メートルの高地である。一九九七年に文化遺産に指定されたのは、麗江旧市街。歴史的な都市景観、建造物群、都市の地理的・歴史的背景が高く評価されたのである。

麗江古城

この町は、南宋時代に、少数民族のナシ（納西）族によって建設が始まった。標高五五九六メートルの玉龍雪山《ぎょくりゅうせつざん》の麓に位置する。雲南省産の茶とチベット産の馬との交易路を茶馬古道《ちゃばこどう》というが、麗江は、この茶馬古道の中継地として栄えた。辺境地であるため、中国歴代王朝の戦火に巻き込まれることもなく、明代頃の町並みがそのまま残っている。美しい瓦屋根と石畳、そして水路が特徴的である。中国の伝統的な町と異なり、周囲に城壁を持たず、また、左右対称の都市構造でもない。しかし、北の玉龍雪山からこの町にかけて、聖なる軸が意識されているとの指摘もなされている。ナシ族の文化も守られており、民族衣装や舞踊、音楽、宗教のほか、独特の象形文字「トンパ文字」を今に伝えている。トンパ教の経典は、このトンパ文字で記される。

なお、この町が、日中で一躍有名になったのは、高倉健主演の映画「単騎、千里を走る」（中国語題「千里走単騎」、二〇〇六年日本公開）によるところも大きい。この映画は、雲南省を舞台として、日中二つの親子の愛を描いた中国・日本の合作映画であるが、その主たる撮影地となったのが麗江なのである。

しかし、注目を浴びすぎたことにより、危惧する声も上がっている。数百年続いてきた古い町並みが、まるでテーマパークのように整備され、風情がなくなってしまったという声である。文化遺産として注目されるのはよいが、そのことがかえって遺産の価値を損なうというジレンマである。

これと似たような事情を抱えているのが、敦煌の莫高窟である。

敦煌莫高窟

敦煌市は中国甘粛省酒泉《しゅせん》地区に属し、砂漠と山地からなり、人口は一八万人、内、都市人口が八万人という小さな町である。

はじめ、前漢武帝の元鼎《げんてい》六年（前一一一）に郡が設置され、漢代の河西《かせい》四郡（他は酒泉、張掖《ちょうえき》、武威《ぶい》）の一つとなった。かつて「三危」「瓜州《かしゅう》」「沙洲《さしゅう》」などと呼ばれ、シルクロードの重要な中継地である。

この敦煌の莫高窟は、敦煌市の東南約二五キロ、鳴沙山《めいさざん》東麓の断崖上に位置する、中国最大の仏教石窟である。多くの仏像があることから、またの名を「千仏洞」という。鳴沙山の岩壁上に三〜四層にわたって分布し、全長は一六〇〇メートル。現存する石窟は四九二。壁画の総面積は四万五〇〇〇平方メートル。仏像等の造型が計二四〇〇体。

洞窟は前秦《ぜんしん》の建元《けんげん》二年（三六六）に楽尊《らくそん》により開削が始められたと伝えられる。建築、塑像《そぞう》（粘土や石膏で作られた像）、壁画などの芸術が融合し、時代は、十六国、北魏から唐、宋、西夏、元など十数王朝にわたり、東西の文化交流を反映している。

この莫高窟が注目されるきっかけとなったのは、蔵経洞《ぞうきょうどう》の発見である。一九〇〇年（清・光緒二六年）五月二六日、第一七窟「蔵経洞」で大量の文物が発見された。偶然発見したのは王圓籙《おうえんろく》という道士。彼は、湖北の出身であったが、飢餓のために流浪した末、一八九七年に莫高窟にたどり着き、道士として暮らしていた。

第一七窟は第一六窟の甬道《ようどう》内部（入口から向かって右側（北側）の壁中）にあり、東西二・七メートル、南北二・八メートル、高さ二・五メートルの小窟。ここに魏晋（四世紀）～宋代初期（一一世紀）までの文書五万巻が収められていたのである。大量の文書が隠されていたことについては、いくつかの説があるが、映画化もされた井上靖『敦煌』では、敦煌が、西夏《せいか》王朝（一〇三二～一二二七）に侵入されたため、敦煌の仏教徒が襲撃に備えて大事な文書類を急いで小窟に隠した、との説をとっている。

莫高窟

この蔵経洞に注目したのは、まず、イギリス国籍の探検家スタイン（Marc Aurel Stein、斯坦因、一八六二～一九四三）であった。彼は、一九〇七年三月、莫高窟を訪れ、数度の交渉の結果、同年五月、王圓籙から数千点の文書や絵画を購入。一年半かけて移送し、一九〇九年一月、ロンドンの大英博物館に収蔵した。

また、フランス人漢学者のペリオ（Poul Pelliot、伯希和、一八七八～一九四五）。彼は、一九〇八年二月、莫高窟に到着。語学能力に優れていたので、蔵経洞にこもって、すべての文書を読み、写真を撮り、その中から価値の高いもの約一万点を買い取った。これらの収集品はパリに移送され、写本類は、フランス国立図書館東方写本部に収められた。

その後も、日本・ロシアなどの探検隊が調査に訪れ、それぞれ資料を本国に持ち帰った。これにより、世界的な敦煌ブームが起こり、新たな学問

莫高窟第 45 窟

領域「敦煌学」が誕生したのである。

一九四四年、敦煌芸術学院（敦煌文物研究所を経て、現・敦煌研究院）が成立し、一九六一年、莫高窟は中華人民共和国の全国重点文物保護単位に指定され、一九八七年、世界遺産（文化遺産）に登録された。

敦煌芸術

莫高窟は、仏教文化の宝庫だと言ってもよい。特に、第四五窟では、盛唐塑像の最高傑作が見られる。半円形の龕《がん》（仏像を安置する厨子）内に釈迦如来、阿難《あなん》（釈迦十大弟子の一人）、迦葉《かしょう》（同）、二脇侍菩薩、二天王の七尊像が並ぶ。彩色も鮮やかに残っている。また、第九八窟は、後唐の同光年間（九二三〜九二五）、役人（帰義軍節度使《きぎぐんせつどし》）の曹議金《そうぎきん》が寄進して開削された功徳窟《くどくくつ》である。東壁南側に于闐《うてん》国王李聖天《りしょうてん》の供養像を描く。これは、高さ二・八二メートルで、莫高窟中、最も大きく描かれた供養者である。しかし、風化による剝落が生じており、現在、香港の篤志家《とくしか》による寄付金で修復が行われている。

さらに大仏としては、第一三〇窟がある。弥勒倚座《いざ》像と楽庭瓌《らくていかい》夫人の供養像が見られる。大仏は高さ二六メートルの塑像。倚座とは、両脚を並行におろして仏座に腰掛ける坐法で、晋昌郡太守《しんしょうぐんたいしゅ》（長官）楽庭瓌とその夫人が寄進して作られた。南壁に描かれる夫人像からは、盛唐の風俗がうかがわれる。莫高窟初期の頃の交脚《こうきゃく》坐像（両脚を交差させて座る形。西域の王の風習による。たとえば、第二七五窟の菩薩坐像）とは異なり、中国風である。また、第一四八窟には、大型涅槃《ねはん》像が見られる。莫高窟の南端に位置するもので、盛唐末期の大暦一一年（七七六）に造営された。西壁一面に仏壇を設け、釈迦の涅槃像（体長一四・四メートル、頭を南に向け、手枕をして横臥）を置く。

ただ、莫高窟は大きな問題を抱えている。壁画の剝落や仏像の劣化である。基本的には屋外で常に砂塵にさらされているので、風化を止めることはできない。加えて、世界遺産に登録されたことで、世界各地から多数の観光客がひっきりなしに訪れる。世界遺産が観光資源となるのはやむをえないのであるが、麗江の場合と同様、遺産の保存と公開とは、両立が難しいのである。

ちなみに、この莫高窟と雲崗《うんこう》石窟（山西省大同）、龍門《りゅうもん》石窟（洛陽郊外）を合わせて中国三代石窟と呼び、いずれも世界遺産に登録されている。

新たな世界遺産

さらに二〇一四年六月、もう一つの石窟が世界遺産の仲間入りをした。世界文化遺産「シルクロード」の構成資産の一つ炳霊寺《へいれいじ》石窟である。「炳霊」とは、チベット語で「十万仏」という意味。場所は、敦煌と同じ甘粛省内の蘭州《らんしゅう》永靖《えいせい》県の黄河の北岸。険しい峡谷にあるため、これまで異教徒による破壊や外国人による持ち出しなどを免れてきた。全長は約二キロ。石窟は、東晋十六国時代に開削が始まり、北魏、北周、隋、唐から明、清まで各時代、約一六〇〇年にわたる修復を経て、現在に至っている。石窟の総数は二一六。壁画は総面積一〇〇〇平方メートル余。石窟内の像は八〇〇余。一部の塑像を除き、大半は石像である。

最も有名なのは、唐の開元《かいげん》一九年（七三一）に建造された大仏（第一七一龕、弥勒倚座像）で、高さは二七メートル。歴代の修復を経ているが、二〇〇六年から翌年にかけて、国家文物局と甘粛省文物局が一五〇万元をかけて本格的な修復を行った。また、第一六九窟には、「建弘《けんこう》元年」（西秦、四二〇年）と墨書された題記の見られる最古の大仏がある。

炳霊寺石窟の大仏

従来は、黄河の北岸を陸路で行くほかはなかったが、一九六八年に劉家峡《りゅうかきょう》ダムができてからは、水路で行くことが可能となった。まず甘粛省の省都蘭州から劉家峡ダムまで車で約二時間。ダムから船で約一時間の道のりとなる。荒天の日や水位の浅い季節は船が出航しないので、見学には注意が必要である。まさに秘境といった世界遺産である。

このように、中国の世界遺産は実にさまざまで、質量ともに充実している。これらをひとめぐりすれば、自ずから中国の歴史と文化が理解されるであろう。また、中国の世界遺産がかかえる課題は、そのまま日本や世界各国の遺産にもいずれ訪れる深刻な問題であり、早急な対策が必要となるであろう。

参考文献

【一般的・入門的文献】

① 石橋崇雄編『中国［世界遺産］の旅』第一巻（講談社、二〇〇五年）

＊中国の世界遺産を豊富な写真によって紹介するシリーズ。第一巻は「北京・河北・東北」で、万里の長城、故宮などを取り上げる。大判の写真と解説がすぐれている。

② 鶴間和幸編『中国［世界遺産］の旅』第二巻（講談社、二〇〇五年）

＊中国の世界遺産を豊富な写真によって紹介するシリーズ。第二巻は「中原とシルクロード」で、始皇帝と兵馬俑坑、敦煌の莫高窟、泰山、曲阜の三孔などが取り上げられる。

③ 小林克己『世界遺産一度は行きたい一〇〇選 アジア・アフリカ』（JTBパブリッシング、二〇〇九年）

＊アジア・アフリカ・日本の世界遺産を計一〇〇カ所紹介するガイド本。おおむね見開き二頁で一項目。中国については、万里の長城、泰山、曲阜の三孔、麗江旧市街など主な遺産が取り上げられる。

④ 小学館ＤＶＤＢＯＯＫ『ＮＨＫ世界遺産』第一〇巻（小学館、二〇〇七年）

＊ＮＨＫで放映された世界遺産シリーズをＤＶＤブックとしたもの。本巻は、アジア・オセアニアⅣで、中国では、故宮や敦煌莫高窟が取り上げられている。

⑤ 佐滝剛弘『「世界遺産」の真実』（祥伝社新書、二〇〇九年）

＊サブタイトルに「過剰な期待、大いなる誤解」とあるように、世界遺産という言葉に対して人々の抱く誤解を、さまざまなエピソードによって解き明かそうとする異色の入門書。

【専門的文献】

①　奈良大学文学部世界遺産を考える会編『世界遺産学を学ぶ人のために』（世界思想社、二〇〇〇年）

＊さまざまな研究領域から、世界遺産を総合的に調査・研究・保存するための「世界遺産学」の構築をめざして企画された書。中国については、Ⅲ「歴史研究からのアプローチ」の「東アジアの三教文化」で取り上げられている。

②　安江則子編著『世界遺産学への招待』（法律文化社、二〇一一年）

＊世界遺産条約に基づく文化遺産保護法の足跡をたどりながら、危機遺産への対応、都市開発や観光との関係、防災、無形文化の保護などの諸課題について取り上げる。

③　山村高淑ほか編著『世界遺産と地域振興――中国雲南省・麗江にくらす』（世界思想社、二〇〇七年）

＊中国の世界遺産都市「麗江」を取り上げ、世界遺産登録が地域にどのような影響を与えるのか、地域は観光をいかにコントロールすべきなのか、など地域振興の課題について考える。

コラム1

青銅器

宮本一夫

中国の青銅器の始まり

中国の先史社会は、大きく二つの軸から成り立つ。農耕社会と牧畜型農耕社会である。後者は、農耕社会から紀元前三〇〇〇年以降に明確に分離した社会で、後に牧畜に特化する形で遊牧社会に転化する。遊牧社会は、匈奴以降の長城地帯から草原地帯における基本的な経済体系であった。一方、農耕社会から農耕文化や農耕技術が狩猟採集社会へと広がっていった。これが二次的農耕社会であり、その一つが沿海州南部、朝鮮半島、日本列島の東北アジアであり、もう一つが西南中国から東南アジアにかけてである。東アジアはこの四つの生業体系に区分でき、ここに地域文化の基層性が理解されるのである。

この中の牧畜型農耕社会（遊牧社会）は、ユーラシア草原地帯の東西に広く連なるものであり、この地域を核に紀元前三〇〇〇年以降に馬の飼育や騎馬・車馬が発達し、情報の伝達や人の動きが比較的盛んであった。かつて、中国の青銅器は黄河中流域の中原において発明されたものであり、西アジアや北アジアの青銅器とは違い、個別に生まれたものであると考えられていた。しかし、

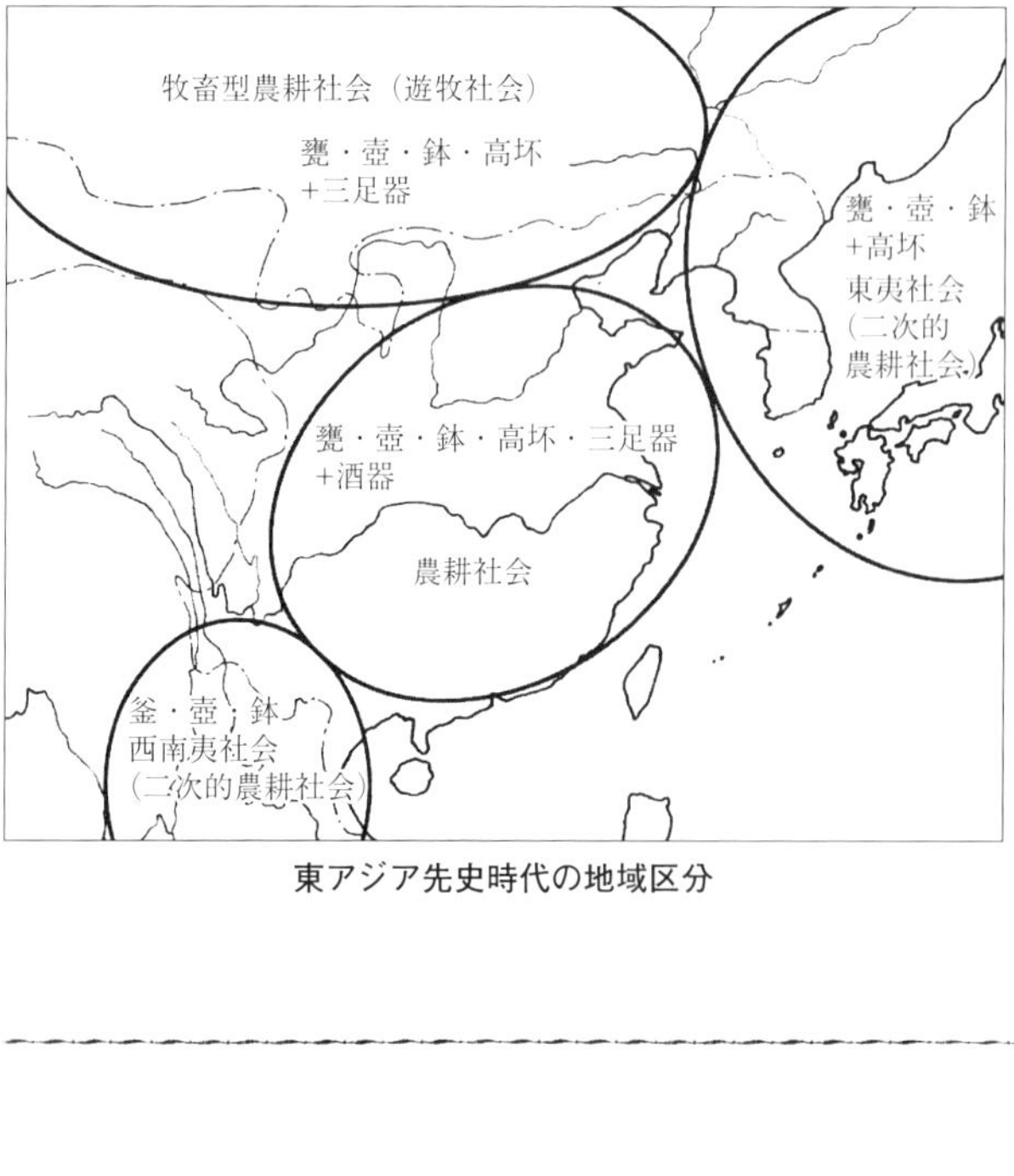

東アジア先史時代の地域区分

近年ではユーラシアにおける銅器はトルコのアナトリアに起源し、銅器の鋳造技術が黒海西岸で生まれ、青銅器が紀元前四〇〇〇年紀には黒海沿岸地域から西アジアにおいて発達し周辺に広がっていったと考えられている。銅器・青銅器は、同じ牧畜型農耕社会であるこのユーラシア草原地帯を、黒海北岸から中央アジアを経由して南ロシア・アルタイやモンゴル、さらに中国西北部の長城地帯へ伝播したものである。甘粛・青海などの中国西北部では紀元前三〇〇〇年紀初頭には銅器・青銅器が達しており、その後、紀元前二〇〇〇年紀には青銅器が長城地帯で北方青銅器文化として発達する。

一方、かつて独自に起源したと考えられていた黄河中流域の中原《ちゅうげん》の青銅器はどうであろうか。これは農耕社会の青銅器である。この地域の最古の銅器・青銅器は、紀元前二〇〇〇年頃の新石器末期の山西省《さんせいしょう》陶寺《とうじ》遺跡にある。それは銅鈴などの楽器や銅歯輪形器《どうしりんけいき》と呼ばれる装身具である。特に銅鈴は土製の鋳型で作られたものであり、中原において新石器中期から見られる陶鈴を模倣したものであった。紀元前三〇〇〇年紀の中原の新石器後期社会は、集約的農耕を基盤としてすでに発達した首長制社会にあり、城址や貴族墓が存在する段階である。この段階にユーラシア草原地帯を伝播し長城地帯に至った青銅器技術が、牧畜型農耕社会と農耕社会の接触によって中原にもたらされたのである。しかしすでに首長制社会という発達した社会にあり、階層上位者のために青銅器が生産されることとなった。社会的な分業によって生まれた専業的技術者が、新たに導入された銅器・青銅器技術を土製の鋳型によって銅鈴のような立体的な形態を作るに至ったのである。まさに中原の青銅器はイノベーション（革新）であった。

北方青銅器

甘粛《かんしゅく》や青海《せいかい》など中国西北部では、紀元前三〇〇〇年紀前半の新石器後期段階から銅器・青銅器が断片的に認められるようになる。これは、ユーラシア草原地帯中部の初期青銅器文化であるアファナシェヴァ文化などが新疆《しんきょう》やアルタイなどに伝わって、銅器・青銅器が伝播したことによるものである。中国西北部では紀元前二〇〇〇年紀前半には引き続き中央ユーラシアの後期青銅器文化であるアンドロノヴォ文化の影響を受け、同じ青銅器文化の内容を示す四壩文化《しはぶんか》（甘粛など中国西北部の初期青銅器文化）などが中国西北部に登場する。この文化では、刀子や半ソケット式銅斧などの工具と有銎銅鏃《ゆうきょうどうぞく》に見られる武器、そして耳飾りや腕輪などの装身具が発達する。このうちの一部が欠落する形で、長城地帯を伝播した青銅器文化が、内蒙古中南部では朱開溝《しゅかいこう》文化、遼西では夏《か》家店下層《かてんかそう》文化として長城地帯で発達していく。紀元前二〇〇〇年紀後半から紀元前一〇〇〇年紀初頭では、このうち銅剣などの武器が発達し、カラスク式銅剣として長城地帯のみならず、モンゴル高原からミヌシンスク盆地

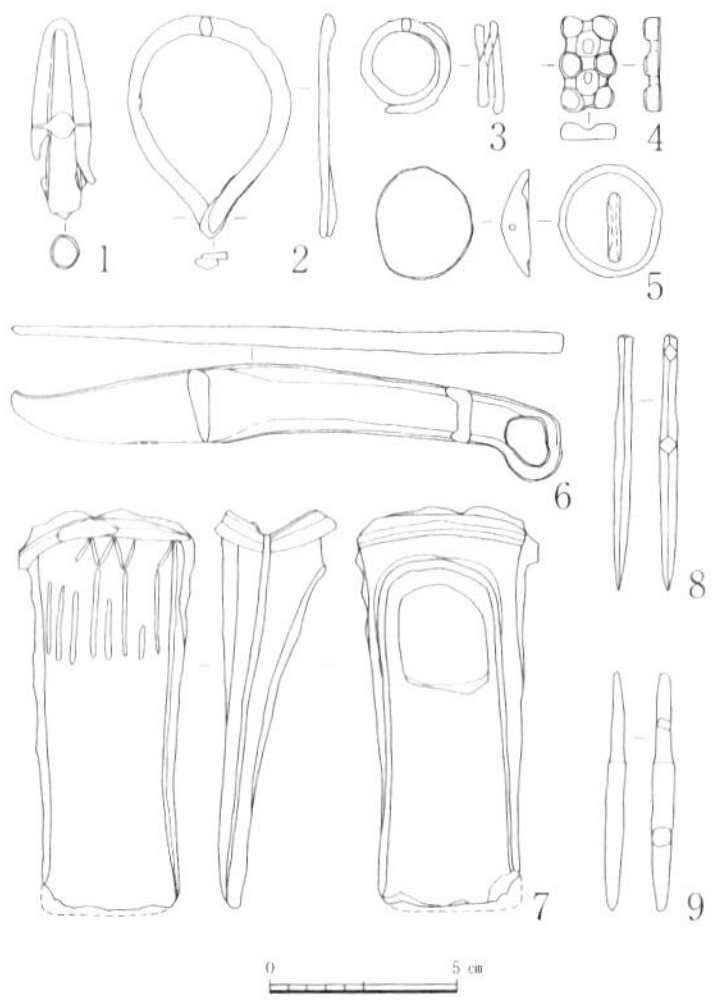

北方初期青銅器（四壩文化）
（1鏃，2〜5装身具，6刀子，7斧，8・9錐）

まで広く展開している。この曲柄（湾曲した柄部をなす）のカラスク式銅剣は、東は遼西から遼東の渾河《こんが》・太子河《たいしが》流域まで分布していく。カラスク式銅剣を中心とするカラスク青銅器文化は広く長城地帯からモンゴル高原・南シベリアに広がる北方青銅器文化として確立していく。

この曲柄のカラスク式銅剣は、中国西北部を介してチベット地域である川西《せんせい》高原では、銅戈に変化し石棺墓の副葬品となっている。このような銅戈を中心として川西高原・洱海《じかい》系青銅器が出現し、ここでは後に山字形格銅《やまじがたかくどう》剣《けん》を生み出し、中国西南部の石寨山《せきさいざん》文化やベトナム北部のドンソン文化へと繋がっていく。一方、紀元前九〜八世紀頃から長城地帯に広く分布していたカラスク式銅剣から地域的に分岐するように遼西では遼寧式銅剣《りょうねいしきどうけん》（矛式銅剣）が生み出され、これは遼東から朝鮮半島へ拡がり、後に朝鮮半島では遼寧式銅剣から細形銅剣《ほそがたどうけん》が生み出され、これが日本列島の弥生文化にもたらされている。また、長城地帯では紀元前六世紀以降には、鳥が向かい合った形の双鳥文の銅柄からなるオルドス式銅剣が生み出される。内蒙古中南部を中心とするオルドス青銅器文化は、モンゴル高原から南シベリアではタガール文化とも呼ばれるものであり、ユーラシア草原地帯を横断する青銅器文化であり、西部ユーラシアのスキタイ青銅器文化も同じ範疇の青銅器文化である。そして、この段階から北方青銅器文化の中に鉄器が出現していく。

殷周青銅器

中国では古来「国の大事は祭祀と軍事である」といわれてきた。その祭祀のために使われたのが青銅容器であり、青銅彝器《いき》と呼ばれた。新石器末期に生まれた銅鈴などの銅器は、夏王朝と考えられる二里頭《にりとう》文化段階になって、銅と錫などの合金である青銅器として鋳造されるようになった。二里頭文化二期以降に引き続き銅鈴が製作され、銅鏃《どうぞく》や刀子《とうす》などの青銅製武器や工具も生産が始まる。特に、酒を飲むための爵《しゃく》という青銅彝器《いき》が二里頭文化三期から生産が始まり、二里頭文化四期にはさらに酒を温める斝《か》という青銅彝器が加わる。二里頭文化期の青銅彝器は、爵と斝という酒器と銅鈴という楽器からなる。夏王朝では酒器と楽器で祭儀が行われたのであり、その生産にあたっては二里頭遺跡内で独占的になされ、かつその製品は二里頭遺跡の王や貴族層に独占されていた。そして二里頭文化四期になるとこれらの青銅彝器が二里頭文化の領域内の他集団に配布され、同じ祭儀を行うことによる同祖同族関係の政治的な紐帯を結ぼうとした。このような政治的関係性を踏まえ、商族が南下して二里頭文化である夏王朝と岳石文化（山東龍山文化に後続する青銅器文化）である東夷地域を政治的に統合する形で商王朝が紀元前一六世紀頃に成立する。

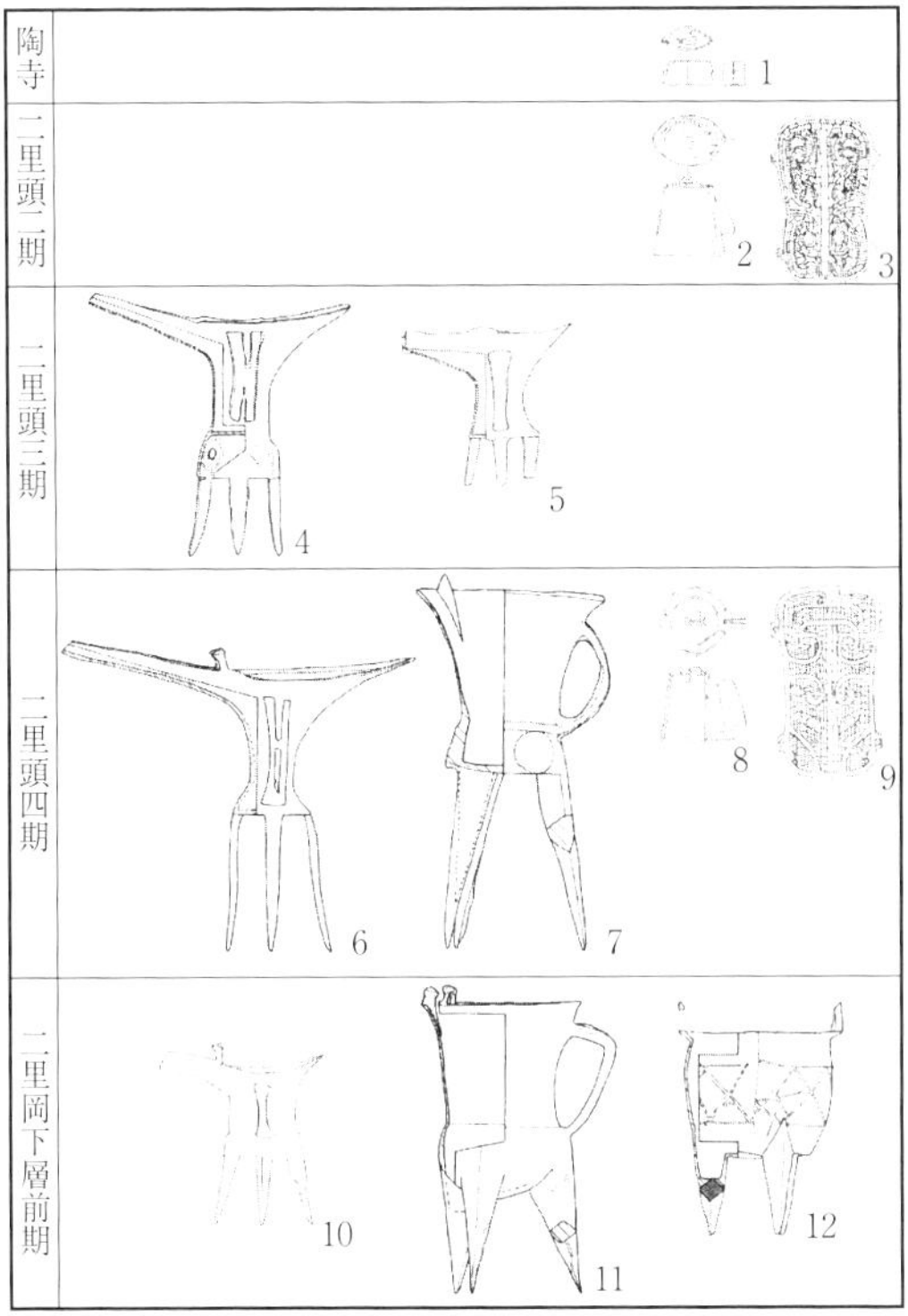

中原初期青銅器（夏代・商代前期）
（1・2・8鈴，4～6・10爵，7・11斝，12鼎，3・9獣面牌飾）

商王朝は前期、中期、後期に分けられ、それぞれ鄭《てい》州商城《しゅうしょうじょう》、小双橋《しょうそうきょう》遺跡・垣北商城《えんほくしょうじょう》、殷墟が都として利用された段階に相当する。商代前期は、先商文化、二里頭文化、岳石文化の三つの地域を領域化するにあたって、それぞれの地域で行われた祭儀や儀礼を統合するように、爵や斝などの酒器に加え、鼎《かなえ》や甗《げん》といった炊器、さらには簋《き》など盛食器が青銅彝器に加わった。そして饕《とう》餮文《てつもん》といった特異な文様が青銅彝器に施されるのも商代の特徴である。饕餮とは天上界に君臨する上帝であり、鳳凰《ほうおう》はその使いと考えられている。これらが儀礼に使用されたと同時に、また墓葬の副葬品として青銅彝器が使われ、それらの器種や数量の多寡が階層構造に対応していた。このような青銅器生産は鄭州を中心として進められ、地域に配布されることとなったが、一方では一部の青銅彝器は湖北省盤龍城《こほくしょうばんりゅうじょう》遺跡などの地方でも生産を開始する。また、銅戈《どうか》や銅斧《どうふ》・銅鉞《どうえつ》といった青銅武器が本格的に生産され、軍事においても青銅器の役割が高まっている。

商代中・後期は、商王朝と銅

原料などの交易関係にあった長江中流域や成都盆地に、商王朝の青銅彝器がもたらされるとともに、青銅器生産技術が拡がり、その製品や技術を基に地方生産が始まる。その青銅彝器は、商王朝で使われる祭儀のための青銅彝器とは異なったものとして、地域における別の意味が付与されることになる。それが長江中流域の呉城文化や成都盆地の三星堆《さんせいたい》文化に現れ、大型の青銅彝器が独自に生産されている。

　商代後期には酒器を中心とした青銅彝器の生産が王室付属の工房を中心になされ、殷墟での生産活動が盛んとなる。こうした青銅彝器は、王室を中心とする祖先祭祀への各氏族集団の参加やあるいは氏族内での祖先祭祀のための儀式・儀礼に使用され、さらには墓の副葬品として用いられる。この時期に始まった甲骨文字によって祭祀の内容が記されるが、同じ文字が青銅器に鋳出される。これが氏族の族徴《ぞくちょう》（族記号）を中心とする金文《きんぶん》で、殷末には商王の事跡と作器者との関係を示す長銘のものも現れる。

　殷を周の武王が滅ぼすことによって、前一一世紀に西周王朝が樹立される。周は殷を滅ぼす以前の先周時期にも地方的な青銅器生産を開始しているが、商王朝の青銅器工人を取り入れることにより商的な様式を取り入れた王室の青銅彝器を生産し始める。周の青銅彝器は商以来の飲酒器が主体であるが、基本的には同じ祖先祭祀のためのものであった。それは周王を頂点した階層構造を維持するための祭祀儀礼でもあった。周は、各地に諸侯を封建して広大な領域を統治した。その封建体制とは、諸侯や諸侯一族とともに周王から派遣された殷系貴族とともに在地の有力氏族から構成されることが、青銅器や金文内容から見いだすことができる。また、西周時代には周の領域以外の長江下流域や湖南・江西の湘贛《しょうこう》地区で

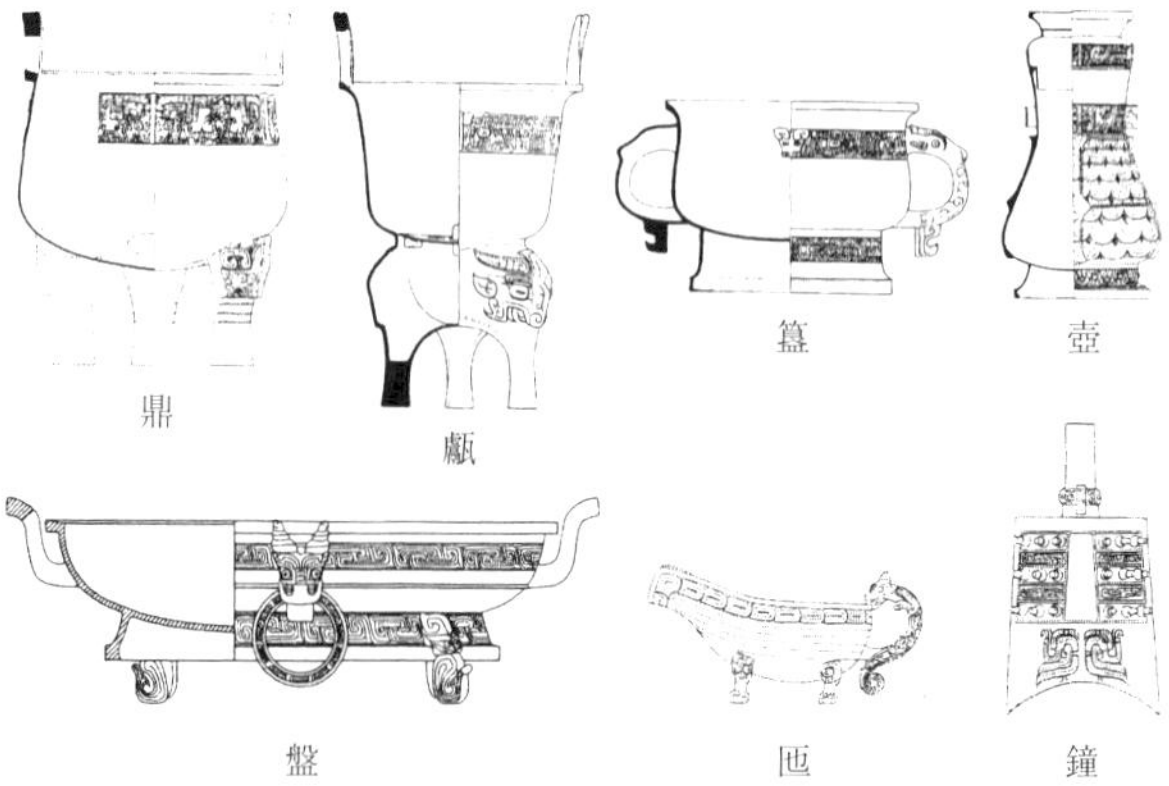

周代青銅器様式

も、地方的な青銅彝器が発達する。

西周中期からは夏商以来の酒器が消失していくとともに、周王の権威が次第に弱まり、儀礼内容も変質する。青銅彝器には、炊器や盛食器に加え、酒器に変わり盤《ばん》や匜《い》の水器《すいき》、さらに鐘《しょう》や鎛《はく》といった楽器が加わる。これらは後に編鐘《へんしょう》としてセットを為すが、ここに礼と楽が一体となった儀礼が完成する。この段階に周王は盛んに冊《さく》命儀礼《めいぎれい》（官職任命の儀式）を行い、諸侯や貴族に周王の権威を確認させたことが金文内容から知ることができる。

西周後期には周王室の権威が失墜し、礼制改革が進むとともに、各貴族単位での祖先祭祀が行われるようになる。これが春秋時代に見られる諸侯単位の青銅彝器生産やその地域的な特徴の出現に繋がっていく。さらに春秋中期には儀礼再編がさらに諸侯国単位で進み、復古的な青銅彝器が生まれるのもこの時期である。

このように、次第に階層構造の再編がなされ、宰相にあたる卿クラスが国を乗っ取る下克上が春秋後期に始まるが、基本的には氏族単位での祖先祭祀が重要であった。しかし、この時期から始まる鉄生産により、戦国時代には土地開発が進み、新興農民層や商人層の出現など社会が変化し、個人を重視する観念が生まれていく。これにより次第に青銅彝器生産が衰退し、代わって副葬陶器が葬送儀礼に用いられるようになる。この現世への思考の高まりは身繕いをするための青銅鏡生産を促し、漢代においては鏡が主要な青銅器となっていく。また、戦国時期には国別に青銅武器生産が行われ、それを管理する中央集権的な青銅器銘文が三晋や秦、燕などに現れる。戦国後半期の国別の中央集権化は、秦漢帝国の制度の礎であったのである。

中国の青銅器は基本的に北方青銅器と殷周青銅器の二つに分けることができ、これがその後の東アジア世界の社会的なまとまりあるいは交流関係の基本となっていく。その中でも、儀礼のために用いられた殷周社会の青銅彝器は、世界的に見ても卓越した工芸品としての発展を見せている。

参考文献

飯島武次『中国夏王朝考古学研究』（同成社、二〇一二年）
岡村秀典『中国文明　農業と礼制の考古学』（京都大学学術出版会、二〇〇八年）
角道亮介『西周王朝とその青銅器』（六一書房、二〇一四年）
小南一郎『古代中国　天命と青銅器』（京都大学学術出版会、二〇〇六年）
下村誠『中国古代国家の形成と青銅兵器』（汲古書院、二〇〇八年）
林巳奈夫『殷周時代青銅器の研究――殷周青銅器綜覧一』（吉川弘文館、一九八四年）
林巳奈夫『殷周時代青銅器紋様の研究――殷周青銅器綜覧二』（吉川弘文館、一九八六年）

林巳奈夫『春秋戦国時代青銅器の研究――殷周青銅器綜覧三』（吉川弘文館、一九八九年）
宮本一夫『中国古代北疆史の考古学的研究』（中国書店、二〇〇〇年）
宮本一夫『中国の歴史一　神話から歴史へ　神話時代　夏王朝』（講談社、二〇〇五年）
宮本一夫編『長城地帯青銅器文化の研究』（シルクロード学研究二九巻、二〇〇八年）
宮本一夫・高大倫編『東チベットの先史社会』（中国書店、二〇一三年）
宮本一夫・白雲翔編『中国初期青銅器文化の研究』（九州大学出版会、二〇〇九年）
ロータール・フォン・ファルケンハウゼン著、吉本道雅解題・訳『周代中国の社会考古学』（京都大学学術出版会、二〇〇六年）

第二章　漢字

横田恭三

甲骨文（部分，殷墟博物館蔵）

漢字はいつごろから使われ出したのであろうか。中国古代、黄帝《こうてい》（伝説上の帝王、五帝の一人）の史官であった蒼《そう》頡《けつ》が鳥獣の足跡を見て、そこから漢字を発明したと伝える。しかし、これはあくまで伝説であって、正確なところはわからない。新石器時代（約一万年〜四〇〇〇年前）の陶器には符号や略号、あるいは図象などが描かれているものがある。このような符号や略号を〈陶文《とうぶん》〉〈刻画《こくかく》符号〉などと呼んでいる。

現存最古の漢字は甲骨文である。一九二八年から始まった殷墟《いんきょ》（河南省安陽《あんよう》市）での発掘によって大量の甲骨文を得たが、このきっかけは一九世紀末（一八九九）、王懿栄《おういえい》（一八四五〜一九〇〇）と劉鶚《りゅうがく》（一八五七〜一九〇九）が「龍骨《りゅうこつ》（脊椎動物の骨や角の化石。漢方薬の一つ）」の表面に文字らしきものを見つけたことによる。これら甲骨に刻まれた文字は、中国の複数の研究者（孫詒譲《そんいじょう》・羅振玉《らしんぎょく》・王国維《おうこくい》・郭沫若《かくまつじゃく》・董作賓《とうさくひん》ら）によって解明されてきた。ちなみに甲骨文は殷墟からだけではなく、陝西省の周原《しゅうげん》遺址や山東省の大辛荘《だいしんしょう》遺址などからも出土している。もっとも古いものだと紀元前一三〇〇年頃にあたるこれらの文字は、時代が降るにしたがって少しずつその姿を変えながら、広大な中国の地にしっかりと根を下ろし、日本や朝鮮を含めた異民族にまで影響を与えてきた。

しかし、篆書《てんしょ》（甲骨文・金文を含む）から楷書までさまざまな書体がどのように変遷してきたかについて、かつては第一次資料の不足により明確でない部分が多かった。二〇世紀初頭、西域地方で漢〜晋代の簡牘《かんとく》（竹や木の札のこと）が発見されて以来今日まで、中国の湖南・湖北を中心とした地域からも簡牘が陸続と出土し、これらの肉筆資料によって書体の変遷がしだいに明らかにされつつある。

本章では漢字の変遷はもちろんのこと、その周辺の文化についても眺めることにする。

1 文字文化の黎明と展開

殷代中期、甲骨に符号を刻した〝刻符〟の類がある。ただし、これらの符号は文章としての機能はそなえていないため、文字の実例としては、殷代後期（盤庚《ばんこう》〜帝辛《ていしん》〔紂王《ちゅうおう》のこと〕までの一二代二百数十年間）が現在最も古いことになる。

現存最古の漢字

これら甲骨に刻まれた内容の大半は、祭祀・征伐・田猟・農事・天象などに関連のある占卜《せんぼく》、つまり〝うらない〟の記録（その担当者を貞人《ていじん》という）である。記録を眺めてみると、甲骨上に形声文字や会意文字、あるいは仮借《かしゃ》（六書の一つ。漢字のない語に対して同音の漢字を借りる）の用例もあり、その意味では形・音・義を踏まえた文字体系をそなえていたといえる。これまでに殷墟から出土した甲骨は一五万片、文字の種類は五〇〇〇字余りにのぼる。なお、一部に手書き文字を刻し残した甲骨があることから、はじめに毛筆で下書きしたことがうかがえる。

甲骨の研究に多大な功績を残した人物に董作賓《とうさくひん》（一八九五〜一九六三）がいる。かれは安陽出土の甲骨文に刻まれた貞人の名をもとに、内容と形式、あるいは字体や書法の違いから五期に区分（断代）し、それぞれの書きぶりを次のように評した。第一期：雄偉《ゆうい》、第二期：謹飭《きんちょく》、第三期：頽靡《たいび》、第四期：勁峭《けいしょう》、第五期：厳整《げんせい》。これを「断代研究」とよぶが、この研究方法はのち多少の修正が加えられながらも現在まで受け継がれている。

占いの方法を実際に見てみよう。まず甲骨の裏面に鑿《さく》と鑽《さん》という二つの凹みを施す。その部分を火で熱し（灼《しゃく》）、その後急激に冷やすと、鑿の表面にひび割れ（卜兆《ぼくちょう》）が生じる。その割れ方によって吉凶を予測し、さらに結果を文字で刻みつけた。なお、文字を刻す道具はおそらく青銅製か硬玉製のナイフ状のものと考えられるが、まだ殷代の刻刀の出土例はない。

ところで甲骨文の発見にまつわるよく知られたエピソードがある。清朝末期（光緒二五年〔一八九九〕）、国子監《こくしかん》祭酒（いまの国立大学学長）の王懿栄《おういえい》はマラリアの持病があり、その特効薬として〝龍骨〟を服用していた。あるとき王懿栄

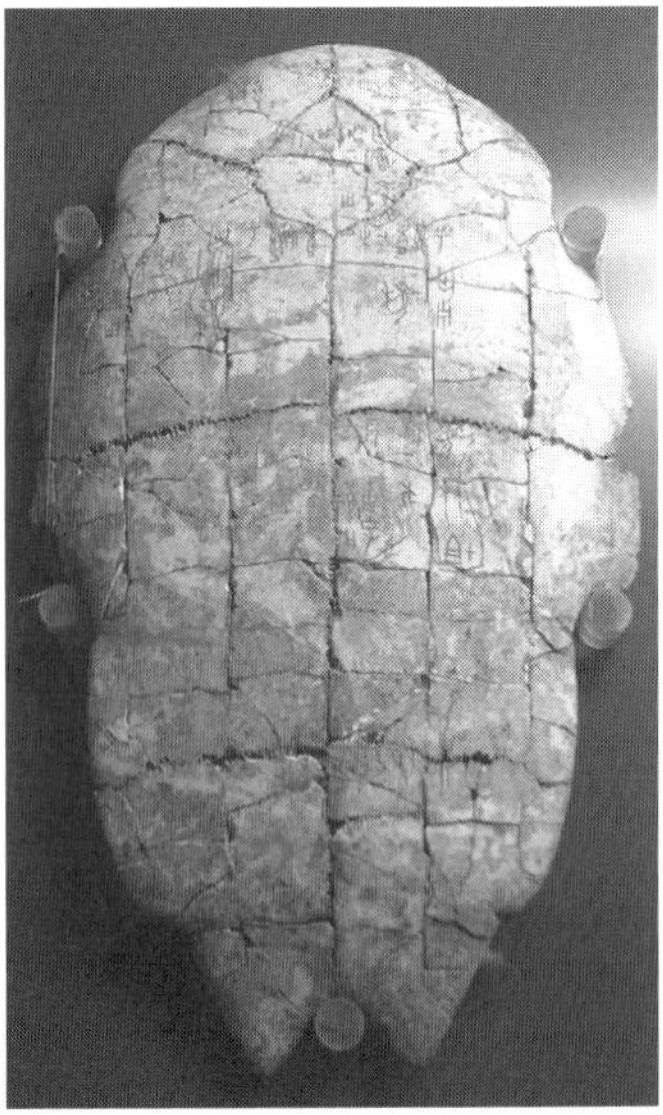

甲骨上に刻まれた文字

は、かれのもとにいた劉鶚《りゅうがく》（字は鉄雲）とともに龍骨上に文字らしきものを発見した。この出来事をきっかけに甲骨文が世に知られるようになったというのであるが、逸話としては面白いものの、実のところは、范維卿《はんいけい》という山東省出身の骨董商人が河南で入手し、それを古代文字研究者として知られる王懿栄のところに持ち込んだらしい。

光緒二九年（一九〇三）、劉鶚は一〇五八点の拓本とともに、釈文を付した『鉄雲蔵亀《てつうんぞうき》』を公刊した。しかし、伝統的な文献に対して懐疑的な学派（擬古派）からみれば、荒唐無稽なものと映った。その後、羅振玉《らしんぎょく》（一八六六〜一九四〇）とその娘婿である王国維《おうこくい》（一八七七〜一九二七）の二人によって『殷墟書契《いんきょしょけい》』が発表されたが、これは前・後・続編の三編より成り、計五二〇〇余片の甲骨を収めている。

青銅器文化の発達

殷周時代、甲骨文のほかに文字文化を彩る重要なものに青銅器銘文がある。陶製の容器が使われていた新石器時代ののち、殷代に入って青銅器文化が普及した。現在、最も早い青銅器の実例は、二里頭《にりとう》文化期（殷代前期）のものであるが、これには文字が見られない。殷代後期になってはじめて、青銅器の内底や外周に図象銘が鋳込まれた例が見られる。殷墟出土の〈婦好三連甗《ふこうさんれんげん》〉銘文はその一例である。はじめ実用器としての用途であったものが、しだいに祖先を祀る祭礼用や王の権威を象徴するものとして用いられるようになった。また「〇〇作宝尊彝《ほうそんい》」のような短文が、時代とともに長文になっていった。現在見ることができる最も長い銘文は西周・宣王期（前八二七〜前七八二）頃に製作された〈毛公鼎《もうこうてい》〉の四九七字で、当時の正統的文字によってふくよかな姿をみせる鋳銘である。殷代〜西周初めに見られた肥筆に作る点画は西周中期以降しだいになりを潜め、後期にはすっかり線が均一化される。祭祀用を主とした殷代青銅器に対して周代は政治的要素を色濃く反映したものが増加し、銘文も長文になった。西周晩期になると鋳銘だけでなく、刻銘も出現した。上海博物館蔵の〈晋侯穌鐘《しんこうそしょう》〉はその好例である。

東周に入り周王朝の王権が衰退し、前六世紀になって鉄器の使用がはじまると、諸侯の勢力がますます強大になり、諸侯みずから青銅器を作るようになった。その内容も褒美としての称賛や土地訴訟、嫁入りを記念したものなど多岐にわたるだけでなく、その書きぶりには地域差が見られる。青銅器の種類は食器（鼎・鬲《れき》・甗《げん》・簋《き》・簠《ほ》・盨《しゅ》）、酒器（爵《しゃく》・觚《こ》・尊・卣《ゆう》・壺）、水器（盤・盉《か》・匜《い》）、楽器（鐃《どう》・鐘・鼓・鎛《はく》・鉦《せい》）のほか、兵器（戈・矛・戟《げき》・剣）など多種多様なものがあって用途に応じて名称が異なるが、これらを総称して鐘鼎彝器《しょうていいき》という。

墨書の実相

墨書とは墨で書かれた肉筆の書を指す。現在見ることができる墨書を古い順にあげれば、殷墟（河南省安陽市）出土の複数の陶文・玉戈《ぎょくか》・玉版上の文字、春秋末の〈侯馬盟書《こうばめいしょ》〉（山西省侯馬市）や〈温県《おんけん》盟書〉（河南省温県）、戦国期の楚地で出土した簡牘《かんとく》（〈曾侯乙墓《そうこういつぼ》竹簡〉〈信陽楚簡〉〈包山楚簡〉など）、戦国～秦代にかけての秦の簡牘（〈睡虎地《すいこち》秦簡〉〈里耶《りや》秦牘〉〈天水放馬灘《てんすいほうばたん》秦簡〉〈龍崗《りゅうこう》秦簡〉など）である。

金文（内面に文字が鋳込まれてある）

殷代の墨書を見ると、起筆の打ち込みと収筆の引き抜きに肥痩の変化が見られる。このことから当時すでに一定の性能をもった毛筆が存在していたことは明らかである（古代の毛筆については四九頁参照）。

春秋末の肉筆資料になる盟書（侯馬・温県）は、地方の諸侯の盟誓（誓約書の類）を記したものだが、その筆法は簡略化と草化現象が見られ、したがって金文に記された整斉な標準体とは対極にある。陳松長《ちんしょうちょう》（『馬王堆帛書芸術』）は、戦国末の盟書にすでに隷変のはじまりが見られると指摘している。隷変とは、簡略化が進む中で篆書の象形が失われ、しだいに符号化された字体もしくはその変化の過程をいう。つまり隷書の成立は、長い時間の中で人々に受容されながら発展してきたもので、そのプロセスが隷変だといえる。

では簡牘はいつごろから用いられてきたのであろうか。戦国時代の墨

陶文（殷：うっすら見えるのは朱墨で書かれた文字）

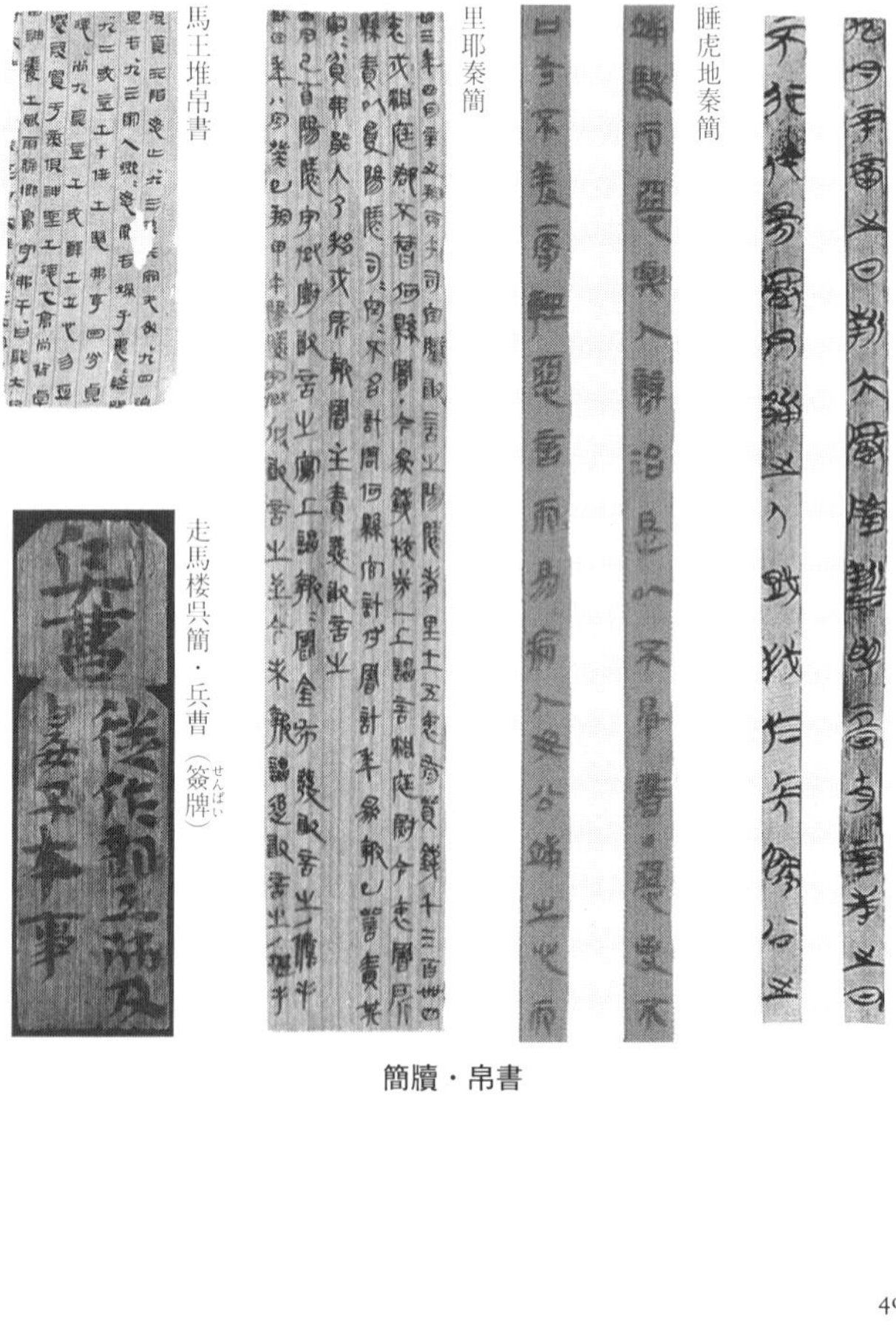

簡牘・帛書

子およびその弟子の思想を記した『墨子』（明鬼編）に「竹帛に著し、後世の子孫に伝え遺す」という語がある。竹帛は竹簡と縑帛《けんぱく》（しろぎぬ）のことで、これらは古くから書写材料として用いられてきたことがわかる。現在見ることができる最古の簡牘は湖北省随州市で出土した〈曾侯乙墓竹簡〉（戦国早期〈前四三三～前四〇〇年〉）である。ここに記された文字は起筆を強く打ち込み、直線的に引き抜く筆法を主とし、結体は竪長《たて》、横画は右肩上がり、一文字中に曲直が適度に混ざり合っているもので、盟書の筆法に近似している。たとえば「為」の元来の意味は、手でゾウを調教している形であるが、曾侯乙墓竹簡ではのように書写している（四四頁参照）。完全に象形《しょうけい》が失われ符号化した様子、つまり隷変によるプロセスの一端が見て取れる。

〈睡虎地秦簡〉や〈里耶秦牘〉は秦始皇帝期の書写になるが、いずれも規範性の高い秦隷で書かれているため、始皇帝による文字統一以前から秦隷が普及していたことがわかる。

裘錫圭《きゅうしゃくけい》（『文字学概要』）が「正体と俗体はすでに金文と甲骨文とに見られる」と指摘するように、正体である金文に対して甲骨文は俗体であり、俗体は日常に使用する比較的簡便な字体であるとされる。これを踏まえれば、書体の正体と俗体は、古くは殷代から同時並行的に用いられてきたものであることがわかる。このようにどの時代においても文字の字形に対して正・俗の問題がついて回る。簡牘に記された文字（通行書写体）はもともと標準体の俗体として発生し、標準体に準じながら、次世代の書体・書風の先駆けを構築してきたものといえよう。

2　漢字の一大変革――〝隷変〟

隷変とは

前節で触れたように、隷変とは篆書を簡略化する過程でしだいにその象形性が失われ、符号化されること、もしくはその過程をいう。隷変については①春秋末期の盟書にその萌芽がある、②戦国中期より始まる、などの諸説があって定まらない。金文に見られる書きぶりを正体、甲骨文に見られるそれを俗体として、常に正体と俗体が相互に作用しながら漢字の字体が変化発展してきたことに違いないが、その過程で隷変という画期的な変革がなされたのである。社会情勢の変化（文書行政）にともない、書き手が増加し、書き癖や書写能力の差異によって俗体の使用がしだいに習慣化される。そうしたプロセスの中に隷変の発生する土壌があったと思われる。

ちなみに隷変によって隷書が誕生したが、それの副産物として草隷（草率《そうそつ》な隷書の意。省画や連筆が見られる）が生まれ、やがて草書へと発展していくことになる。初期の草隷の実例として睡虎地秦牘（四号墓）（遺）（佐）や里耶秦牘（年）（追）などがあげられる。

文書行政と文字統一

文書行政による社会の変化は、漢字の字体に隷変という大きな変革をもたらしたことはすでに前項で触れた。戦国の七雄の一つであった秦は、前二二一年、始皇帝による全国統一を果たした。許慎《きょしん》『説文解字《せつもんかいじ》』に「言語は声を異にし、文字は形を異にす。秦始皇帝初めて天下を兼ね、丞相李斯《りし》、乃ち奏して之を同じくし其の秦文と合わざる者を罷《や》む」とあることによって、六国で使用されていた文字をすべて廃したのが秦の文字統一であると考えられてきた。しかし、最近の研究では、むしろ文書に使う用字法の統一であったと見られている。つまり公式の文字として小篆を制定したが、これはあくまでメモリアルな書であり、一般の文書作成においては、六国それぞれでまちまちであった用字法の統一という実務的な文字統一が必要だったのである。ここに準標準体に格上げされた秦隷が用いられ、使用文字に対して一定の制限を加えたものと考えられる。

『説文解字』序に見える「八体」

書体とは、その文字が持っている特有の形体である。したがって広義では甲骨文・金文・篆書・隷書・草書・行書・楷書などのように分類できるが、これら書体の概念は統一秦で小篆が制定されて以来しだいに形成されてきたものであり、時代によってその呼称にも異同が見られる。なお、甲骨文や金文はその用材から見た名称であって広義には篆書に含めている。

さて、書体に関して文献に見える最も早い例は『説文解字』序である。

> 自爾秦書有八體。一曰大篆。二曰小篆。三曰刻符。四曰蟲書。五曰摹印。六曰署書。七曰殳書。八曰隷書。……及亡新居攝、……時有六書。一曰古文、孔子壁中書也。二曰奇字、卽古文而異者也。三曰篆書、卽小篆、秦始皇帝、使下杜人程邈所作也。四曰左書、卽秦隷書。五曰繆篆、所以摹印也。六曰鳥蟲書、所以書幡信也。

ここに載せる秦の八体の配列は、小篆を主軸に据えて小篆の親にあたる古体の大篆を最初に、三番目～七番目（刻《こく》符《ふ》・蟲書《ちゅうしょ》・摹印《ぼいん》・署書《しょしょ》・殳書《しゅしょ》）までが小篆に基づく用途別の書、最後の第八番目には篆書を実務用に簡略化した俗体の隷書という構造になっている。

また王莽《おうもう》新の六書にはそれぞれ、古文（孔子壁中の書＝蝌蚪《かと》書）、奇字（古文の異体字）、篆書（小篆）、左書（隷書）、繆《びゅう》篆《てん》（摹印）、鳥虫書（幡や信に書すもの）という補充説明がある。段玉裁《だんぎょくさい》（一七三五～一八一五）はこの六書について秦の八体より二体を減じたものといい、また古文は大篆の中に含まれると考えていた。いずれにしても秦代あたりより、古体・正体・俗体、用途別の書体など文字使用の多様化が進行していたことが推し量られる。

次に書体の定義を検討してみよう。たとえば、五書体中の篆書には①大篆②小篆という呼称があり、隷書を波磔《はたく》（運筆法の一つで、右への払い出しのこと）の強調の有無で①古隷②八分、あるいは時代を冠して③秦隷④漢隷などと分類したりする場合がある。本項ではこのことを踏まえその定義を述べてみたい。

（1）篆書

①　大篆：西周金文から派生したもので、広義では小篆が制作される以前の秦系文字であるが、狭義では史籀《しちゅう》が作ったとされる、いわゆる〝籀文《ちゅうぶん》〟を指す。石鼓文《せっこぶん》はその遺例。

②　古文：二つの解釈がある。一つは先秦時代の文字の総称、もう一つは六国で用いられていた文字。その形状がおたまじゃくしに似ていることから蝌蚪（科斗）文字ともいう。

③　小篆：秦始皇帝が李斯に命じ、大篆を整理して作らせたもの。大篆より点画が整い、やや縦長で転折《てんせつ》に丸みがある。〈泰山《たいざん》刻石〉はその遺例。

（2）隷書

①　篆隷体：篆書の構造を点画の一部に遺している隷書。〈馬王堆《まおうたい》帛書（式法）〉がその実例。

②　古隷：広義では、今隷（楷書）に対する語で秦隷と漢隷を指す意がある。しかし現在は秦隷および篆意を帯びた前漢時代の隷書、つまり八分書法（波磔の強調）が明確でない隷書をいう。

③　八分：「分隷」「分書」ともいう。魏晋のとき、楷書を隷書と呼んだため、混同しないよう漢隷を「八分」と呼んだ。唐・張懐瓘《ちょうかいかん》の説（八字分散）によって波勢《はせい》が顕著な隷書とする。

（3）草書

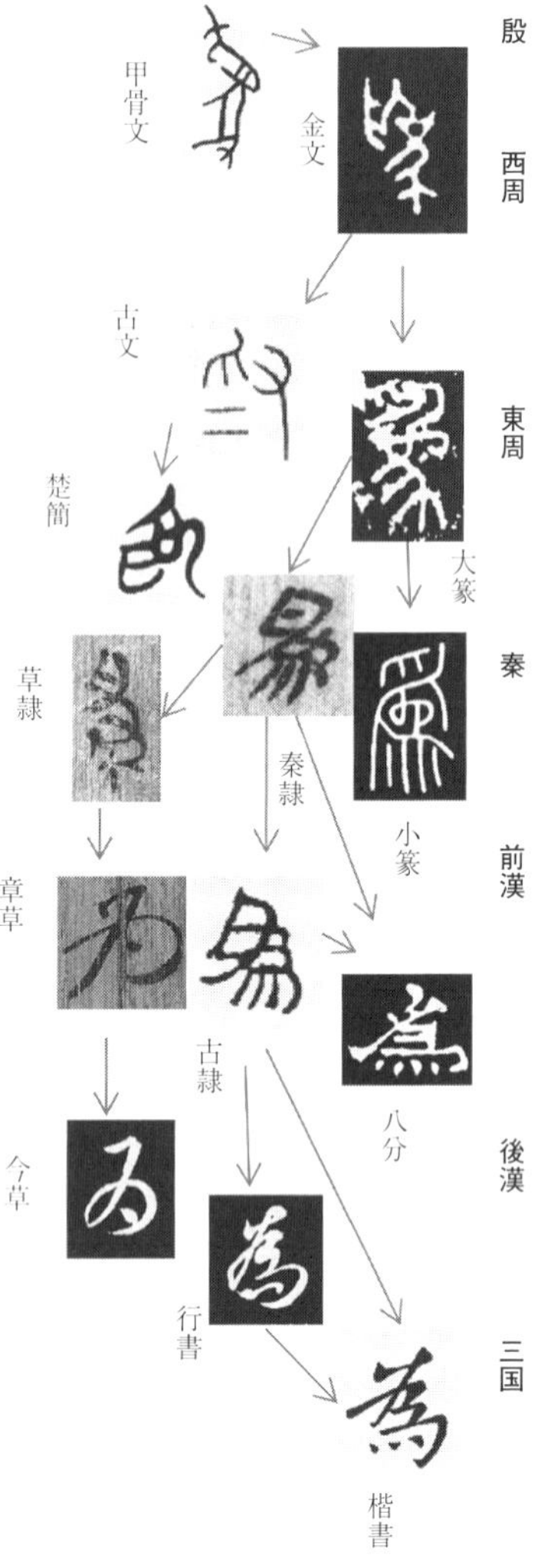

「為」字の変遷　イメージ図

①　章草：「隷草」「急就《きゅうしゅう》」ともいう。秦漢の間にはじまる秦隷と草率に筆写する中から成立した。隷書を捷書《はやが》きした実用通行体の一種であり、その実例は前漢晩期の尹湾《いんわん》漢墓（前一〇年）出土〈神烏賦《しんうふ》〉に見られる。

②　今草：草書の別称。章草より変化して成立したもので、後漢の草書の名手である張芝《ちょうし》が作ったとされる。章草の波勢を省略し、転折を旋回する動きに改め、点画を連続・省画し、疎密・参差《しんし》（不揃いなさま。整斉の対語）の変化を生じさせたもの。

（4）行書

隷書を捷書きしたもので、後漢中期に芽生えた実用通行体の一つ。点画の連続や省略が見られるが、草書ほどではなく、より読みやすい。

（5）楷書

「正書」「真書」あるいは「今隷」「楷隷」などともいう。三節構造（起筆・送筆・収筆）の顕著な筆法である。

以上、五書体を一〇のカテゴリーに細分化してその定義を示した。これらの書体の中から「為」字を抽出して時代順に並べてみよう（右図）。

「為」字の原形は、手を以てゾウを使役する形に作る。これは土木などの工事をする形である。大篆はその象形を温存しているが、小篆になるとその筆画に多少の変化と装飾が見られる。さらに秦隷と古隷では、ゾウの鼻の部分が前足と一体化し、ゾウの頭部にあたる部分も曖昧な位置に置かれて象形が大きく変化し、符号化された様子が見て取れる。一般に八分の典型は古隷をより扁平な結構に仕立てて波磔を強調したもので、もとの象形文字とはまったく異なる。草隷は秦隷を草率に書いたものであり、章草は隷書の波法を残す捷書き体、今草は画数を省いてこれ以上省略できない姿になっている。

3 多様な書体・書風と美意識

多様化する書体・書風

古代から書体書風のバリエーションは生じていた。金文の正体に対し、甲骨文の俗体という構図は前節ですでに指摘してきたが、ここで古代の正体・俗体の例を紹介しよう。

戦国の一時期、いまの河北省平山県に中山国があった。一九七四〜七八年にかけて、中山国嚳《さく》王墓で出土した金石器中には①装飾性に富んだ字体、②方折体（転折を角張らせる様式）を主とする標準体、③草率な刻調の通行体、の三種の字体が用途別に用いられていた。次に前漢時代の例を見てみよう。一九七二〜七三年にかけて、湖南省長沙市郊外で三基の馬王堆前漢墓が発見された。三基はそれぞれ婦人・夫・息子の墓であったが、その第三号墓で出土した縑帛《けんぱく》に書かれた文字にはいくつかのバリエーションがあることがわかった。陳松長《ちんしょうちょう》（『馬王堆書法芸術』）は篆隷・古隷・漢隷の三種に分類し、西林昭一（『古代中国の文字と至宝』）はさらに草隷の一項をたてて、四種に分類した。内容からみて書写年代に多少の差はあるにしても、秦〜漢にかけて、さまざまな書体・書風が用いられていたことが知られる。

前漢の石刻文字の例はけっして多くないが、その大半は古隷で刻されている。たとえば〈楊量買山刻石《ようりょうばいざん》〉（前六八年）、

〈魯孝王《ろこうおう》刻石〉（前五六年）などがそうである。

後漢前期は〈開通褒斜道《かいつうほうやどう》刻石〉（六六年）など古隷の遺作が多いが、後期（桓帝・霊帝期）にはいわゆる〝漢碑〟と称される石碑（〈礼器《れいき》碑〉〈曹全《そうぜん》碑〉など）が多くなり、書体は〝八分〟が主流となる。これらには墳墓の前面に置かれる碑と祠廟の碑とがあり、内容は記念碑と頌徳《しょうとく》碑に分けられる。後漢後期の漢碑は波磔の強調が顕著であり、標準的な隷書といえる。

この時代、墓前に建立する頌徳碑はしだいに豪奢で大型化した。その理由は、儒学の奨励とともに家族制度が国家の基となり、忠孝・仁義が重んじられたことから、〝孝心〟を示すための最たるものは葬儀であると考えられたからであろう。一方、簡牘に見られるように、公私文書には草書や行書が用いられていた。

楷書の萌芽

後漢時代は、草書・行書・隷書（八分・古隷）それに篆書が用途に応じて使用されていたことが、石刻資料や敦煌出土簡牘などによって確認できる。楷書についていえば、後漢晩期に隷書がしだいに俗体化し転化する中で生まれ、魏晋に至って盛行したと考えられてきた。しかし、その発生のプロセスに関しては後漢晩期の肉筆資料が乏しかったため不明な点が多かった。

二〇〇四年、湖南省長沙市東牌楼《とうはいろう》の古井戸で後漢末の簡牘が出土した。内容は地方の役所で作成された公文書の類であるが、これによって当時の文字使用の実態が明らかになった。書体は行書・草書で書かれたものが多く、篆書や隷書、そして初期の楷書と思われる字体も混じっていた。

ところで楷書の「楷」は本来〝模範〟の意であり、ある固有の字体を指していう語ではなかった。楷書の呼称が定着するのは宋代になってからであり、それまでは真書・正書と呼ばれていたが、ここでは混乱を避けるために〝楷書〟の呼称で統一する。

さて楷書の定義は前節で述べたものの、その定義をもう一度いえば、三節構造（起筆・送筆・収筆）の有無に置く。ただし、初期の楷書を議論する場合、これとは別に条件を設定する必要があろう。初期のものは、①収筆に按《あん》（押さえ）・頓《とん》（止め）がうかがえること、②安定した筆画、つまり点画から点画への連続した筆勢が見られないこと、③転折の技

東牌楼簡牘に見える主な書体

法（転折でいったん筆を立て直してから下へ引き下ろす）が顕著なこと、の三点が重要であろう。この三つの条件を東牌楼の漢簡に当てはめた場合、上図（左端）に見られる字体は初期の楷書に位置づけられる。

東牌楼後漢簡が発見される八年前、同地域に隣接する走馬楼の古井戸で三国呉の簡牘が出土している。その中の簽牌《せんぱい》（付け札、四〇頁参照）の文字に、収筆の按・頓と転折の技法がはっきりと確認できる。つまり後漢末から三国呉に至って楷書は完全に成立したと見てよかろう。

秦隷が現れて準標準体に格上げされると、しだいに篆書が忘れ去られ、漢代には八分が正式書体となる。それとほぼ並行して草書・行書が盛行すると、八分もまた特別な場で使用されるだけとなる。後漢末に楷書が発生して定型化に向かい、三国以降やがて正式書体の地位に上り詰めるのである。以後、今日まで途切れることなく公式書体として不動の地位を保ってきた楷書は、他の書体と比較した

習書簡（部分）

場合、きわめて長命であり特殊な字体であるといえる。その理由はもちろん歴代の政権によって支持されてきたことは言うまでもないが、もう一つの要因は印刷術の発明によってこの様式が広く流布し、固定化されたからであるといえる。印刷術については第五節で述べる。

書き手の美意識

漢字が今日まで途切れることなく継承され、発展してきた理由の一つに、人々の美意識がそれぞれの時代の文字に反映されてきたからにほかならない。西周金文における書法は〝六書〟教育によって発展してきたことが指摘されているが、それを踏まえ、王暁光《おうぎょうこう》（『秦簡牘書法研究』）は、「その結果、用筆法の研究が深まって均等・整斉・渾厚な筆画が生まれ、曲線美を用いた巧みな造形が考案された」と述べる。このように、古代から用筆法に習熟し巧みな筆遣いを追究してきたことがうかがえる。こうした文字に対する美意識は俗体を書く際にもおのずと生かされたであろう。漢代以降、いろいろな書論書が著されてきたが、用筆法・運筆法などの筆法のみならず書き手の精神、境地などを論じたものも少なくない。つまり、毛筆という変化自在な道具を用いて細やかな審美眼を養ってきたものと考えられる。

いくつか例をあげてみよう。まず点画の引き方に腐心する様子がうかがえる習書簡の例がある。右図は里耶秦牘の一部であるが、「武」「庫」を繰り返し練習した痕がうかがえる。これは難解な漢字を試し書きしているのではなく、文字の結構（組み立て）や波磔の筆遣いに習熟しようとしていることは明らかである。こうした習書簡は敦煌漢簡などにも見られる。つまり文字の結構に対して当時の人々がいかに美意識を働かせていたかという実例といえよう。波磔を強調する例は第一節で述べたように、殷代にも「肥筆」という現象があった。当時、文字を扱う人々は毛筆で書写し、そこに現れる線の肥痩を加味して文字を認識するという意識が働いていたことは明らかである。結局、それぞれの時代にはそれぞれの気風があり、その気風が新しい書体・書風を生み出す原動力の一つになったと考えられよう。明末の董其《とうき》昌《しょう》は三つの時代の書の性格について「晋人の書は韻（風韻）を取り、唐人の書は法（法度）を取り、宋人の書は意（新意）

を取る」と述べているが、この言葉からもおのおのの時代によって書法に異なる気風が流れていたことが推し量られる。

古代の書写用具

中国ではいつ頃から毛筆を使い始めたのであろうか。新石器時代の陶器に、刷毛状のもので書かれたと思われる絵画が出土しているが、毛筆使用の起源ははっきりしない。ここでは文房四宝として珍重される筆墨硯紙について、その最古の実例を見てみよう。

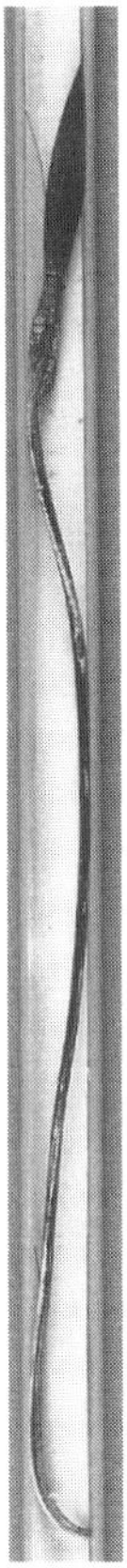

毛筆（左家公山戦国墓出土）

硯・研墨石・墨塊（雲夢県睡虎地秦墓出土）

天水紙（天水市放馬灘漢墓出土）

古代の書写用具

筆：一九五七年、河南省信陽市長台関の戦国墓で出土した毛筆は、戦国中期に比定されるもので、湖南省長沙市の左家公山の戦国墓（前三〇〇年頃）で出土した毛筆（報告では兎毫）と並んで、現存最古のものである。ちなみに甲骨に刻まれた「[illegible]」字や毛筆で書かれたと思われる刻し残しの朱線、あるいは殷代の玉片に書かれた墨書、白陶の「祀」字などはシャープな筆線であって、毛筆でなければ表現できないものである。これらの実物資料から殷代にはすでに動物の毛のようなものをつけて筆としていたことがうかがえる。

俗語〝蒙恬造筆（秦の蒙恬将軍が筆を造った）〟が伝えられている背景には、古くから使用されてきた毛筆を、秦代に至って画期的な改良が加えられたことを示唆していると考えられる。これまで戦国～秦漢にかけて二〇本以上の筆が出土しているが、仕立て方は複数あって、中には兎毛や鹿毛の周囲に羊毛を捲いた、いわゆる〝有芯筆〟と見られるものも含まれていた。

墨と硯：最古の実例は、湖北省雲夢県睡虎地秦墓（墓主は前二一七年没）出土の硯と研墨石、それに墨塊（四九頁参照）である。平たい板状の石の上に墨塊を一かけら載せて水を加え、研墨石で磨りつぶし墨液をつくったものと考えられる。

紙：植物性の繊維を煮て叩いて分解し、それを水に溶かして漉いたもの——これが紙の定義である。ペーパーの語源になっているパピルスは、古代エジプトで用いられた一種の紙とされるが、葦を縦横に編んでプレスしただけのもので繊維が絡まっていないから、厳密に言えば、紙の定義を満たしていない。紙の最古の実例は、甘粛省天水市放馬灘で出土した、いわゆる〝天水紙〟である。この墓葬は前漢早期に比定されている。このことから後漢の蔡倫が紙を造ったという伝説は、より書写に適した改良紙（蔡侯紙とよぶ）であったと考えられる。それまで書写材料としてはもっぱら簡牘や縑帛が用いられていたが、この改良紙の出現によって一部その需要を失ったことであろう。

ちなみに毛筆や紙の改良は、漢字の字体や結構に少なからず影響を与えたものと思われる。

4 典型となる書体確立への道

碑誌に刻された公式書体の変遷

後漢後期（特に桓帝・霊帝期）には八分で書かれた碑碣が多数を占める。その内容は記念碑と頌徳碑（多くは墓碑）に大別される。当時は、国教となった儒教に人格育成から人間道徳までを体系化し、家族制度の根本となる〝孝心〟という思想が教条化されたため、亡くなった親の葬送儀礼がしだいに豪奢になった。後漢の献帝によって魏王に任じられた曹操は質素倹約を奨励し、華美な葬儀を抑制するために墳墓の傍らに立てる碑の建立を禁じた（「立碑の禁」）が、いいかえれば巨碑建立の風潮が国中に蔓延していたことを物語っている。以後、南朝にいたるまで約三五〇年間、二度の「立碑の禁」が出され、形式上は遵守された。しかし人々の意識が完全に変化したわけではなく、石碑に変わるものとして墓誌碑、あるいは墓誌が出現した。墓誌碑と墓誌との違いの一つは、立てるか横に寝かせるかであるが、前者はいわば碑のミニチュア、後者は蓋と誌とを重ね合わせた形状で、両者ともに墓坑内に置くことができる。ここに刻まれる字体はおおむね銘石書（その時代の標準体のこと。漢魏は八分、南北朝以降では楷書）を用いている。

後漢時代に儒教が国教化され、経典・経書を校訂する目的のテキストとして石経《せっけい》が刻された。石経は後漢の熹平《きへい》石経（八分）、魏の正始石経（三体石経ともいう。古文・小篆・八分の三体）、唐の開成石経（楷書）などがよく知られている。ちなみに一字石経とも呼ばれる〈熹平石経〉は方正な八分書であり、三体が刻された〈正始石経〉は古文学の復興という立場が反映されたものといわれている。また〈開成石経〉は科挙の標準テキストとして定められたものである。このような石経は伝存のテキストを校訂し、基準となる正本を定めることに主眼があるが、見方を変えれば国家によって字体における基準を示したものともいえる。

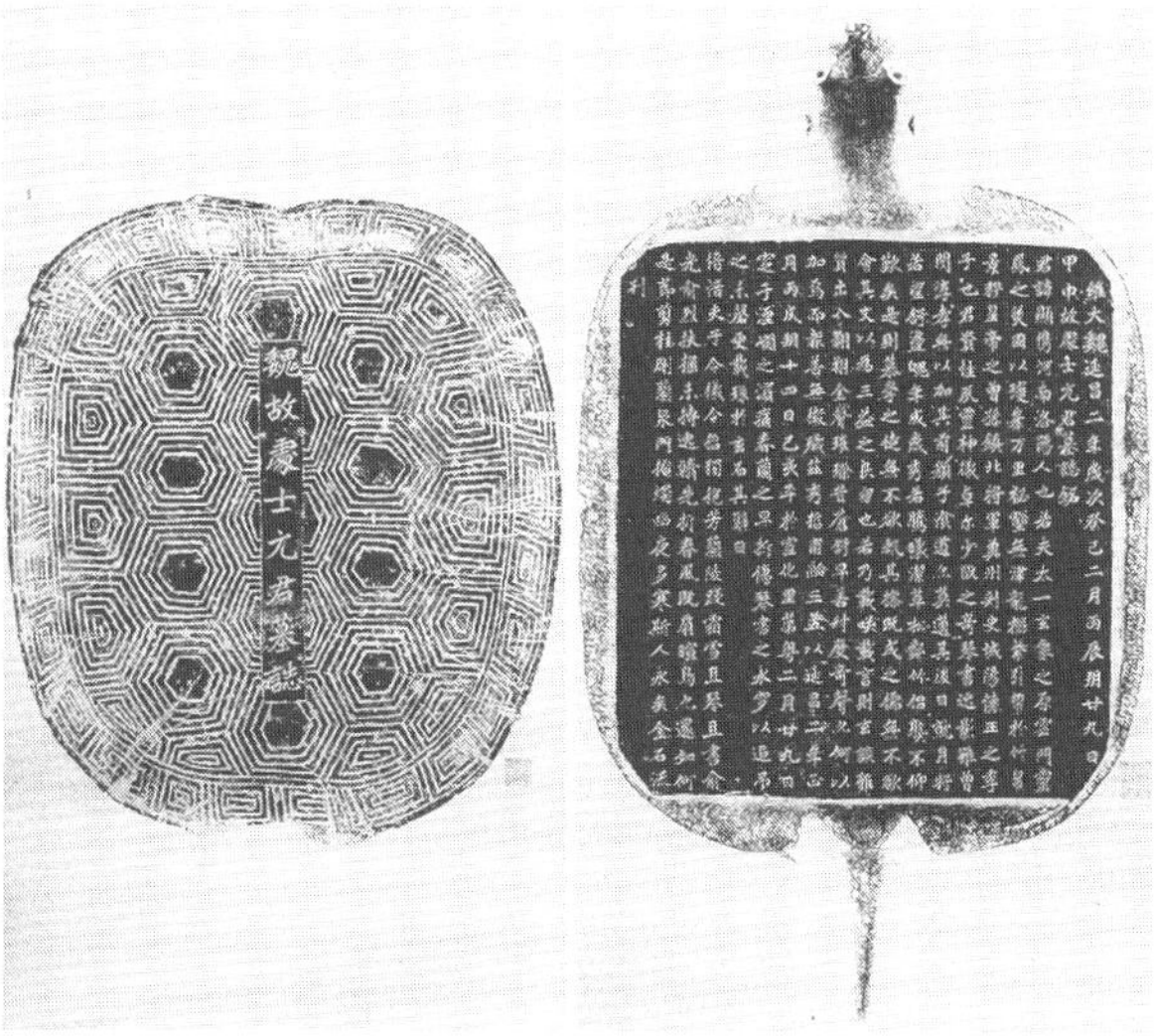

墓誌銘（右）と蓋（拓本）

典型となった王羲之の書

東晋～南朝時代にかけて、貴族文化は爛熟期を迎えた。この時代に登場するのが、東晋の王羲之《おうぎし》（三〇三？～三六一？）・王献之《おうけんし》（三四四～三八六？）父子であり、この二人を〝二王〟と総称している。とりわけ唐の太宗が王羲之の書の収集に力を注いだことはよく知られている。王羲之は、楷書・行書・草書に優れ、書を芸術の域まで高め一つの典型を創った人物として名を遺し、後世〝書聖〟とまで崇められ今日に至っている。

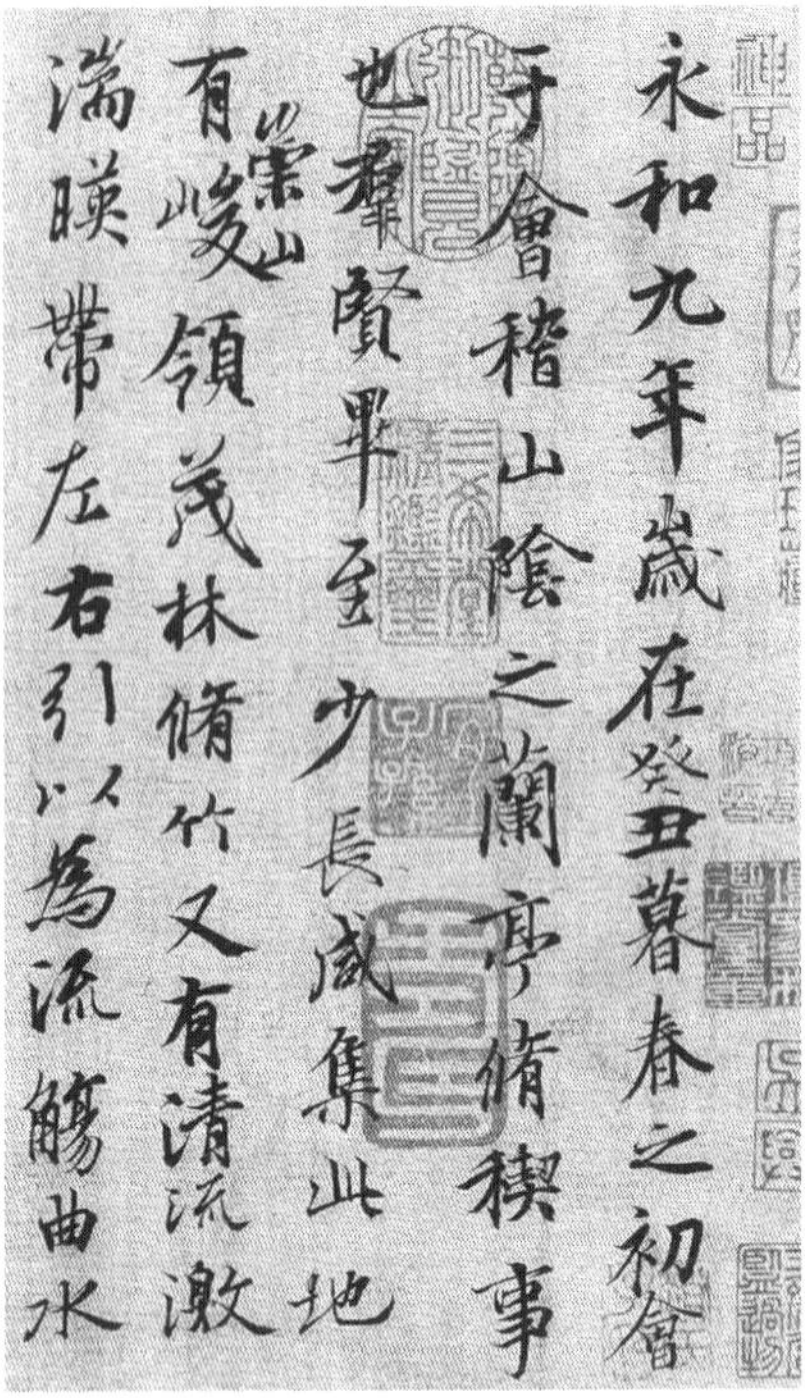

王羲之〈蘭亭序〉

ここで指摘しておきたいことは、唐太宗の擁護のもとで王羲之の書の複製がたくさん製作されたことである。最もよく知られているのは虞《ぐ》世南《せいなん》（五五八〜六三八）・欧陽詢《おうようじゅん》（五五七〜六四一）などに臨書（古典の優れた技法を学び取って書くこと）させたり、搨書《とうしょ》（文字を敷き写す）人に精巧な摹本《もほん》を作らせたりしたことである。また太宗は王羲之の〈蘭亭序《らんていじょ》〉を熱愛するあまり、その真跡を自らの墓に副葬させたという。その後も王羲之の書は尊重され、摹本をもとにその複製が次から次へと作られ、南宋時代には〝蘭亭八百本〟とまで言われたほどである。なお、王羲之の真筆は一つも存在しないものの、その書は典型として今日まで学ばれ続けている。

究極の様式

五書体中、最も遅れて成立した楷書は、東晋の王羲之によって一つの典型となり、それが二五〇年あまり後の初唐に至って〝究極の様式〟として昇華した。これ以後、新たな書体は生まれていない。

すでに第三節で述べたが、楷書の特徴をもう一度確認してみよう。按・頓の有無、点画における連続した筆勢の有無、転折の技法という三つの要素が不可欠である。この条件を満たしたものに東牌楼後漢簡や走馬楼《そうまろう》呉簡がある。ただし、当時の書佐（書記官）は初めから楷書を書こうとしていたわけではなく、いわば〝俗筆隷書〟を書いていたものと考えられるが、今日から見ればこれこそ初期の楷書に相当するのである。その後、魏の鍾繇《しょうよう》（一五一〜二三〇）から東晋の王羲之を経て、楷書の典型が創られ、隋唐の秀麗な楷書へと発展する。前項で述べたように、唐に至って初唐の三大家（虞世南・欧陽詢・褚遂良《ちょすいりょう》）らによって究極の様式が完成したといってよい。さらに中唐に顔真卿《がんしんけい》（七〇九〜七八五）が現れ、いわゆる〝顔法〟という書法を構築し、宋以後の書の歴史に大きな影響を与えた。

このように、唐代に究極の様式として完成を見た楷書が今日まで正式書体として使われている。

字書の歴史

字書（字典ともいう）とは漢字をある一定の順序に並べ、その文字の発音や字源・意味・用法などを解説したものを指す。中国で最も古い字書は、後漢の許慎《きょしん》が著した『説文解字』である。これは小篆を中心にして古文・籀文を加え、字音・字義について説明したもの（小篆九三五三字、重文一一六三字を収録）で、その説明にあたっては、象形・指事・会意・形声・転注・仮借の六種、いわゆる〝六書〟の方法を用いた。ただしこの説明だけでは解釈できない点も少なからずあったことから、清の段玉裁《だんぎょくさい》はこれを補う書物として『説文解字注』を著した。この書の特徴は本義だけでなくそれ以外の字義がどのように生じたのかを説いているところにあり、現在でも『説文解字』研究に有益な書籍とされる。

では悠久の歴史を持つ漢字をこれまでどのようにして学び、そして伝えてきたのであろうか。史書に載る最古の識字テキストは何かというと、班固《はんこ》『漢書《かんじょ》』芸文志に「『史籀《しちゅう》編』は周のとき史官が学童に教えるテキストである」と記すように、西周・宣王のときに作られた『史籀編』（一五編）である。この史籀編の字体は当時通用していた大篆（籀文）であり、前漢末までずっと使用されたが、後漢の建武（光武帝の年号）のとき、六編を失い、以後しだいに失伝の一途をたどった。したがって許慎『説文解字』には籀文二二三字を収録しているだけである。

現在まで伝えられている最古の識字テキストは、弟子の学則を述べた『管子（弟子職）』（二四巻）である。秦始皇帝が全国を統一し文字統一の政策を実施したが、その際、李斯《りし》は『蒼頡《そうけつ》編』、趙高《ちょうこう》は『爰歴《えんれき》編』、胡毋敬《こぶけい》は『博学編』を作ったという。やはりこれらも当時の識字テキストであろう。

前漢中期～後漢にかけて多くのテキストが編まれた。『漢書』芸文志には一〇人による四五編が記されている。最もよく知られているものは司馬相如《しばしょうじょ》『凡将《ぼんしょう》編』、揚雄《ようゆう》『訓纂《くんさん》編』などである。ただし、残念なことに、現在見ることができるのは『急就《きゅうしゅう》編』だけである。魏晋以降、標準体に格上げされた楷書によるテキストが続々と出現した。最もよく知られているものは南朝梁・周興嗣《しゅうこうし》が編纂した『千字文《せんじもん》』である。

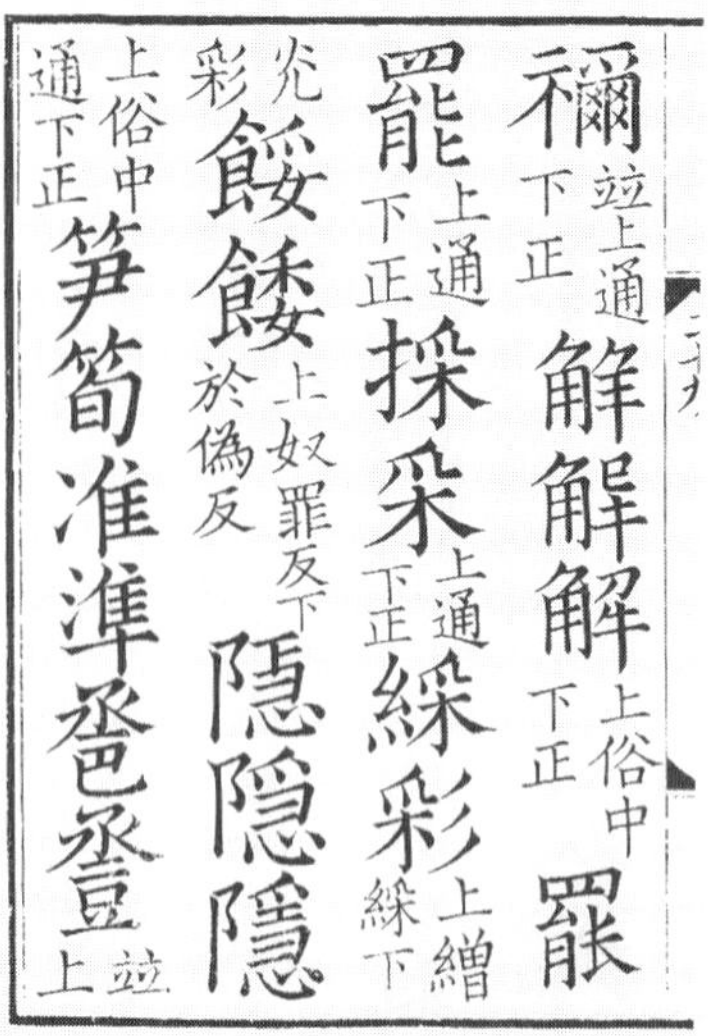

『干禄字書』

北宋のとき、編纂された『百家姓《ひゃっかせい》』（作者未詳、四七二字）、南宋の王応麟《おうおうりん》の作と伝えられる『三字経《さんじきょう》』とこの『千字文』とを合わせて〝三百千（それぞれの頭文字を取った呼称）〟と呼ばれ、近代まで識字テキストとして使用されてきた。

ここで異体字についても触れておかねばならない。隋から始まった科挙試験制度を維持していくためには経書の解釈の統一が不可欠であった。そこで作成されたのが『五経正義』（一八〇巻）である。解釈が統一されても字体の問題が残される。複数の字形を有する文字をどのように扱うかであるが、たとえば「野」「埜」は、前者が正体字、後者が異体字である。こうした字体の問題を整理したものに次のような字書がある。顔師古《がんしこ》『顔氏字様《がんしじよう》』は正・俗の区別を示したものであり、顔元孫《がんげんそん》『干禄《かんろく》字書』は正・通・俗の三通りに分類したものである。以後、部首配列を採用した、張参《ちょうさん》『五経文字』、唐玄度《とうげんど》『九経字様』なども著された。

5 書芸術と文字文化

士大夫の書

士大夫の呼称は古くからあったものの、宋代以後は科挙出身の官吏を指すようになった。北宋中期の政治家王安石は、科挙によって選抜される官吏に実務能力を求めた。唐代の科挙では事前の請託が容認されていたが、宋の真宗のとき、これを禁止した。『集古録跋尾《しゅうころくばつび》』で知られる欧陽脩が〝四六駢儷文《しろくべんれい》（四字・六字の句をベースに典故を多用した華麗な文章）〟調の答案を斥け、古文体による答案を採用したことで古文復興運動が高まった。このとき、蘇軾《そしょく》（一〇三六～一一〇一）・蘇轍《そてつ》（一〇三九～一一一二）兄弟、張載（一〇二〇～七七）らが合格している。「唐宋八大家」に数えられる蘇軾で代表されるように、当時の士大夫は高い教養を備えており、文人趣味的な著作、たとえば蔡襄《さいじょう》の『茶録』、蘇易簡《そいかん》の『文房四譜』などが生まれた。

字体の規範化が積極的に進められた唐代以降、科挙試験に合格するには〈開成石経〉を基準とする正体で書くことが必須条件であったという。正体をきっちり学んだ士大夫階級の人々によって、文字の正体が地方へも伝播していったことは想像にかたくない。

法帖の発達と金石学の隆盛

北宋前期、太宗が王著《おうちょ》に命じて作らせた『淳化閣帖《じゅんかかくじょう》』一〇巻は、歴代の書跡集成といってよい。この集帖には、上古から唐代に至る約三二〇種の古典を刻入しているが、そのうち五巻、計一二四帖が王羲之・王献之父子の書跡である。以後、多数の法帖が官民問わず製作された。『淳化閣帖』が〝法帖の祖〟と呼ばれる所以である。

清朝では筆禍（著書・記事などに難癖をつけて厳罰に処すこと）を避けてしだいに考証学が盛んになり、康熙《こうき》帝や乾隆《けんりゅう》帝による学術奨励がこれにさらなる拍車をかけ、〝乾嘉《けんか》の学〟とよばれる考証学の全盛期を迎えた。こうした気運の中で金文や石刻文を研究対象とする金石学が盛行した。清朝金石学の創始者とされる顧炎武《こえんぶ》（一六一三〜八二）をはじめとし、阮元《げんげん》・呉大澂《ごたいちょう》・翁方綱《おうほうこう》・銭大昕《せんだいきん》・王昶《おうちょう》らはそれぞれ名著を残した。

印刷術の発達と字体

宋代における科挙制度が隋唐代のそれと違うのは、受験生の層が拡大したという点にある。それまで中下級貴族の子弟らが対象であった科挙試験は、宋代以降は一般大衆にも広がり、能力さえあれば官僚のポストに就くチャンスが与えられたのである。これを可能にした理由の一つに印刷術の発達があげられる。沈括《しんかつ》『夢渓筆談《むけいひつだん》』には畢昇《ひっしょう》の活字製作法が紹介されているが、活字印刷術が発明されたのもこの時期である。しかし、印刷文化の主流はあくまで木版印刷による折本や胡蝶装《こちょうそう》にした書物の類であった。こうして木版印刷の技術によって大量生産が可能になったため、一定の資金さえあれば誰でも科挙試験に必要な書籍を手に入れることができたのである。ちなみに版本に墨を塗って紙を押し当てて刷り取る技術は、敦煌出土〈唐・金剛般若波羅密多経〉の例でわかるように、唐代にはすでに確立していたことが知られる。

最後に、印刷体と書写体との違いを簡潔に述べておこう。文字は書き手の意識や時代の流行、その他さまざまな理由によって、いくつかの書き方が存在する。たとえば「総」「總」「緫」などがこれである。しかし、印刷体は一度型が決まれば標準体として位置づけられ、以後大きく変化することはない。このような印刷術の出現によって、印刷体に採用された楷書の地位は盤石なものになったのである。

参考文献

【一般的・入門的文献】

① 阿辻哲次『図説 漢字の歴史』(大修館書店、一九八九年)

＊本書の第一部は漢字の歴史の通論で、新石器時代から現在に至るまでの漢字の位相とその役割を説き明かし、第二部では〝漢字を書く〟行為を中心に、筆や紙などの書写用具の歴史を述べる。図版を多用し、わかりやすく解説している。

② 大西克也・宮本徹『アジアと漢字文化』(放送大学教育振興会、二〇〇九年)

＊放送大学のテキストとして著されたもの。前半は甲骨文から究極の楷書が完成した唐代までの漢字の歴史について述べ、中盤では字書の役割や漢字音の基礎などを解説している。後半では中国を取り巻く漢字文化圏、つまり日本・韓国・朝鮮、ベトナムの事例を通して、漢字の伝播とその影響をまとめたもの。最新の出土資料を盛り込んで可能な限り平易に解説している。

③ 小幡敏行訳・佐野光一閲『中国古代漢字学の第一歩』(凱風社、一九九〇年)

＊本書は、李学勤『古文字学初階』(中華書局、一九八五年)の訳書である。考古学との接近をはかりながら、古文字学の全体像を明解かつ合理的に分析したもので、古代の漢字を学ぶ人には必読の入門書といえる。

【専門的文献】

① 西林昭一『書の文化史』上(二玄社、一九九一年)、中(二玄社、一九九七年)

＊本書は、各頁の四割程度を図版に当ててその解説を施したもので、いわば〝図説 書の歴史〟である。新たに発見された史料を積極的に取り入れて書体の変遷を再構築し、さらに文化史的な視点で書をとらえようと試みている。上冊は先史・殷・西周〜東晋(王羲之の書)まで、中冊は東晋(王献之の書)〜唐・五代十国までの書の歴史とその文化について解説。

②　横田恭三『中国古代簡牘のすべて』（二玄社、二〇一二年）
＊二〇世紀初頭から二一世紀初めにかけての約一〇〇年間に発掘・収集された簡牘（竹や木の札）を、出土地によって大きく五ブロックに分け、簡牘の内容や書体の特徴などをカラー図版とともに解説し、書体の変遷がうかがえるようにしたもの。また、それぞれの出土報告書や専著を〈参考資料〉の項に記載し、文献の検索に便宜を図っている。

③　早稲田大学中国古籍文化研究所文字学研究班訳『文字学概要――〔前編〕漢字の誕生とその発展』（中国古籍文化研究所発行、二〇〇四年）
＊本書は、裘錫圭『文字学概要』（商務印書館、一九八八年）の訳書である。文字形成の過程から説き起こし、漢字の性質を述べ、その漢字の形成と発展、および形体の変化（書体の変遷）を文字学の立場から論じたもので、文字の発展過程をうかがい知ることができる。なお、本書の後半三分の一に図版をまとめて掲載している。

コラム2

漢字に関する用語解説

横田恭三

あ 行

殷墟：河南省安陽市北西の小屯村で発見された商代晩期の都城。宮殿宗廟遺址・王陵遺址があり、約一五万片の甲骨文が発見されている。

殷墟書契：羅振玉の撰。全編八巻・後編二巻・続編六巻。甲骨、全五二〇〇余片を収載する。

温県盟書：河南省温県で出土した石片に墨書された誓約書（約一万片）。盟書とは、春秋戦国時代、貴族間の闘争を抑えて内部の団結を計り、敵を打破する目的で行われた誓約活動の一つ。

か 行

開成石経：開成二年（八三七）に完成した石製の儒教経典。西安碑林に両面刻で計一一四石が現存。石経とは、経典の誤謬を正し定本を示すために刻石したもの。書体は楷書。

簡牘：文字を書写するために成形された竹と木の札の総称。簡は竹の札、牘は木の札の意。簡牘の最古の実例は〈曾侯乙墓竹簡〉。

漢隷：広義では漢の隷書の意であるが、狭義では後漢時代の波磔の強調が見られる〝八分《はっぷん》〟をいう。

熹平石経：後漢・熹平四年（一七五）、蔡邕らの奏上によって刻された易・詩・書・論語など七つの石製の儒教経典。書体は八分。

金文：青銅器上に鋳造または刻入された銘文のこと。字体は大篆の系統に属する。

甲骨文：殷周時代、亀甲や獣骨上に刻された文字のこと。現存最古の漢字の字体で、「契文《けいぶん》」「卜辞」などともいう。

侯馬盟書：山西省侯馬市で出土した約一〇〇〇枚の玉や石片に朱書された誓約書の類。盟書については温県盟書の項を参照。

刻画符号：刻符ともいう。主として陶器に刻まれた符号のこと。現存最古のものは、仰韶《ぎょうしょう》文化期にあたる彩陶土器に刻みつけられた符号である。

さ 行

三節構造：三節は三過折ともいう。一画中に起筆・送筆・収筆の三節を有する筆法のことで、現在の楷書の構造がこれにあたる。

周原遺址：周原とは、陝西省岐山県と扶風県にまたがる地域で、西周王都の所在地にあたる。ここから西周青銅器や甲骨文が出土している。

淳化閣帖：淳化三年（九九二）、宋の太宗が内府所蔵の三三〇種の墨跡の字姿をなぞって石に刻したもので、法帖の祖と呼ばれる。一〇巻。

殷墟入口

書佐：古代における公文書の記録を担当する下級役人のこと。『漢書』百官公卿表や近年出土の尹湾《いんわん》漢墓簡牘などの記述にその名称がみえる。

信陽楚簡：河南省信陽市長台関の戦国中期の墓葬より出土した一七六枚の竹簡。横画の収筆を右下へ巻き込む筆法が見られる。

秦隷：秦代の隷書の意。篆書の持つ曲線的要素を方正で平直な筆画に簡略化した字体。

睡虎地秦簡：湖北省雲夢県睡虎地の戦国末～秦に至る墓葬より出土した一一五〇枚の竹簡。書体は秦隷。

説文解字：中国最古の字典。後漢・許慎（三〇頃～一二四頃）の著。小篆九三五三字を五四〇部に分類し、それぞれ字形と字義について解説したもの。

千字文：中国の識字テキストの一つ。梁の周興嗣《しゅうこうし》（四七〇?～五二一）の撰。すべて異なる文字によって作られた四言句を二五〇句集めたもの。

正始石経：魏・正始年間（二四〇～二四九）に刻された石経。古文・小篆・八分の三体を用いているため「三体石経」ともいう。

曾侯乙墓竹簡：湖北省随州市擂鼓墩《らいことん》一号墓で出土した二四〇枚の竹簡。内容は遣策（副葬品のリスト）。戦国早期（前四三三～前四〇〇）の楚文字に属する。

走馬楼呉簡：湖南省長沙市五一広場東側の走馬楼で発見

された古井戸より出土した一〇万枚の簡牘。内容は主として官府文書や司法文書類。

草隷：草率な隷書の意。睡虎地秦木牘（四号墓）や里耶秦牘などの一部の文字に草隷風の書きぶりが見られる。

俗筆隷書：隷書を捷書《はやが》きする中から発生したもので、標準的な隷書の俗体のこと。

た　行

中山王嚳《さく》墓：一九七四～七八年にかけて河北省平山県で発見された戦国時代の墓葬の一つ、中山王嚳の陵墓。方壺・円壺・鉄足大鼎など、装飾性豊かな姿態をみせる銘文が出土した。

籀文：「籀書」または「大篆」ともいう。籀文とは『史籀編』の文字を指す。春秋戦国期に秦国で使用された文字。

鉄雲蔵亀：清・劉鶚輯。所蔵の甲骨五〇〇〇余件中、一〇六一片の拓本を影印したもの。

天水放馬灘秦簡：甘粛省天水市放馬灘の戦国末の秦墓より出土した四六〇枚の竹簡。睡虎地秦簡と同種の秦隷である。

東牌楼後漢簡：湖南省長沙市五一広場東南の東牌楼で発見された古井戸より出土した二〇五枚の簡牘。後漢・霊帝期の公文書。書体は篆書～初期の楷書までバリエーションがある。

陶文：古代の陶器上に記された文字。現在、新石器時代のものが最古である。刻画符号もこれに含まれる。

敦煌漢簡：甘粛省敦煌市周辺で出土した漢代の簡牘のこと。一九〇七年以降、オーレル・スタインほかが甘粛省内で発見した漢簡の総称。

な　行

二里頭文化遺址：河南省偃師市の西南、伊河と洛河の間に位置する夏代の都城遺址。大量の石器・陶器・玉器が発見されている。

は　行

波磔：隷書や楷書の右払いの運筆法。この波磔を強調した隷書が〝八分〟である。「波」は波のような動き、「磔」ははらう意。

碑碣：碑は長方形に加工した石に文章を刻して建てたもの。碣は一説に頭頂部の円い石に文章を刻したもの。ただし、両者の区別は明確ではない。

肥筆：たっぷりと肉厚に書かれた筆画のこと。殷～西周の金文に多く見られる。

包山楚簡：湖北省荊門市包山の戦国中期の墓葬で発見された二七八枚の竹簡。字体は、横画を右下へ巻き込む円転を多用した楚文字。

ま　行

馬王堆簡帛：馬王堆漢墓は、湖北省長沙市五里牌で発見された前漢初期の軑侯《たいこう》とその夫人・息子の三基の墓をいう。一号墓と三号墓で簡牘と帛書を出土。簡牘は計九二二枚、帛書は四五種。

銘石書：各時代における標準書体を石刻に用いた呼び方。漢魏時期は八分、南北朝以後は楷書がそれぞれ銘石書にあたる。

毛公鼎：西周・宣王期（前八二七～前七八二年頃）の青銅器。清・道光（一八二一～五〇）末、陝西省岐山で出土したと伝える。字形は縦長で、点画を肉厚に作る。

蒙恬造筆：蒙恬は秦の将軍。蒙恬将軍が毛筆を作ったとする俗説をいう。毛筆はそれ以前より使われていることから、秦代に改良筆が造られたことを示唆したものと考えられる。

ら　行

立碑の禁：禁碑のこと。魏・曹操のとき出された碑碣建立を禁じた法令。なお、西晋・武帝期にも同様の禁碑が公布された。これによって墓中に墓誌碑の類を置く方法がしだいに広まった。

六書：漢字の分類法。象形・指事・会意・形声・転注・仮借の六種をいう。なお、前者四つは構造上から見た分類、転注・仮借の二つは漢字の使用法から見た分類である。

里耶秦牘：湖南省竜山県里耶の戦国古城の古井戸で発見された秦代の簡牘。総計三万七〇〇〇枚にのぼる。秦代初の公文書の実例で、その書きぶりにはさまざまなバリエーションが見られる。

龍崗秦簡：湖北省雲夢県龍崗秦墓で発見された一五〇余枚の竹簡と一枚の木牘。竹簡の字体は方折に書かれた秦隷、木牘の字体は円勢を加味した秀麗な筆致。

隷変：篆書が簡略化されて隷書に変わる過程でしだいにその象形性が失われ、符号化されること、もしくはその過程をいう。

第三章　書籍

中村未来

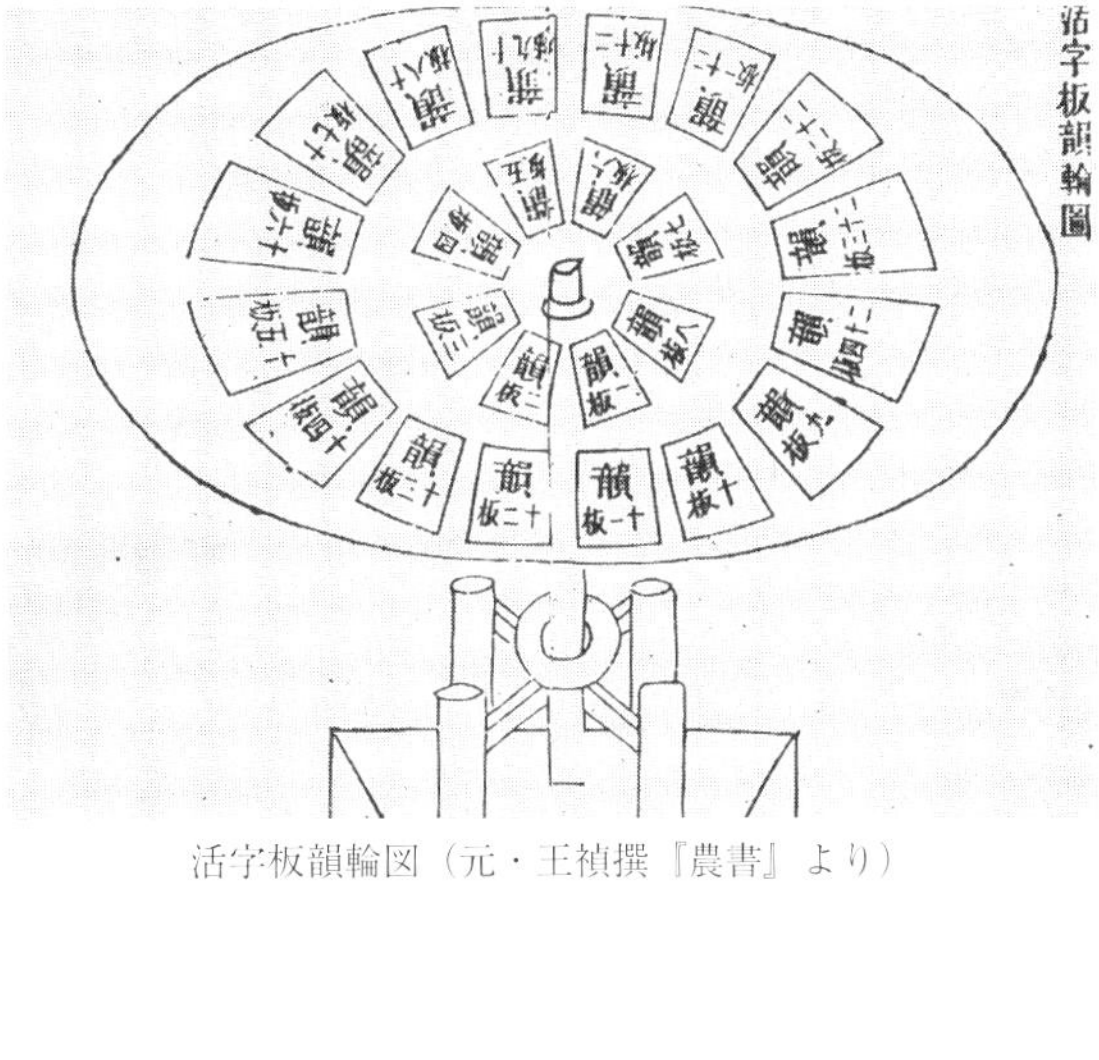

活字板韻輪図（元・王禎撰『農書』より）

中国において、「書籍」や「書物」という語句の登場は思いの外おそく、南朝宋に范曄《はんよう》が撰した『後漢書』に見られるのがその初出であると言われている。それより以前、戦国時代の文献である『孟子《もうし》』や『春秋左氏伝《しゅんじゅうさしでん》』には、「典《てん》籍《せき》」という語が見える。「典」とは、竹の札（竹簡）を紐でとじた形象を表す「冊」字を両手で捧げ持つ字形、あるいは「冊」字の下部に、台の形を加えた字形であり、「籍」もまた竹の札を重ねてとじた意を表す文字である。現在、われわれは書物といえば、すぐに紙に印刷された図書を想像するが、諸子百家の活動した戦国時代には、知識人の間に流布した文献は主に竹簡に記されていた。文字が誕生し、現在のように紙にそれらが印刷されるまでには、実に長い変遷過程があったのである。

各時代における文化や経済の発展、また政治制度の変革を背景に、筆記媒体が新たに開発・改良され、技術が格段に向上する。さらに、より多くの階層が書物を閲覧し受容することが可能になると、記される内容にも大きな変化が現れるようになった。

本章では、このようにさまざまな要素が絡まり合い発展した書物について、主に筆記媒体（素材）、印刷術による革新、分類法の面から、その変遷過程をたどってみたい。

1 筆記媒体の変遷

甲骨文と金石文

今から五〇〇〇年以上前、人類が狩猟や農耕・牧畜により生活を営んでいた新石器時代の彩文土器《さいもんどき》には、幾何学模様や人面、魚などの絵が顔料を用いて描かれており、すでに筆に類似する道具が使用されていた状況をうかがうことができる。また同様に、新石器時代には、陶器に符号のようなものを刻むこともあった。しかし、文字を使用した記録は、その後、殷《いん》王朝第二三代王の武丁《ぶてい》期（約三〇〇〇年余り前）に下るまで確認されていない。

武丁期に記された最古の漢字を甲骨文字《こうこつもじ》（甲骨文）と言う。主に文字は、亀の腹甲《ふくこう》や牛の肩胛骨《けんこうこつ》などに玉《ぎょく》や銅製のナイフを使って刻まれていたと考えられている。殷代には、王や貞人《ていじん》（専門の占い担当者）により、甲骨を用いた卜占《ぼくせん》が行われていた。甲骨に刻まれた内容のほとんどは、国家の運営や王の行動に関する吉凶を二者択一で問うものである。こ

鯢魚紋彩陶瓶
（『甘粛省博物館文物精品図集』より）

甲骨（殷墟博物館所蔵）

毛公鼎（台湾国立故宮博物院所蔵）

の占いは、しばしば神の託宣《たくせん》を得た王の判断の正しさを示す神聖な道具として利用された。

また、青銅器の内側や外側に記された文字を金文《きんぶん》という。金文は、その大部分が青銅器作成の段階で鋳込《いこ》まれたものである。殷代にも金文は見られるが、それは祭祀の対象となる神名を記しただけのきわめて簡略なものであった。しかし殷を滅ぼして周王朝が興ると、青銅器の銘文は祖先祭祀のみならず、王の盟約《めいやく》や諸侯の功績・褒賞を記すためにも用いられるようになり、使用字数もしだいに増加していった。

筆記される媒体は甲骨や青銅器にとどまらず、大石にも文字が刻まれた。現時点において、中国最古の石刻は、殷王武丁の妻・婦好《ふこう》の墓から出土した磬《けい》という打楽器に見える。その後、戦国時代に秦で刻まれた石鼓《せっこ》には、合計一〇の石の表面に、王の狩猟の光景を詠んだ詩が記され、また戦国の乱世を統一した始皇帝も、封禅《ほうぜん》の儀式（王が即位を知らせ、天や地を祀り、国の幸いを祈る儀式）を挙行すると同時に、各地の名山に石碑《せきひ》を建てたと言われている。

このように古代中国では、甲骨や金石など、文字を書くにはきわめて特殊な素材が多く用いられていたが、それは文字の使用者が王やその近親者、諸侯という一部の上位階層者に限定されていたことと無関係ではない。王や諸侯は文字を神聖な儀式と結びつけ、あるいは自己の功績を天下に知らしめる目的のために利用した。しかし、殷《いん》から周《しゅう》、さらには周の諸制度がほころびだした春秋戦国期へと時代が下るにつれ、文字の持つ宗教性は希薄になり、文字を書く素材にも特殊性以上に、耐久性や書きやすさ、コストパフォーマンスが重視されるようになっていった。

竹簡・木簡・帛書

中国古代において、最もよく利用されていた筆記媒体は、竹簡《ちっかん》や木簡《もっかん》であろう。これらは竹や木を細長く切り、各簡を紐でとじ合わせ、ちょうど簾《すだれ》のように連ねた形状をしていたと考えられている。かさや重量のために移動させることが困難であり、また筆写面に限りのある甲骨《こうこつ》や金石《きんせき》に比べ、竹簡や木簡は巻いて持ち運べる上に、竹や木を追加・削除していけば、記述内容を増減させることも容易である。さらに、竹簡や木簡の利点として、書き損じや誤字の修正も簡単にできる点があげられる。記述を修正したい場合には、該当箇所を書刀《しょとう》と呼ばれる道具で削りとり、その上から改めて文字を書写すればいい。甲骨文や金文にも、すでに竹簡や木簡をつなぎ合わせた形象と考えられる「冊」字が確認できることから、その起源は殷代にもさかのぼりうる可能性があると指摘されている。

絹についても、殷代の青銅器に付着していたものが発見されており、早い時期からその存在が認められる。ただし、それはあくまでも衣服の材料として利用されていたものであり、帛書《はくしょ》（絹に文字が記されたもの）の登場は、春秋戦国期以降であると考えられている。帛書は、竹簡や木簡以上に軽量で、また折りたたみ可能であるため、持ち運びに便利である。さらに、文書に応じて長さや幅を自由に設定することができ、その上、文字や絵図も書きやすい。一方、その欠点は、一度書いた文字の書き直しがきかず、また大変高価な品であったため、気軽に使うことができなかった点にある。

竹簡・木簡や帛書は、はじめ、その実物が伝世していなかったことから、不明な点も多かった。しかし二〇世紀以降、これらの一次資料が、二〇〇〇年以上の時を超えて、われわれの目前に現れるという驚くべき事態が次々と起こっている。たとえば、一九〇一年イギリス人探検家のオーレル・スタイン（一八六二～一九四三）が尼雅遺跡《にやいせき》で簡牘《かんとく》（文字が書かれた竹や木の札）を発見したのを皮切りに、湖北《こほく》省《しょう》や湖南省《こなんしょう》を中心に多くの竹簡や木簡の発見が相次いで報告されている。また一九七二～七四年に発掘調査が行われた湖南省長沙《ちょうさ》

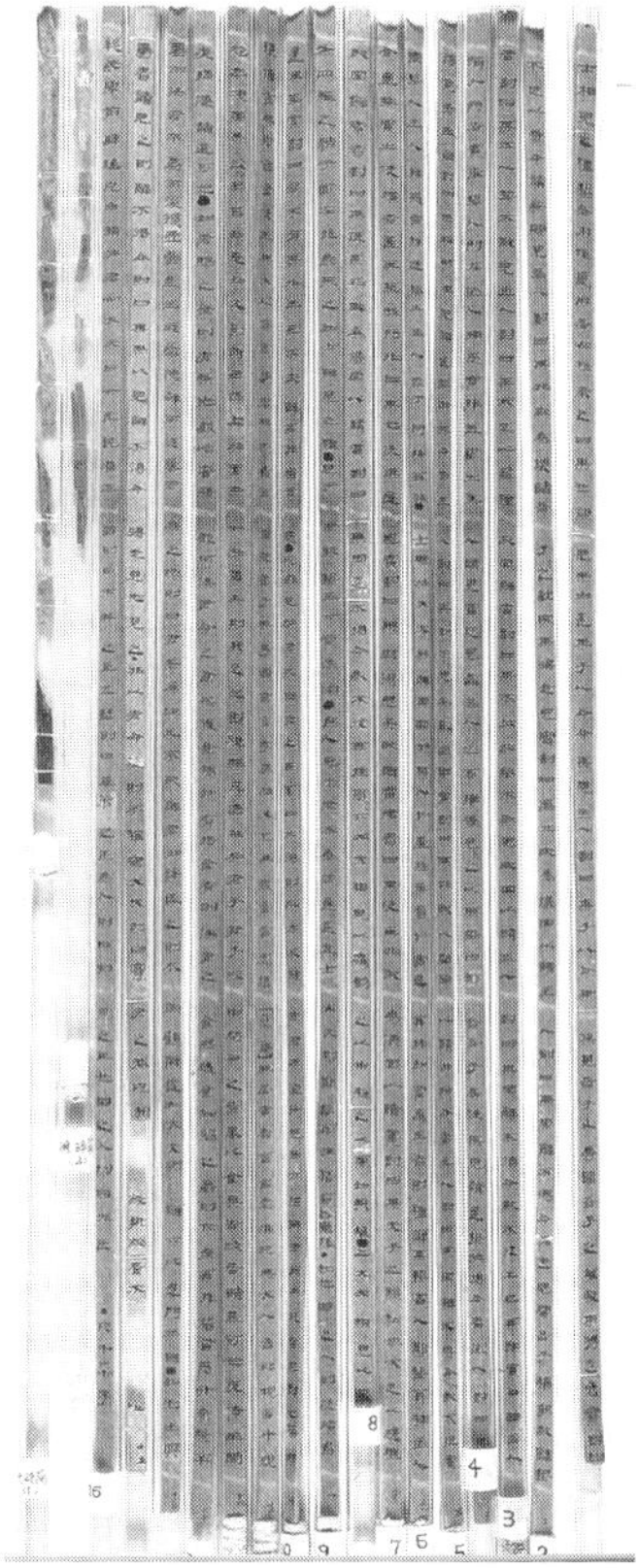

木簡（武威漢簡『儀礼』：『甘粛省博物館文物精品図集』より）

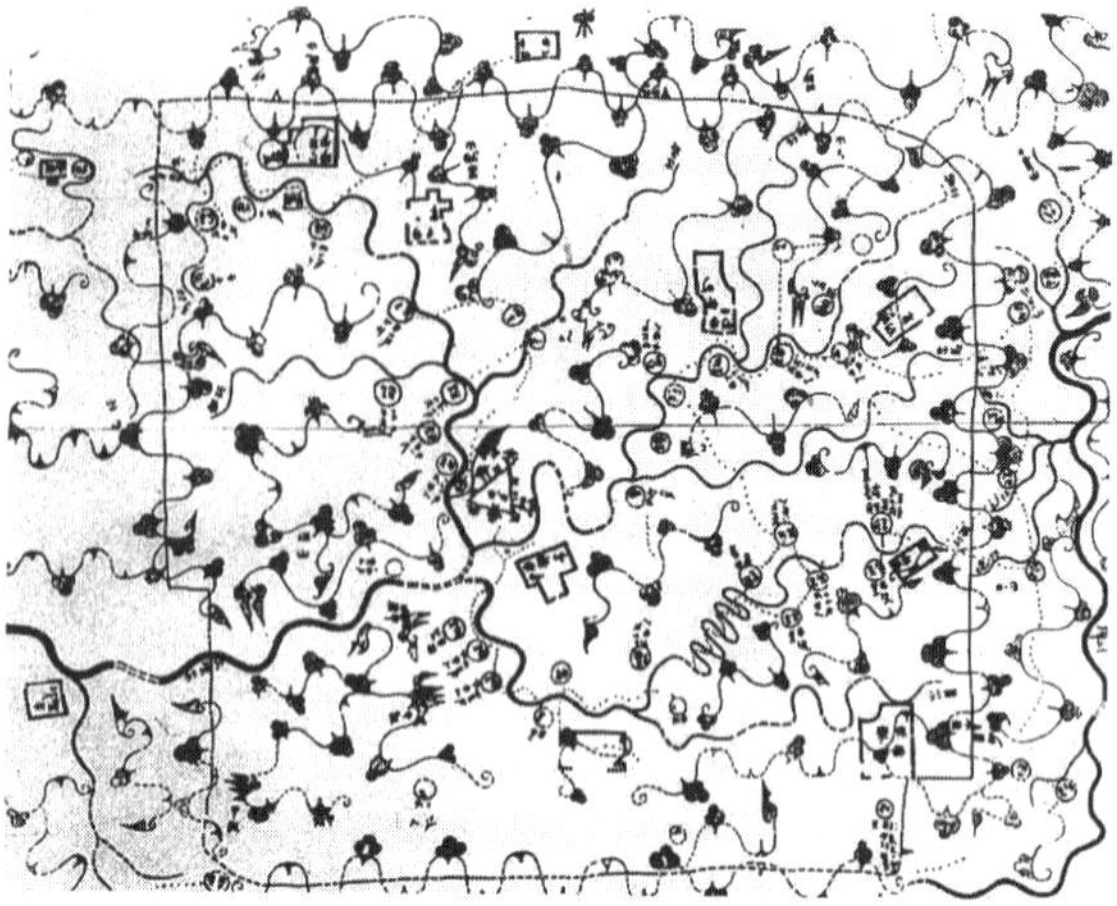

馬王堆帛書「駐軍図」復元図（曹婉如『中国古代地図集』より）

市の馬王堆漢墓《まおうたいかんぼ》からは、大量の帛書が出土した。さらに近年、ちょうど諸子百家が諸国を遊説し、激論を戦わせていた戦国中期頃のものと考えられる竹簡の存在が明らかとなった（上海博物館蔵戦国楚竹書、清華大学蔵戦国竹簡など）。これらの帛書や竹簡には、医書・兵書から儒家・道家関連の書や歴史故事に関するものまで、実に多様な内容の文献が含まれていた。

『荘子《そうじ》』天下篇には「恵施《けいし》は多方《たほう》にして、其の書は五車《ごしゃ》（恵施は幅広い知識を持ち、その著書は車五台分にもなる）」と、知識と著した書物の量とを物語る記述が見える。ここに記された「書」とは、まさに竹簡や帛書（竹帛）に記された書を指すと考えられる。諸子百家の時代においても、竹帛を読むことができたのは、なお一部の知識人に限定されていたであろうが、この簡便さこそが、先秦諸子にさまざまな思想的発展と自らの言説を諸侯に披露する機会をもたらしたのではなかろうか。こうして、周王朝の権威が衰退し、各国が自国の存亡をかけて有能な人材を優遇した時代に、単なる行政記録や権威づけの触書ではない、読み物としての書籍の原型は生まれたのである。

紙の発明と改革

紙の発明は、火薬・羅針盤・印刷術とともに、古代中国の四大発明として、人類の文化史上に刻まれるほどの画期的なものであった。紙の製造者として、われわれがまず初めに思い浮かべるのは、後漢《ごかん》の蔡倫《さいりん》であろう。『後漢書』蔡倫伝には、後漢元興《げんこう》元年（一〇五）に、尚方令《しょうほうれい》（天子の刀剣や愛用品を作成する役人の長）の蔡倫が樹皮やぼろ・魚網などから紙を作り、和《わ》帝に献上したという内容が見える。これは蔡侯紙《さいこうし》と呼ばれ、高価な絹やかさばる竹簡に不便さを感じていた人々も、蔡倫の紙が献上された後には、その紙を使わないものはいなかったとされている。この『後漢書』の記述によれば、紙の発明者は一見、蔡倫のように思われるが、実はその存在は前漢時代（前二〇六〜後七）より確認できる。ただし、西安郊外で発見された前漢期の紙は、フェルトのようにきめが粗く、文字の記載はほとんど見られない。すなわち、ザラザラとして書写に適さなかった前漢期の紙を改良したのが蔡倫だったのである。

晋代《しんだい》（三〜四世紀）の西域の遺跡からは、紙に書かれた文書が多く発見されており、その頃には紙が文字を記すために最もよく使われる素材となっていたことがうかがえる。

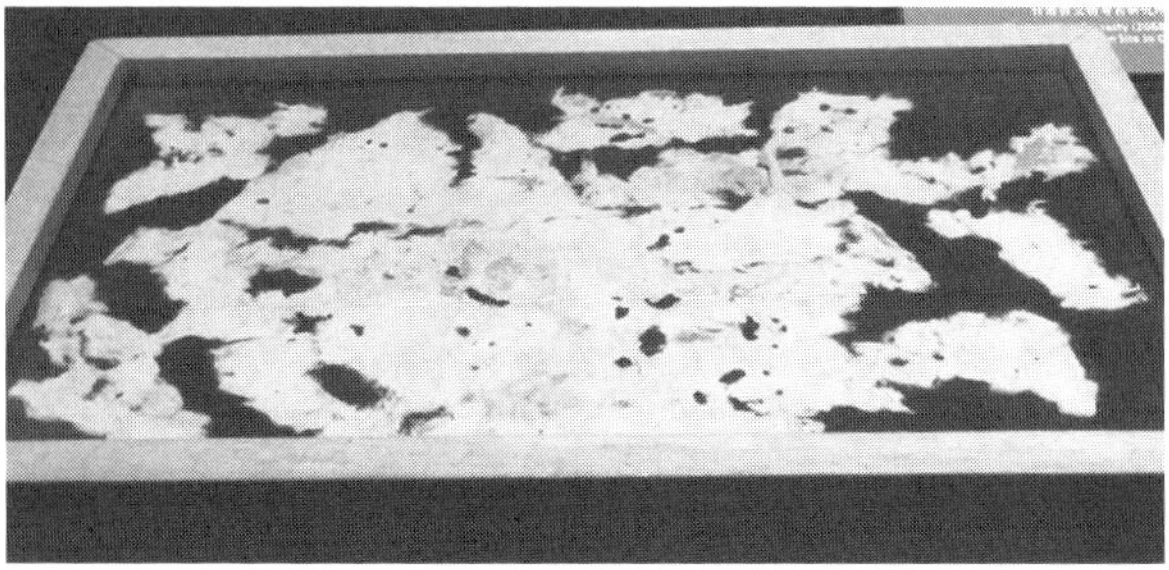

肩水金関紙（甘粛省博物館所蔵）

紙は絹同様、紙幅を自由に調節でき、持ち運びに便利である。また絹よりも墨のりがよく、書写に適している上、コスト面でも格段に安価であった。欠点としては、破れやすいことがあげられるものの、文字を書く素材として、紙は大変理想的なものであったと考えられる。

また、紙が普及した要因としては、紙の持つ利便性はもちろんのこと、それと同時に、やはり紙が蔡倫やその他多くの専門家によって改良を加えられ、大量生産できるまでに技術革新された点にあるであろう。従来の筆記媒体である竹簡は、文字を筆写しようとする者やその周辺の者が、自ら素材を調達し、加工する必要があった。一方、絹は高価で容易に入手できる素材ではなく、そのため大量に使えるものでもなかった。しかし紙は、軽量かつ廉価であったため、以後、専門業者によって大量生産されるようになると、書写材料として不動の地位を占めるに至った。

[2] 書物の変遷と印刷の歴史

印刷技術の誕生と発達

百万塔陀羅尼（国立国会図書館所蔵）

中国では、信頼できる経典《けいてん》のテキストを定め、それを明示する目的で石に刻した石経《せっけい》が、各時代を通して数多く作成された。特に儒教経典では、後漢（熹《き》平《へい》石経）、魏《ぎ》（正始三体《せいしさんたい》石経）、唐代（開成《かいせい》石経）に作成された石経が著名である。南北朝末《なんぼくちょうまつ》から隋《ずい》に至る図書目録『隋書《ずいしょ》』経籍志《けいせきし》には、「其れ相《あ》い承《しょう》伝《でん》する拓《たく》の本、猶《な》お秘府《ひふ》に在り。秦帝《しんてい》の刻石《こくせき》と并《あわ》せて此《こ》の篇《へん》に附《ふ》し、以て小学《しょうがく》に備う」と述べられており、熹平石経および三体石経の拓本《たくほん》が、始皇帝の石碑と同様、朝廷の蔵書室にも収められていた状況がうかがえる。

印刷術は、これらの拓本や印章《いんしょう》を基礎として唐代（六一八〜九〇七）に発明されたと考えられている。一五世紀にヨーロッパで行われたグーテンベルクの活版印刷からみれば、その成立はきわめて早い。印刷術の開発により、一度に数百枚の印刷が可能となったが、それを利用して、まずは災難よけのお守りや小型の仏像、仏典の一節や暦など、一枚ものの印刷物が刷られた。

現在、制作年が明らかな世界最古の印刷物は、日本の百万塔陀羅尼《ひゃくまんとうだらに》であると言われている。百万塔陀羅尼は、恵美《えみの》押勝《おしかつ》の乱による死者を供養するため、奈良時代七六四年に称徳《しょうとく》天皇が発願し、七七〇年に完成した。法隆寺、東大寺をはじめとする奈良の一〇大寺に一〇万基ずつ寄進された木製の小塔の中に収められていたという。現存する最古の印刷物については、唐の則天武后《そくてんぶこう》の時代（六八〇〜七〇四）に制定され、七〇五年以降には用いられなくなった則天文字が見られることを根拠に、韓国慶州仏国寺《けいしゅうぶっこくじ》の釈迦石塔《しゃかせっとう》の中から発見された無垢浄光大陀羅尼経《むくじょうこうだいだらにきょう》をあげるものもあるが、それに関しては異説も多い。

一方、儒家経典の出版は五代に始まるとされる。『旧《きゅう》五代史《ごだいし》』（後唐《こうとう》）明宗紀《めいそうき》長興《ちょうこう》三年には、宰相《さいしょう》であった馮道《ふうどう》が、石経の文字によって儒教《じゅきょう》九経《きゅうけい》の版木を彫ることの許可を明宗帝《めいそうてい》に請う内容が見える。九経は二一年後（九五三年）に完成した。全二七七巻に及ぶ大事業であったという。

従来、書籍は直接筆記媒体に文字を記す「写本《しゃほん》」がなされていたが、写本では誤写する可能性が高く、異本が生じる危険をはらむ。ところが、校勘《こうかん》（書籍を対照してその異同を調べ、原本の再現を目指すこと）を経て確定したテキストをそのまま印刷すれば、筆写の度《たび》に生じる可能性のある誤写を防ぐことができ、また大量に増刷することも可能となる。そのため、中国では刊本《かんぽん》確定後には、写本よりも刊本が重要視されるようになり、写本はしだいに廃れてゆくこととなった。

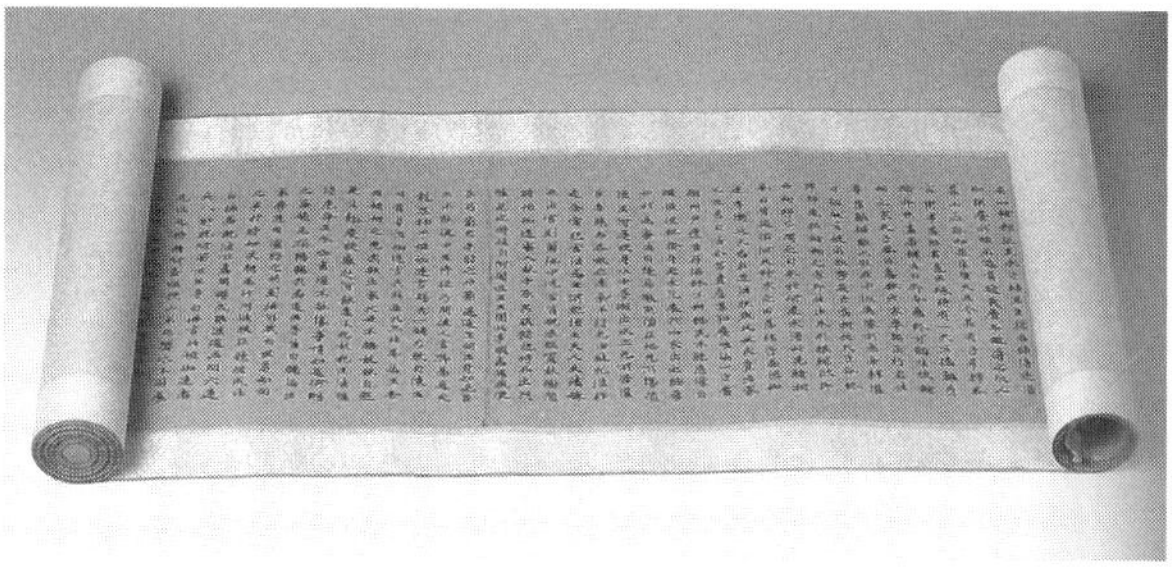

巻子本（『賢愚経』：『甘粛省博物館文物精品図集』より）

その後、宋代には書院《しょいん》が栄え、教育活動が活発になったことに加え、官庁が官刻本《かんこくぼん》を出版しただけでなく、士大夫や民間人が個人的に書籍を刊行したり（家刻本《かこくぼん》）、出版を生業《なりわい》にするものが営利目的で書籍を販売するようになった（坊刻本《ぼうこくぼん》）。官刻本は豪華で、家刻本は校勘が厳密になされているのに対し、坊刻本は校勘作業があまく、コスト削減のために印刷や装丁についても粗い仕上がりのものが多かった。

出版業が隆盛したことにより、書籍の内容も、前代に比べて豊富になり、経書や歴史書の他に、唐宋の詩文や、科挙（官吏登用試験）の参考書、語り物の台本に至るまで幅広い範囲に及んだ。また宋代には、一枚の版木に文字を彫り込んだ整版印刷が発達すると同時に、頁ごとに文字を組み直す泥活字《でいかつじ》印刷が発明されて行われるようになった。活字印刷は版面を組み直すのに手間はかかるが、保存スペースの確保が容易であるという利点もある（本章扉図参照）。

宋刊本は、質が良く文字も美しいものが多かったため、現在に至るまで貴重なテキストとして扱われている。

書物の装丁

竹簡や木簡が主な筆記媒体であった時代、書籍は巻いて保存されていた。書籍を数える単位として使われる「巻」は、もとは竹簡や木簡の一巻きが一区切りを表していたことに由来する。さらに後漢以降、紙が使用されるようになってからも、初めのうちは竹簡や木簡同様、書籍は巻いて保存された。この装丁の書籍を巻子《かんす》本《ぼん》という。唐の杜甫《とほ》の「韋左丞丈《いさじょうじょう》に奉贈《ほうぞう》する二十二韻《にじゅうにいん》」には「書を読むこと万巻を破り」とあり、確かに多読を「万巻」の語で表していたことがわかる。

しかしながら、巻子本には見たい箇所がどこにあるのかすぐにはたどり着けず、一つ一つ初めから開いて確認していかなければならないという難点があった。また、見終わったら書籍全体を巻き返さなければならず、大変手間がかかった。その後、その難点を解消するために考案されたのが折本《おりほん》である。折本は、長い紙を交互に折ってゆき、固い紙の表紙と裏表紙をつける形態の書籍である。この形であれば、見たい箇所を開くのが、巻子本よりも容易となる。しかし、

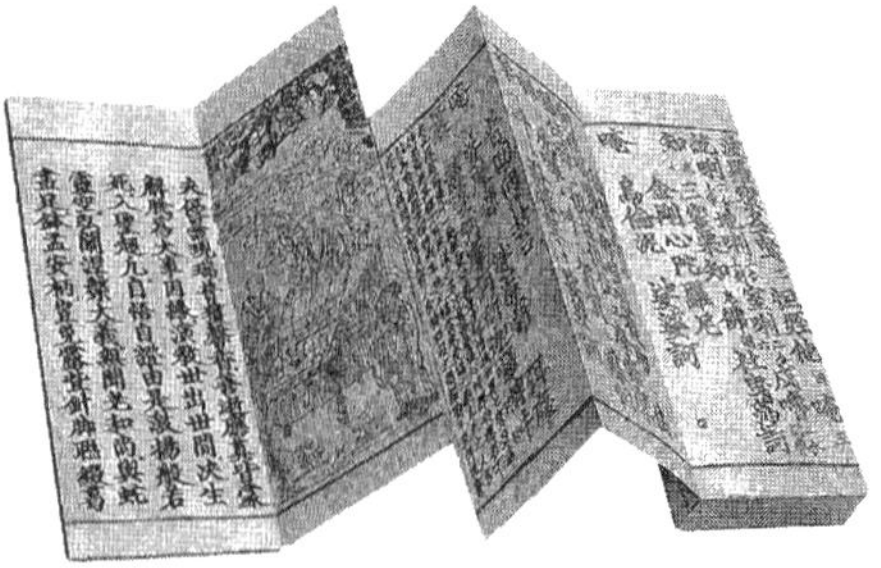

折本（『中国明末のメディア革命』より）

胡蝶装

包背装（『四庫全書』：国立国会図書館所蔵）

折本は頻繁に使用することで折り目から擦り切れてしまうことが多く、また広げた状態では巻子本と同様に衝撃に弱いという問題を抱えていた。そこで、初めから折本の折り目を切り離して、テキスト複数枚を重ねて貼り合わせたような冊子の形態が登場することとなった。宋代に入り、書籍の印刷が本格的に行われるようになると、一枚の版木に一頁（一葉《いちよう》・一丁《いっちょう》ともいう）分を彫り込んで印刷し、その後、複数頁をまとめたこれら冊子本が主流を占めるようになる。

なお、冊子本にも種類があり、印刷面を谷折りにし、その折り目をのりで貼り合わせたものを胡蝶装《こちょうそう》（粘葉装《でっちょうそう》とも）といい、印刷面を山折りにし、折り目と逆の部分をこよりで二カ所とめ、表紙で包み込むようにのり付けしたものを包《ほう》背装《はいそう》という。両者には、のりがとれて剥がれ落ち、本文や表紙がバラバラになってしまう危険性があったが、その後、印刷面を山折りにし、折り目と逆方向をこよりでとめ、表裏の表紙をそれぞれ個別に上下に添えて、紐で全体を縫ってとじる線装本《せんそうぼん》が作られるようになった。線装本は見たい頁を短時間で開くことができ、胡蝶装や包背装と比べて丈夫であるため、頁が剥がれ落ちてバラバラになる危険性も低い。そのため、その後線装本は書籍の装丁として長く定着していくこととなった。

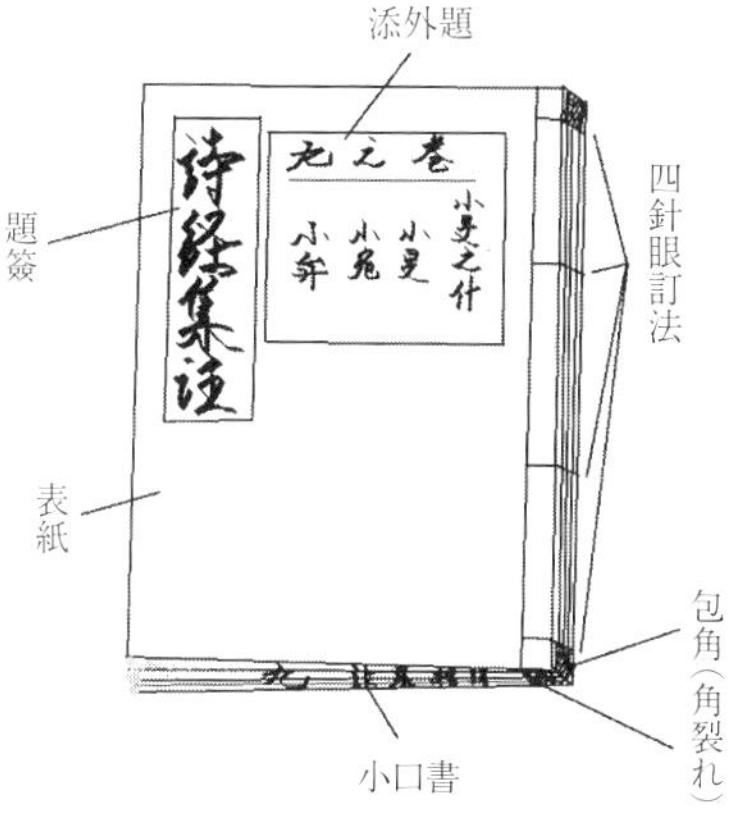

線装本

書誌学用語

線装本には、各所にさまざまな名称が付けられ、言い習わされている。ここではその一部を紹介してみたい。まずは、書籍の外観の名称から見てみよう。書名や巻数などが記されて表紙に貼り付けられた細長い紙片を題簽《だいせん》（外題《げだい》）という。また目次や巻数が記され、題簽の横に貼り付けられた横幅のある紙は添外題《そえげだい》と呼ばれている。中国の古書（線装本）には、折り目とは逆の背の部分を四カ所紐《ひも》でとじる四針眼訂法《ししんがんていほう》が多く採用されている。一方、朝鮮では書籍が大判であったため、五カ所をとじる五針眼訂法《ごしんがんていほう》が用いられていた。日本は中国の明本（明代の刊本）と同じく四針眼訂法が多く使用されたが、中には朝鮮本（韓本）に類似する五針眼訂法の書籍も見られる。さらに、保

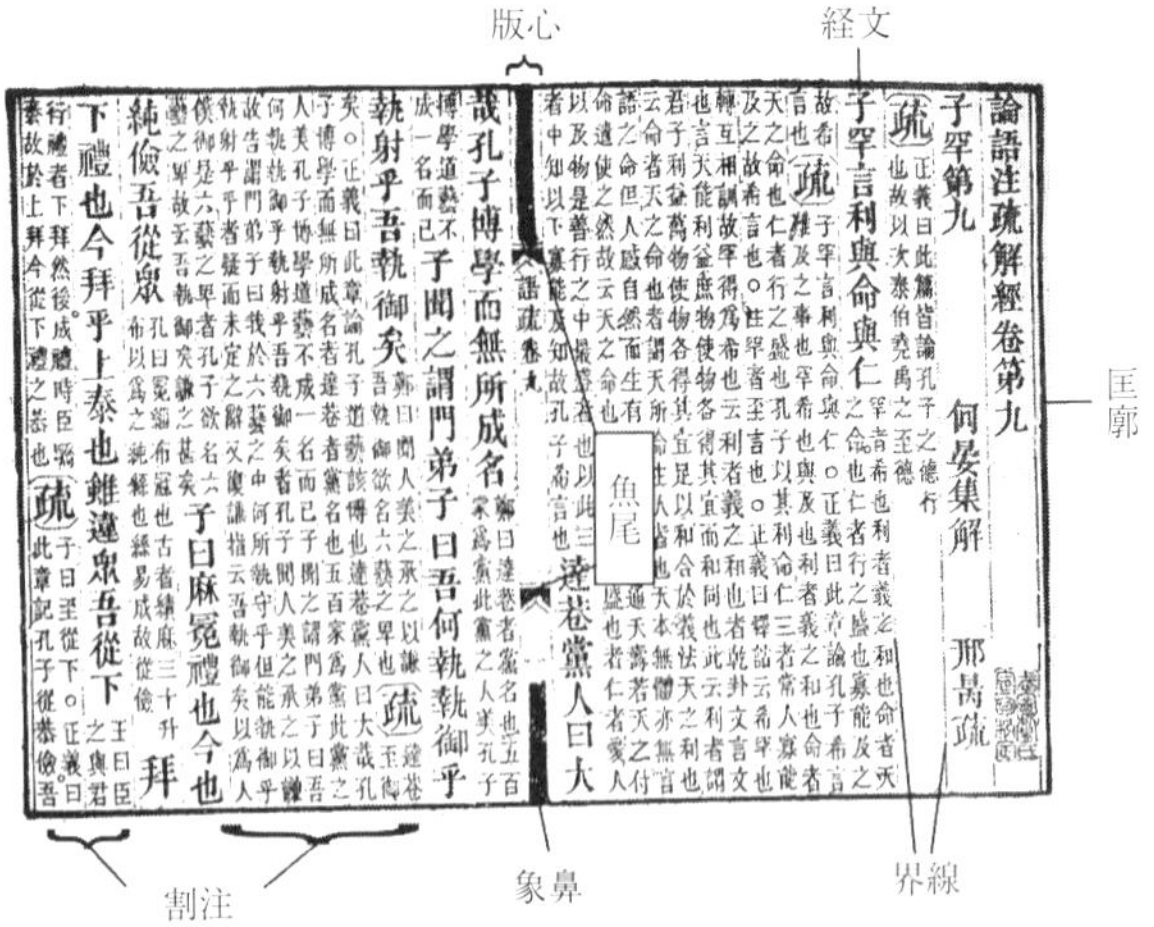

版式と書誌学用語

存や保管の面に注目すれば、書籍の背の両隅（角）がまくれ上がってしまわないように布を貼り付けたり（包角《ほうかく》・角裂《かどぎ》れ）、書籍下部の断面に略書名や巻数を書き込み、書籍を横に積み上げて保存する際に、たとえ各書の表紙が見えなくとも、どこにどの書籍の何巻があるか判断できるようにした小口書《こぐちがき》の技法が施されていたことがわかる。現在、われわれが目にする英和辞典の側面にはアルファベット索引が印字されているが、その先駆けとなる小口書の印刷は、中華民国以降、行われるようになったものであるという。

次に、印刷された版面の形式（版式）に関する各所の用語を確認したい。まず一葉《いちよう》の中心、折り目にあたる本文の欄外箇所を版心《はんしん》という。ここには略書名や頁数（葉数）が示されている。また版心には、魚の尾を模した【】や》《などの模様（魚尾《ぎょび》）や、魚尾の上下に直線（象鼻《ぞうび》）が入れられているものもある。魚尾は花柄であったり、単線・二重線が用いられていたりと多種多様である。各頁を山折りにする際には、この魚尾の中心を折り目の目安として用いていたとも言われている。

版面を囲む一番外の枠線は匡郭《きょうかく》といい、各行を区切る縦線は界線《かいせん》という。経書の本文は大きな文字で記され、その後に本文の間に二行に小書きされた割注《わりちゅう》が見える。割注には、経文の意味や語句、発音などを説明した「注《ちゅう》」と、さらに注を解釈した「疏《そ》」があった。注は経文の意味を説いたものであるが、時代が下れば下るほど、不明な点が多くなり語義に揺らぎが生じてきた。そのため、注にも次々と注釈が付けられていき、最終的には、後代の思想や語彙を反映させた膨大な注疏が生み出されていったのである。

明・程榮輯『漢魏叢書』

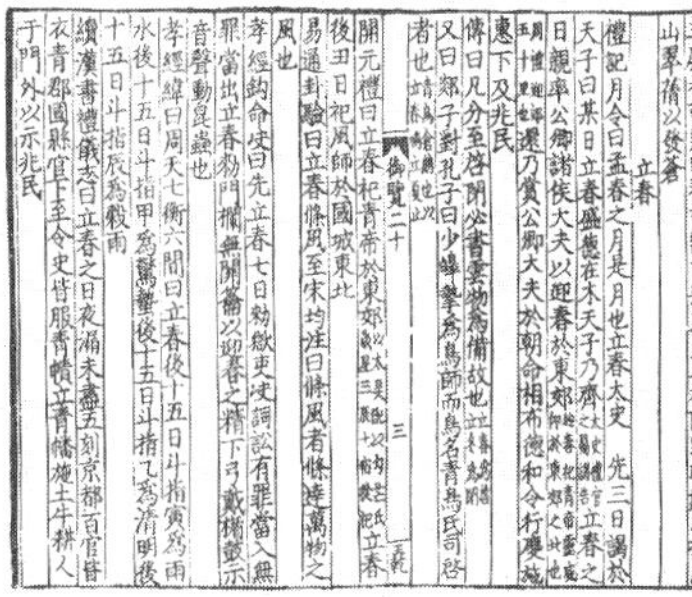

宋・李昉等撰『太平御覧』

このように、刊本の版面には刻工たちのさまざまな工夫と、古来学者たちに連綿と受け継がれてきた学問の軌跡を見ることができる。なお、この版本の一葉の形式（版式）は日本にも受け継がれ、現在、一般的に使用されている原稿用紙も、この版式を元にして作成されたと考えられている。

印刷・出版の隆盛

宋代を通して著しく発達した印刷技術は、元代に初めて朱墨の二色刷が行われ、明代にも宮廷や国子監《こくしかん》（学校を管理する教育行政官庁）で書籍が盛んに刊行されるなど、隆盛を極めた。士大夫も書籍の刊行を人々に資するものとして重視し、嘉靖年間《かせいねんかん》（一五二二～六六）以降は、さらに多くの家刻本《かこくぼん》が刊行された。そのため、現在漢籍に関しては、貴重書であるかどうかを判断する基準として、明代の嘉靖元年（一五二二）以前に刊行された書物かどうかを基準とするものが多いという。また明代末、万暦年間《ばんれきねんかん》（一五七三～一六一九）には、民間でも余氏や劉氏など著名な書坊《しょぼう》が現れ、爆発的に書籍を出版した。その背景には、文化・経済の発展にともない、書籍の需要が拡大したこと、大衆に至るまで書籍の読者が増大したこと、官吏登用試験である科挙制度が定着したことなどの理由があったとされる。また、書物の形態の主流が巻子本から線装本へと移り、さらに正徳《せいとく》から嘉靖（一五〇六～六六）にかけて、印刷に適した字体である「明朝体《みんちょうたい》」が生み出されるなど、著しく印刷技術が向上したこともその理由であったと考えられる。

没個性的な明朝体は、版木を彫る作業の迅速化、特に分業化の必要から生まれたと言われている。明朝体は、縦横の線を直行させ、文字の曲線を可能な限り減らしてシンプルな字形へと改変されている点にその特徴がある。このような機械

『三国志通俗演義』
（瀧本弘之『三国志演義』中国古典文学挿画集成（一）より）

的で無機質な文字にすることによって、縦線だけを彫るものと横線だけを彫るものとの刻工《こっこう》の分業が可能となり、よりスピーディに印刷物を仕上げることができるようになったと考えられる。

宋代に刊行された書籍は、堂々とした流麗な字体のものが多く、字画の複雑な文字は縦幅を大きくする一方、簡単な文字については字幅を狭くするなど、文字の大きさに差異があった。そのため、各行の文字を横方向に見た場合、それらは一つの線上には乗らず、バラツキがあることがわかる。

しかし、明代以降の刊本は、各文字が一定の形（長方形や正方形）へと整えられ、縦方向ばかりでなく、横方向も同一線上に文字が並び、その大きさが均一であることがうかがえる。このように文字や刻字方法を転換し、スムーズな分業作業が可能となったことにより、印刷の高速化・効率化が促進されたのである。

3 増大する漢籍とその分類法

多様な文献の刊行

書籍の装丁の変化と出版の隆盛をとおして、文献はその多様性を増していった。仏教や儒教の経典のみならず、初めは過度の通俗性を示すものとして、卑しい存在と考えられていた絵入りの書籍も、明代半ば頃に至ると、続々と刊行されるようになった。たとえば、その当時出版された詩文集の巻頭に作者の肖像が置かれたり、著名人や聖人・賢者などの画像とその説明を記す書籍や、風光明媚《ふうこうめいび》な名所の図、叢書《そうしょ》や類書《るいしょ》（百科事典）なども絵入りで刊行されている。

青磁対書俑
（『湖南省博物館　中国の博物館２』より）

また、一つの書籍の規模が大きくなったことも、印刷術が著しく発展したことを物語る要素の一つであろうと考えられる。明代には、さまざまな書籍が集めてまとめられた『永楽大典《えいらくたいてん》』や『三才図会《さんさいずえ》』のような叢書・類書の他、一〇〇回を超える長編白話《はくわ》小説『三国志演義《さんごくしえんぎ》』『水滸伝《すいこでん》』『西遊記《さいゆうき》』『金瓶梅《きんぺいばい》』なども刊行され、人口に膾炙《かいしゃ》していった。

中国古代の蔵書と目録学の発達

このように、少しずつ発展し増大する書籍を前に、中国ではその収集・整理に関して、古代より多くの取り組みがなされてきた。それは端的に言えば、書籍をどのように管理し分類するかという「目録学」の歴史でもある。次にその大まかな流れを述べてみたい。

秦の始皇帝が天下を統一する以前は、書籍の読者は一部の知識人に限定されていた。そのため、この時代の書籍は朝廷が収集・管理する官府蔵書《かんぷぞうしょ》が主流を占めていた。前漢の司馬遷《しばせん》が著した『史記《しき》』の老子韓非列伝《ろうしかんぴれつでん》には、道家《どうか》の祖と言われる老子が「周の蔵書室を管理する役人であった」と記載されている。

その後、書籍は少しずつ増加し、後漢時代には、宮中の蔵書管理やテキスト校訂にあたっていた班固《はんこ》が、前漢の劉《りゅう》向《きょう》・劉歆《りゅうきん》父子の目録をもとに『漢書《かんじょ》』芸文志《げいもんし》を作成した。『漢書』芸文志は、現存最古の図書目録として知られている。書籍を大きく六つに分類しており、思想の源流や評価にまで踏み込んだ記述がなされている点にその特色がある。

続く魏晋南北朝時代は、社会情勢が目まぐるしく変化した不安定な時代であった。約三七〇年の間、朝廷が興っては滅び、政権が移り変わるなど、絶えず争いが続いた。しかし、紙が発明されて普及したため、朝廷や知識人の蔵書は大幅に増え、それらを校勘し研究する目録学も急速に発展した。晋代の役人であった荀勗《じゅんきょく》は『(中経《ちゅうけい》) 新簿《しんぼ》』を著し、史上初めて四部分類《しぶぶんるい》を提唱したと言われている。四部分類は、書籍を大きく四つに類別する方法であり、現在でも漢籍（貴重書）を配架する際に利用される分類法である。ここからも、荀勗の成果がいかに大きなものであったかがうかがわれよう。また、後漢～魏晋南北朝時代には、仏教が伝来し普及するとともに、道教が興ったことにより、寺院や道観《どうかん》（道教寺院）の蔵書も増加した。そのため、多くの目録において、仏教・道教の書を分類するカテゴリーが新たに設置された。

さらに隋唐時代には、印刷出版技術が開発され、宋代には蔵書事業が著しく発達した。南北朝末から隋に至る図書目録『隋書《ずいしょ》』経籍志《けいせきし》では、従来、「甲《こう》・乙《おつ》・丙《へい》・丁《てい》」と符号により表されていた四部に、「経《けい》・史《し》・子《し》・集《しゅう》」とそれぞれの内容を示す名称が付けられた。正史の図書目録である『隋書』経籍志がこのように「四部分類」を採用したことは、後の図書目録にも多大な影響を及ぼすこととなった。

また、宋代には書院蔵書《しょいんぞうしょ》も急増した。書院とは、中国古代における教育と学術研究を一体化した機関で、宋代には七〇〇以上あったと言われている。書院では、書籍の校勘作業が盛んになされたため、蔵書も膨大な数に及んだ。ただし、書院蔵書は主に教育や学問の目的のために収集されたものであり、その内容は儒家経典が中心であった。

明・清時代は、蔵書事業の最盛期であった。特に、個人の有する私家蔵書や地方政府の蔵書が整備されるなど、蔵書事業全体が活況を呈した時期と言える。それにともなって、明の高儒《こうじゅ》「百川書志《ひゃくせんしょし》」や清の孫星衍《そんせいえん》「平津館叢書《へいしんかんそうしょ》」などの個人の蔵書目録も次々と作成された。また清代には、乾隆帝《けんりゅうてい》が紀昀《きいん》らを総纂官として一大叢書である『四庫全書《しこぜんしょ》』の編纂を開始し、その目録『四庫提要《しこていよう》』（『四庫全書総目提要《しこぜんしょそうもくていよう》』）が編まれたことも注目される。ただし、『四庫提要』に「存目《そんもく》」としてあげられた書籍については、編纂官より内容に問題がある、または疑わしく価値の低いものと見なされた書名が列挙されているだけで、『四庫全書』の中にその本文は収録されていないため、注意を要する。

近代以降も、印刷技術の発展、刊本の普及はとどまるところを知らず、従来の四部分類には収まらない複数の部にまたがる書物が生まれ、新たに「叢書《そうしょ》」の部（叢部）が設けられた。

4 書物の新展開

偽書と新出土文献の発見

中国では古来、経典・古典の文字や語句について、注疏《ちゅうそ》を加えながら解釈する「訓詁学《くんこがく》」や、実証的に古典の文章を検討し、事物諸制度を明らかにしようとする「考証学《こうしょうがく》」が発達してきた。時には、経典の本文にさえ修正を加えることもあったが、そこには経典の意義を明確にし、原義を明らかにしたいという学者や知識人の意識があった。現在のように、特許権や著作権が厳密に定められておらず、作者と読者の境界が曖昧であった時代である。もちろん、故意に対立学派を貶める目的で書籍を改竄《かいざん》・偽作したものもあろうが、中国の古典は、このような訓詁学・考証学の伝統の中、語り継がれてきたため、それらを見分けることは容易ではない。次にその代表的な典籍を一つ、紹介したい。

五経の一つである『書経《しょきょう》（尚書《しょうしょ》）』は、秦の始皇帝《しこうてい》の焚書坑儒《ふんしょこうじゅ》（民間にあった農業や医薬などの実用書以外の書物を焼き払い、政策を非難する学者を穴埋めにした事件）に遭い、漢代初期には辛うじて当時の通行字体（隷書）で記された今文『尚書』が伝わるのみであった。ところが、武帝期《ぶていき》（在位前一四一～前八七年）に魯《ろ》の恭《きょう》（共）王《おう》が宮殿拡張のために孔子の旧宅を破壊すると、その壁中から秦以前の字体（古文）で書かれた『尚書』が発見されたのである。その後も、数度にわたり、宮中や民間から古文で記された『尚書』が発見されたとの記録が見られるが、結局それらは度重なる戦乱の中ですべて散佚《さんいつ》してしまった。そのような中、東晋時代《とうしんじだい》に予章《よしょう》の内史《ないし》（内政を司る官）であった梅賾《ばいさく》が、孔安国《こうあんこく》（漢代の学者、孔子の子孫）の注が付いた古文『尚書』を朝廷に献上した。後にこの古文『尚書』は学官に立てられ（当該経典を教科書として、大学の講義を行うこと）、唐代には『尚書正義《しょうしょせいぎ》』のテキストに採用されて注釈が施されるなど、経書としての地位を確立していった。しかしながら、後世、このテキストは多くの学者に疑問視されるようになり、ついには清の学者閻若璩《えんじゃっきょ》によって偽書であったことが証明された。そのため、この梅賾が伝えた古文『尚書』は、現在、偽古文《ぎこぶん》『尚《しょう》書《しょ》』と呼ばれるが、『尚書正義』や清の学者阮元《げんげん》が校勘した『十三経注疏《じゅうさんけいちゅうそ》』にも採られたため、今も広く使用されている。このように、中国の古典として権威を持ち、古くからその思想や文化の根幹にあった経典でさえ、偽書に引用される形で伝世《でんせい》するものがあるのである。

一方、近年相次いで発見されている新出土文献により、その書籍の存在がある程度古いものとして確認されたものもある。たとえば、兵書の『孫子《そんし》』や『六韜《りくとう》』、斉《せい》の晏嬰《あんえい》の言行録『晏子春秋《あんししゅんじゅう》』などは、偽書であるとの見方が有力で、漢代以降に作成された可能性を指摘する学者も存在した。しかし、一九七二年に発掘調査が行われた山東省臨沂県《さんとうしょうりんぎけん》の銀雀山漢墓《ぎんじゃくざんかんぼ》中に、これらの内容を記した竹簡が含まれていたことにより、漢代初期にはすでにこれらの文献が流布していた状況が明らかとなった。また、二〇〇八年に中国の清華大学《せいかだいがく》が入手した戦国時代の竹簡群（清華簡）には、『尚書』関連の文献が多く含まれており、梅賾が偽作したとされる偽古文『尚書』やそれを取り入れて作成された『尚書正義』などの伝世文献との比較をとおして、テキストの再検討が進められている。

このように、書籍の真偽を明確に判断することは困難を極めるが、長い時を越えて出土した一次資料は、われわれに多くの示唆を与えてくれている。

現在の図書分類と図書館の試み

現在、日本の図書館では、一般的に日本十進分類法《にほんじゅっしんぶんるいほう》にしたがって書籍が分類・配架されている。分類記号は「0．総記」から「9．文学」まで数字によって示され、さらに細かな綱目《こうもく》に細分化されていく。一方、中国では中華人民共和国成立以降、中国図書館分類法が用いられている。この分類法は、一九七一年北京図書館（現 中国国家図書館）を中心に三六の組織により作成が開始され、改訂を加えられながら、現在、多くの図書館により採用されている。類目は「A．馬克思列寧《マルクスレーニン》主義、毛沢東《もうたくとう》思想、鄧小平《とうしょうへい》理論」「B．哲学、宗教」などのように、アルファベット表記がなされている。中でも、第一類に「マルクス・レーニン主義、毛沢東思想」などと、国家の指導理念が反映されている点にその特色がある。

近代の図書館の使命としては、書籍を広く収集し、一般への利用促進をはかること（公開）と、書籍を保管し、後世へと伝えること（保存）の両面が重要視されていると言える。しかし、従来、巻子本や線装本などの貴重書に関しては、文献の保存と公開とのバランスが問題視されてきた。すなわち、文献の保存を重視すれば、資料の公開が遅れ、資料公開を進めれば、その資料の損傷をわずかながらも早めてしまうという状況は免れない。そこで、この現状を打開すべく取り上げられたのが資料の代替化である。代替化とは、具体的には貴重書の実物に替えて、そのデジタル図版やマイクロフィルムを公開することを指す。これらの画像がインターネット上に公開されることにより、資料保存と情報提供の両面に対する効果が期待できる。また、代替化を行うことで、万一、現物資料が損傷・消失した場合でも、記録メディアとしてその画像を後世に残すことができる。長期的な文献の保存という意味でも、デジタル化の有効性に注目する図書館は多い。

電子化された漢籍

そこで、現在、漢籍を所蔵する日本の国立機関のうち、それらをデジタル画像化し、インターネット上に無償で公開しているものとして、次の五つのサイトを紹介しておきたい。

①　国立公文書館　デジタルアーカイブ（内閣文庫）http://www.digital.archives.go.jp/DAS/meta/detail#F2005031812174403109-sdefault-1-leftupd_F2005031812174403109-1-20-a-nl-i
②　国立国会図書館　古典籍資料（貴重書等）http://dl.ndl.go.jp/
③　国立天文台図書室 http://library.nao.ac.jp/kichou/wakan.html
④　国立情報学研究所　ディジタル・シルクロード・プロジェクト『東洋文庫所蔵』貴重書デジタルアーカイブ http://dsr.nii.ac.jp/toyobunko/
⑤　e国宝（東京国立博物館・京都国立博物館・九州国立博物館・奈良国立博物館）http://www.emuseum.jp/top?d_lang=ja

以上の各機関が公開する漢籍のデジタル図版は、その質や量に差が見られるものの、いずれも貴重書に手軽に触れられる機会を提供するものであり、国内外の読者にとって利便性の高いものであると言える。なお、このように所蔵する貴重書のデジタルデータを公開する機関は年々増加しており、市町村の運営する公立図書館や、各大学関連図書館、企業や財団法人の蔵書にまで拡大している。

はじめ、一部の支配層により用いられていた文字は、竹簡や帛書などの筆記媒体をとおして書籍としてまとめられ、しだいに知識人の間に流布していった。やがて書籍は、紙や印刷術の発明、仏教・道教の隆盛、科挙制度の定着など、さまざまな文化的政治的変遷の中、士大夫層、さらには民衆へとその受容者を拡大していく。記される内容も暦や医薬などの日用的なものから、文学・個人の記録に至るまで、実に多種多様なものへと変化していった。そして今、書籍は電子化という新たな局面を迎えている。書籍にどう向き合うべきか、われわれは改めて考える必要があるであろう。

参考文献

【一般的・入門的文献】

① 阿辻哲次『図説　漢字の歴史』（大修館書店、一九八九年）

＊漢字やそれを記す背景（筆記媒体や印刷術など）の変遷を説く概説書。二部構成であり、第一部は各時代における漢字の変容について、第二部では筆記媒体や写本・印刷術など、文字を記すことに焦点を当てて解説されている。

② 長澤規矩也『古書のはなし——書誌学入門』（新装、冨山房、一九九四年）

＊書誌学についての入門書。書籍の装丁や写本・印刷・書誌学用語に関しての説明が詳細である。また図書館学や実際に著者の体験をとおして語られる近代書誌学の内容も掲載されている。

③ 張紹勛著、高津孝訳『中国の書物と印刷《ママ》』（日本エディタースクール出版部、一九九九年）

＊中国の印刷術に関する概説書。主に、製版印刷術と活字印刷術に分けて、通史的に記述されている。また、アジアやヨーロッパ、エジプトへの印刷術の伝播についても詳しく述べられている。

④ 大木康『中国明末のメディア革命——庶民が本を読む』（刀水書房、二〇〇九年）

＊主に明代末に書籍が著しく普及した要因を解説した書。印刷術のはじまりや書籍の形態の変化など書誌学的な内容も充実している。また、絵入り本や小説の出版について詳しく説かれている。

⑤ 呉建中他著、沈麗云他訳『中国の図書館と図書館学　歴史と現在』（京都大学図書館情報学研究会、二〇〇九年）

＊中国の書籍や図書館に関する概説書。特に、他書にはほとんど見られない中国近現代の図書館の組織や構成が解説され、また近年どのような事業や取り組みが行われているかについても詳しく紹介されている。

【専門的文献】

①長澤規矩也『図書学辞典』（三省堂、一九七九年）

＊書誌学用語辞典。漢籍に限らず、和書や洋書を含む書誌学についての専門用語が簡潔に説明されている。索引の他、「干支異名表」「十二月異名表」「避諱缺筆法」「参考文献」も付される。

②長澤規矩也『蔵書書目・書誌学史』（長澤規矩也著作集 第四巻、汲古書院、一九八三年）

＊和漢書に関する研究書、および日本の機関に所蔵される貴重書目録。前半部分では、印刷・刊印・図書館学・目録など、書籍についてさまざまなテーマが取り上げられて検討されている。また、後半部分には「足利学校貴重特別書目解題」「静嘉堂文庫陳列書略解」など、一八の目録・解題が掲載されている。

③井上進『中国出版文化史――書物世界と知の風景』（名古屋大学出版会、二〇〇二年）

＊中国の書籍と出版の変容を説いた専門書。前編・本編の二部構成であり、前編には刊本出現前史が、本編には印刷術隆盛以降の変遷が記されている。

④大沼晴暉『図書大概』（汲古書院、二〇一二年）

＊和漢書の歴史と取り扱いに関する書。特に日本における書籍や印刷の歴史について詳しく記述されており、一〇〇〇頁以上にわたって図版を掲載し解説文を付している。実際に図書館で貴重書を閲覧するためのマニュアルや心得についても説かれている。

コラム3

印章

湯浅邦弘

印章の起源と歴史

中国文化の特色を示すものとして、印章がある。印章の歴史は古く、すでに殷代には青銅印が出現しているが、官印《かんいん》（公印）として漢の時代に発達した。役人が常に官印を身につけることを「佩《はい》印」（「佩」は帯びる、付けるの意）と言った。また、証明のための封泥《ふうでい》にも印は使われた。紙の発明される以前、文字は竹簡《ちっかん》・木簡《もっかん》に記されたが、そうした文書や荷物を役所間で送達する場合、まず、ひもでしばり、その結び目を粘土で封じ、その粘土が柔らかいうちに押印した。これを封泥というのである。受信先は、その封泥の印面を見て、確かに先方からの郵送物であることを確認した。封泥が欠損していれば、送達途中の事故、たとえば誰かが開封してしまった、などを意味する。印は、中国の官僚制度の中できわめて重要な意味を持っていた。

そして、紙の印刷技術の普及により、出版文化が花開いたのと同じように、印章も宋の時代に書画芸術に付随する形で発達をとげた。これには、当時、金石《きんせき》学という新たな学問が発達したことも関わっている。つまり、青銅器や石碑に刻まれた古代の文字を研究する金石学の発達により、古代文字に注目が集まって、漢代の官印を広く収集しようという動きが起こったのである。

また、それらは印譜《いんぷ》として集成され、鑑賞が重んじられるようになった。中国最初の印譜は、宋の徽宗《きそう》（一〇八二～一一三五）の時の『宣和《せんな》印譜』であるとされているが、残念ながら、これは今に伝わっていない。伝存最古のものとしては、明の顧従徳《こじゅうとく》の『集古印譜』（一五七二）がある。ただこれも原本は現存せず、その複製本が伝わるのみである。

私印《しいん》が普及するのは明代に入ってからであり、著名な篆刻家《てんこくか》が現れて、その妙を競った。官印には、官職名や氏名が刻まれたが、私印には、文人の号や字《あざな》、古典から取った名言などが刻まれた。好きな言葉を自由に刻むという意味から、こうした印は「遊印《ゆういん》」とも呼ばれる。

印章の用語

印章に関する用語としては、次のようなものがある。まず、印の形状から言えば、印は取っ手・つまみの部分

封　泥

である「紐《ちゅう》」（鈕）と文字の刻まれた平面部である「印面」とからなる。四角い印を「方形印《ほうけいいん》」、丸い印を「円形印」という。方形印は、正方形のものと、長方形、扁形（横長）のものとがある。円形印には、完全な円形のものと楕円形のものとがある。特殊な形としては、菱形、矩形（逆L字形）などもある。また、紐は方形で印面は円形、といったような組み合わせも見られる。紐の部分は、単なる立方体や円柱である場合もあるが、装飾的な印の場合は、ここにさまざまな造形がほどこされる。

その他、特殊形状としては、両面印、連印《れんいん》、子母《しぼ》印がある。両面印とは紐の両面に一つずつ印を刻んだものである。通常、一つの紐には一つの印面となるが、この両面印は、表と裏に二つの印面を持つのである。まず押印し、ひっくり返してもう一回別の面を押印するという仕掛けになる。これに対して連印は、一つの印面に二つの印を刻んだものである。一回の押印で、同時に二つの印を押すことができる。さらに特殊なのは、子母印である。子母印とは、入れ子になった印をいう。大小二つの印が入れ子状態になっていて、それぞれが印面を持つ。これら特殊形状の印は、その印文に、号と字などをセットにして刻む場合が多い。関連する印文を刻み、そこに一つの世界を構成するのである。

篆刻の文字と技法

次に、印面の文字に注目しよう。篆刻に使われる文字

懸針篆（張震）

九畳篆（内府図書之印）

は篆書である。篆書は古代中国の書体の一つで、大篆《だいてん》・小篆《しょうてん》に区別される。大篆は周の太史籀《たいしちゅう》が作ったとされ、戦国時代までの通用書体であった。小篆はそれをやや簡略化したもので、秦の宰相李斯《りし》が作ったとされる。中国古体の印はこの篆書で刻まれたことから、「篆刻《てんこく》」という。次の漢代に入り、これをさらに簡略化した字体が隷《れい》書《しょ》であり、これが、現在使われている楷書《かいしょ》の直接的な起源となった。

篆刻の形式により、印は陽刻《ようこく》と陰刻《いんこく》に分かれる。陽刻とは、印を凸状に彫り、押印した際に文字が朱色で示されるもので、陽文、朱文《しゅぶん》ともいう。現在、日本で普通に使われる認め印などの印章は、この陽刻の円形印である場合が多い。これに対して、凹状に彫ったものを陰刻という。陰刻は、文字の部分が白抜きになるので、陰文、白文《はくぶん》ともいう。中には、一つの印面に陰刻と陽刻の文字をまぜる場合があり、これを陰陽文混合体（朱白相図法）という。

特殊な篆刻技法として、魏晋時代に流行した「懸針《けんしん》篆《てん》」がある。これは、上方から下方に向かって文字を鋭く掘り下げたもので、各文字の下方末尾は細い針をつり下げたような形になる。また、宋代から明清時代の官印にみられる「九畳篆《きゅうじょうてん》」も特徴的である。文字をくねくねと折りたたんだような形に彫ったもので、これは、陽刻の官印に多く見られる。「九」というのは実際の数ではなく、多いことを表している。文字を幾重《いくえ》にも折りたたんでいることを示すのである。

文字の外側には枠がある。これを「郭《かく》」という。陽刻の印の場合は、通常、一重の郭を持つので、これを「単《たん》郭《かく》」という。郭の太さは文字の太さと同じである場合が多いが、まれに、郭が文字よりもかなり太い場合がある。これを「厚郭《こうかく》」といい、逆に郭が文字より細い場合を「細郭《さいかく》」という。また、郭が二重に彫られる場合があり、これを「重郭《じゅうかく》」、「二重郭」または「子持《こもち》郭」などという。さらに、文字を線ではなく、図案で囲む場合を「図案郭」または「象形郭」という。これらに対して、陰刻の印では、多くは郭を持たず、これを「無郭」という。

印章の用途

こうしてできあがった印をどのような目的で、どこに押すかという点から分類すると、官印以外で、まず最も多いのは蔵書印である。その本の所有者であることを示す印であるが、押印される場所はさまざまである。本の表紙に押したもの、見返し（表紙の裏）に押したもの、遊紙《あそびがみ》（本文を保護するためにその前後に挿入される白紙）に押したもの、本文の巻頭に押印する場合、逆に巻末に押印する場合、などである。また、本の所有者が代われば、新たな蔵書印が追印されることになる。貴重な典籍に多くの蔵書印が押してある場合が見られるが、それらの蔵書印を丹念に分析していくと、その本がどのように所有者を変えていったのか、つまり、その本の伝来がわかる場合があり、そうした意味からも蔵書印は重要である。

また、書画に押印される落款《らっかん》や関防印《かんぼういん》も重要である。落款とは、「落成款識《らくせいかんしき》」の略で、書画が完成したことを示すために、その作品の末尾（向かって左下）に押印するものである。作品の制作者の名号、制作年月日などのほか、その作品にちなむ詩文の言葉などがこれにあたる。一方、関防印は、落款とは対照的な位置、つまり作品の右肩に押される長方形の印で、偽作を防ぐというのが元来の意味である。ここからもわかるように、落款や関防印は、その作品の真贋《しんがん》を識別する際の有力な指標となる場合がある。

なお、印鈕の側面に落款が彫られる場合があり、これを「側款《そっかん》」という。側款も、書画の落款同様、その印の来歴など貴重な情報を示すもので、重視される。

漢字文化の普及とともに、印章は東アジアに広がっていった。その実用性が評価されるとともに、ときには権力の象徴、ときには芸術品として制作・使用された。現在、この印章文化を最も色濃く残しているのは、日本であろう。中国でも現在、本人証明は署名で済ますことが多いが、日本では、今でも、自筆の署名以上に押印が重視される。

参考文献

沙孟海著、中野遵・北川博邦共訳『篆刻の歴史と発展——印学史』（東京堂出版、一九八八年）
荻野三七彦『印章』新装版（吉川弘文館、一九九五年）
水野恵『日本篆刻物語——はんこの文化史』（芸艸堂、二〇〇二年）
湯浅邦弘『墨の道 印の宇宙——懐徳堂の美と学問』（大阪大学出版会、二〇〇八年）
服部畊石編『篆刻字林』増訂新版（三圭社、二〇一四年）

第四章　学　問

佐藤一好

明・呉彬「孔子杏壇講学図」
(杏壇で学を講ずる孔子。『孔府文物選　孔子像・衍聖公及夫人肖像』より)

中島敦（一九〇九〜四二）は、名作『弟子』において、子路《しろ》（孔子の愛弟子）の最期をこう描いている。

子路は二人を相手に激しく斬り結ぶ。……敵の戟《ほこ》の尖端《さき》が頬を掠《かす》めた。纓《えい》（冠の紐《ひも》）が断《き》れて、冠が落ちかかる。左手でそれを支えようとした途端に、もう一人の敵の剣が肩先に喰《く》い込む。血が迸《ほとばし》り、子路は倒れ、冠が落ちる。倒れながら、子路は手を伸ばして冠を拾い、正しく頭に着けて素速く纓を結んだ。敵の刃《やいば》の下で、真赤に血を浴びた子路が、最期の力を絞って絶叫する。

「見よ！　君子《くんし》は、冠を、正しゅうして、死ぬものだぞ！」

『春秋左氏伝《しゅんじゅうさしでん》』（哀公一五年）が「子路曰く、君子は死すとも、冠を免《ぬ》がず、と。纓を結びて死す」と伝える場面であり、子路は衛の国の内乱の中、君子として見事な最期を遂げたのである。しかし、子路はもともと「長剣を好む」遊侠の徒であり、およそ学問とは無縁の、君子とは程遠い人物であった。

では、子路は孔子のもとでどのような学問を積んで君子となったのか。本章では、この問題に答えながら、中国に近代的な学問（science）が成立する以前の、『論語』を中心とする儒家の学問について略述したい。併せて、その『論語』の影響力の一端を、後世の学問論と笑話の世界に探ってみたいと思う。

1 古代の学問・学校

「学」と「問」

まず、「学」「問」の字義について記す。中国最古の字書、後漢の許慎《きょしん》『説文解字《せつもんかいじ》』には、「学（學）」の古い字体「斅」、その構成要素である「𡥈《こう》」について、「斅とは覚悟なり」、「𡥈とは放なり」と説明されている。「覚悟」とは「さとる」、すなわち自らの「不足を知る」ことであり、「放（＝倣）」とは「ならう・まねる」、要するに日本語の「まなぶ」が「まねぶ」の音転とされているのと同じである。「学」にはこの二つの意味が古くから併存している。一方、「問」について『説文解字』は「問は訊なり」という。もちろん、「とう・たずねる」の意味である。もっとも、漢字の起源には異説が多く、たとえば「学」の原形を「屋根に千木《ちぎ》（交叉《こうさ》した木）のある学舎の形」、「問」の原義を「神意を問い、神の啓示（お告げ）を求めること」とする見解もある（白川静『常用字解』）。

しかし、ここではそうした原義の問題に深入りはせず、次のような点に注目しておこう。それは、中国古代において「学」が「教」と表裏一体の関係にあったという興味深い事実である。すなわち、『礼記《らいき》』（学記篇）には「教・学相長ず」とあり、『書経』（説命《えつめい》下篇）の言葉「学《おし》（＝教）うるは学ぶことの半ばなり」が引かれている。『説文解字』の「教」字の条にも「教は上の施す所、下の效《なら》う所なり」とあり、「教える」ことと「学ぶ」ことの相即性が見て取れる。清の段玉裁《だんぎょくさい》『説文解字注』によると、「学は自ら覚《さと》る所以にして、下の效なり。教は人の人を覚《さと》す所以にして、上の施なり。故に古《いにしえ》は統《す》べてこれを学と謂うなり」。つまり、「学ぶ」ことと「教える」ことは動作の方向性が異なるだけで、緊密な関係にある。だから、古くは「学」の一字で「教・

子路像（頭には冠，手には剣と書。『子路墓』より）

学」二つの意味を表していた、というのである。

「学問」

春秋時代末期の思想家である孔子（名は丘《きゅう》、字は仲尼《ちゅうじ》、前五五一？～前四七九）の言行録『論語』には、「学」と「問」とが結合して「学問」と用いられている例は見えない。孔文子という政治家に対する孔子の人物評に「敏にして学を好み、下問（目下の者に問う）を恥じず」（公冶長篇）とあるのが両者の緊密な関係（学ぶことを好めば、結果として誰にでも問うであろうから）をうかがわせる程度である。それが明確に「学問」という形をとるのは『孟子《もうし》』においてである。

すなわち、滕《とう》の文公の「吾れ他日未だ嘗《かつ》て学問せず、馬を馳せ剣を試むるを好めり」（滕文公上篇）という言葉と、次に引く孟子（名は軻《か》、前三七二？～前二八九）自身の言葉とがそれである。

> 仁は人の心なり。義は人の路《みち》なり。其の路を舎《す》てて由《よ》らず、其の心を放ちて求むるを知らず。哀しいかな。人は鶏犬の放つこと有らば、則ちこれを求むるを知るも、心を放つこと有るも、求むるを知らず。学問の道は他無し、其の放心を求むるのみ。（告子上篇）

人は自分の飼い犬や鶏がいなくなると探し回るのに、自分自身の大切な心を失っても取り戻そうとしない。嘆かわしいことである。孟子はこう述べて、性善《せいぜん》説（人の本性《ほんせい》を善とする学説）の立場から、人間の内面に本来備わっているはずの「仁義」の心を回復すること、それを「学問」の中心に置くのである。この孟子の立場、すなわち自己修養としての学問は、程度の差こそあれ、儒家（儒学・儒教とも呼ばれる）の学問に共通する顕著な性格であった。

したがって、孟子にやや遅れて性悪《せいあく》説（人の本性を悪とする学説）を唱え、人の欲望を、「礼」を中心とする学問によって外側から規制しようとする荀子《じゅんし》（名は況《きょう》、前三一〇頃～前二三〇頃）にしても、「学問」の目指すところは人格の陶冶にあった。荀子の言葉を弟子たちがまとめたとされる次の一節には、その点が明確にうかがわれる。

> 人の文学に於《お》けるや、猶お玉の琢磨《たくま》に於けるがごときなり。『詩』に曰く、「切《せつ》するがごとく磋《さ》するがごとく、琢《たく》す

るがごとく磨《ま》するがごとし」と。学問を謂うなり。和《か》の璧《へき》は、井里（村里）の厥《けつ》（石ころ）なり。玉人《ぎょくじん》（玉工）これを琢して、天子の宝と為る。子贛《しこう》・季路《きろ》は故と鄙人《ひじん》なり。文学を被《こうむ》り礼義を服して、天下の列士と為る。（『荀子』大略篇）

文学とは「詩書礼楽」を中心とする学問のことであり、人が学問を積んで人格を陶冶することを、荀子は原石を磨き上げて美玉とすることに喩えている。「切磋琢磨」という成語で有名な『詩経』（衛風・淇奥《きいく》篇）の詩を引用するのも「学問」の重要性を強調するために他ならない。また、具体例として「和氏《かし》の璧《へき》」という美玉を、孔子の二人の弟子、すなわち子貢と子路とに重ね合わせている点も興味深い。田舎者であった二人が天下の名士となったのは、学問を積み礼義を身につけたからだ、というのである。

　孟子と荀子の「学問」は、その具体的内容に異なりはあるが、自己修養を目的とする点で、後述する孔子の学問を、それぞれの思想的立場から継承・発展させたものといえよう。

石可『孔子事迹図』（中央に「志于学」「太廟問事」の図，周辺に「六芸」。『大哉孔子』より）

夏・殷・周の学校

　ところで、『孟子』には、夏《か》・殷《いん》・周《しゅう》三代の学校に関する記録がある。善政を行うためには教育施設の充実が必要であるという孟子自身の言葉であり、君子の「三楽」の一つに「天下の英才を得てこれを教育する」（尽心上篇）ことをあげる孟子が古代の学校にも関心を寄せていたことがわかる。

　庠《しょう》・序・学・校を設け為《つく》りて以てこれを教う。庠とは養なり、校とは教なり、序とは射なり。夏には校と曰《い》い、殷には序と曰い、周には庠と曰う。学は則ち三代これを共にす。皆人倫を明らかにする所以なり。人倫上に明らかにして、小民下に親しむ。（滕文公上篇）

これによれば、夏・殷・周の時代にも「校（夏）」・「序（殷）」・「庠（周）」・「学（三代共通）」と呼ばれる学校があり、「人の倫《みち》を明らかにする」教育が行われていたことになる。具体的内容については諸説あるが、孟子の説明によれば、養老（老人を敬う儀礼）や射礼（弓を射る儀礼）など、民衆教化を目的とするものであったろう。ただし、『礼記』（学記篇）は、孟子が歴史的相違によって説明する学校名を、行政単位の大小によって「古《いにしえ》の教うる者は、家に塾有り、党（五〇〇軒）に庠《しょう》有り、術《すい》（一万二五〇〇軒）に序有り、国（都）に学有り」と説明しており、孔子以前の学校についてははっきりしない点が多い。

『周礼《しゅらい》』にはかなり詳しく周代の教育制度が記されているが、それは理念的なもので実際に機能していたかどうか疑問である。ただし、「六芸《りくげい》」（『周礼』地官・大司徒など）という科目は、孔子の学校における教育内容とも重なっていたようである。すなわち、「礼（儀礼）・楽（音楽）・射（弓術）・御（馬術）・書（文字）・数（算術）」の六つの教養である。『論語』にも「射」「御」に関わる記述が散見しており、孔子自身も冗談まじりに「（何かを専門にするなら）吾れは御を執らん」と馬術への自信を口にしている（子罕篇）。

2 孔子の学問・教育

学問の喜び

「吾れ十有五にして学に志す」（為政篇）という孔子がその生涯を通じて学問を重視したことは、『論語』冒頭の次の一章に明らかである。

子曰く、「学びて時にこれを習う、亦《ま》た説《よろこ》（＝悦）ばしからずや。朋有り遠方より来たる、亦た楽しからずや。人知らずして慍《いか》らず、亦た君子ならずや」と。（学而篇）

すなわち、『論語』は、学問の喜びを高らかに宣言するこの孔子の言葉によって始まるのである。「朋」とは学問の仲間・学友を意味し、「人知らずして慍らず」とは学問を積んだ自分が他人に評価されなくても怒らないという意味である。要するに、この一章は、孔子が自らの人生を顧みて学問の重要性を訴えた言葉なのであり、孔子の死後、数多くの弟子や孫弟子たちの手を経て『論語』が編纂される過程で冒頭に置かれたのであろう。

当然、後世への影響も著しい。たとえば「不亦楽乎」は、程度が激しいことを意味する成語として現代中国で今もなお健在である。許青天の『漫画成語』には、孔子がパソコンに向かって「朋有り網《ネット》上より来たる、亦た楽しからずや」とつぶやきながらキーボードをたたく興味深い姿が描かれている。インターネット上からひっきりなしに仲間たちのメールが届くので対応に追われて嬉しい悲鳴だ、というわけである。

「不亦楽乎」の漫画
（メールの返信に追われる孔子。『漫画成語』より）

孔子の学校

孔子の学校は魯の国の私塾である。だが、長年にわたる孔子の諸国歴訪を考えると、それは移動する学校であった。孔子は、晩年に帰国して学問・教育に専念するまでの間、至るところで学び、弟子たちを教えた。たとえば、宋の国への旅では、大木の下で「礼」の演習を行い、桓魋《かんたい》という乱暴者に命を狙われた。しかし、孔子は「天徳を予《わ》れに生ぜり。桓魋其れ予れを如何《いかん》せん」（述而篇）と述べ、危険に陥っても少しも動揺しなかった。天から授かった徳性を自覚していたからである。

では、そのような孔子の学校で弟子たちは何を学んだのか。もちろん、礼は学んだ。礼に対する孔子の学識は青年時代から有名で、孟僖子《もうきし》という魯の国の家老は、わざわざ遺言までして二人の息子に孔子のもとで礼を学ばせている（『春秋左氏伝』昭公七年）。『論語』にも「太廟《たいびょう》に入りて、事ごとに問う」というエピソードがある。すなわち、孔子は周公（魯の国の始祖）の廟で行われた式典で、経験者に一つひとつ作法を確認したが、後日、そのことを悪評された孔子は、過ちがないように慎重に行うことこそが礼だと語ったという（八佾篇）。

実は、この「礼」に、「楽」（音楽）と古典としての『詩』『書』（現在の『詩経』『書経』の原形）とを加えた「詩書礼楽」が孔子の学校における学問の基礎であった。孔子はそうした『詩』『書』を読んだり「礼」を行ったりする際には「雅言」（古くから伝わる正統的な発音）を心がけたようであり（述而篇）、一種の情操教育プログラム「詩に興り、礼に立ち、楽に成る」（泰伯篇）では音楽の果たす役割にも大きな期待を寄せている。

孔子の学校における教育内容をまとまった形で伝える「文（古典）・行（実践）・忠（誠実）・信（信義）」（述而篇）の「四教」で言えば「文」、また、「徳行（道徳的実践）・言語（弁舌）・政事（政治）・文学（古典研究）」（先進篇）の分野で優れた弟子一〇人（孔門の十哲と呼ばれる）をあげる「四科」で言えば「文学」に当たるのが「詩書礼楽」である。

学問の目的

注目に値するのは、孔子の学問が「四教」「四科」のすべてを包含する広範なものであったという事実と、そのうちに占める自己修養科目の重要性とである。「四教」のうち「行」は道徳的実践を意味するので、その三つまでもが道徳に関わる内容ということになる。「忠信」が孔子の重視する「仁」の基礎であることは言うまでもない。

加えて、「四科」の第一に位置するのは「徳行」であり、そこで真っ先に名前のあがる顔回（顔淵）こそは、孔子が弟子たちの中で、その「好学」を最も高く評価した弟子なのである。孔子は夭折した顔回を惜しみ、「顔回なる者有り、学を好む。怒りを遷《うつ》さず、過ちを弐《ふた》びせず。不幸短命にして死せり」（雍也篇）と述べて、他人に八つ当たりせず、過ちを繰り返さない顔回の人格的な側面を「好学」と結びつけている。もちろん、「政事」に名前のあがる子路にしても「徳行」に関わる教えを日々受けたであろう。『説苑《ぜいえん》』（建本篇）などに見える「子路負米《ふべい》」（自分は粗食して両親のために遠くまで米を運んだ話）は、子路の「孝」説話としてとりわけ有名である。

要するに、孔子の学校における学問とは、道徳性を重んじる学問なのであり、単なる知識の集積ではなく、自己修養的な色彩が濃厚であった。学問の目的は、何よりも君子という理想の人格に達することであった。『論語』に多出する

「君子」「小人《しょうじん》」の対比がそのことを明確に物語っている。たとえば、子夏（「文学」の一人）という学究肌の弟子に向かって、孔子は「女《なんじ》君子の儒と為れ。小人の儒と為ること無かれ」（雍也篇）と述べている。知識だけの学者ではなく、人格的にも優れた君子としての学者を目指すように、という教えである。「君子は（用途が限定された）器（であっては）ならず」（為政篇）、「文質彬彬《ひんぴん》と（外面的要素と内面的要素とがバランスよく調和）して、然《しか》る後《のち》に君子」（雍也篇）なのである。孔子はさらに、君子の条件として「仁者は憂えず」「知者は惑わず」「勇者は懼《おそ》れず」をあげ、「知・仁・勇」の三者を兼備してこそ君子である、としている（憲問篇）。

なお、孔子は「古《いにしえ》の学ぶ者は己《おのれ》の為にし、今の学ぶ者は人の為にす」（憲問篇）と述べ、自らを高めることを目的とせず、他人の評価ばかりを気にする学問を否定した。実は、孔子の学校には、「言語」「政事」という科目が物語るように政治的色彩も濃厚であった。孔子が弟子たちを率いて諸国を歴訪したのも、理想とする政治を実現するために他ならない。しかし、孔子が目指したのはあくまでも「徳治」（道徳による政治）であり、為政者は単なる実務能力だけでなく、自己の人格を磨いて人々を徳化することのできる君子となる必要があった。だから、子張という弟子が端的に「禄を干《もと》むることを学ばん」としたとき、孔子はまず自分自身の見聞を広め、言動に過ちがないように努めることが先決で、就職はそうした自己修養の結果である、と戒めている（為政篇）。

「温故知新」の篆刻（「温故（而）知新，可以為師矣」。井出伸博編『篆刻で愉しむ論語』より）

孔子の名言

孔子には、学問・教育に関わるさまざまな名言がある。たとえば、「学」「思」の併用を強調する「学びて思わざれば則ち罔《くら》く、思いて学ばざれば則ち殆《あやう》し」（為政篇）。「学」は読書や教師を通して外から何かを学ぶこと、すなわち学習である。一方、「思」は自らの心で考えること、すなわち思索である。ただ学ぶだけで考えなければ、せっかく得た知識も暗くぼんやりしたままであり、どんなに考えても学ばなければ、独断に陥って危険である。学問には、学習と思索

「韋編三絶」の想像図
（『易』に没頭する孔子。『孔子評伝』より）

の併用が不可欠だというのである。その背景には、「吾れ嘗《かつ》て終日食《くら》わず、終夜寝《い》ねず、以て思うも益無し。学ぶに如《し》かざるなり」（衛霊公篇）という実体験があったようである。

次に、教師の条件「温故知新」を見よう。「故《ふる》きを温めて新しきを知る、以て師たるべし」（為政篇）。「信じて古《いにしえ》を好む」（述而篇）という孔子の立場が教師の条件にもはっきり表れている。すなわち、古典や伝統文化に信頼を寄せ、それを尊重する孔子は、古いものに習熟してそこに新しさを発見することのできる者、それこそが教師だというのである。この言葉は、『詩』『書』を学ぶ際の孔子の基本的な姿勢にも通じるであろう。

教師としての孔子の方法論として注目されるのは、「啓発」という言葉の出典「憤せずんば啓せず、悱《ひ》せずんば発せず。一隅《ぐう》を挙げて三隅を以て反《かえ》らざれば、則ち復《ま》たせざるなり」（述而篇）である。孔子は学ぶ者の主体性、積極性、意欲を重視した。だから、相手が「憤」（知りたくてたまらない）、「悱」（答えたくてたまらない）の状態にならなければ、教え導いたりしなかった。また、何か一つの事柄を教え、相手が積極的に類推して関連する三つの事柄について反問してこないようでは、それ以上、教えたりしなかった。孔子はこうも言っている。「（自発的に）これを如何《いかん》せん、これを如何せんと曰《い》わざる者は、吾れこれを如何ともする末《な》きのみ」（衛霊公篇）と。

学ぶ孔子・教える孔子

孔子は自らの「好学」を信じて疑わなかった。小さな村里にも自分と同じ程度の忠信の持ち主はいるだろう。しかし、「丘《きゅう》（孔子の名）の学を好むに如《し》かざるなり」（公冶長篇）。すなわち、自分ほどの学問好きはいないはずだ、と。子貢の言葉を借りれば、「夫子《ふうし》（先生）焉《いず》くにか学ばざらん。而《しか》して何の常師《じょうし》（特定の師）かこれ有らん」(子張篇)である。つまり、孔子は学ぶ意欲が人一倍旺盛で、どこでも誰からでも学んだのである。もちろん、学んだのは単なる知識だけではない。「三人行えば、必ず吾が師有り」として、善を見れば学び、不善を見れば反省材料にした(述而篇)。加えて、「其の人と為《な》りや、発憤して食を忘れ、楽しみて以て憂いを忘れ、老いの将《まさ》に至らんとするを知らず」(述而篇)という熱中ぶりであった。

したがって、そうした孔子の意欲が古典研究の面にも注がれたことは確実であるが、孔子がどこまで六経《りくけい》(『易』『書』『詩』『礼』『楽』『春秋』)の成立に関わったのかという点については、出土文献研究の進んだ今日においてもなお謎のベールに包まれている。たとえば、『史記』(孔子世家)によると、晩年の孔子は『易』を愛読してその注釈を著し、熟読のあまり『易』の綴じひもが何度も断ち切れたという。いわゆる「韋編三絶《いへんさんぜつ》」の故事である。そして、近年の研究(戦国時代中期の『易』と推定される竹簡が出土)によって、『論語』の「我に数年を加え、五十にして以て易《えき》を学べば、以て大過無かるべし」(述而篇)という孔子の言葉がにわかに現実味を帯びてきてはいる。しかし、孔子在世時の『易』の実態解明には程遠いというのが現状である。

いずれにせよ、学ぶ孔子の姿は、同時に、教える孔子の姿でもあった。「学」と「教」とは本来、表裏一体の関係にあったのだから。事実、『論語』(述而篇)には「学びて厭《いと》わず、人を誨《おし》えて倦《う》まず」、「これ(聖や仁への学び)を為して厭わず、人を誨えて倦まず」と、よく似た言葉が二度も孔子自身の口から発せられている。孔子はやはり、飽くことなく学び、倦むことなく教えたのである。「束脩《そくしゅう》(入門時の礼物である乾肉《ほしにく》)を行うより以上は、吾れ未だ嘗《かつ》て誨《おし》うること無くんばあらず」(述而篇)。すなわち、乾肉を持参して入門した弟子には、相手に学ぶ意欲がある限り、熱心に教え続けたのである。「唯《た》だ上知と下愚とは移らず」(陽貨篇)とはいうものの、大半の弟子たちは、教育を施すことによって君子に育つ可能性があったであろう。孔子は「性《せい》相近し。習えば相遠し」(陽貨篇)と述べている。環境や習慣、教育によって、人は善くもなれば悪くもなる、と。そうである以上、孔子は弟子たちを教え導かずにはいられなかったであろう。「忠(誠実)にして能《よ》く誨《おし》うること勿《な》からんや」(憲問篇)である。

そして、「循循然《じゅんじゅんぜん》として(順序を踏んで)善く人を誘《いざな》う」(子罕篇)孔子の教えを、長年にわたり最も親しく受けたのが子路であった。「由《ゆう》（子路）よ、女《なんじ》にこれを知るを誨《おし》えんか。これを知るをこれを知ると為し、知らざるを知らずと為す、是れ知るなり」（為政篇）は、既知の事象と未知の事象とを明確に区別せよ、という学問の根幹に関わる教えである。もちろん、君子に直結する教えも受けたはずである。

陳に在りて糧《かて》を絶つ。従う者病みて能《よ》く興《た》つこと莫《な》し。子路慍《いか》りて見《まみ》えて曰く、「君子も亦た窮すること有るか」と。子曰く、「君子固《もと》より窮す。小人窮すれば斯《ここ》に濫《みだ》る」と。（衛霊公篇）

孔子たち一行が陳・蔡《さい》両国の軍隊に包囲されて、食糧不足に陥ったときのことである（『史記』孔子世家）。孔子や仲間たちを突然襲った窮地に子路は怒り、君子でも窮地に陥るのかと孔子に詰め寄った。その問いに対する答えを、子路は生涯忘れなかったであろう。君子にも小人にも窮地は訪れる。違いはそのとき乱れるか乱れないかだ。こうした教えを受けて、子路は着実に君子への道を歩んだのである。

「在陳絶糧」の図（『聖蹟図』の一場面，陳・蔡の軍隊に包囲される孔子たち。『至聖文宣王』より）

3 学問論と『論語』

『荀子』勧学篇

君子という理想の人格を目指した孔子の学問は、その後の学問論に多大な影響を与えている。その代表として、まず『荀子』の勧学篇を見よう。荀子が孔子を継承して学問を重視したことは、「学問」という言葉の用例だけでなく、『荀子』が「学問の勧め」に当たる勧学篇から始まっていることに象徴的である。すなわち、荀子は「君子曰く」と前置きして、学問の重要性を次のように説く。

学は以て已《や》むべからず。青はこれを藍《あい》より取りて藍よりも青く、冰《こおり》は水これを為して水よりも寒《つめた》し。……故に木縄《すみなわ》（墨縄）を受くれば則ち直く、金礪《れい》（砥石《といし》）に就けば則ち利《するど》く、君子博く学びて、日に己《おのれ》を参省《さんせい》すれば、則ち智明らかにして行い過ち無し。

いわゆる「出藍《しゅつらん》の誉れ」の出典として名高い冒頭部であるが、ここで荀子が言おうとしているのは師と弟子との関係ではなく、先天的なものと後天的なものとの関係である。もちろん、「藍」「水」が先天的なもの、「青」「氷」が後天的なものである。そして、人は「藍」よりも「青」へ、「水」よりも「氷」へと、自らの先天的素質を学問によって後天的美質へと高める努力が必要である。そのためには、学問に中断があってはならない。木に矯正のための墨縄が、金属に研磨のための砥石が必要なように、君子には自らを向上させる学問が必要不可欠だ、と荀子は訴えている。

その学問がここでは外に向かう「博学」と内に向かう「参（＝三）省」（自己反省）とによって示されているわけである。両者は『論語』にも「（孔子は）博学にして名を成す所無し」（子罕篇）、「（曾子は）日に吾が身を三省す」（学而篇）と見え、荀子が孔子の学問を継承していることがわかる。しかも、その目的が次のように、君子から聖人へと高まっている。

学は悪《いず》くにか始まり、悪《いず》くにか終わる。曰く、其の数（方法）は則ち経を誦するに始まり、礼を読むに終わる。其の義（理念）は則ち士たるに始まり、聖人たるに終わる。真に積み力《つと》むること久しければ則ち（聖人の境地に）入る。学は没するに至りて後已《や》む。故に学の数には終わり有るも、其の義のごときは則ち須臾《しゅゆ》も舎《す》つべからず。これを為すは人なり、これを舎《す》つるは禽獣なり。

荀子は、まず学問の出発点・終着点を自問自答の形式で明言する。すなわち、手段としては、「経」（『詩』『書』）を暗誦することに始まり、「礼」を読むことに終わる。さらに、理念としては、「士」としての道に始まり、理想の人格である「聖人」としての道に終わる。荀子は学問をこう規定した上で、人は聖人を目指して不断の努力を続けるべきである。その努力を継続してこそ人であり、それを放棄するのは禽獣に等しい、とまで極論している。その学問の中心に位置するのが「礼」であり、荀子の思想全般を貫く「礼」の重視は、漢代に編纂された『礼記』や『大戴礼《だたいれい》』に大きな影響を与えた。『大戴礼』の勧学篇などは『荀子』と内容も酷似している。

もちろん、荀子の学問論には孔子と重なる言葉も多い。たとえば、「古《いにしえ》の学ぶ者は己《おのれ》の為にし、今の学ぶ者は人の為にす。君子の学は、以て其の身を美にし、小人の学は、以て禽犢《きんとく》と為すのみ」とある。前半は孔子と完全に同文（前出）であり、荀子はそれを君子と小人との対比に換言して、小人の学が「禽犢」（他人に取り入るための礼物）作りの学問であると厳しく批判している。荀子においても、学問は自らの「身を美にするもの」であり、死の瞬間まで続く自己修養の営みであった。

『顔氏家訓』勉学篇

次に、少し異色の学問論として、北斉の顔之推《がんしすい》（五三一〜六〇二頃）が子孫のために著した『顔氏《がんし》家訓《かくん》』を見る。『顔氏家訓』は、顔之推の博識がふんだんに盛り込まれた教養書としても評価されているが、激動の時代を反映してであろうか、随所に処世術的な傾向がうかがえる。その学問論に当たる勉学篇も例外ではない。

> 学芸有る者は、地に触るるも安し。荒乱より已来《いらい》、諸々俘虜《ふりょ》を見るに、百世の小人（身分の低い者）と雖《いえど》も、『論語』『孝経』を読むを知る者は、尚お人の師と為り、千載の冠冕《かんべん》（身分の高い者）と雖も、書記を暁らざる者は、田を耕し馬を養わざる莫《な》し。此れを以てこれを観るに、安《いずく》んぞ自ら勉めざらんや。

身に学芸のある者はどこへ行っても安泰である、と顔之推は言う。それは自らが争乱の中で目撃した捕虜たちの姿に基づく。そして、どんなに身分が低くても、『論語』や『孝経』が読めさえすれば先生と仰がれる。逆に、どんなに身分が高くても、書物が読めなければ労働の日々が待ち受けている。だから、お前たちはそうならないように学問に励めよ、と子孫に語りかけるのである。この顔之推の口調には、真正面から学問の重要性を説く荀子とは異なり、やはり処世術的な傾向が否めないであろう。

しかし、顔之推はその一方で「夫れ読書・学問する所以は、本より心を開き目を明らかにし、行いに利せんと欲するのみ」と語る。すなわち、読書や学問を行うのは、自らの心を啓発し物事を見る目を養い、行動に有益だからである、と。また、そのことを樹木の育成になぞらえて「身を修め行いに利するは、秋の実なり」とも述べている。つまり、顔之推も、基本的には学問を自己修養と考えていたのであり、孔子を「少《わか》くして学びて老いに至るも倦《う》まざる」者と評価する一方、荀子のような「早くに迷いて晩に寤《さ》むる」者を例に、たとえ晩学であっても学問は必要である、と主張している。

顔之推の学問論でとりわけ興味深いのは、当時流行した「義疏《ぎそ》の学」を批判している点である。経書の注をさらに詳しく講義・解説するのが「義疏」であり、『論語』で言えば、魏の何晏《かあん》の『論語集解《しっかい》』（古注と呼ばれる）に対する梁の皇侃《おうがん》の『論語義疏』がそれに当たる。もっとも、顔之推が批判するのは、うんざりするほど無意味な講釈ばかりを連ねてよしとする当時の俗物学者たちであった。

夫《そ》れ聖人の書は、教えを設くる所以《ゆえん》なり。但だ明らかに経文に練れ、粗《ほ》ぼ注義に通じ、常に言行をして得ること有らしめば、亦《ま》た人たるに足る。何ぞ必ずしも「仲尼（孔子）居る」に即ち両紙の疏義を須《もち》いんや。

聖人の書（経書）は人々を教え導く手立てなのであり、経書の本文に習熟し、注の意味をあらまし理解した上で、それを常に自らの言行に役立たせるようにすれば、それで十分である。どうして『孝経』（開宗明義章）冒頭の「仲尼居る」のわずか三文字に、紙二枚分もの注釈を費やす必要があろうか、というのである。この批判は、儒学が国家公認の学問となった漢代から唐代までの経学（経書を研究する学問）が「漢唐注疏《ちゅうそ》学」と呼ばれる字句の解釈を中心とする学問であったことを考えると、意味深長といえよう。

『近思録』

事実、宋代に入ると、そうした注疏学とは異なる新しいタイプの学問が誕生した。南宋の朱子（名は熹《き》、一一三〇〜一二〇〇）によって集大成される朱子学がそれである。すなわち、宋代以後の儒学は、「宋明性《せい》

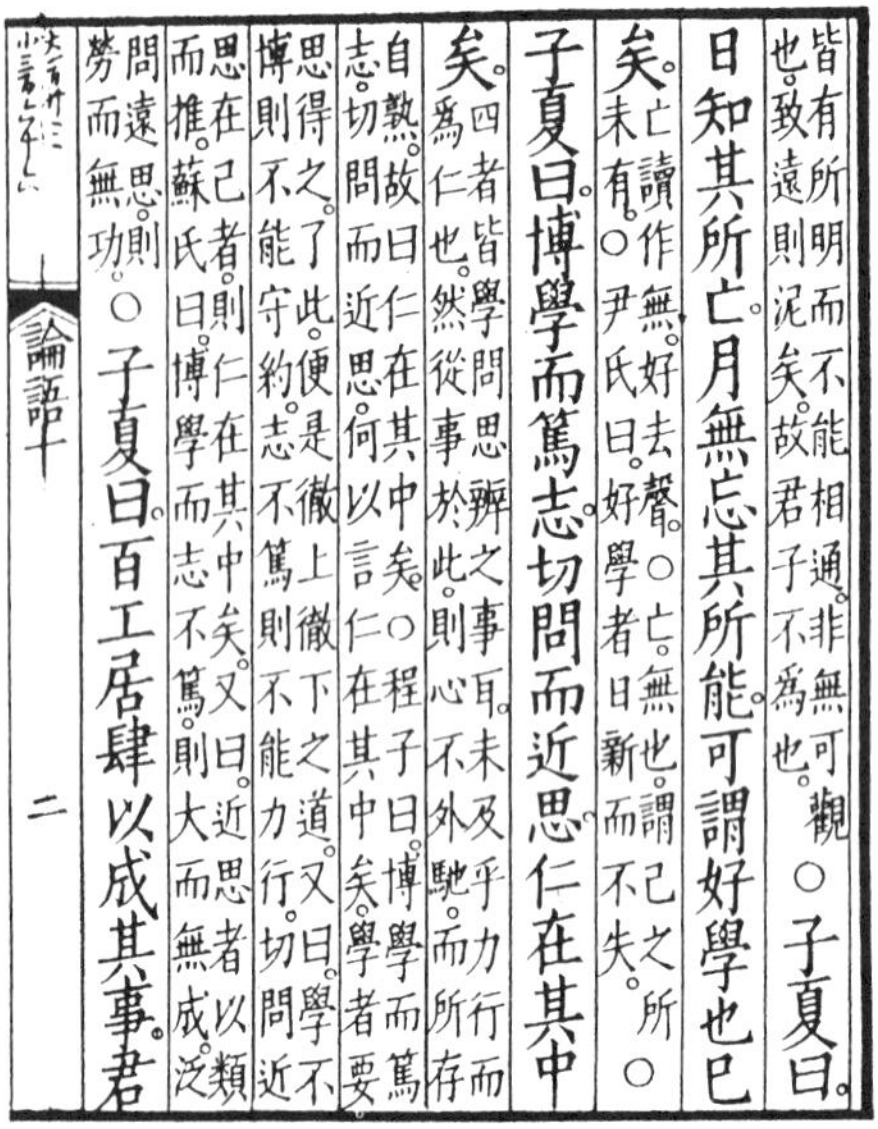
皆有所明而不能相通。非無可觀也。致遠則泥矣。故君子不爲也。○子夏曰。
日知其所亡。月無忘其所能。可謂好學也已
矣。亡讀作無。好去聲。○亡。無也。謂己之所未有。○尹氏曰。好學者日新而不失。○
子夏曰。博學而篤志。切問而近思。仁在其中
矣。四者皆學問思辨之事耳。未及乎力行而爲仁也。然從事於此。則心不外馳。而所存
自熟。故曰仁在其中矣。○程子曰。博學而篤志。切問而近思。何以言仁在其中矣。學者要
思得之。了此。便是徹上徹下之道。又曰。學不博則不能守約。志不篤則不能力行。切問近
思在己者。則仁在其中矣。又曰。近思者以類而推。蘇氏曰。博學而志不篤。則大而無成。泛
問遠思。則勞而無功。○子夏曰。百工居肆以成其事。君
論語十　二

朱熹『論語集注』（呉志忠校刊本）の書影（『近思録』の書名を含む部分。『叢書集成三編』より）

理学《り》」と呼ばれるように、人間の本性《ほんせい》や事物の理を探究する哲学的な傾向を帯びるようになった。学問の中心には、五経（唐代の『五経正義』では『易経』『書経』『詩経』『礼記』『春秋左氏伝』）ではなく、四書（『論語』『孟子』『大学』『中庸』）が置かれ、「聖人（すなわち孔子）学んで至るべし」がスローガンになった。もちろん、『論語』の重要性は著しく高まり、朱子も『論語集注《しっちゅう》』（新注と呼ばれる）という独自の注釈を著し、『論語』に即して自らの思想を語っている。

その朱子学の入門書的な性格を有するのが、朱子とその友人呂祖謙《りょそけん》の手で編まれた『近思録《きんしろく》』である。書名は『論語』（子張篇）の「子夏曰く、博く学びて篤《あつ》く志し、切に問いて近く思う」に基づき、朱子学の先駆者たちの、学問に対する真摯な姿勢をうかがわせる言葉を数多く収めている。それらはもちろん『論語』をはじめとする四書と深く関わっている。まず、朱子学の成立に大きく寄与した程伊《ていい》川《せん》（名は頤《い》、一〇三三〜一一〇七）の言葉を見よう。

君子の学は必ず日に新たなり。日に新たなる者は日に進む。日に新たならざる者は必ず日に退く。未だ進まずして退かざる者有らず。惟《た》だ聖人の道のみ進退する所無し。其の造《いた》る所の者極まるを以てなり。（巻二、為学大要篇）

程伊川が直接踏まえるのは『大学』（学問の目的や修養の順序を記す経書）であるが、その内容は顔回を評した孔子の言葉「吾れ其の（学問の道をひたすら）進むを見るも、未だ其の止《や》むを見ざるなり」（『論語』子罕篇）と重なっている。比喩的に言えば、君子の学問とは、平地が広がる頂上を目指して立ち止まれば滑り落ちてしまう高く険しい山を登るような

ものであり、聖人の境地に達するためには日々努力を怠ってはならない、というのである。

次は、子路に関わる例。濂渓《れんけい》先生とは、朱子学の重要文献『太極図説《たいきょくずせつ》』の著者、周敦頤《しゅうとんい》（一〇一七〜七三）のことである。

濂渓先生曰く、「仲由《ちゅうゆう》（子路）は過ちを聞くを喜び、令名窮《きわま》り無し。今の人過ち有るも、人の規《ただ》すを喜ばざること、疾《やまい》を護《まも》りて医を忌《い》むがごとし。寧《むし》ろ其の身を滅ぼすとも、悟る無し。噫《ああ》」と。（巻一二、改過及人心疵病篇）

子路は他人から過ちを指摘されるのを好んだ（『孟子』公孫丑上篇）。もちろん、過失を改めるためにである。そうした子路の姿勢が「丘《きゅう》や幸いなり。苟《いやし》くも過ち有らば、人必ずこれを知る（そして、指摘してくれる）」（『論語』述而篇）という孔子に学んでいることは明らかである。周敦頤は、その点を十分に踏まえた上で、病気は治療しなければならず、放置すれば死に至る。しかるに、今の人々は病気を看護して治療を拒むかのように、過失を改めることに消極的である、と嘆くのである。

朱子学にも、もちろん「治人」すなわち政治学的な側面はあるが、その基礎となるのは「修己」すなわち自己修養の学問であった。事実、朱子も「居敬」（静坐などにより心を修めること）と「窮理」（読書などにより事物の理を窮めること）を修養の両輪として重視している。

しかし、その朱子学もやがては形骸化することになる。四書に対する朱子の注釈が科挙（高級官吏登用試験）の科目に採用されたことで、学問に著しい功利性が生じたからである。読書は修養のためではなく、科挙に合格して栄達するための手段と化してしまうのである。「書中自ずから黄金の屋有り」「書中 女有り顔 玉のごとし」などと読書の実利・実益を説く北宋の真宗《しんそう》皇帝「勧学文」（一説に後人の仮託《かたく》）のような時代が現実に訪れたわけである。明代になって「知行《ちこう》合一《ごういつ》」すなわち実践を強調する陽明学が登場する背景には、そうした朱子学と科挙との結合があった。

なお、王陽明《おうようめい》（名は守仁、一四七二〜一五二八）の思想を伝える『伝習録』も、『近思録』同様、書名を『論語』（学而篇）に仰いでおり、清初の学者、顧炎武《こえんぶ》（一六一三〜八二）の学術的名著『日知録』の書名も、出典は『論語』（子張篇）

である。学問の世界における『論語』の影響力の一端が知られよう。

4 笑話と『論語』

『論語』の言葉は、学問論の対極に位置する笑話の世界にも有形無形の影響を与えている。その具体例として、明末の才人、馮夢龍《ふうぼうりょう》（一五七四～一六四六）が編んだ『笑府《しょうふ》』（「笑いの宝庫」を意味する笑話集）所収話を見よう。まずは「高名な読書家」（原題「名読書」）。

「高名な読書家」　車胤《しゃいん》は蛍を袋に入れてその光で読書し、孫康は窓に映る雪明りで読書した。ある日、孫康が車胤を訪ねたが、会えなかったので、どこへ行ったのか聞くと、門番が言うには、「蛍を採りにお出かけです」。しばらくして車胤がその返礼に孫康を訪ねると、孫康が庭にぼんやり佇《たたず》んでいる。「どうして読書しないのかね」と聞くと、孫康が言うには、「今日の天気では雪が降りそうにもないからね」。（巻二、腐流部）

『蒙求《もうぎゅう》』という啓蒙書の「孫康映雪《えいせつ》」「車胤聚蛍《しゅうけい》」で知られる「勧学」故事の笑話化である。晋の車胤と孫康の二人は油が買えないほど貧しかったが、苦学の末に出世した。この笑話では、二人の名声を前提に、トレードマークの蛍や雪がなければ読書に励もうとしない白昼の姿を描き、その虚妄性を笑うのである。孔子ふうに言えば、二人の読書は「己《おのれ》の（向上の）為」ではなく、実は「人の（評判の）為」であったという戯画化である。ちなみに、「読書」という語はすでに『論語』に見え、読書ばかりが学問ではないという意味で、子路が「何ぞ必ずしも書を読みて然《しか》る後《のち》に学と為さん」（先進篇）と用いている。

「昼　寝」　次は完全に『論語』に基づく話。前提となるのは、「宰予《さいよ》昼寝《い》ぬ。子曰く、朽木《きゅうぼく》は雕《ほ》るべからず。糞土《ふんど》の牆《かき》は杇《ぬ》るべからず。予《よ》に於いてか何ぞ誅《せ》めん」（公冶長篇）。さらに、「子曰く、甚だしいかな、吾が衰えたるや。久しいかな、吾れ復た夢に周公を見ず」（述而篇）。前者は、宰予（「言語」の一人）の昼寝を孔子が激怒したとい

周公像・孔子像（右が周公，左が孔子。『三才図会』より）

う有名な話。たかが昼寝くらいで「朽木」（腐った木）や「糞土の牆」（ぼろぼろの土塀）呼ばわりは不可解であると、『論語』注釈史上、さまざまな穿鑿《せんさく》がなされている章である。もっとも、『笑府』では素直に孔子が居眠りには厳しかったという理解であろう。一方、後者では、晩年の孔子が、若い頃から敬慕し、学びの対象としてきた周公の夢を見なくなって久しいと嘆いている。この両者を踏まえて作られているのが「昼寝」である。

ある先生が昼間、居眠りをした。目覚めると、嘘をついて、「わしは夢で周公にお会いしていたのだ」。翌日の昼間、生徒がその真似をした。先生が教戒用具でたたき起こして言うには、「お前はどうしてこんなことをするのか」。生徒が言うには、「私も周公にお会いしていたのです」。先生が「周公は何かおっしゃったか」と聞くと、答えて言うには、「周公は、昨日先生にはまったくお会いしていない、と仰せでした」。（巻二、腐流部）

先生が言いわけに嘘をついたのは、『論語』（子張篇）の「小人《しょうじん》の過つや、必ず文《かざ》る（言いつくろう）」に当たる。孔子と同じく夢で周公に会い、学問の話をしてきたのだから文句はあるまい、という理屈である。しかし、生徒のほうが一枚上。翌日早速、その真似をして昼寝を断行、先生の嘘を痛烈に皮肉ったという話である。

「宦　官」

次の「宦官《かんがん》」（原題「太監《たいかん》」）では、『論語』の句読《くとう》の誤りから監察役の宦官（去勢男子）の無学を風刺している。

監察役の宦官が任地にある学校を視察し、「後生可畏焉（後生畏《こうせいおそ》るべし）」という題で試験を行った。皆が笑うので、宦官がその理由を聞くと、教官が答えて申し上げるには、「学生たちが、問題がたいへん難しいので、一字減らしていただければと申しております」。宦官が笑って言うには、「そういうわけなら、『後』の字を減らして、『生可畏焉（生畏るべし）』とすればよかろうぞ」。（巻一、古艶部）

宦官が出題した『論語』（子罕篇）の原文は、「子曰、後生可畏。焉知来者之不如今也」。もちろん、「子曰く、後生畏るべし。焉《いずく》んぞ来者《らいしゃ》の今に如《し》かざるを知らんや」と訓読する。「後生」「来者」は「若者・後輩」の意味。孔子は若者の未来、その可能性を信じて、若者こそは畏敬すべき存在、というのである。若い弟子たちの教育に熱心であった孔子ならではの言葉であり、問題として決して悪くはない。しかし、「焉《えん》」は、ここでは文末の助字ではなく、下文の文頭で反語文を作る役割を担っている。したがって、宦官の無知は「後生可畏焉」と問題を出した時点ですでに明白であり、だからこそ皆が失笑したのである。だが、この笑話が面白いのは、権力者である宦官の面子《めんつ》をつぶさないように遠回しに句読の誤りを指摘した教官の努力もむなしく、宦官が「焉」を削らず「後」を削り、恥の上塗りをしている点にある。その結果、『論語』の名言は、無残にも解体されてしまったというわけである。

以上、中国古代の学問を『論語』に焦点を絞って略述した。『論語』の影響力は絶大であり、笑話のような通俗文学の世界にも及んでいる。中国の文化は、孔子の学問・教育を生き生きと伝える『論語』を抜きにしては語り得ないということである。

参考文献

【一般的・入門的文献】

①　加地伸行『孔子――時を越えて新しく』（集英社、一九八四年）

＊講談社学術文庫本『論語（増補版）』（二〇〇九年）の訳者による斬新な孔子伝。文庫本化もされている（集英社文庫、一九九一年）。編著『論語の世界』（新人物往来社、一九八五年）も参考になり、『論語』の魅力を多角的に論じる。

②　一海知義『論語語論』（藤原書店、二〇〇五年）

＊中国文学の碩学によるユーモアに富んだ『論語』講義。言葉の問題に焦点を絞り、高度な内容をわかりやすく解説。「学問」に関わる言葉にも注目している。

③　湯浅邦弘『論語――真意を読む』（中公新書、二〇一二年）

＊出土文献にも注目して『論語』の成立や思想を興味深く解説。同著者の『諸子百家――儒家・墨家・道家・法家・兵家』（中公新書、二〇〇九年）では、「君子」をキーワードに孔子の生涯と思想を読み解く。

④　木下鉄矢『朱子学』（講談社選書メチエ、二〇一三年）

＊朱熹の思想を「学」「性」「理」「心」「善」に焦点を絞り、やさしく語りかけるような調子で解説を加える朱子学入門書。ただし、内容は高度。朱熹の『論語』理解にも具体的に言及している。

⑤　野間文史『五経入門――中国古典の世界』（研文出版、二〇一四年）

＊五経に特化してその内容や歴史を詳細に解説。参考文献やコラムも充実した入門書であるが、最新の研究を反映した専門書でもある。なお、竹内照夫『四書五経――中国思想の形成と展開』（平凡社東洋文庫、一九六五年）は四書にも解説を加えている。

⑥　孔祥林（浅野裕一監修・三浦吉明翻訳）『図説孔子――生涯と思想』（科学出版社東京株式会社、二〇一四年）

＊子孫が語る孔子の生涯と思想。後世への影響も視野に入れており、『聖蹟図』（孔子画伝）を中心とする図版が豊富。なお、『聖蹟図』の日本版については、竹村則行『『孔子聖蹟図』和版集成』（花書院、二〇一四年）が刊行されている。

【専門的文献】

①　橋本高勝『天罰から人怨へ』（啓文社、一九九〇年）

＊中国古代の学校を「孔子以前の学校」と「孔子の学校」とに分けて詳細に考察。さらに、『論語』の社会観・教育観・道徳観に

ついても示唆に富む分析を加える。

② 橋本秀美『『論語』——心の鏡』（岩波書店、二〇〇九年）

＊経学の歴史に即して、『論語』と時代・社会・人間との関係を探る。なお、何晏の『論語集解』や朱熹の『論語集注』など、歴代の代表的な注釈については、松川健二編『論語の思想史』（汲古書院、一九九四年）がある。

③ 金谷治『批判主義的学問観の形成』（平河出版社、一九九七年）

＊岩波文庫本『論語』（一九六三年初版のベストセラー）の訳者として知られる著者の「金谷治中国思想論集」の下巻。第一部で「中国の学問観」を展望し、批判主義的な学問について通史的考察を加える。

④ 加地伸行『孝研究——儒教基礎論』（研文出版、二〇一〇年）

＊「加地伸行著作集」の第三冊。『儒教とは何か（増補版）』（中公新書、二〇一五年）などで儒教の宗教性に注目する著者の「孝」研究の専著。その延長として「儒教における子ども観」にも言及している。

⑤ 浅野裕一・小沢賢二『出土文献から見た古史と儒家経典』（汲古書院、二〇一二年）

＊経書の成立の問題を考える上で欠かせない出土文献研究の成果。『論語』関係では、「孔子の弁明」「五十歳の孔子」「論『論語』」と題する論考を収める。

⑥ 小南一郎編『学問のかたち——もう一つの中国思想史』（汲古書院、二〇一四年）

＊「学問」に焦点を絞り、中国の古代から近代までの思想史を展望した研究論集。「知」の伝承・伝播の問題に中心が置かれているが、「中国古代の学と校」をはじめとする重厚で精緻な論文が並ぶ。

第五章　法と政治

宇田川幸則

政治の象徴・天安門

紀元前一四〇年頃の前漢時代に儒教がいわゆる国教化され、その後の歴代王朝における正統思想として位置づけられるとともに、官吏任官試験である科挙もまた儒学の経典が課せられたこと、さらには二〇〇〇年以上の長期に渡り中国以外の東アジア各地域にも大きな影響を与えてきたことも影響してか、中国では儒教的なる価値観に法と政治が支配されてきたし、今なおその影響が強いと巷間いわれている。

本章では法家思想、とりわけ韓非の思想を軸に、帝政期（秦代から清代まで）から現代までの中国の法と政治を考察する。それにより、儒教的価値観に基づく法と政治という「表の顔」に対して、「裏の顔」ないしは通奏低音として法家思想が存在し続け、それが今日にまで続いているということを明らかにしようとするものである。

1 法家思想

法家思想を検討する前に、まずは法という漢字の意味するところを検討しておきたい。

法の字義

現在、わたしたちが使う法という漢字は、かつては灋と表記されていた。それは氵《さんずい》（水）と廌《ち》と去《きょ》の意味を組み合わせたものである。廌とは獬《かい》廌（獬豸《たい》）と呼ばれる中国の伝説上の一角獣で、正邪を見分ける能力を持ち、不正をはたらいたり嘘を言ったりした者、あるいは紛争当事者のうち理が通っていないことを主張する者をその角で刺殺したといわれる。水・廌・去の関係については諸説ある。『説文解字《せつもんかいじ》』によれば、灋とは真実を知る廌の判断に基づいて争いを公平（水の平らなことに由来する）に解決することであり、正しくない者を追放することであるという。他方、水は廌に「不直」と判定された者を放逐するための手段との理解に立つ説や、正邪を見分ける廌がいなくなると治安が乱れることから、廌が立ち去らないように水堀で囲んだことに由来するとの説などがある。しかし、いずれの説も、灋とは廌が正邪を見分けることによって紛争が解決され、それにより秩序が維持され安定がもたらされるという理解に立つ点は共通しており、この点は法家思想の基本的な考え方につながっている。

廌の像（長沙県人民法院）

法家思想の系譜

法家思想の系譜、主な法家の人物について簡単に触れておこう。

①法家思想は一般に春秋・斉《せい》の宰相であった管仲《かんちゅう》（?〜前六四五?）にまでさかのぼるとされる。互いをよく理解し合い、利害・立場は違っても厚い友情に変わりはないという意の「管鮑《かんぽう》の交わり」の由来となった人物である。管仲は国の安定・発展には強兵よりも富国が重要であり、そのためには民生の安定と規律の徹底が必要であるとした。これが、法家思想の源流と評価される理由である。

②ついで春秋・鄭《てい》の宰相であった子産《しさん》（前五八五〜前五二二？）があげられる。「鄭人刑書《ていじんけいしょ》を鋳《い》る」（春秋左氏伝）として、子産は世界初の成文法の編纂・公布を行ったことで知られる。ここで注意しておくべき点は、世界初の成文法とは、現代にいう刑事法を権力の象徴である青銅器に鋳込まれた点にある。つまり、法とは為政者がその権力を背景に、秩序維持・安定を実現するために国民を統治するための規定であり、これは先に見た灋の定義に共通するところである。

③戦国・魏《ぎ》の政治家であった李悝《りかい》（または李克）（生没年不詳）がこれに続く。李悝は『法経《ほうけい》』六篇を編纂し、成文法の基本を確立したと評価される。なお、『法経』は今日に伝わっていない。

④戦国・韓《かん》の宰相であった申不害《しんふがい》（？〜前三三七）は黄老《こうろう》の学説をもとにして、法律による政治を実施したと評価される。『申子《しんし》』を著したとされるが、これも現存しない。

⑤戦国・秦の宰相であった商鞅《しょうおう》（？〜前三三八）は法治主義・法の強制によって富国強兵を実現した。このとき『法経』を元に秦法を編纂し、これが漢以降の法典に発展したと評価される。

⑥秦の宰相であった李斯《りし》（？〜前二〇八）は、韓非とは荀子の同門とされる。法家思想の下に度量衡の統一や焚書坑儒を行う。

韓非の人物像と時代背景

これら法家思想の系譜を汲み、法家思想の集大成ともいわれるのが『韓非子《かんぴし》』である。その著者とされる韓非の人物、生涯については、司馬遷の『史記』や『戦国策』で伝えられているが、ごく簡単に触れられているだけで、詳細は不明である。

韓非（前二八〇？〜前二三三）は韓の公子（王族の子）であったとされるが、生没年すらはっきりしておらず、他にこれといった情報もないことから、公子といっても地位はさほど高くなかったのであろう。『史記』には、韓非は荀子に弟子入りし、秦の宰相であった李斯と同門であったとある。しかし、『韓非子』に荀子の引用がほとんどないこと、計算によっては韓非が荀子に入門した頃には荀子が一〇〇歳を超えることなどから、これを疑問視する説もある。

『韓非子』が著された時代は統一王朝が生まれる前、戦国七雄と呼ばれる七つの国が文字どおり群雄割拠する時代であった。その中で、韓非の生まれ育った韓《かん》は、文化的には高度でありながら七雄の中では最小国であった。他方、西に

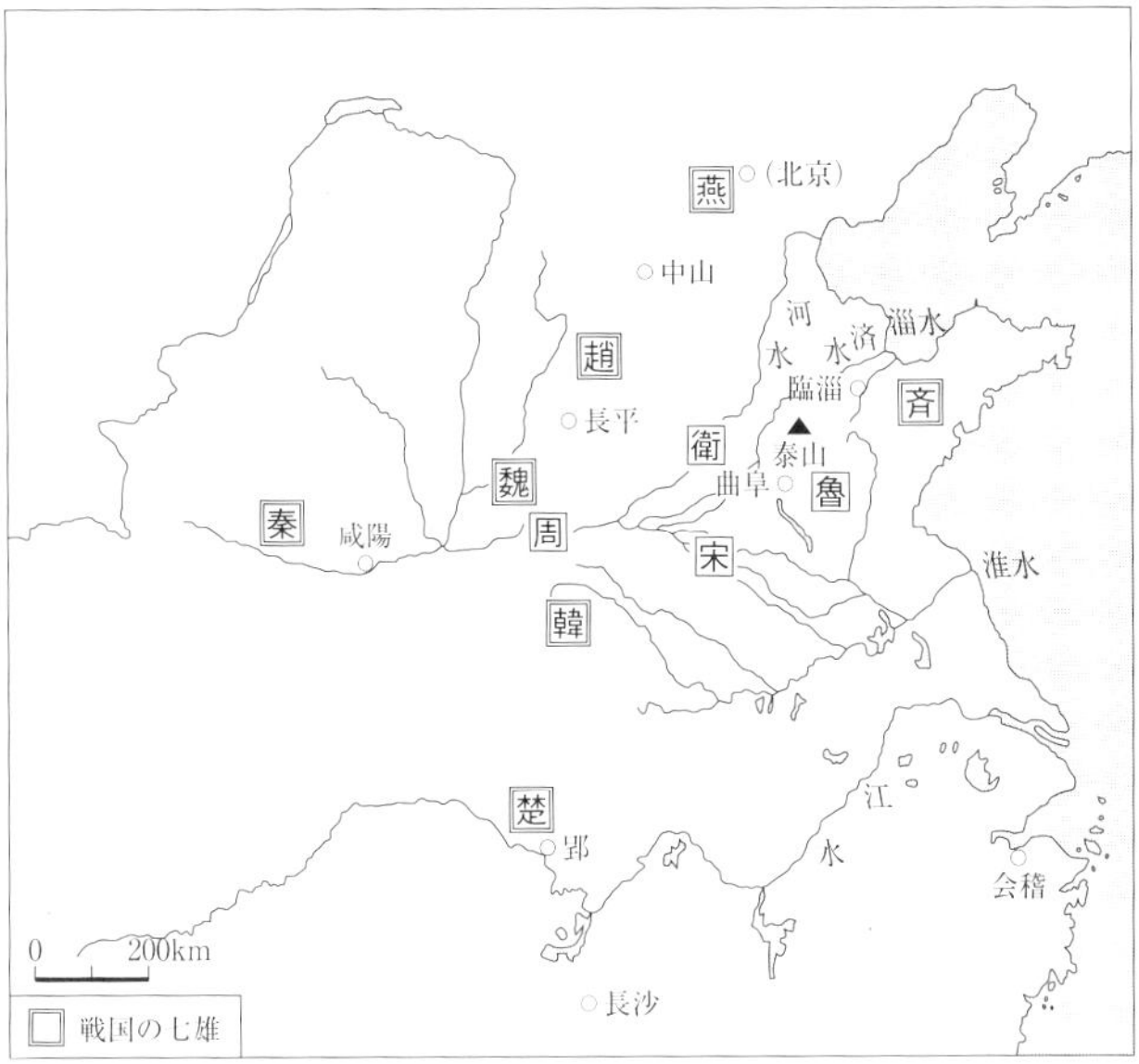

戦国時代の中国（『概説　中国思想史』より）

接する秦《しん》は、その後中国史上初の統一王朝となる大国・強国であった。

このように、まさに大国秦に併呑《へいどん》されようとしている小国韓を救うために、いかにして国を運営していくかについての自説をまとめたものが『韓非子』である。これが後の始皇帝となる秦王・政《せい》の目に留まり、韓非の死につながると『史記』は伝える。つまり、『韓非子』を読んでその優秀さに惚れ込み、秦王・政は韓非を臣下に登用しようとしていたちょうどその頃、韓非が韓の使者として秦に赴いた。その際、秦王・政がこの著者（韓非）に会って交際できるのであれば死んでも構わないとまで言い切っていたことから、自らの地位が脅かされることを恐れた李斯が秦王・政に讒言《ざんげん》し、韓非は牢につながれ、獄死したという。他方、『戦国策』によれば、韓非は他国から秦に亡命し、その際、秦の重臣への讒言を行ったがために死を賜ったという。いずれにせよ、何らかのかたちで韓非は秦と関係を有し、それが韓非の死につながったことだけは確かなようである。

韓非の思想

韓非の思想を貫くものは徹底した現実主義である。

人間の本性についても、具体的な例を示し、ありのままの、現実の姿を見つめようとする。一般に、韓非は性悪説に立つと解されている。これは、韓非が性悪説を唱える荀子の弟子であったとの通説の影響が大きい。しかし、実際に『韓非子』を通読すればわかるが、韓非は人の性を一つの確定した意味だけで語っておらず、性善説や性悪説とはそもそも発想を異にしている。現実主義の韓非が興味を有するのは人間の性とはどのような内容なのかであり、「性とは何か」といった思弁的問題には興味がなかったと思われる。

韓非の人間観の根底にあるものは、徹底した人間不信である。「人を信ずれば人に制せらる」、つまり、人を信用すれば人にいいように利用されるだけであるという。なぜか？　この世のすべての人間は利己的であり、人は計算と利で動くからである。韓非の言う利（利益）とは物質的、金銭的な実利のみならず、名誉、自己満足をはじめとする自らにメリットとなるすべてを含む。この点、儒学が人間の行動規範を徳・仁・義においている点と大きく異なる。しかも、そのことが良いか悪いかについて、韓非は一言も語っていない。計算と利が人間の本質であり、それが現実だからである。このような遠慮のない人間観が人に嫌悪感を抱かせ、それが韓非＝性悪説の原因となっているのであろう。

このように、すべての人間関係は互いの打算と計算によって決まり、親子、男女、はては君臣の関係も例外ではないという。では、そのような関係性の中で、韓非は国家をどのように観ていたのであろうか。

孔子《こうし》をはじめとする儒家たちは仁《じん》・義《ぎ》・礼《れい》・智《ち》・信《しん》（五常《ごじょう》）といった主観的な徳を説き、理想とする賢人・聖者である堯《ぎょう》や舜《しゅん》、禹《う》といったカリスマ性のある指導者の再来を待ち続けた。

他方、現実主義、人間不信、人間の性は功利的であるとの立場に立つ韓非は、このような儒家的な考えとはまったく異なる。世の中の大多数はごく平凡な人物である、堯や舜のような聖人君主の出現を待つなどということは、一〇〇〇年に一度の偶然を期待するようなものであり、乱世を一〇〇〇年我慢して、ただの一度の治安を願うに等しいと喝破する。

このように、そもそも君主のカリスマ性、力量、才能には何の期待もせず、非凡な政治手腕・行政能力を前提としない国家運営として、君主は法に従って、家臣は法を師として、案件を粛々と処理すればよいとして、韓非は法治主義、法に基づく政治を説く。その中核をなす概念は法《ほう》・術《じゅつ》・勢《せい》である。これら三者が相互に関連し作用しあうことで、その機能をより完全に発揮することができると、韓非は説く。

法

君主にとって重要なのは法と術である。君主は法に従って、家臣は法を師として、案件を粛々と処理すればよいのであるから、法とはいわば国家運営のためのマニュアルということもできよう。

韓非のいう法には次のような特徴がある。まず、徹底した法実証主義があげられる。法実証主義とは人の手によって制定された法、すなわち実定法のみを法とする立場である。つまり、法とは、書物に著し、官署に備えて、人民に公布するものである。ここから、実定法（人為により定立された法または特定の社会内で実効的に行われている法）以前から普遍的に存在するとされる法規範が実定法に優先するという自然法思想が排除されていることがわかる。ついで、法は必ず条文と賞罰（実際には刑罰がほとんどであるが）のセットであると説かれていることである。法というのは、官署に公布された明文化された法令、人民の心に逃れられないものとして刻み込まれた刑罰、この両者のことであるという。賞罰（主に刑罰）とセットにされるのは、人間の性を功利的と見切っているためである。法を守る者には恩賞が、命令に違反する者には刑罰が加えられる。

これに関連して、法の目的として予防のみが考えられていたことがあげられる。これは、韓非がいわゆる厳罰主義の立場にあった理由とも関係する。今日、刑罰の目的としては主に報復、予防および教育の三点があげられるが、韓非には報復および教育を目的とした言説は見られない。誰しも厳罰を畏れ、重罰を嫌がる。それを公布して、邪悪を防ぎ、悪事を予防する。だから、国が安定して暴乱が起こらないのだと。このように刑罰（厳罰）に予防効果があると考えたのも、人は利で動くという人間の性を韓非が重視していたからに他ならない。

なお、韓非は厳罰主義を説いたことから、苛政《かせい》や残虐な刑執行が想起されることが多いが、為政者の感情にまかせて厳罰をしても効果はなく、賞罰のバランスが重要であると説いていることを付言しておく。

術

術は法と並んで君主にとって重要なものであるとされる。術とは臣下や部下の操縦術を指す。君主は臣下の性格、才能をよく見わけ、それをいかに採用し、制御するべきであるか、それにはどのような方法があるかが説かれる。韓非はそれを七術《しちじゅつ》として、以下の七点にまとめる。

① 多くの手がかりを集めそれをつきあわせ、総合的・実証的に判断する。

② 権威をもって必罰を行う。
③ 能力を発揮させるために、然るべき者に恩賞を与える。
④ 個別に分離独立して意見を聴取し、実績にしたがって結果責任を問う。
⑤ 不可解な命令や態度をわざとして、臣下を疑心暗鬼にさせ、また臣下をそれで試す。
⑥ 知らないふりをして質問をし、どう答えるのか観察する。
⑦ 意図することの逆のことを言ったりして、相手の反応を見る。

これらは功利的行動を取る人、人を信ずれば人に制せらるという教訓から導き出されたものであるが、後半の三点は韓非の人間不信ぶりを如実に顕しているといえよう。

勢　勢にはモノや時場に備わった力という意味がある。『韓非子』にも「必勝之勢」などのように、ある情況に備わった潜在力として勢を用いる場合もある。しかし、『韓非子』では人間の相互関係という情況に限定されて用いられることが多い。つまり、『韓非子』にいう勢とは権力、政治的権力と理解することができる。換言すれば、為政者が命令を実行させ、政策を進める上での推進力となる装置であり、君主という地位、権威、権勢などの外的条件である。具体的には地位・権力であり、それを生じさせる基盤となる制度・機構である。

韓非はいう。勢とは、人為的な権勢、地位であり、それはすべての人を制御することができる外圧である。儒家は聖人君子の治世を望むが、韓非は為政者個人の資質は問題ではなく、勢が重要であると説く。たとえ堯・舜が出てきたとしても、一個人としては自らの能力には限りがある。全体、大多数を占めるには、然るべき地位・権勢を盾に褒賞・刑罰をシステマティックに運用してゆくことが一番である。一個の秀でた能力よりもシステムとしての勢が重要であり、賢者など必要ないというのが韓非の立場である。

法・術・勢の関係　韓非はこれら法・術・勢が相互に関連し、作用し合うことで、それぞれの機能がより発揮されると考える。特に法と術は併せて「法術」ともいわれ、術は法によって生じる公利を君主に還元し、法は術を行う際の恣意性を排除すると考えられた。同時に、法・術は君主としての地位やそこから生じる強制力がなければ効果的には作用できないため、自ずから勢を必要とする。また勢は安定にも混乱にもいずれにも方向づけられるし、君主としての地位から生じるものであるから何人にも掌握可能であり運用可能である。したがって、法・術、特に法による制限を必要とする。法・術・勢が有機的に関連し合うことで、君主はじめ人民のすべてが法を犯そうとも思わなくなる社会、すなわち「究極の治世」が到来する。韓非が最終的に目指したのは「刑を以て刑を去る」「刑は刑無きを期す」という状態の社会であった。

2 伝統中国法・政治と法家思想

このような韓非に代表される法家思想は帝政中国の法と社会にどのような影響を及ぼしたのであろうか。

韓非と秦の国家統治

韓非は秦から韓を守ることを目的として『韓非子』を著したが、皮肉にも、敵国の秦こそが韓非の最大の理解者で、韓非の考えを取り入れた国家運営を行い、韓を滅ぼし、遂には歴史上初の中国統一王朝を樹立したのである。

韓非の考えを継承したとはいうものの、秦には商鞅、李斯という法家思想の系譜を継ぐ人物が存在していたことから、法家思想の下地がすでに存在し、一部は秦の制度として導入されていたことが大きかったと思われる。厳罰主義を例にとれば、周囲の恨みを買った商鞅が着の身着のまま逃亡し、途中投宿しようとした際、宿屋の主人から「商鞅様の掟《おきて》により宿泊者の身分証明書を確認することになっており、これに違反すれば死刑となります」と言われ、身分を証すものを所持していなかったために商鞅は宿泊を拒絶されたという話が伝わっている。自らが制定した厳罰により足下をすくわれてしまい、商鞅は「法律を制定し徹底させた弊害がこのような結果をもたらしてしまった」と嘆息したともいわれ、これが作法自斃（法を制定し、自らがその法により斃される）という中国での四字熟語の由来とされる。また、韓非の法は商鞅の考えを継承・発展させたものであり、これも秦が韓非の思想を受け入れる素地となったといえる。

韓非と同門であったとされる李斯だが、韓非は李斯に嵌《は》められ殺されたともいわれる。しかし、韓非の思想の最大の

秦代の刑罰

盗んだ物の価値*1	刑　罰	備　考
1銭未満	労役30日	
1銭以上22銭未満	罰金5,000銭	支払えない場合は労役*2
22銭以上110銭未満	罰金1～2万銭	最高額4万銭説もある
110銭以上220銭未満	軽い労役	決して軽くない
220銭以上660銭未満	重い労役	ほぼ終身刑に相当
660銭以上*3	額に入れ墨＋重い労役	奴隷並みの扱い

注：1．罰金が支払えない場合は，8銭/1日（食事付きの場合は6銭/1日）の割合の労働で支払うことも可能。
2．5,000銭の支払いに2年程度必要。
3．5人以上で徒党を組んで押し込み（強盗）をした場合は，盗んだ物の価値によらず額への入れ墨と鼻そぎをして重い労役に就かせ，これはほぼ死刑に等しい刑罰であったといわれている。

理解者で、かつ、継承者は李斯であった。このことは、『史記』李斯列伝に記述される、李斯の秦朝第二代皇帝である胡亥《こがい》に対する上奏書で韓非の名前とその言説が頻繁に登場することからもわかる。また、胡亥も『韓非子』の言葉をたびたび引用しており、韓非の思想が秦に継承され実践されたことがわかる。もっとも、『史記』によれば、胡亥は自分に都合良く『韓非子』を曲解し、自分の行いを正当化するために使っていたようであるが。

韓非は厳罰で臨むことによって社会の安定と秩序の維持を図るべきであると主張した。ところで、秦がこの考えを受け継いだ

秦代の刑罰

のであれば、秦の刑罰とはどのようなものであったのであろうか。

上の表に秦の経済犯罪に対する刑罰をまとめた。最も軽い罪が一銭未満の窃盗であるが、それに対する刑罰は労役三〇日とされていた。一銭がどれほどの価値を有するのかについては、当時の労役場留置（罰金が支払えない場合、一日あたりの金額が罰金の総額に達するまでの日数分、労役場に留置して所定の作業に従事させること。換刑処分）に関する規定が参考となる。それによれば、労役一日を八銭とカウントするが、食事付きの場合は労役一日を六銭とするとされていた。当時は一般に一日二食であったことから、一銭はすなわちごく平均的な食事一食分の価値であり、今日の日本の物価基準からすれば数百円程度に相当するであろう。数百円の窃盗であれば、日本では前科・常習性の有無や被害者の処罰感情によって一概には言えないものの、警察段階で刑事手続きを終了させる微罪処分とされる場合が圧倒的に多い。また、二二〇銭（現在の価値で一〇〜二〇万円）を超えると実質上の終身刑に処され、五人以上で徒党を組んで強盗をし

た場合には、金額の多寡にかかわらず額《ひたい》に入れ墨をし、鼻そぎをした上で重い労役に処するとされ、これは事実上の死刑に相当したといわれる。このように、秦の時代には被害額に比してきわめて重い刑罰が用意されており、韓非のいう厳罰が秦に受け継がれていたと評価することができよう。

なお、日本も江戸時代には家宅侵入や土蔵の鍵を破っての窃盗は金額の多寡を問わずに死罪とされ、それ以外の場合でも有名な「十両盗めば死罪」と規定されていた（公事方御定書《くじかたおさだめがき》）。したがって、比較法制史の観点から、秦の刑罰のみが厳罰であったと判断するには、さらに慎重な態度が求められる。

「儒教国家」の裏の顔

韓非の思想を継受し、実践した秦は、その苛烈《かれつ》な政治が影響してか、わずか十数年の短命の王朝に終わった。その後、前漢・後漢あわせて四〇〇年という中国の歴代王朝の中で最長の漢王朝による統治が行われた。この時代に、その後二〇〇〇年続く帝政中国の基盤が築かれたといわれる。

漢王朝は秦のあらゆる面を否定することで成立した王朝である。中でも法家、法治主義は非難の対象とされ、秦が短命で滅亡した最大の理由がその苛烈な法治主義にあるとされ、そのような見解は今日にまで続いている。

紀元前一四〇年頃、武帝《ぶてい》の統治下で儒学の官学化が行われ、儒教を国の根本的な価値観・イデオロギーとした。その後、一九四九年に中華人民共和国が成立するまでのおよそ二〇〇〇年間、儒学は中国社会の根幹を形成し、あらゆる面に影響を与えてきたといわれる。

ところで、武帝は歴代の中国皇帝の中で最も高い評価を受ける皇帝の一人である。果たして儒学的価値から見て、武帝は理想的な皇帝であったのかといえばそうではなく、むしろ韓非が理想とした君主像に近かったといえる。つまり、儒家の説く徳治《とくち》主義による統治ではなく、韓非が為政者に求めた冷徹さ、非情さによって歴代最高といわれる統治を実現したといえる。たとえば、『史記』には武帝最晩年に皇太子を立てた際、外戚勢力が伸張することを防止する目的で皇太子の生母が殺害されたことが記載されている。これは、『韓非子』備内《びない》篇の記述に範を取ったとしか思えないものであり、武帝の実践が儒家よりも法家に親和性があることをうかがわせるエピソードである。

また、武帝の跡を継いだ昭帝《しょうてい》の治世下に経済、政治、制度に関する朝廷主宰の会議が開催され、その内容が『塩鉄《えんてつ》

五刑（伝統中国法の刑罰体系）

死 流 徒	斬（打ち首），絞（縛り首）の２種。斬は絞より重い。 2000～3000 華里の流刑 １～３年の懲役（強制労働）刑	必ず皇帝の裁可が必要
杖 笞	むち打ち 60～100 回 むち打ち 10～50 回	地方長官の判断で可能

論《ろん》』にまとめられ、今日に伝わっている。そこには政府高官の次のような発言が記録されている。

聖人は混乱と秩序を明察しているので、明確な法を制定し、厳格な刑罰を明示し、非を防ぎ邪悪を正す。法を制定して刑罰を定めるのは、民が畏れて禁を犯そうとしないようにさせるためである。礼儀正しさでは邪悪をなくすことはできず、刑罰でしか暴虐を防ぐことはできない。

これらは漢の政府高官が自らの主張を正当化するための発言であるが、法治主義に基づく政治を主張するに他ならない。その内容はまさに韓非の主張・思想そのものであり、このことからも反法家の立場を取る漢の為政者の根底に韓非の思想が流れていたことが理解できよう。

律令と法家思想　その後、中国の成文法体系は律令《りつりょう》というかたちで発展した。律は刑罰法を、令は行政法を、その内容とする。律令は隋唐の時代（七～八世紀）に最盛期を迎え、朝鮮、越南（ベトナム）、日本などの周辺諸国にも大きな影響を与えた。令は唐後期以降の社会の変化にともない退化し、元・明以降に伝わらなかったが、律は清律《しんりつ》まで一貫して各王朝に引き継がれた。

「刑を以て刑を止め、殺を以て殺を止める。国にあっては刑罰は弛めてはならない」。「聖人は法律を制定し、刑法を定めて犯罪を予防し、罪人を怖れさせ善人に安寧をもたらそうとする」。前者は七世紀に制定された唐律《とうりつ》の公式注釈である『唐律疏議《そぎ》』に、後者は一四世紀に制定された明律を奉る臣下の上奏文に、それぞれ記述されている。いずれも社会の安定・治安の維持が律の目的であり、刑罰は予防・威嚇の手段であることを明言しており、韓非のそれと何ら変わりないことがわかろう。また、唐律を例に取れば、『唐律疏議』では個々の犯罪を明文で規定し、それに対応する処罰を死《し》、流《る》、徒《ず》、杖《じょう》、笞《ち》の五刑《ごけい》と呼ばれる五つの罰で明確に定め、担当官吏の恣意《しい》が入り込まないような対応がなされている。韓非のいう法と勢の関係が見事に実現されていると評価できよう。

改革家と法家思想

帝政中国において「変法《へんぽう》」と呼ばれる改革を行った代表的な人物が三名存在する。彼らの改革をつうじて、法家思想と儒家思想との意外な関係が浮き出てくる。

まずは商鞅の変法があるが、これについてはすでに述べた。統一王朝となる前の秦において変法と呼ばれる法治主義を徹底することを旨とする改革を断行し、県制の導入による中央集権体制の確立や、度量衡の統一による税収の確保を実現した。その結果、秦を戦国で最強の国とし、後の中国統一の基礎を築いたと評価される。

次に、北宋最後の宰相であり、詩人であった王安石《おうあんせき》（一〇二一〜八六）が財政の悪化、格差の拡大を背景として行った変法（または新法）と呼ばれる改革がある。王安石の改革は農業、商業、軍事、官吏任用（科挙）など多方面にわたるが、いずれも儒家思想を背景とし、その根本思想に『周礼《しゅらい》』をおいていた。『周礼』は儒家が最も重視する経典の一つで、古代の周王朝の理想的な官僚制度について記された書物である。その意味において、王安石の改革は儒教の復古主義に基づく改革であるといえる。王安石の改革は大地主や大商人の既得権益を制限して貧しい農民や商人を保護しつつ税収を上げるという点に特徴があった。しかしそれゆえに、大地主や大商人、保守派の反対に遭うばかりでなく、新法旧法の争いと呼ばれる派閥抗争まで引き起こし、失敗に終わる。その結果、北宋はますます弱体化し、最終的には金《きん》の侵攻により滅亡するとともに、王安石も北宋滅亡の原因を作ったとの汚名を着せられることとなった。

三番目は明の宰相・張居正《ちょうきょせい》（一五二五〜八二）による改革である。明末の神宗《しんそう》・万暦帝《ばんれきてい》は一〇歳で即位したが、当時の明は多額の軍事費の出費により財政が困窮していた。そこで、実権を握る張居正が万暦の新政《しんせい》と呼ばれる改革に着手した。改革の内容は行政改革による冗員《じょういん》（無駄な人員）の削減、検地による大幅な税収の増加、一条鞭法《いちじょうべんぽう》と呼ばれる税制改革を断行した。これらの改革が奏功し、一〇年間の張居正の在任期間中に、国庫には一〇年分の食糧（備蓄米）と四〇〇万両の剰余金が蓄えられたという。これら張居正の一連の改革には法治主義的な傾向が強くみられると指摘される。

これら三人の改革について、商鞅および張居正による法家思想を内容あるいは手法とする改革は成功し、他方、儒家的価値観に基づく王安石の改革は失敗に帰した。特に王安石と張居正との対比が面白い。というのも、王安石、張居正ともに科挙に上位で合格していることから、優れて儒教的価値観に馴染んだ人物であるといえる。王安石は『周礼』を根拠としていることから儒教の原点回帰を目指す改革であることが明白であるが、張居正の改革は一見明白な法家思想に基づく改革ではない。おそらくは、改革を成功に導くために、張居正は外儒内法、すなわち儒家的道徳観を御旗《みはた》とし、法家的権謀術数を手段にしたことが大きかったのではないかと思われる。

3 現代中国法・政治と法家思想

中国人自身は「中国は儒教の国だから……」というフレーズをしばしば口にし、中国で生じる現象を儒教的価値観で分析し、説明しようとする。日本人が中国を語る際においても、同様のケースがまま見られる。ところが、実際に彼の地に一定期間以上住んだことのある者であれば理解できるはずだが、中国人社会が儒教的価値観で規律されていると感じる場面に出くわすことは滅多にない。

以下では、第二節でみた帝政中国の延長線上に現代中国の法と政治が位置づけられ、儒教よりはむしろ法家的な色彩が強く働いていることを見ていきたい。

中国＝儒教国家？

中国は儒教の国であるという角度から説明される典型的なケースに、訴訟嫌いと人治社会がある。儒教では和《わ》を以《もっ》て貴《たっと》しと為すため、中国人は訴訟嫌いであると説明される場合が非常に多い。中国の訴訟件数をみると、二〇一七年に全国の法院（裁判所）で受理された民事訴訟の件数（一審）は一一三七万件ある。同年の日本の民事訴訟の受理件数が一六万件であることから、人口あたりの件数にしてみれば日本より多い。これに人民調停と呼ばれる紛争解決システムを加えれば、コンスタントに一〇〇〇万件を超え、近時では一五〇〇万件を超えている。人民調停はＡＤＲ（裁判外紛争解決制度）と呼ばれ、訴訟とは異なる紛争解決システムであるとされるが、実際には人民調停の委員は法院の指導を受け、今日では法院による紛争解決の前置システムとして事実上位置づけられていることから、一連の紛争解決システムと見なして問題はない。このデータから、中国人は少なくとも訴訟嫌いではないことは明らかであり、儒教の国だからという説明はそもそも成り立たないといえよう。

中国は一事が万事人治社会であり、人間関係・ネゴシエーションがすべてである、といった指摘がしばしばなされる。儒教では堯や舜のような聖人君子による統治が理想とされてきたとして、人治社会を儒教の影響から説明される場合が多い。しかし、この説明は、以下の点から適切ではない。

第一に、為政者による統治という点では、儒家と法家の間に違いはない。第二に、意外に思われるかもしれないが、伝統的にも今日的にも、中国は契約社会でもある。たとえば、中国企業との取引に際しては細かなところまで契約書に反映させようとしたり、また問題が生じた場合には契約や規定を楯にとられたりする場合が多い。これは今日まで続く伝統的な文書行政の影響ではないかと考えられる。これはとりもなおさず広大な土地を中央集権的国家として運営していく上での知恵であり、法家の法治主義に源泉を求めることができると考える。

もっとも、このような契約社会的な性格を有しているとはいえ、中国が人治社会であることを否定するものではないし、儒教的価値観の影響を全面的に排除するものでもない。中国社会は人治社会と契約社会の絶妙なバランスの上に成り立っているのであり、人治的な側面のみを中国社会の特徴とするべきではないし、その原因をもっぱら儒教に求めることは適切ではないと考えるのである。

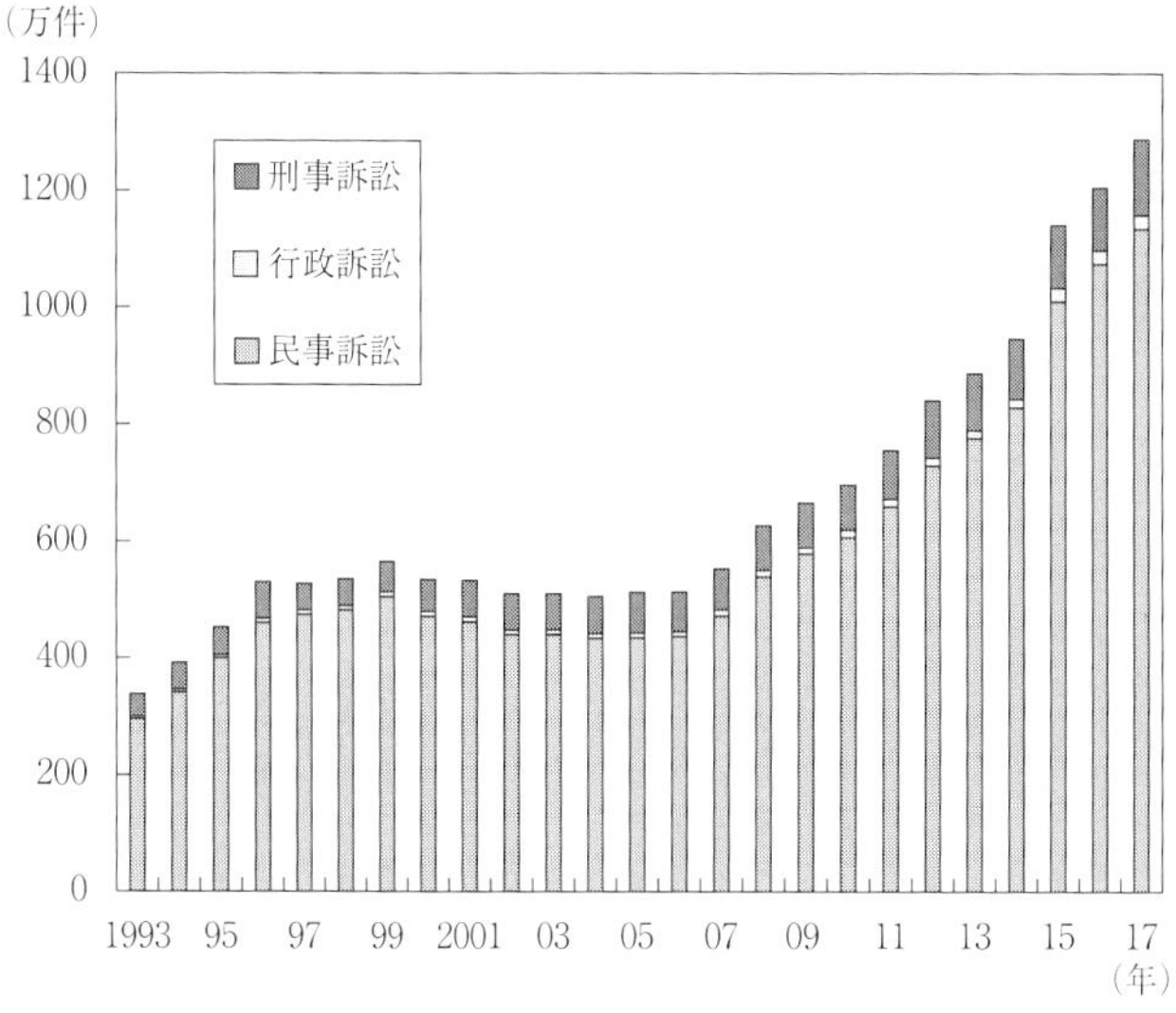

訴訟件数の推移

厳罰主義

　現代中国法の以下の点にも法家思想の痕跡を見ることができると考えられる。

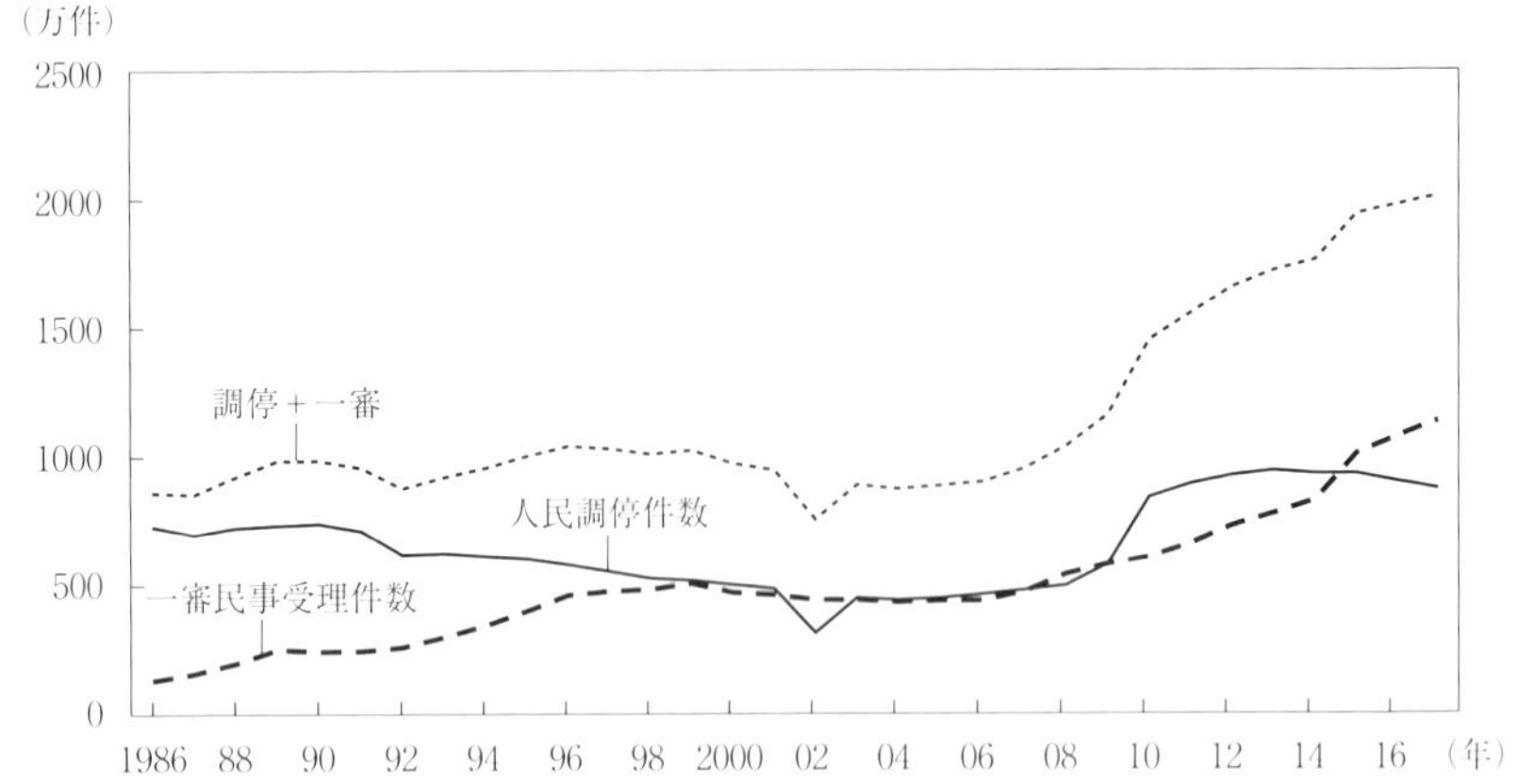

民事紛争処理件数の推移

法家の法治主義の最大の特徴として厳罰主義があげられる。一般に、今日の中国刑事法も厳罰主義であると見なされている。たとえば二〇一〇年以来、麻薬の密輸を企てた日本人に対して死刑が執行されたケースが数件発生しているが、これも中国の厳罰主義という文脈で報道しているマスコミが多い。

また、厳打（「厳励打撃刑事犯罪活動」〔刑事犯罪活動への厳しい打撃〕の略称）という現象がある。その内容は犯罪撲滅キャンペーンとでもいうべきものである。一九八三～八七年にはじめて実施され、その後九六年と二〇〇一年にも実施された。

その具体的な内容は、法に基づいて、重きに、かつ、速やかに犯罪者を厳しく処罰し、それによって犯罪を根絶やしにしようというものである。このキャンペーン期間中には、警察のみならず検察および法院も総動員され、大量の被疑者を一斉検挙し、通常よりも短い時間で起訴から判決までが行われ、しかも刑罰も通常よりかなり重いものが科された。このような迅速な手続かつ重い処罰は法の範囲内で行われなければならないとされたが、必要と考えられた場合には相応の立法上の手当てまで行われた。

最も効果があるとされ、かつ規模が最大であった八三年の厳打について見てみると、その背景には一九六六年から七六年の毛沢東の死まで続いた文化大革命（以下、文革）の影響がある。文革の時期には警察、検察および法院が廃止されて業務が基本的に停止するなど、すべての法制度が徹底的に否定され、刑法・刑事訴訟法といった基本的な法体系も欠いていたことなどを背景に、文革中期の七〇年代初頭から犯罪が激増した。特に文革終了後の七〇年代後半には、農村部に大量に送り込まれていた青少年（下放《かほう》青年という）が都市部に帰還するのだが、暴力に明け暮れた文革の後遺症からか、大量の殴打・破壊・略奪を行う者、強盗犯、殺人犯、窃盗犯および無頼《ぶらい》グループ犯が生み出され、社会の治安が乱れ、人々の生命・財産が危険にさらされるようになった。これを党および政府の失政とされることを恐れ、治安回復・維持が喫緊の課題となり、「法に従い重きにかつ速やかに」これら犯罪分子に打撃をくわえることとなったのである。その結果、通常は処罰さえされなかった犯罪が処罰されたり、軽微な犯罪に死刑や無期懲役といった重罰が適用されたりすることとなった。

このように、犯罪を抑え込むことを目的として厳罰を科す点は刑罰の抑止効果に期待している何よりの証左であるといえる。また、大衆を動員した判決宣告大会が運動競技場などで実施されたり、麻薬や銃器といった押収品を展示して厳打の成果を大衆に示したり、果ては公開処刑を行ったりもした。これら一連の所作もそこに抑止効果があると判断してのことである。八三年に公布された厳打開始の決定がそれを如実に物語っている。「人民が法とは自分たちを守るものだと感じさせ、犯罪者が法に違反することを恐れるようにしなければならない」。

なお、速やかな手続きが拙速な手続きとなり、夥《おびただ》しい数の冤罪が発生したともいわれており、厳打は中国の良識ある研究者からの批判を受けている。

死　刑

現行刑法は一九九七年に制定されたが、当初は全四七条・計六八の罪の最高刑が死刑とされていた。比較法的にみても死刑が適用される罪は多い。年間の死刑判決数ならびに死刑執行件数は公表されていないので不明であるが、かつて全国人民代表大会（中国の最高国家権力機関）常務委員会委員が年間一万件以上と口を滑らせたことがある。国際人権団体が毎年中国の死刑執行件数を発表しているが、それらはいずれも当該団体が確認し得た件数にすぎず、実態を把握しているとは評価しがたい。

その後、二〇一一年および二〇一五年に刑法が改正され、証券詐欺、窃盗、文化財や希少動物の密輸罪、遺跡発掘罪など二二の罪から死刑の適用を除外するとともに、判決言い渡し時で被告人が満七五歳以上の高齢者である場合には、特に残忍な場合を除き死刑を適用しないとした。この改正は死刑大国との海外からの批判（外圧）をかわす目的で行われたと見られているが、判決件数および執行件数ともに公表されていないことから、実際の情況は不明である。死刑の適用が除外された罪については、そもそも近年適用件数が少なかったり、あるいは無かったりした罪であるとの指摘もある。他方で、実際に死刑の執行件数が従来の半分〜三分の一に減少したとの内部情報も漏れ伝わっている。

また、厳打の時期と同様に死刑囚を市中引き回しにしたり公開死刑にしたりするケースも跡を絶たないといわれている。これらと併せて考えれば、死刑の多用もまた死刑の抑止力を過度に重視する結果であるといえ、刑は刑無きを期すという法家思想の残滓《ざんし》であるといえる。

ところで、現在の中国で死刑が多用されている理由を中国共産党の正統性《レジティマシー》との関係で語られる場合がある。すなわち、中国共産党が政権の座にあるのは人民の民主的な選挙によるものでないために、民主主義以上に民衆の意思に敏感とならざるを得ない。したがって、治安問題が中国共産党の正統性に直接リンクしてしまい、大衆の正義感情を満足させることに細心の注意が払われるのである。また、中国では裁判に法的効果と社会効果の双方が期待されているといわれており、ここにいう社会効果には予防、抑止のみならず教育、果ては報復感情も含まれることになろう。

刑民不分

刑民不分とは刑事法と民事法が未分離・融合していることを指す。典型的には、民事責任に関する規定の中に情状が劣悪な場合には刑罰規定や行政罰を科すという規定が滑り込んでいるものがあげられる。中国においても刑民不分は伝統法・固有法の残滓と見なされており、韓非の法概念の残滓ととらえることができる。もっとも、アメリカ法においても民事事件と刑事事件の未分離があるではないかと指摘されるかもしれない。しかし、アメリカ法の場合は刑事罰を非常に謙抑的に用いた結果、つまり社会のコントロールを民事的な制裁に委ねようとした結果であり、中国の刑民不分と由来も目的もまったく異なる点に注意する必要がある。

４ 国家統治の道具としての法

現代中国が「統治の道具としての法」から脱却するためには、共産党や国をいかにして憲法その他法律によって有効的に制御するかが重要となる。現在の党規約では、共産党も憲法と法の範囲内で活動しなければならないと規定されており、建前上は法が党に優越することになっている。また憲法では法に基づく国家統治（依法治国）が規定されている。しかし、現行憲法は前文で共産党には執政党として特権的な地位を与え、共産党の指導を今後とも堅持すると規定する。また、憲法に先立ってあらかじめ選択されたものとして社会主義体制が措定され、中華人民共和国＝社会主義国という大前提が確認されている。

依法行政・依法治国

行政法の基本原則に法による行政（依法行政）がある。一九八〇年代以降、中国では法治という用語が一般化してくるのだが、これは近代法の「法の支配」や「法治国家」と同義であったり、その延長線上にあるものではない。確かに、依法行政のスローガンの下、八九年の行政訴訟法の制定を嚆矢《こうし》に、国家賠償法（九四年）、行政処罰法（九六年）などの法整備は進んできた。しかし、その多くは行政行為を羈束《きそく》（拘束・コントロール）したり、透明性・公正性を確保したりするという行政法本来の観点からのものではない。法の整備が行政救済法を中心とするものであって、行政組織法についてはほとんど手が付けられていないことはその一例である。

司法も統治の道具か

死刑のところでも述べたが、中国では法を実現する場、すなわち裁判において法的効果を追求するだけでなく、社会効果を獲得することが求められている。つまり、裁判に際しては単に法に従った法的判断をするだけでは不十分で、社会的影響や市民の納得を得られるような解決をしなければならない。これは、中国の司法は政治との区別が曖昧で、司法のプロセスは政治権力の正統性を確保する手段となっていることに由来する。それが司法も統治の道具となる原因である。司法と政治を峻別《しゅんべつ》するメカニズムを構築しない限り、「統治の道具としての法」から脱却することは困難であろう。

常識を疑うところから学問は始まると、大学に入学した時点で聞かされた方も多いであろう。中国は儒教の国である、という言説もまた一つの常識であり、これを打ち破るために、帝政中国から現代中国までの法と政治を、法家思想を軸に検討してきた。

表面的には、法家と儒家の間にそれほどの違いがないようにも見える。孔子は成文法による秩序形成に違和感を覚えていたが、帝政期の儒家思想は礼の教えを主としながらも、これを補うものとしての成文法とそこに賞罰を定めることでの秩序形成を認めていた。また、法家も倫理を語るし、儒家も富国強兵を語る。しかし、両者が決定的に違うのは、その優先順位の付け方である。儒教では「古より皆死あり。民信なくんば立たず」（『論語』顔淵）として道徳・倫理に最も重きを置き、経済、軍備の順でそれに続く。他方、法家の始祖とされる管仲は「倉廩《そうりん》実《み》ちて礼節を知り、衣食足りて栄辱《えいじょく》を知る」（『管子』牧民）、すなわち、経済を優先させ、人々が豊かになれば、自ずと倫理・道徳も向上するとして、富国強兵を最優先し、人々の倫理・道徳はその結果であるという。また、儒家が最大の道徳規範とする家族的な結びつき・つながりに法家は重きを置かない。このような違いが、儒家と法家を表と裏に棲《す》み分けさせた理由ではないかと考える。

ところで、前述のとおり、帝政期の改革派の一人である張居正は外儒内法であると評されているが、彼は万暦新政の真っ只中で父親を亡くした際、改革の重要な時期であるとして喪《も》に服することなく宰相の職を続けた。このエピソードが彼をして法家思想の実践者であると評される理由の一つであるが、史実によれば、張居正は死後にこれを理由に弾劾《だんがい》され、官位はすべて剝奪され、家財没収、一族は皆辺境に送られることとなった。実際には法家思想で国を治めていたとはいうが、儒教社会という表の顔をつぶすことは決して許されなかったのも事実である。これもまた中国理解を難しくしている点であるといえよう。

参考文献

【一般的・入門的文献】

①冨谷至『韓非子』（中公新書、二〇〇三年）

＊『韓非子』を貫く原理は冷徹なまでの現実主義であるととらえ、そこから『韓非子』の思想を解説するだけでなく、マキアベリやホッブスの思想との比較をつうじてその特徴を析出する良書。本章の韓非・韓非子に関する記述は同書による。

②貝塚茂樹『韓非』（講談社学術文庫、二〇〇三年）

＊法家思想を集大成したとされる韓非の思想について、さまざまな文献を使って丁寧に解説する。執筆された時期は古いが、韓非の思想を理解する上では必読の書である。

③鈴木賢・高見澤磨・宇田川幸則『現代中国法入門〔第七版〕』（有斐閣、二〇一六年）

＊法整備が進展する中国の立法状況を正確に反映した、中国法概説書の決定版。変動する中国社会を、法を切り口に理解する。

④毛利和子『現代中国政治〔第三版〕』（名古屋大学出版会、二〇一二年）

＊現代中国の政治について、第一部では毛沢東から胡錦濤までの六〇年にわたる中国共産党政権の歴史から、第二部では「国家・党・軍」の関係から、第三部では近時の支配パターンから、それぞれ概観する。

⑤二十一世紀中国総研編『中国情報ハンドブック〔各年版〕』（蒼蒼社）

＊中国の政治・経済・社会に関する豊富なデータおよび当年の主要な問題に関する「特集」が収められる。

【専門的文献】

①滋賀秀三『清代中国の法と裁判』（創文社、一九八四年）

＊前近代の中国において裁判はどのようにして行われ、裁判のよりどころとしての法とはどのようなものであったのかを解明する。現代中国における法と裁判を理解する上でも必読の書である。

②冨谷至『秦漢刑罰制度の研究』（同朋舎、一九九八年）

＊秦における刑罰の種類と内容、および秦のそれを出発点としながらもその後独自のものに変化してゆく漢の刑罰について、豊富な資料に基づき明らかにする。本章の秦の刑罰に関する記述は同書による。

③高見澤磨・鈴木賢『中国にとって法とは何か』（岩波書店、二〇一〇年）

＊中国の国内法整備に対して西洋法、伝統的な社会経済構造や慣習、法文化がどのような影響を与えてきたか。法を切り口として、中国の歴史や社会の特徴を析出する。近時の統治の道具としての法から市民の権利への変化にも着目している。

④ 坂口一成『現代中国刑事裁判論』（北海道大学出版会、二〇〇九年）

＊「なぜ中国では裁判が統治の道具となるのか」を、厳打を素材に検討する。豊富な一次資料を駆使して中国における刑事司法の実際を実証的に析出するとともに、日本や西洋近代法との対比をつうじてその特徴を明らかにする。本章の厳打および死刑に関する記述は同書による。

⑤ 宮崎市定『科挙』（中公新書、一九六三年）

＊伝統中国、とりわけ宋代以降の中国の統治・社会システムを理解する上で科挙制度に関する知識は不可欠である。科挙に関する古典的名著である同書は必読の書である。

コラム4

国情・面子

古田茂美

最後通牒としての「国情」

中国人と中国世界を理解する重要なキーワードとして、「国情《こくじょう》」と「面子《めんつ》」がある。これらは、特に、日本の企業人が中国ビジネスに参入する際に痛感する独特の「文化」であり、それらに関する体系的知識を事前に持っているかどうかで中国における事業の成否が分かれるといってもよい。ではまず、「国情」とは何か。

「国情」は中華人民共和国成立（一九四九年）に起因する公準《こうじゅん》（根本命題）である。具体的には、中国の指導者が絶え間なく追求した国土、人口、歴史、社会経済制度、特色ある社会主義現代化の道筋そのものである。

また、「国情」は高度な学術研究対象でもあり、かつ日常生活やビジネスの現場でも頻繁に出現し活用される卑近な用語でもある。ビジネスの場で中国系企業が「国情」を持ち出せば、まずは相手に譲歩を迫る根拠になるという。「儒教」や「兵法」に精通した海外華人企業でも、この「国情」ではなかなか大陸企業に勝つことができない。中国系企業がビジネスで「国情」を切り出せば、「不可抗力」つまり「譲歩の余地なし」という意味合いとなる。すなわち「最後通牒」のようにそれを超えることができない概念であり、日本の「天皇不可侵」の精神構造に類似する。

では、「国情」といかに対峙し、どのようにして乗り越えていくのか、これが外資企業の正念場となる。それには、「国情」を歴史的深みから理解し、双方が互いに実りある協力の道筋を示していくことである。その一つの手がかりとして「政治」がある。

中国の伝統的政治とは、「天下《てんか》為公《いこう》」（天下もて公と為《な》す。天下を権力者の私物とするのではなく、公（人民）のものとする）という独特の哲学に収斂《しゅうれん》される。そこには、「不可侵」の「天」と、その具現者である「皇帝」および中国官僚政治があり、また一方に、「天」の担い手としての多くの「民」が存在する。そして、この天と民の二重構造、およびその両者の緊張、衝突と妥協が、中国政治の特質をなしている。

そこで、こうした国情を外資企業が深く理解すれば、中国側の譲歩を促し、「国情」と対峙し乗り越えていくことも可能になる。

「面子」と恥

もう一つ、重要なキーワードとなるのが「面子」である。主として中国儒教から発生する行動原理である。儒教の規範は、「礼節」や「信用」を重んじ、中国の長い歴史の中の、戦争、暴動、災害、貧困、移民といった社会的動乱の中で、脆弱《ぜいじゃく》な法や制度に代わって中国人社会を安定させる社会的機能を果たしてきた。社会秩序を維持するため、儒教の規範では、生まれた時から、個々人に前もって与えられている前提、すなわち「〜すべきである」というイメージが組み込まれており、その前提から離脱した行動をとると「恥」が喚起されるというメカニズムを整備した。

「恥」は中国人の心に著しい不快感を発生させるので、それを防ぎ、「恥」をかかないための「道具」として「面子」が発達した。「面子」は「〜べきである」という所与の役割を規定し、上司はこうあるべき、部下はこうあるべき、子どもは親に対してこうあるべき、金持ちは貧者に施すべき、男子はこうあるべきという行動規範を定める。

そこで、たとえば、外資企業と中国企業間で長い価格交渉が続き、前者は疲労困憊、といったとき、中国側は、「相手が誰であれ、決して一回目の提示価格で決定してはいけない」という規範作法が暗黙のうちに稼働し、それに立脚して行動を取り、外資側が痺《しび》れを切らして譲歩するまで悠々と待つ。そうしなければ社内で「恥」をかいて「面子」を失い、他人への影響力も減少する、というわけである。

重要なのは、原価や需要という西洋世界の経済学に基づく価格決定構造と異なる中国社会独自の価格決定メカニズムが存在するのを知っておくことである。戦闘能力として普遍的に評価される「値切り」行為や長い時間をかけての応酬行為である。時間の概念も大いに異なる。中国人は相手が信頼できるか否かを、時間をかけて確認する。一回の交渉、一回の出会いで物事は決定されない。

そこで、価格交渉も最後に至るまでの応酬行為を前提とし、はじめに大きく吹っかけて相手に値切らせ、それに応諾《おうだく》する行為（日本的には「ふり」）を見せて相手の「面子」を立たせ、ゆっくり最終価格に近づけていく。実際、中国人社会には価格決定のメカニズム上で「水分」という用語があるが、これが右の「吹っかけ価格分」に相当する。売る方は必ずこれを上乗せし、買い手が「面子」の快楽を獲得するための値切り行為に応じる作法とも言われる。まるでゲームか儀式のような作法で実は「関係」作りを楽しんでいる。

そして、この価格交渉にかけた時間こそが、地縁血縁のない外資企業人が「関係」を樹立するための方法であり、相手が苦しそうな（実際はそうでもないが）最終価格に至った頃、「あんたもやりますな」とか、「あんたは日本人らしくないね」というような「畏敬」の念を含んだ「関係」が出来上がればしめたものである。その時、日本にも同様の「面子」があると訴えれば、こちらの「面子」を立ててくれるかもしれない。

「兵法」と「関係」

このような「国情」と「面子」に関連して、さらに注目しておきたいのは、「兵法」と「関係（グワンシ）」である。

中国兵法の最大の特質は、『孫子』に記される「計《けい》」である。その漢字が示す通り、「十を言う」つまり「すべての（一から十まで）」という意味を持ち、もともとは、綿密な計算を前提としたエリート向けの戦いを説く。さらに、そのエッセンスは大衆に浸透し、「詭《き》」「詐《さ》」「奇」策を中心に集めた『三十六計《さんじゅうろっけい》』として明清時代に成語化し、今日まで中国語の中に生き続けている。中国人社会では「計」の達人を、「精」という形容詞で、その周到な賢さを評価する。巧みな戦略的行為で相手の弱点を突き相対的優位を導く力量が高く評価されるのである。

また、「関係」も「儒教」から発生した行動規範であるが、その発音で表記された「グワンシ」は日本企業の「ケイレツ」と同様、中華経営学を解明するための理念型として世界のビジネススクールで徹底的に研究されており、それをタイトルとした米系マネジメント書籍は山ほど存在する。「グワンシ」は管理が的確であれば中国ビジネスの「経営資源」であるばかりか、「企業ガバナンス」にもなり得ると明言する経済学者もいるほどで、今や中華経営学の中核概念となった。

では、「グワンシ」とは何だろう。それは、人に影響を与え、自分の期待する行為を相手から引き出す資源である。よって中国人にとって「グワンシ」は死活的問題であり、生存のための資源であり、その構築は重要な日常行為となっている。

日本人にとって、生存のための「関係性」つまり経営学で言う「社会資本（Social Capital）」は、「組織」の枠組み内で醸成されるが、中国人の場合は、自分と相手の単線的な「二者」の上に形成される。中国人にとって関心事である相手の「資源」は「人」に属し、「組織」ではない。よって中国人は「組織」よりも「人」に関心を向ける。「資源」拡大のため、常に「人際関係」の構築に時間と労力を使う。

そして、条件を満たして「グワンシ」が出来上がるとその領域は情愛と高い信頼性に満ちた桃源郷《とうげんきょう》となり、そこでは「兵法」は機能しない。儒教的調和や相手のための自己犠牲の行為規範が稼働してくる。この領域を「自己人」領域といい、日本語の「身内」に近い。この領域内では高い信用が機能するので、契約なしの貸し借りも発生するし、債権回収は確実である。グワンシは高い返済性を伴う関係性なので、管理を怠ると負の面が発生しリスクとなる。それを織り込み済みで的確に活用する能力を身につければ、中国ビジネスの成功度が格段に高くなるのである。

参考文献

ルシアン・W・パイ著、園田茂人訳『中国人の交渉スタイル――日米ビジネスマンの異文化体験』（大修館書店、一九九三年）
園田茂人『中国人の心理と行動』（NHKブックス、二〇〇一年）
古田茂美『中華文化圏進出の羅針盤』（ユニオンプレス、二〇〇五年）
古田茂美『関係（グワンシ）――中国人との関係のつくりかた』（ディスカヴァー・トゥエンティワン、二〇一一年）
古田茂美『兵法がわかれば中国人がわかる』（ディスカヴァー・トゥエンティワン、二〇一一年）

第六章　文学と絵画

浅見洋二

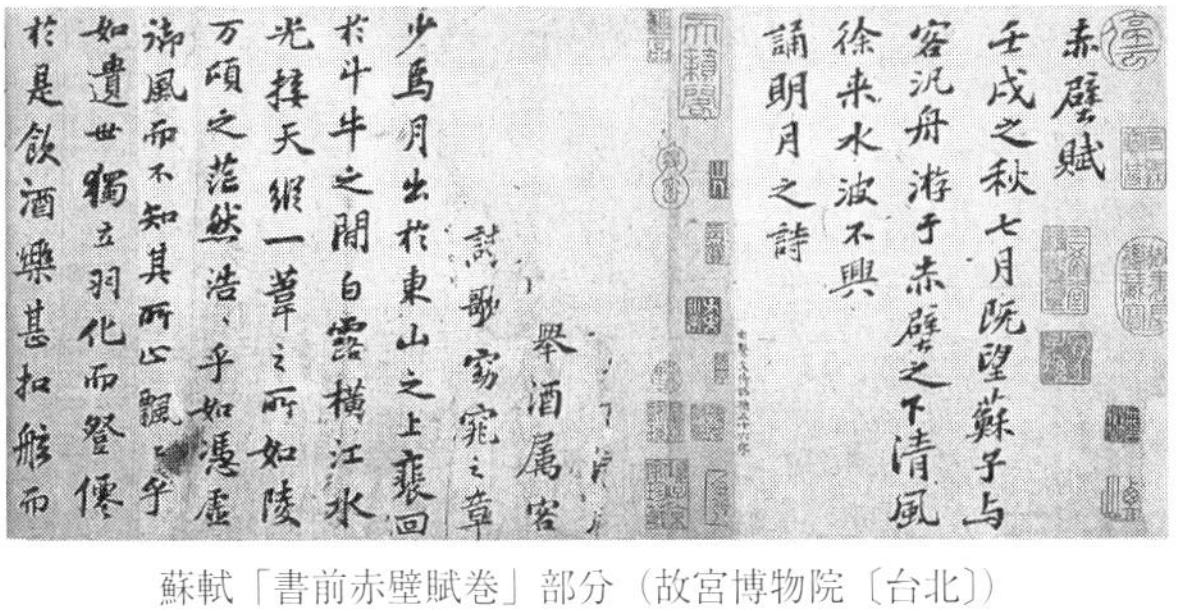

蘇軾「書前赤壁賦巻」部分（故宮博物院〔台北〕）
（雄獅美術編輯部編『大観』より）

伝統的な文人の典型として、われわれはどのような人物を思い浮かべるだろうか。詩や文章のみならず書や絵画にもすぐれた人物、日本の文人で言えば与謝蕪村《よさぶそん》などを思い浮かべる人が多いのではないだろうか。

かつて中国には「詩書画三絶」という言葉があった。詩・書・画の三分野で傑出した才能を有することをいう。与謝蕪村のような文人を評する言葉である。最も早くそのような評価を得たのは、唐の鄭虔《ていけん》。詩・書・画いずれにもすぐれたため、玄宗皇帝から「鄭虔三絶」と称えられた（『新唐書』文芸伝・鄭虔伝）。「三絶」という言い方ではないが、さらに古くは後漢の蔡邕《さいよう》が書・画と讃（人物を称揚する韻文）にすぐれたことから「三美」と称えられたという（『歴代名画記』巻四所引『東観漢記』）。

詩のみならず書や画にも通ずることは、中国の文人にとって理想の姿の一つであった。そのような文人像は、どのようにして形作られていったのだろうか。

与謝蕪村「夜色楼台図」（個人蔵）（『蕪村全集』巻六　絵画・遺墨より）

1 文人と絵画

前近代の中国は、何よりも「文」が重視される社会であった。「文」とは、士農工商のうち士（士人・士大夫）の階層に属する知識人・文化人がたずさわる営み。それが指し示す範囲はきわめて幅広く、文化・学術全般が広く含まれるが、その中で最も中心的な位置を占めるのはいわゆる文学、すなわち美しく整えられた文字・言葉によって構成される詩や文章であった。では、書や絵画はどのような位置を占めていただろうか。

書は、文人をはじめとする士人層にとって必須の教養であった。『周礼』地官・大司徒には士たる者が備えるべき教養として「六芸」なるものが説かれている。その内訳は「礼・楽・射（弓）・御（馬術）・書・数（算術）」であり、「書」が含まれている。また唐代には「身（容貌）・言（言辞）・書・判（文書作成）」の四つが人物評価の基準となっていたようだが、ここにも「書」は含まれている。こうした例からも、書が古くから尊重されてきたことがわかる。

それに対して、絵画の場合は必ずしもそうではなかった。むしろ当初は軽侮の対象ですらあった。そのことは、画家を「画工」と呼ぶのにも端的に表れている。「工」とは職人の意であり、士農工商の階層序列にあって士よりも下位に位置づけられた。両者の地位は大きく隔たっており、その隔たりは今日もなお根本的には解消されるに至っていない。「画工」という呼称は、そのような「工」を軽視する階層秩序のもとにあって成立する語である。画家の呼称としては、ほかに「画師」「画匠」などがあるが、これらについても同様のことがいえる。「画師」なる呼称が軽侮のニュアンスをともなっていたこと、唐の閻立本《えんりっぽん》（？〜六七三）をめぐる次のようなエピソードからも見て取れる。閻立本は、太宗に重んじられた官僚にして文人。

（伝）閻立本「歴代帝王図巻」部分
（ボストン美術館蔵）（鈴木敬著『中国絵画史』上より）

絵画にもすぐれ「歴代帝王図巻」（ボストン美術館蔵、北宋模本）などを画く。あるとき、太宗から宮廷の庭に飛来した珍しい鳥を画くように命じられたが、そのとき「画師の閻立本」と呼ばれたことを屈辱と感じ、我が子に向かって絵画のような「末伎《まつぎ》（つまらぬ技）」を学んではいけないと強く戒めたという（『旧唐書』閻立本伝）。

こうした例から見ても、絵画にも通じた文人というありかたは、古くは必ずしも理想的なものとはとらえられていなかったようだ。蔡邕のように後漢の段階にあって絵画にもすぐれたことが称えられるというのは、きわめて特殊で稀有なケースであったと考えるべきである。とはいえ、絵画が庶民には無縁の高尚な技芸であることもまた確かである。画家の社会的ステータスは必ずしも低くはなかったであろう。実際、単なる「画工」であることを超えて、文人にも比肩しうるような芸術家・文化人として認められた画家は少なくない。また、文学と絵画、文人と画家との交渉について記録した文献資料も時代を降るに従って徐々に数を増してゆく。以下、各時代を代表する象徴的な事例を取りあげながら見ていこう。

2 六朝時代（魏晋南北朝時代）

唐の張彦遠《ちょうげんえん》（八一五？～八七六？）『歴代名画記』は、中国の絵画の歴史を初めて本格的に記したきわめて重要な著作である。本書には「歴代能画の人名を叙《の》ぶ」として、太古の史皇《しこう》から始まり唐代に至るまでの画家の名前と事跡が記される。これを見ると、蔡邕の活動した後漢以降、画家の数は増加する傾向にある。

曹植・嵇康と顧愷之

最初期の名だたる画家としてあげるべきは、後に「画聖」と称された東晋の顧愷之《こがいし》（三四四～四〇六）であろう（ちなみに「書聖」と称されるのは同じ東晋の王羲之《おうぎし》、「詩聖」と称されるのは唐の杜甫）。『晋書』に伝を立てられるような歴《れっき》とした知識人・文人であり、いわゆる画工ではない。人物画にすぐれ、代表作に「女史箴《じょししん》の図」（婦女の道徳を画いた図、大英博物館蔵）、「洛神の賦の図」（洛水の神女宓妃《ふくひ》を画いた図、フレア美術館蔵）などがあり、その模本が伝わる。顧愷之は文学に造詣が深く、「洛神の賦の図」が魏の曹植《そうしょく》「洛神の賦」（『文選』巻一九）を題材にした作品であるように、文学作品を絵画化したことが明確に伝えられる最初期の画家。詩と絵画の交渉という点から見ても、きわめて重要な画家といえよう。

顧愷之には次のようなエピソードも伝わる。「竹林の七賢」の一人として知られる魏の文人嵇康《けいこう》（二二三～二六二）「四言　秀才の軍に入るに贈る五首」其の四（『文選』巻二四）には、行軍のさなかに隠者のような暮らしを楽しむ人物の姿をうたって「目送帰鴻、手揮五絃（目は帰鴻《きこう》を送り、手は五絃を揮《ふる》う）」――目は帰りゆく鴻《おおとり》を見送り、手は五絃の琴をつまびくと述べる詩句がある。この二句について顧愷之は、後句は絵画に画きやすいが、前句は画きにくいと述べたという（『世説新語』巧芸）。当時、絵画のなかで中心的な位置を占めたのは人物画であった。その人物画について画家の立場から述べたもの。楽器演奏のような身体の動作を表現するのは容易だが、雁を見送る人物、特にその眼差《まなざ》しを表現するのは難しいというのである。「目は口ほどに物を言う」、それだけに人物を表現するうえで目は決定的に重要なポイントとなる。人物画にすぐれた顧愷之は、そのことを十分に認識していた。彼のよく知られた言葉に「神（精神）を伝え照（姿）を写すは、正に阿堵《あと》（目）の中に在り」という（『世説新語』巧芸）。まさしく人の姿と精神を絵画化する

（伝）顧愷之「女史箴図巻」部分
（英国博物館蔵）（『中国絵画史』上より）

（伝）**顧愷之「洛神賦図」部分**（遼寧省博物館蔵）（『中国絵画史』上より）

際の最も重要なポイントが目の表現にあることを述べたものである。

嵇康の詩句を例にあげて目の表現の難しさを説く顧愷之の言葉は、画家ならではの詩の読み方が表れたものとして興味深い。この言葉を、詩を書く者たちはどのように受けとめただろうか。残念ながらその反応は伝わらないが、異質な芸術分野からの批評には裨益されるところ少なくなかったであろう。

謝霊運と宗炳

顧愷之の後に続く画家の中で、南朝宋の宗炳《そうへい》（三七五〜四四三）は文学との交渉という点から見ても重要である。

宗炳は、仏教思想などに通じた当代きっての知識人であるが、絵画、とりわけ山水画にすぐれた。山水画が絵画ジャンルとして確立するのは唐代になってからのことであり、当時はなお萌芽的な段階にとどまった。その中にあって宗炳はきわめて先駆的で重要な役割を果たした（ただし作品は伝わらず、その実態をうかがうことはできない）。実作面だけでなく「山水を画く序」（『歴代名画記』巻六）を著わし、山水画について深く重厚な考察を加えた。この序によって山水画にそなわる高い精神性が初めて明確に言語化され、山水画が知識人層に認められる道が拓かれたといっても過言ではないだろう。

宗炳の山水画について考えるうえで特筆すべきは、いわゆる「臥遊《がゆう》（居ながらにしての旅）」の故事。山水を愛する宗炳は、年老いて山歩きができなくなると室内に山水を画き、その風景を眺めることによって山水の遊覧を楽しんだという（『宋書』隠逸伝・宗炳伝）。ここには絵画というものの本質がよく表れている。後に「写真（真を写す）」という呼称も生まれたように、絵画は外界に存在する事物の「真」＝原物《オリジナル》を画面上に写し取る芸術である。山水画を画くのは、画面上に山水の形象を写し取り、それを「真」の山水の代替物として賞玩するためである。そのことが「臥遊」の故事には端的に語られている。

ところで、なぜ山水画なのか。山水画誕生の背後には、隠逸（隠遁）文化とそれに伴う山水への志向が潜んでいただろう。中国にあって隠逸はきわめて古い伝統を有する。たとえば、堯帝から帝位を譲ろうといわれ、汚らわしいことを聴いたとして潁《えい》水の流れに耳を洗ったという許由《きょゆう》は、最初期の隠遁者。以後、朝廷は世俗の汚れにまみれており、それを遠く離れた清らかな山水こそが人の精神に自由をもたらすという隠逸思想が、道家（老荘）思想などとも結びつくかたちで知識人の間に広く浸透してゆく。先にあげた嵆康をはじめとする魏の「竹林の七賢」もまた、竹林という清浄なる世界に身を置くことで汚辱に満ちた世俗に対する抵抗を試みた隠逸知識人であった。宗炳は『宋書』の隠逸伝に伝を立てられているように、かかる思潮の中に身を置いた人物。その山水画は、こうした隠逸文化に支えられた山水への志向の中から生み出されたのである。

宗炳の生きた時代は、文学史の方面でも山水への志向が明確に表れつつあった。その動きを代表する文人が謝霊運《しゃれいうん》（三八五～四三三）。山水詩の祖ともいうべき文人であり、山水のありさまを描写する詩を数多く書く。宗炳の山水画と謝霊運の山水詩との間には、その根本において通じ合うものがあったというべきだろう。宗炳と謝霊運の間に直接的な交流があったことを示す資料はないが、ともに仏教に造詣が深く、廬山の東山寺にあって白蓮社を組織した高僧慧遠《えおん》（三三四～四一六）との間に交流を持った。つまり両者は慧遠とその仏教を核とする同じ交流圏域に属していたのである。

宗炳と謝霊運の交遊の実態については不明であるが、彼らがのこした詩文には両者に共通する思想基盤があったことをうかがわせるものが少なくない。たとえば、宗炳「山水を画く序」の冒頭部には、古来の隠遁者にとって山水が「仁智の楽しみ」を叶えてくれる特別の場所であったことを述べる中で「山水に至りては、質は有、趨《すう》は霊なり（実体としての形を持つが、霊妙で把捉しがたい精神性をそなえる）」また「山水は形を以て道（宇宙万物の根本原理）に媚《こ》ぶ」と述べる一節がある。山水に「霊」なる「道」が美しい「形」となって顕現しているという。「媚」は、美しさを添えること。

「媚《うるわ》しくす」と訓《よ》んでもいいだろう。このような山水観があるからこそ、山水画は単なる「形」を画く技芸ではなく、「聖人」のそれにも通ずる、深遠な精神性を有する気高く知的な営みとなるわけである。

こうした宗炳の山水観と通底する見方が表れたと考えられる謝霊運の山水描写の詩句をいくつかあげてみよう。たとえば「始寧《しねい》（謝霊運の出身地）の墅《しょ》（荘園）に過《よ》ぎる」（『文選』巻二六）には

白雲抱幽石　　白雲　幽石を抱き
緑篠媚清漣　　緑篠《りょくじょう》（緑の竹）清漣《せいれん》（清流）に媚《こ》ぶ

「江中の孤嶼《こしょ》（小島）に登る」（『文選』巻二六）には

乱流趨孤嶼　　流れを乱《わた》りて孤嶼《こしょ》に趨《おもむ》けば
孤嶼媚中川　　孤嶼　中川に媚ぶ
雲日相輝映　　雲日　相い輝映し
空水共澄鮮　　空水　共に澄鮮《ちょうせん》たり

とある。いずれにも「媚」という宗炳が用いるのと同じ語が特別の意味をこめて用いられる。「江中の孤嶼に登る」詩の後半部には

表霊物莫賞　　霊を表すも物（人物）の賞する無く
蘊真誰為伝　　真を蘊《つつ》む（秘める）も誰か伝うるを為さん
想像崑山姿　　想像す　崑山《こんざん》（西王母らが住む西方の仙山）の姿
緬邈区中縁　　緬邈《めんばく》（遠く遙か）たり　区中の縁（人間世界のつながり）
始信安期術　　始めて信ず　安期《あんき》の術（仙人の安期生の長生術）

得尽養生年　養生の年を尽くす（寿命を全うする）を得るを

とある。旅の途中に目にした山水の景色をうたう前半部を受けて、宗教的世界への志向が語られている。「想像す　崑山の姿」とあるように、謝霊運は眼前の山水、あるいはその彼方に仙山（「崑山」）の姿を思い浮かべて見ている。謝霊運の山水詩は単に目に見える山水の「形」を写し取るものではなかったのである。

その意味で特に注目されるのは、「霊を表す」「真を蘊む」の二句。山水の「形」の奥底に「霊」や「真」といった形を超えたもの、すなわち形而上の存在をこそ見ようとしている。ここにいう「霊」「真」は、宗炳のいう「霊」「道」と実質的には同じものと見なしていいだろう。この世界の深奥に潜んでいる目には見えない形而上の根本原理——それを究極の表現対象とした点において、謝霊運と宗炳は中国の詩と絵画における山水表現の方向性を決定づけたといっても過言ではない。

3 唐代前期

六朝（南北朝）期の混乱・分裂を統一するかたちで成立した唐王朝（六一八〜九〇七）の時代には、絵画は飛躍的に発展し、多くの画家が登場する。『歴代名画記』の「歴代能画の人名を叙ぶ」には、唐の画家として二〇六名があげられる。まさに桁違いの画家の数である。唐については初唐・盛唐・中唐・晩唐と四つの時期に区分することが広く行われているが、ここでは唐代前期（初・盛唐）と後期（中・晩唐）との二つに分けて述べよう。

杜甫の題画詩

唐代前期の重要な画家としては閻立本、呉道玄《ごどうげん》、李思訓《りしくん》、李昭道《りしょうどう》、王維《おうい》などがあげられる。このうち王維は文人としても一流であり、文学と絵画の交渉の歴史にあって注目すべき存在である（王維については後述）。先に閻立本が太宗の傍近くで絵画制作にたずさわっていたことにふれた。皇帝の傍に侍る知識人層に絵画が浸透していたことがうかがわれる。当時、こうした絵画史に名をのこすような大画家以外にも、多くの画家が文人

（伝）**王維「長江積雪図巻」**（ホノルル美術館蔵）（『中国絵画史』上より）

と交流していたことであろう。

このような流れの中で注目すべき現象が見られるようになる。すなわち「題画詩」の出現である。「題画詩」とは絵画を詠じた詩。絵画画面に直接書きつけた詩のほかに、絵画を主題にうたった詩を広く指していう。六朝時代の詩にも絵画をうたう例がないわけではないが、本格的な題画詩が書かれるようになるのは唐代に至ってからのことである。題画詩の出現は、文学と絵画の交渉が新たなステージへと達したことを如実に示している。

清の沈徳潜《しんとくせん》『説詩晬語《せつしさいご》』巻下が「唐以前は未だ題画の詩を見ず、此の体を開くは老杜なり」と述べるように、杜甫（七一二～七七〇）は本格的な題画詩の先駆者とされる。実際、唐代の詩人のうち、杜甫は突出して多くの題画詩をのこす（次に多いのが同時代の李白）。杜甫の題画詩が対象とする絵画には山水画が比較的多く、ほかに馬・鶴・鷹などの鳥獣画も含まれる。ここでは「厳鄭公の庁事の岷山《びんざん》・沱江《たこう》の画図を観《み》奉《たてまつ》る　十韻」詩を読んでみよう。鄭国公たる厳武《げんぶ》（杜甫はその幕僚をつとめていた）の庁舎に画かれている岷山・沱江の壁画を詠ずる作。その冒頭は次のようにうたい起こす。

沱水臨中座　　沱水　中座に臨み
岷山到北堂　　岷山　北堂に到る
白波吹粉壁　　白波　粉壁（白壁）に吹き
青嶂挿雕梁　　青嶂（青い峰）雕梁《ちょうりょう》（彫刻で飾られた梁）に挿《さしはさ》む
直訝松杉冷　　直《た》だ松杉の冷ゆるかと訝《いぶか》り
兼疑菱荇香　　兼ねて菱荇《りょうこう》（菱やアサザなどの水草）の香るかと疑う

山水画を通して、室内に実際の山や河の風景が立ち現れたかのようであり、その冷気や香りまでもが感じられると述べている。この詩の冒頭四句について、南宋の楊万里《ようばんり》『誠斎詩話《せいさいしわ》』は「画を以て真と為す」つまり絵画を本物と見なして述べたものだと評する。同様の言い方として、楊万里と同時代の洪邁《こうまい》『容斎随筆《ようさいずいひつ》』には「仮を以て真と為す」という言葉もある。絵画とは、宗炳の「臥遊」の故事が示しているように、「仮」の画面上に「真」＝本物の対象物の形象を再現する芸術である。ここで杜甫が述べるのも、それと同様の絵画の機能である。

以上のような冒頭部を受けて本詩は、十句を費やして画面内に画かれた山水の世界を描写する。そこには、まるで実際に山水の中を遊覧するかのような言葉が列ねられている。それを受けて最後に、杜甫は次のような感慨を述べる。

絵事功殊絶　　絵事《かいじ》　功は殊絶（絵画の働きは絶妙）
幽襟興激昂　　幽襟《ゆうきん》　興は激昂す（閑かなる胸中に感興が湧き起こる）
従来謝太傅　　従来　謝太傅《たいふ》
丘壑道難忘　　丘壑《きゅうがく》　道　忘れ難し

中国の文人にとって山水は単なる山水ではなく、ある種の精神性をそなえた世界であった。杜甫の詩は、最後に至ってやはりそのことを述べるのを忘れていない。絵画によって触発された「幽襟」すなわち心についてうたう。すばらしい技巧をそなえた絵画によって観る者の「興」は掻き立てられると。末尾の二句は、東晋の重臣謝安《しゃあん》（没後、太傅の位を贈られる）に厳武をなぞらえたもの。謝安は、山水を愛し、会稽《かいけい》（浙江省紹興）の東山に隠れ住んだ。国家の危機に際しては政治手腕を発揮し功績をあげるも、なお隠逸の志を忘れることはなかった。その高潔で水際立った生き方によって後世の人々の畏敬の念を集める。末句の「丘壑」は丘や谷、山水をいう。「道」とは、山水のなかに潜む真理。山水画を愛でることで隠逸の境地を追求している――このように厳武を称えるかたちで詩は締めくくられている。

「真」と「仮」

右にあげた杜甫の題画詩は、楊万里や洪邁によれば「仮（画）を以て真と為す」ものである。同じことは、李白「元丹丘（友人の道士）の坐の巫山の屏風（衝立）を観る」が巫山を画いた屏風をうたって

昔遊三峡見巫山　　昔　三峡に遊びて巫山を見る
見画巫山宛相似　　巫山を画くを見れば宛《あたか》も相い似たり
疑是天辺十二峰　　疑うらくは是れ天辺の十二峰
飛入君家綵屏裏　　飛びて君家の綵屏の裏《うち》に入る

と述べるのにも当てはまる。李白はいう。昔、三峡に遊び巫山を見た。いま巫山の画を見ていると、本物そっくりで、まるで巫山の十二峰がこの絵屏風へと飛びこんできたかのようだ、と。

では、ここに杜甫「夔州《きしゅう》歌十絶句」其の八が述べる次のような言葉を並べてみたらどうだろうか。

憶昔咸陽都市合　　憶う昔　咸陽《かんよう》　都市合し
山水之図張売時　　山水の図　張りて売るの時
巫峡曾経宝屏見　　巫峡　曾経《かつ》て宝屏にて見る
楚宮猶対碧峰疑　　楚宮　猶お碧峰に対して疑う

晩年、夔州《きしゅう》（重慶市奉節県）にての作。古の楚国の地である夔州を訪れた杜甫は、その風景に触れてかつて咸陽（長安）で見た絵画市場を思い起こす（そのことによって、この詩は都を離れて放浪する身の悲哀をにじませる）。当時すでに絵画のマーケットが成立していたことをうかがわせる興味深い資料ともなっている。杜甫はいう。この夔州の巫峡の風景は、かつて咸陽の絵画市場で売られていた屏風画に見たことがある。いま、この巫峡には青い山並みを見ることができるだけだが、咸陽で見た画の中の風景そのままに楚の宮殿があるかのように思われてならない、と。

ここで杜甫が体験しているのは、眼前の絵画映像の中に過去に見た本物《オリジナル》の巫山の映像を重ねて見る先の李白の作品とは逆の体験、すなわち眼前の巫山が過去に見た絵画の映像によって侵蝕され覆われてゆくような体験である。絵画映像によって本物の風景が変質を被る過程、本物の風景が絵画映像へと接近し同化してゆく過程を杜甫は見つめている。

詩人は、実際の風景を見る前にそれを画いた絵画を見てしまっているがために、風景を無垢な視線でとらえることができず、かつて見た絵画の既成の映像をそこに再び見出してしまうのだ。

こうした見方について、楊万里や洪邁は「真を以て仮（画）と為す」、すなわち「真」＝本物を「仮」＝絵画と見なすものと述べている。以後、唐代の詩には実際の風景を前にして「画の如し」と述べる例が多く見られるようになってゆく。詩人たちの眼差しに絵画というものの枠組みが深く浸透していったことを示す現象といえよう。ちなみに、西洋にあっては一七～一八世紀頃に、やはり風景画の浸透にともなって風景を「画の如し《ピクチュアレスク》」（picturesque）ととらえる見方が行われるようになるが、中国の場合はそれに一〇〇〇年近く先立つものとなっている。

4 唐代後期

唐代後期、すなわち中・晩唐期にも多くの画家が現れる。絵画史に名をのこすような高名な画家は必ずしも多くはない。だが、唐代後期の詩に絵画に言及する作品は数多く、文人たちの間に絵画が浸透していたことが見て取れる。

水墨画の誕生・普及

唐代後期の絵画において特に注目されるのは、水墨画の誕生である。それまでの絵画は顔料を用いた彩色画であったが、この時期にはそれと並行するかたちで水墨画が画かれるようになる。そのことは題画の詩にも反映されており、水墨画をうたったと推測される作品が目立つ。彩色画が技巧の修練を要求される絵画であるのに対して、水墨画は比較的簡便に制作できる絵画である。前者が宮廷画家などの専門画家によって制作されるのに対して、後者は文人の余技として制作されることも少なくない。次の宋代になると、文人による水墨画の制作は盛んになり、文人画と呼ばれる絵画が生み出されるに至る。唐代後期は、それを準備する段階にあったといえよう。

唐代後期の文人にとって絵画が重要な位置を占めていたことは、題画詩以外の日常生活をうたう詩の中に絵画がしばしば登場することにより鮮明に見て取れる。唐代前期にあっては、題画詩以外の作品に絵画が登場することはあまりない。当時、絵画は宮廷、貴人の邸宅、寺院など、特別の場所でしか見られない特別なものだったのではないだろうか。

ところが、唐末に近づくに従って絵画はより日常的な生活の場面にまで入り込んでゆく。次に、隠棲ないしは閑居の日常生活をうたう中で絵画に言及する作品の一部をあげてみよう。たとえば、朱慶餘《しゅけいよ》「劉補闕の秋園寓興の什《じゅう》（作）に和す十首」其の九には

閒来尋古画　　閒《しず》かに来たりて古画を尋ね
未廃執茶甌　　未だ茶甌《さおう》（茶を煮る器）を執《と》るを廃さず

温庭筠《おんていいん》「陳処士の幽居に題す」には

閒看鏡湖画　　閒なれば鏡湖（越〔浙江省紹興〕にある湖）の画を看
秋得越僧書　　秋には越僧の書を得

皮日休《ひじつきゅう》「初夏即時、魯望（陸亀蒙）に寄す」には

或看名画徹　　或いは名画を看徹《つ》け
或吟閒詩成　　或いは閒詩を吟じ成す

陸亀蒙《りくきもう》「襲美（皮日休）の魏処士に贈る五貺《ごきょう》（五つの贈物）の詩に奉和す、華頂杖」には

拄訪譚玄客　　拄《つえつ》きて譚玄《たんげん》（玄妙なる道について思索する）の客を訪ね
持看潑墨図　　持して潑墨《はつぼく》の図を看る

韋荘《いそう》「友人に和す」には

静閲王維画　　静なれば王維の画を閲《けみ》し

閒翻褚胤棋　閒なれば褚胤《ちょいん》（南朝宋の囲碁の名人）の棋を翻《ひもと》く

李中《りちゅう》「張義方常侍に献ず」には

公署静眠思水石　公署　静眠　水石を思い
古屏閒展看瀟湘　古屏　閒《しず》かに展《ひら》きて瀟湘《しょうしょう》（洞庭湖周辺の景勝地）を看る

とある。絵画はすでに詩、書物、囲碁、茶などと並んで、閑居の生活に不可欠なものとなっていたことがうかがわれる。「琴棋書画」という言葉があるように、文人の嗜みの一つとして琴・囲碁・書・画の四種の技芸が位置づけられていたが、右の詩句はそういった趣味生活が広く及んでいたことを物語っている。宋代に一般化するような文人の趣味生活の成立をここに認めることもできよう。彼らが鑑賞する絵画がどのようなものであったか具体的には述べられていないが、韋荘の詩にうたわれるのは「王維の画」であり、温庭筠、李中の詩にうたわれるのは鏡湖や瀟湘の風景を画いた山水画であることがわかる（ただし温庭筠のいう「鏡湖の画」とは、鏡湖周辺に住む画家の作品を指している可能性もある）。また、陸亀蒙の詩には「潑墨の図」とある。「潑墨」とは、輪郭線を無視し墨を飛び散らせるようにして画く、唐代後期に生み出された水墨画の技法。絵画がここまで日常深く入り込んだことの背後には、比較的簡便に制作でき、取り扱いも容易な水墨画の普及を想定すべきだろう。

鄭谷と段賛善

唐代後期における詩と絵画の交渉を考えるうえで、次にあげるエピソードはきわめて興味深い。北宋の郭若虚《かくじゃくきょ》『図画見聞誌《ずがけんぶんし》』巻五には、晩唐の詩人鄭谷《ていこく》（八五一？〜？）と画家段賛善《だんさんぜん》（？〜？）との交渉の一齣《ひとこま》を記した次のような記事が見える。

唐の鄭谷に雪の詩があって「僧舎に乱れ飄《ひるがえ》りて茶煙湿《しめ》り、歌楼に密に灑《そそ》ぎて酒力微かなり。江上　晩来　画くに堪《た》うる処、漁人　一簑《いっさ》を披《かぶ》り得て帰る」とうたわれる。当時、人々はこれを歌い継いだものだった。段賛善は絵画を善くした。段賛善は、この詩にうたわれた情景を絵画に画き、その超俗の境地をつぶさに表現した。そして、それを鄭谷に贈った。鄭谷は喜んで受け取った。

引用される鄭谷の詩は「雪中偶題」。夕暮れの大江のほとり、雪降る中を一人帰ってゆく簑《みの》を着た釣り人。この詩にうたわれる風景を、われわれは典型的な絵画的風景だと感じるが、「画くに堪う」とあるように鄭谷自身もそこに絵画性を見出している。先に見た風景を「画の如し」ととらえる見方を語った詩である。そして、その画になる風景をうたった詩を読んだ画家の段賛善は、その情景（原文は「詩意景物」）に基づいて画を画いたのだという。これを見ると、詩人たちが無垢な視線によってではなく絵画の枠組みを介在させた視線によって風景をとらえていた一方で、画家たちもまた実際の風景をじかに見つめ、写し取っていたのではないことがわかる。当時、通念として共有される絵画的風景、あるいは詩的風景の映像が、実際の風景を離れて詩人や画家たちの意識の中を一人歩きしていたことを、この記事は伝えてくれているのではないだろうか。

加えてこの記事は、唐代後期にあって、すでに詩人と画家とがそれぞれの創作手段を用いて互いに触発し合うような芸術の共同の場が成立していたことを示している。また、詩と絵画が同じ描写の機能を持つ芸術として対象世界を共有しうるという芸術観が成立していたことを示すものでもある。後述する「詩画一律」の文学観・芸術観の萌芽を認めることもできよう。

5 宋代

唐王朝滅亡の後、五代十国の戦乱期を経て、宋王朝（北宋は九六〇〜一一二七、南宋は一一二七〜一二七九）が建てられる。中国史にあっては、唐から宋へと至る過程で「唐宋変革」と呼ばれる一大転換が生じていたとされる。実際、宋代にはさまざまな分野で唐代までとは大きく異なる新たな文化の枠組みが形作られた。その影響は文学と絵画にも及んでいる。

文人画の成立

宋代における絵画について考えるとき、最も重要な現象は「文人画」の成立であろう。文人画とは、専門の職業画家（宮廷画家）ではない文人が画いた絵画。有り体に言えば素人《アマチュア》の余技としての絵画である。専門画家の画く絵画が、顔料を用いて緻密に画かれるのに対して、文人画の多くは水墨を用いた簡素な筆遣いで成り立つ。技芸の観点から見れば専門画家の作品には劣る。だが、『孟子』滕文公《とうぶんこう》上の語を用いて言えば、文人は画工のように「力を労する者」ではなく「心を労する者」。文人たちにとって何よりも重要なのは精神性の高さであって、技芸は二の次である。文人画とは、かかる文人の精神世界を表現するための器であった。文人画に表現される文人の内なる精神世界、それはたとえば「意」と呼ばれた。対象物の姿形を写し取ることよりも、「写意（意を写す）」をこそ目的とする新しいタイプの絵画として文人画が明確な姿をあらわした時代――そのような時代として、宋代は中国の絵画史における重要な画期となっている。

（伝）**文同「墨竹軸」部分**
（故宮博物院〔台北〕蔵）（『大観』より）
＊本作については文同の真筆であることは疑わしいが，その画風をうかがうための参考として掲げた。

文人画の最初期の代表作家として、北宋の文同《ぶんどう》（字は与可、一〇一八～七九）があげられる。文同が文人画家として名高いのは、蘇軾《そしょく》（字は子瞻《しせん》、号は東坡《とうば》、一〇三六～一一〇一）との交遊によるところが大きい。蘇軾もまた絵画にすぐれた文人。文同と同じく墨竹図（竹の水墨画）を善くした。蘇軾は影響力のある絵画論を数多く著わしているが、中でも注目すべきは「文与可（文同）の画く篔簹谷《うんとうこく》の偃竹《えんちく》（地面に横たわるようにして生ずる竹）の記」が述べる次のような議論である。

（竹を画くにあたって）今の画家は一節一節画き足し、一葉一葉画き重ねるが、そこに真の竹は存在しない。竹を画くには、まずあらかじめ心のなかに完成した竹の姿をとらえて（「成竹を胸中に得」）、筆を手にそれを熟視しなければならない。そのうえで、画こうとするものが眼に浮かんだら、直ちにその通りに画き始め、筆を振るって一挙に画きあげる。……文与可（文同）がわたしに教えてくれたのは、このようなことだった。……子由《しゆう》（蘇軾の弟蘇轍《そてつ》の字）は「墨竹の賦」を作って与可に贈り、そのなかで次のように述べている。「庖丁《ほうてい》は牛を解体する料理人であったが、養生につとめる者は彼に学んだ。輪扁《りんぺん》は車輪作りの大工であったが、学者たちは彼の見解に賛同した。いま、先生（文同）は竹に託するところがある。思うに、先生こそは道を会得された方はありますまいか」と。

後段には蘇轍の言葉を引くかたちで、文同の画が単なる技芸の域を超えて「道」を会得した境地に達していることを述べている。蘇轍の言葉には、文同の画に先んずる古の例として、庖丁と輪扁の故事が引かれている。庖丁は料理人、輪扁は車大工、それぞれ『荘子』養生主篇、同天道篇に見える職人。その技を窮めることで「道」の真理に到達した人物。文同もまた彼らと同様の境地に達していると蘇轍は述べる。「竹に託するところがある」とは、文同の竹の画が、単に竹を画くのではなく「道」（世界の真理）に関する深い理解を表現し得ているというのである。まさに文人の絵画ならではの達成というべきであろう。

だが、絵画が単に対象物の姿形を画くのではなく、それを超えた「道」を表現するという蘇轍の議論は、従来の絵画論の枠組みの延長線上にあるといえなくもない。右の引用で注目すべきは、それに先だって蘇軾が述べるいわゆる「胸中の竹」をめぐる議論、すなわち竹を画くには「成竹を胸中に得」ることこそが必要だと説く議論であろう。それまで絵画は基本的に、外界に存在する事物を写し取る「写真」の芸術としてとらえられてきた。ところが、ここに説かれるのは、絵画が写し取るべき対象物は画家（文人）自身の内部、その精神世界にこそあるという考え方である。ここに至って、絵画の目指すものがドラスティックに変質したといってもいいだろう。

詩題の絵画化

また、宋代における詩と絵画の交渉に関して注目されるのは、詩題の絵画化である。南宋の鄧椿《とうちん》『画継《がけい》』巻一には次のような記事が見える。北宋末の徽宗の画院（宮中絵画アカデミー）では、宮廷画家の優秀な人材を発掘するための試験を行った際に「野水無人渡、孤舟尽日横（野水　人の渡る無く、孤舟　尽日横たわる）」なる詩句をもとに絵画を画かせた。課題となったのは北宋の寇準《こうじゅん》の詩句。ただし、より古くは唐の韋応物《いおうぶつ》に「野渡無人舟自横（野渡　人無く　舟自ずから横たわる）」なる一句がある。二席以下の画家は、人影もなく舟だけが岸につながれた光景を画いたが、首席の画家は笛を手に舟に寝転ぶ船頭の姿を画き込んだ。「無人」を表現するに際して、多くの凡手は画面からいっさいの人を除外したが、非凡なる画家はあえてそこに船頭という「人」を画いた。「人」が画かれることによって、むしろ逆に画面内の寂しさがより深く表現されたというわけである。芸術の不可思議さが端《はし》なくも表れたエピソードといえよう。

前節に、鄭谷の詩にうたわれた世界を画家の段賛善が絵画化する例について見た。右の記事が伝えるのも、それと同様の事例である。詩に表現された境地をどれだけ的確に理解するか、その能力が問われている。言い換えれば、当時、画家にとって詩の読解力・理解力が必要不可欠な教養として求められるようになっていたのである。文人と画家との融合ともいうべき現象が、宮廷の絵画アカデミーの場に及んでいた点でも大いに注目される。

6「詩画一律」

前節に見たように、宋代には詩と絵画の関係はそれまでになく密接なものとなる。それを基盤として、「詩画一律」あるいは「詩画一致」と呼ばれるような芸術観も成立するに至る。文学と絵画の交渉という点から見て、きわめて重要な現象といえよう。

「詩中に画有り」

われわれは、ある種の詩を指して「絵画的な詩」などと言うこともあれば、ある種の絵画を指して「詩的な絵画」などと言うこともある。ここには、詩と絵画を比較し両者の間に何らかの同質性・

類縁性を認めようとする考え方（以下「詩画同質論」）が表れている。この種の考え方は、西洋にあってはシモーニデースの「画はもの言わぬ詩、詩はもの言う画」やホラーティウスの「詩は画の如く」といった言葉に代表されるように古くから見られるもののようだ。

中国にあって、詩画同質論が明確な姿を表すのは宋代である。詩を「有声の画」「無形の画」と呼び、絵画を「無声の詩」「有形の詩」と呼ぶことが行われるようになるのも宋代のことである。宋代の詩画同質論を論じる際にしばしば取りあげられるのが、蘇軾の題跋「摩詰《まきつ》の藍田《らんでん》烟雨（雨に煙る藍田）の図に書す」、絵画にもすぐれたと伝えられる盛唐の詩人王維（字は摩詰）について述べた次のような言葉である。

王維の詩を味わって読むと詩の中に画があるかに思われ、画を見ると画の中に詩があるかに思われる。例えば、その詩には「藍谿　白石出《い》で、玉川　紅葉稀《まれ》なり。山路　元より雨無きも、空翠　人衣を湿《うるお》す」とある。

ここで蘇軾は、王維の詩の中に絵画的要素を見出し（「詩中有画」）、絵画の中に詩的要素を見出している（「画中有詩」）。ここではまず前者の「詩中に画有り」に焦点を当ててみよう。蘇軾はどのように王維の詩をとらえているのだろうか。

詩にうたわれた世界が絵画のような映像をともなって詩を読む者の眼前に立ち現れること――われわれは「詩中に画有り」をこのように理解しているのではないだろうか。蘇軾がその実例としてあげる王維「山中」詩を読むと、確かに秋の山中の景色が絵画のような映像をともなって周囲に立ち現れるかに感じられる。蘇軾自身がどのような詩の読み方をしていたのか、ここには「詩中に画有り」について具体的な説明がなされておらず、不明な部分がのこる。だが、蘇軾をはじめ宋代の文人たちも、われわれと同様の読み方に基づいて「詩中有画」を考えていたと見なしていいだろう。

そのように見なすに当たって注目されるのは、宋代の文人たちの詩論の中で次のような詩の機能が盛んに議論されていたことである。すなわち、詩にうたわれた世界の「景」＝映像が読み手の眼前に立ち現れるかのように感じられるということ。たとえば、蘇軾の師でもあった北宋の欧陽脩《おうようしゅう》（一〇〇七～七二）『六一詩話《りくいつしわ》』が引く梅堯臣《ばいぎょうしん》（一〇〇二～六〇）の次の言葉はよく知られている。宋代には「情」と「景」の二元論によって詩を説明することが広く行われるようにな

（伝）**蘇軾「枯木怪石図」**（徐邦達編『中国絵画史図録』より）

＊　本作については蘇軾の真筆であることはほぼ否定されているが，その画風をうかがうための参考として掲げた。

るが、これはそういった議論を代表するものの一つ。

詩というものは、写し難い「景」を写し取って読者の眼前に浮かびあがらせ、尽きることのない「意」を言外に言い表すことができて、はじめてすぐれた作品といえる。

すぐれた詩の条件としてあげられる二つの機能のうち、注目されるのは前者の「写し難きの景を状《あらわ》して目前に在るが如くす」と述べられる機能である。右の言葉に続けて梅堯臣は、中唐の厳維《げんい》の詩の一聯「柳塘（柳生ずる岸辺）春水漫《み》ち、花塢《かお》（花咲く土手）夕陽遅し」をあげて「天容時態、融和駘蕩《たいとう》として、豈に目前に在るが如からざらんや」——暖かく長閑《のどか》な春の景色が眼に浮かぶようではないか、と述べている。この一聯を読むわれわれもまた梅堯臣と同様、詩にうたわれた世界の「容態」が眼前に立ち現れるかのように感じることだろう。

宋代にはこうした詩の読み方が広く語られるようになる。たとえば、欧陽脩「試筆」（一種の随筆）には、梅堯臣の語に類似した次のような言葉が見える。

わたしは唐人の詩に「鶏声　茅店《ぼうてん》（旅籠屋）の月、人迹　板橋の霜」とあるのを愛した。寒々とした冬枯れの風景、旅のせつなさ、それらが我が身のことのように感じられる。また

「野塘　春水慢《み》ち、花塢　夕陽遅し」という詩句は、これを読めば、暖かく長閑な春の風景、天と人とがゆったりと溶け合うかのような思いが心地よく湧き起こってくる。これら四つの詩句は、季節の運行をも変えるほどの力を備えており、その描写の巧みさは画工のそれにも匹敵する。文学が造化の働きと肩を並べるほどのものであることを気づかせてくれる。

ここで注目したいのは、引用の後段に見える「此の四句、以て坐《い》ながらにして寒暑を変ずべし。詩の巧《たくみ》なるは猶お画工の小筆のごとし」という言葉。これは一種の詩画同質論を語ったものといえる。「画工の小筆」という言い方は貶意を含むこともあるが、「文章は造化（造物主の働き）と巧を争うも可なり」とあるのを見ると、むしろ褒意をともなっていよう。前段には「身《みずか》ら之を履《ふ》むが如し」とあって、詩にうたわれた世界（そこには「景」のみならず「情」も含まれる）が読み手の前に立ち現れることが語られているが、欧陽脩はそれを絵画の機能に結びつけてとらえているのである。この欧陽脩の言葉は、蘇軾に先立って「詩中に画有り」の見方を述べたものといえよう。

「画中に詩有り」

では、もう一方の「画中に詩有り」についてはどうだろうか。「詩的な絵画」とは、いったいどのような絵画なのか。宋代の詩画同質論を代表するものとして、先にあげた蘇軾の題跋と並んでしばしば取りあげられるのが、同じく蘇軾の詩「鄢陵《えんりょう》の王主簿の画く所の折枝（竹の枝を画く水墨画）二首」其の一である。ここで蘇軾は次のように述べて「詩画一律」の芸術観を表明する。

論画以形似　　画を論ずるに形似を以てするは
見与児童鄰　　見《けん》（見識）児童と鄰《となり》す（類する）
賦詩必此詩　　詩を賦するに此の詩たるを必《もと》むるは
定非知詩人　　定めて詩を知る人に非ず
詩画本一律　　詩画　本より一律
天工与清新　　天工と清新となり

蘇軾は言う。「形似」すなわち「形」が似ているかどうかで絵画を論ずるのは、子どもなみの見識。詩を作る際に、「このような表現をしなければならぬ」と枠をはめるのは、詩の何たるかがわかっていない。詩も絵画も根本は同じ、自然なる巧みさと清新さこそが重要である、と。この詩については従来、蘇軾の「詩画一律」論が「形似」の否定を前提に構想されていたことを示すものと位置づけられてきた。「形似」とは、絵画や詩が対象物の「形」を忠実に描写・再現することを指していう。

基本的に絵画は「形似」、すなわち事物の「形」を描写・再現する芸術であり、その点で、人の精神・内面（「志」、「情」）を表出する芸術である詩と大きくかけ離れている。この「形似」にとらわれている限り、絵画は詩と同等の水準に達することはできなかったであろう。その意味では、「形似」を否定する蘇軾の論は、絵画が詩に近づくのを阻んでいた壁を取り去る役割を果たすものであった。これによって絵画は「形似」の桎梏《しっこく》を脱し、「写意」などのように「形」を超えたもろもろの精神的な世界を表現することが可能となったといってもいいだろう。

蘇軾が述べる「詩画一律」の芸術観は、もともと「形」を超えたものを強く志向する文人画を念頭に置いた議論である。前節にふれた「胸中の竹」をめぐる議論を思い出していただきたい。「胸中の竹」を画面に表現すべきだとする絵画論は、「形似」を否定したところにこそ成り立つ。「胸中の竹」に類するものを表現する絵画について唱えられた芸術観、それがいわゆる「詩画一律」であったのである。

董其昌「婉孌《えんれん》草堂図」（個人蔵）（『文人画粋編　中国篇5　徐渭・董其昌』より）

7 文人画の理想

明代末期、書画に通じた文人董其昌《とうきしょう》（一五五五～一六三六）が現れ、いわゆる南北二宗の絵画史論を

池大雅「浅間山真景図」部分（個人蔵）（『名宝日本の美術第26巻　大雅・応挙』より）

唱える（『画禅室随筆』）。これは禅宗の南北二宗の考え方を絵画史（主として山水画）に類推して当てはめた議論。北宗画は、専門画家（宮廷画家）による鋭く力強い筆遣いの絵画の系譜であり、唐の李思訓《りしくん》に始まる。一方の南宗画は、文人画家による柔らかな筆遣いの絵画（主として水墨画）の系譜であり、盛唐の王維に始まり、五代・宋初の董源《とうげん》・巨然《きょねん》・李成《りせい》・范寛《はんかん》、宋の米芾《べいふつ》・米友仁《べいゆうじん》、元末四大家（黄公望《こうこうぼう》・倪瓚《げいさん》・呉鎮《ごちん》・王蒙《おうもう》）、そして明代中期の沈周《しんしゅう》・文徴明《ぶんちょうめい》らを経て伝えられてきたもの。

南宗画の祖とされた王維（六九九〜七六一）は、言わずと知れた唐を代表する大詩人。絵画にもすぐれ、蘇軾によって「詩中に画有り」「画中に詩有り」と評されたこと、すでに見た通りである。王維自身も自らの詩に「当世　謬《あやま》りて詞客たり、前身　応《まさ》に画師なるべし」――現世では誤って詩人となっているが、前世はきっと画家であっただろうと述懐している。「詩画一律」の芸術観が成立してより後は、詩画に通じる理想の文人として尊崇の対象となった。董其昌は、その王維を始祖とする南宗画こそが正統かつ高次の絵画であると考え、自らもまたその系譜に属する文人画家として位置づけたのである。以後、中国の文人画家にとっては南宗画が一つの規範となってゆく。与謝蕪村（一七一六～八三）、池大雅《いけのたいが》（一七二三～七六）など、日本のいわゆる南画もその系譜を受け継ぐことをめざした。

では、中国の文人たちが南宗画において追求したものは何だったのか。あえて一言でいうならば、解放された魂の自由豁達な躍動とでもなるだろうか。先に文人画について宋の蘇軾が「胸中の成竹」という考え方を唱えていたことにふれた。この考え方は、蘇軾周辺の文人たちに共有されるものであった。たとえば、黄庭堅《こうていけん》（一〇四五～一一〇五）の「東坡居士の墨戯の賦」には、蘇軾の水墨画について「蓋《けだ》し道人（道を得た人、蘇軾を指す）の易《やす》しとする所は、画工の難《かた》しとする所にして、印の泥に印するが如く（印泥に印を押しつけたようにぴったりと）、霜枝風葉は先《ま》ず胸次（胸中）に成る者なるか」――蘇軾の画き出す枯れ木の姿は、画くに先立って胸中に像を結んでいたものだろう、と述べる。

ここで注目したいのは、かかる絵画のあり方が「墨戯」と呼ばれていることである。外界に存在する対象の姿を写すのではなく、自らの精神世界の中にあるものを吐き出すこと。そうした墨の働きを、黄庭堅は「戯れ」ととらえている。この「墨戯」こそは、儒家的なモラリズムとは一線を画する、自由闊達な「戯れ」としての精神の躍動が実現される場として絵画をとらえたものであり、文人画が目指すべき理想の一つだったのである。

参考文献

【一般的・入門的文献】

① 内藤湖南『支那絵画史』（ちくま学芸文庫、二〇〇二年）
＊近代日本を代表する東洋史学者による絵画史関連の論著を集成したもの。南宗画の系譜を基軸として中国絵画史を叙述する。日本の南画についても論及する。

② 新藤武弘『山水画とは何か』（福武書店、一九八九年）
＊中国絵画の中心をなす山水画について、その歴史を叙述する。あわせて中国人の精神世界における山水の意義を明らかにする。

③ 宇佐美文理『中国絵画史入門』（岩波新書、二〇一四年）
＊中国の絵画史を概観しつつ、それを貫く世界観を明らかにする。特に「気」や「形」といった概念が持つ中国独自の意義につ

いて、中国人の思想の文脈から考察を加える。

④ 大野修作「文学と書画」興膳宏編『中国文学を学ぶ人のために』（世界思想社、一九九一年）

＊中国の文学と書・画、三者の関係について考察を加える。「詩画一致」などの芸術観の背後にある中国文人の精神重視の姿勢を明らかにする。

【専門的文献】

① 鈴木敬『中国絵画史』（全四巻、吉川弘文館、一九八一〜九五年）

＊絵画史の専家による総合的な中国絵画史。学術的な研究成果の上に立って、画家や作品に関する緻密な考証・分析を加える。

② 宮崎法子『花鳥・山水画を読み解く』（角川書店、二〇〇三年）

＊花鳥画と山水画について、文化史的な視点から考察する。画題やモティーフに込められた寓意を読み解くことで中国人の精神世界を明らかにする。

③ 宇佐美文理『「歴代名画記」――〈気〉の芸術論』（岩波書店、二〇一〇年）

＊唐・張彦遠『歴代名画記』に関する研究書。同書の主要な論述を緻密に読み解くことを通して、中国の絵画観の本質を浮き彫りにする。

④ 小川環樹「中国の文学における風景の意義」『風と雲――中国文学論集』（朝日新聞社、一九七二年）

＊中国文人の風景認識について、絵画との関連も視野に入れて考察する。light and atmosphere としての風景が landscape としての風景へと変化するプロセスを明らかにする。

⑤ 志村良治「謝霊運と宗炳――「画山水序」をめぐって」志村良次博士著作集Ⅰ『中国詩論集』（汲古書院、一九八六年）

＊宗炳「画山水序」の分析を通して、宗炳と謝霊運との関係を考察する。「画山水序」の背景に慧遠の仏教思想があったこと、同論が謝霊運の山水詩を生む契機となったことを明らかにする。

⑥ 浅見洋二『中国の詩学認識――中世から近世への転換』（創文社、二〇〇八年）

＊中国の詩を材料にして、風景と絵画、詩と絵画の関係について考察する。風景を「如画」ととらえる見方や詩画同質論の形成過程について分析を加える。

第七章　文学と音楽

谷口高志

五代・顧《こ》閎中《こうちゅう》「韓《かん》熙《き》載《さい》夜《や》宴《えん》図《ず》」（部分）
（『中国美術全集・絵画編 2 ・隋唐五代絵画』より）

現代のわれわれの生活の中に、最も深く溶け込んでいる音楽は何だろうか。それはテレビやラジオ、あるいは町中のスピーカーから聞こえてくる流行りの歌謡曲ではないだろうか。この歌謡曲は、歌手が唱える詞と音楽家が奏でる楽曲によって構成され、コトバである詞と音楽が一つに組み合わさったものであり、文学と音楽の密接な関係がそこには示されている。歌詞つまり〈歌われるコトバ〉は、音楽と結びついた文学の一形態だとみなすことができるだろう。古代の中国においても、〈歌われるコトバ〉は、文学と音楽が交じりあう重要な結節点であり、それは歌謡文学という大きな文学の系譜を形成してきた。本章では、まず第一・二節において、〈歌われるコトバ〉が誰によってどのように紡《つむ》ぎ出されてきたか、またそれがどのように音楽に乗せられてきたのかといった問題を扱い、音楽と文学の関係性について考えてみたい。もちろん、音楽と文学の関係は〈歌われるコトバ〉のみに限定されるものではない。第三節の唐詩と音楽では、音楽や楽人（演奏家）をテーマとした文学作品に焦点をあて、文学がその題材として、音楽をどのように取り込んできたかについても見ていきたい。

宴会や祭祀の際に用いられていた楽器編鐘《へんしょう》
(湖北省随県曾侯乙《ずいけんそうこういつ》墓《ぼ》より出土した戦国時代のもの。『中国古楽器』より)

1 歌謡集『詩経』

中国の古典詩、いわゆる漢詩といえば、李白《りはく》や杜甫《とほ》、白居易《はくきょい》などの大詩人の作品が真っ先に想起されるかもしれない。しかし、多くの国の文学の歴史がそうであったように、中国においても、すべての文学の母胎となり、詩の発展の起点となったのは、口々に歌い継がれ、作者も明らかではない民間歌謡であった。原初の詩は、特定の作者をもたない歌として、人々の間に広まっていったのであり、詩は元来、歌と同義であったといってよい。

『詩経』のうた

中国最古の詩集である『詩経《しきょう》』は、そういった歌として唱えられてきた詩を数多く収めた歌謡集であり、西周から東周(前一一～前七世紀)にかけての詩三〇五篇がそこに記録されている。一説に孔子が編纂したとされるこの書物は、元来は単に『詩』と呼ばれたが、漢の武帝の時代に儒教が国教化されるにしたがって、五経《ごきょう》(儒教における五つの経典)の一つに数えられ、以後、詩の経典として長きにわたって重んじられた。

『詩経』の詩は、風《ふう》・雅《が》・頌《しょう》・賦《ふ》・比《ひ》・興《きょう》と呼ばれる六つの概念(これを六義《りくぎ》とよぶ)によって、その全体像をうかがうことができる。初めの三つ、風・雅・頌は、詩をその内容と歌われた場によって大別したもので、『詩経』の各篇はこれら三つのうちのどれか一つに分類される。風は国風《こくふう》とも呼ばれ、周を始めとする黄河流域の各国の民謡。雅は周王

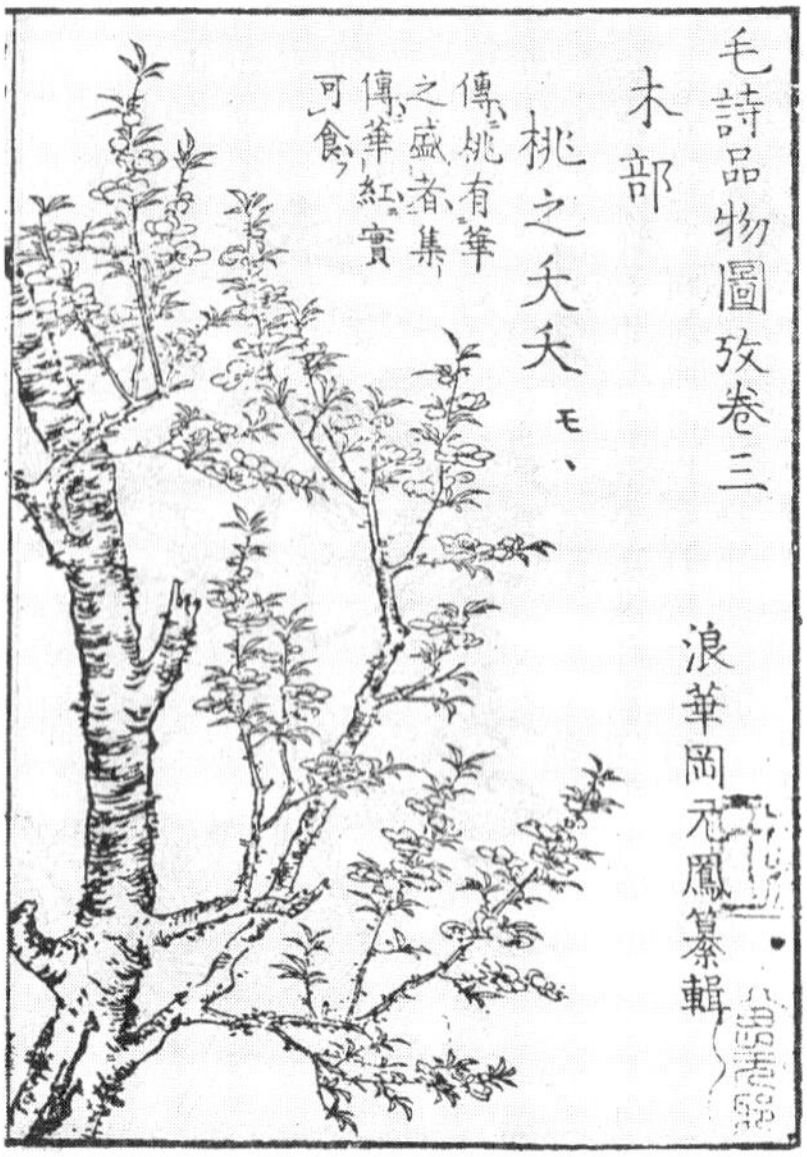

桃の花の絵
（『詩経』に登場する動植物を図入りで解説した書，岡元鳳《おかげんぽう》編『毛詩品物図攷《もうしひんぶつずこう》』より）

室の宮廷で宴会や儀式の際に歌われたもの。頌は祖先の霊を祀るときに歌われた神楽歌《かぐらうた》の類である。

一方、賦・比・興は、詩の修辞技法に関する分類であり、『詩経』の各篇の文句は、全てこの三つのうちどれか一つに相当するとされる。賦は直叙であり、対象をそのまま表現する一般的な表現をいう。比は比喩の意味であり、対象をなにか別のものになぞらえて表現する技法である。美しい女性の容貌を表現するのに、「手は柔かき荑《つばな》（茅《かや》の若芽）の如《ごと》く、膚《はだ》は凝《こ》れる脂《あぶら》の如し。領《くび》は蝤蠐《しゅうせい》（カミキリ虫の幼虫。体が細長く色が白い）の如く、歯は瓠犀《こさい》（びっしりと並んだ瓜の種）の如し」（国風・衛風《えいふう》「碩人《せきじん》」）と歌うのがその例。比が単純な直喩であるのに対し、興は一種の隠喩であり、自然界の動植物を歌うことによって、主題となる感情・事象を言い興《おこ》し、暗示する手法である。たとえば、初めにあでやかに咲く桃の花を歌うことで、嫁入りする娘の華やかな姿を連想させる句、「桃の夭夭《ようよう》（若々しいさま）たる、灼《しゃく》灼《しゃく》（あざやかなさま）たる其《そ》の華《はな》。之《こ》の子は于《ゆ》き帰《とつ》がば、其の室家（家庭）に宜《よろ》しからん」（国風・周南《しゅうなん》「桃夭《とうよう》」）がそれである。この修辞法は、自然界と人間界の間に何らかの類似性を認め、両者を的確に結びつけることに情趣や面白みを見いだそうとするものであり、『詩経』の表現世界を大きく特徴づけるものとなっている。中国文学全体の傾向として、しばしば自然との距離の近さが指摘されるが、古代歌謡において定型化していたこの表現方法の中に、すでにそういった性格の一端を見て取ることができる。

国風の恋歌

『詩経』の歌をもう少し具体的に見てみよう。風・雅・頌の各篇のうち、最も文学性に富み、親しみやすいのは、国々の民謡である風の作品である。国風には素朴でありながら味わい深い抒情詩が多く、そこで歌われる情は主に恋愛に関するものである。たとえば国風・王風《おうふう》の「采葛《さいかつ》」という詩は、次のような歌である（王風は東周の王都洛邑《らくゆう》を中心とする地域の歌。なお『詩経』においては、詩題は冒頭の句を切り取ってつけられたものであり、詩の主題や趣旨をいうものではない）。四字熟語「一日千秋」の語源となったとされる歌である。

彼采葛兮、一日不見、如三月兮　　彼《か》しこに葛《くず》を采《と》らん、一日見ざれば、三月《みつき》の如《ごと》し
彼采蕭兮、一日不見、如三秋兮　　彼しこに蕭《よもぎ》を采らん、一日見ざれば、三秋の如し
彼采艾兮、一日不見、如三歳兮　　彼しこに艾《よもぎ》を采らん、一日見ざれば、三歳の如し

（○△▲は韻字）

「あそこに葛を採りにいこう。あなたと一日会わなければ、まるで三カ月も会っていないかのような心地がする」と始まり、それとほぼ同じ内容の文句が三度くり返して歌われる。「葛を採りにいこう」というのは、草摘みにかこつけて恋人に会いに行くことをいう。恋人との逢瀬《おうせ》を待ち焦がれる女性の思いが、簡潔な表現の中に率直に表現されている。

この詩の形式について見てみよう。『詩経』の詩は、毎句四字の四言句《しごんく》を基本とする。漢字は一文字が一音節なので、四言句は四音節という小さな一つの音声的なまとまりをつくる。「彼采葛兮」などの句の末尾にある「兮《けい》」は、それ自体は何の意味も持たない文字なのだが、ここでは歌の各句を四音節にしたてあげ、音楽的な調和を全体にもたらすために句末に添えられている。つまり歌としての響きを意識した言葉づかいがなされているわけである。

『詩経』の詩における四言句のように、句ごとの音節数を統一することは、これ以降も中国の古典詩において常に意識され続ける。後代に生まれる五言絶句《ごごんぜっく》（五言句を四つくり返す詩型）や七言律詩《しちごんりっし》（七言句を八つくり返す詩型）などもその一種。五言詩や七言詩は、必ずしも実際に歌唱されることを想定したものではないが、声に出したときの音楽的なリズムを重んじるために全体の音節数をそろえるわけであり、その意味において、詩は歌謡としての側面を終始失わなかったといえるだろう。

さて右の「采葛」では、四言句が三つ続けられて一つの章を構成し、その章の中で「葛《かつ》」と「月《げつ》」の字が韻を踏んで

いる（韻を踏むとは、母音が同じ字を一定の決まりに従って配列することであり、これも音楽的な響きを意識したものである）。そしてその三つの四言句が、さらに二回くり返され、全体で三章の歌となっている。章ごとに韻を換え、第二の章では「蕭《しょう》」と「秋《しゅう》」が、第三の章では「艾《がい》」と「歳《さい》」がそれぞれ韻を踏む。一つ目の章と二つ目・三つ目の章のことばづかいはほとんど同じであり、章ごとの違いは第一章で韻を踏んでいた「葛」「月」が、第二章において「蕭」「秋」に、第三章では「艾」「歳」に入れ替わっただけである。このような反復形式は、『詩経』の詩に多く見られるパターンであり、韻字のみを章ごとに入れ替えながら、同じふしまわしで歌を続けていくのである。これは現代の歌謡曲が、一番、二番、三番と同じ旋律をくり返していくのと類似しており、大衆が覚えやすく、かつ歌いやすい詞の作り方であったと想像される。

「采葛」の詩が持つ抒情性は、こういった反復形式を用いつつ、恋人を慕う情が徐々に高まっていくことを表現したところにある。恋人に会えない時間が、「三月（三カ月）」「三秋（三回の秋、つまり九カ月）」「三歳（三年間）」というように次第に延びていき、歌が進むにつれて、思いが募り、感情がたかぶっていく様子が示されているのだ。単純なことばづかいながらも、反復形式を意識した巧妙なレトリックがここには施されている。

恋心か讒言か

「采葛」は右に述べたように、恋人への切実な思いを歌ったものとする解釈が現代では一般的だが、実は古い注釈書ではまったく別の読み方をされていた。漢代の注釈である毛伝《もうでん》（毛亨《もうこう》および毛萇《もうちょう》による注釈）は、この詩は讒言《ざんげん》を恐れる気持ちを歌ったものであるとし、「一日見ざれば、三月の如し」の箇所を、「一日間、君主に会わなければ、自分への讒言がはびこるのではないかと心配する」と解釈している（讒言とは、人をおとしめるために、事実でないことを本当であるかのように偽って悪口をいうこと）。つまり君主にお目通りできなければ、自分と君主の仲を引き裂く者があらわれかねず、それゆえに君主と会えない一日が三カ月のように感じられると解釈し、恋人に対する女性の思いではなく、君主に対する臣下の思いが歌われていると理解しているのである。

このような解釈がなされたのは、なぜだろうか。恋人との逢瀬を望む気持ちでは、なぜいけなかったのだろうか。それは、儒家思想の影響を受けた中国の伝統的な文学観ならびに音楽観に起因している。先に触れたように、毛伝が書かれた漢代は、儒教が国家を運営する思想として取り入れられ、『詩』が経典となり『詩経』として尊ばれた時代であった。

儒家的な文学観・音楽観について、孔子の弟子の子夏《しか》によって書かれたと伝えられる、『詩経』の大序《たいじょ》を通して見てみよう。これは『詩経』全体の趣意について述べた序文であり、中国における文学論の草分けとなったもの。大序は詩と歌と舞がともに人間の内面にある「志」から生まれ、各々緊密な関係にあることを説いた後、「音」（歌謡とそれにともなう音楽を指す）と「政」（政治）を関連づけて次のようにいう。

> 治世《ちせい》の音は、安らかにして以て楽しむ。其の政、和《やわ》らげばなり。……亡国の音は、哀しみて以て思う。その民、困《くるし》めばなり。故に得失《とくしつ》（善悪）を正し、天地を動かし、鬼神を感ぜしむる（感動させる）は、詩よりは莫《な》し。先王是《こ》れを以て夫婦を経《つね》にし（夫婦の道を規範化し）、孝敬《こうけい》（親孝行の心と年長者を敬う心）を成し、人倫を厚くし、教化を美《うるわ》しくし、風を移し俗を易《か》う（風俗を改める）。

正しく治まった時代の「音」が、安らかで楽しげであるのは、そのときの「政」のあり方が和やかで、民がその教化を受けたからである。一方、滅びかけた国の「音」が哀しげなのは、その領民が悪い政治に苦しんでいるからである。詩歌と音楽は、このように政治のあり方と密接に連動するものとしてとらえられるのであり、それゆえに、王は正しい「音」によって民を「教化」し、人倫・風俗を正しく導くことができるというのである。

ここには、今日のわれわれとは異なる文学観・音楽観が示されている。古代中国においては、詩歌と音楽は政治的な役割を担っており、正しい倫理・道徳を民に植え付けるものとして認識されていたのである。このような音楽のとらえ方を、一般に礼楽思想という。音楽は単なる娯楽ではなく、社会の秩序を定める礼と同様に、重要な政治的機能を有していたのであった。

先の『詩経』の歌が、男女関係ではなく君臣関係に沿って解釈されたのも、こうした道徳的音楽観・文学観による。儒教においては、男女の情をあからさまに歌うのは風俗の乱れを意味し、古代の経典の中に恋の思いが堂々と歌われていては、いささか都合がわるい。よって道徳的な規範意識が解釈に影響を及ぼし、恋人を思う女性は、君主を慕う臣下へと姿を変えざるをえなかったのである。

人間の普遍的な感情である男女の情は、『詩経』や後述する楽府《がふ》などの歌謡文学の系譜においては中心的な主題となり続けるが、士大夫の正統的な文学においてはそれを詠うことはある種のタブーとされ、むしろ抑制される傾向にある。『詩経』の歌とその解釈をめぐる問題は、その後の中国文学の方向性を暗示しているかのようでもある。

2 楽府の世界

漢代の楽府

『詩経』が周の王室を中心とする黄河流域の北方の歌を収めるのに対し、南方の長江流域の歌を集めたものとして『楚辞《そじ》』がある。楚辞とは、戦国時代の楚の国の祭祀で歌われた神楽歌であり、この書には戦国時代末期の屈原《くつげん》（前三四三？～前二七七？）とその弟子・後継者たちの作品が収められている（なお編纂されたのは漢代になってからである）。戦国期から秦を経て漢に至ると、『楚辞』の流れを汲む賦《ふ》という韻文形式が流行したが、それは歌唱されるものというより、読みものとしての性格が強い。漢以後、唐代の半ば頃に至るまで、歌謡文学の中心にあったのは楽府である。

楽府とは、元来は漢の武帝が設立したとされる、音楽を司る役所の名であった。武帝は祭祀などの儀式に関わる楽曲を制定しようとし、そのために必要な音楽や歌謡を広く民間に求めて、この役所に集めさせた。国家事業として歌謡が採集されたのであるが、これは先に述べた礼楽による統治の一環として行われたものであり、歌によって皇帝がその土地の民情や風俗を観察するという目的をも有していたことに注意しておく必要がある。

もともと一つの役所の名称に過ぎなかった楽府は、やがてそこに集められた歌謡と、そこで作られた歌謡を指すようになり、さらには後代の文人たちがそれら古い歌謡にならって作った詞も含めて楽府と呼ばれるようになる。

楽府のテーマは幅広いが、総じて民衆の生活に根ざしたものが多い。旅に出た夫の帰りを待つ妻の嘆きを歌った「飲《いん》馬長城窟行《ばちょうじょうくつこう》」（「行」は歌の意。なお、楽府の題は楽曲名を表すものであって、必ずしもその詞の内容とは一致しない）、戦死した兵士の視点から戦争の悲惨さを訴えた「戦場南《せんじょうなん》」、引き裂かれた夫婦が心中に及ぶまでの悲劇を扱った大長篇のバラード「孔雀東南飛《くじゃくとうなんひ》」（「焦仲卿《しょうちゅうけい》の妻」とも題される）など。ここでは、激しい恋愛感情を歌った漢代の作品、「上邪《じょうや》」を例としてあげておこう。「上邪」は初めの一句を取って題としたもので、「上」は空の上にある天を指し、「邪」は感嘆詞の一種。最初に「天よ！」という叫びを発し、天への誓いのことばが以下に続く。

上邪、我は君と相い知り
長命にして絶《た》え衰うること無からんと欲す
山に陵《おか》無く、江水《こうすい》竭《つ》くるを為し
冬雷 震震として、夏に雪雨《ふ》り
天地 合するとき、乃ち敢えて君と絶たん

「わたしはあなたと愛し合い、この愛が永遠に変わらぬことを望みます。山から丘がなくなって平地になり、川の水がすっかり涸《か》れはて、冬にゴロゴロと雷が鳴り、夏に雪が降り、天と地が合わさって一つになったとき、はじめてあなたへの思いを断ち切り、別れることとしましょう」。山が平地になり川が涸れる云々は、絶対に起こりえない天変地異をいう。もしそのような事態になり、天と地が合体し世界が終わりを迎えたときになって、ようやくこの愛は途絶える——つまり、世界の終焉まで続く永遠の愛を誓った歌なのである。

天変地異を引き合いに出して、自らの思いの激しさ、愛の深さを強調しているのだが、こういった類いの強調表現は、恋愛を主題とする歌謡文学の中に広く見られるレトリックである。先に引いた『詩経』のうた、「あなたと一日会わなければ、まるで三年間も会っていないかのようだ」も、相手への思いの強さを、三年間という時間の長さになぞらえた強調表現にほかならない。玄宗《げんそう》皇帝と楊貴妃《ようきひ》の愛を歌った、かの白居易「長恨歌《ちょうごんか》」の結びの句、「天長く地久しきも時有りて尽きん、此の恨みは綿綿《めんめん》として尽くる期《とき》無からん（天地は永久不変であるといっても、やがていつかは尽きるときが来

駱駝の上で鼓を打ち鳴らすさまを描いた漢代の画像磚《がぞうせん》
（四川省新都出土。『中国美術全集・絵画編 18・画像石画像磚』より）

るだろう。しかしわたしのこの悲しみだけは永遠に尽きることはない）」も、天地の永続性を持ち出すことによって、思いの深さを強調したものであり、民歌風のレトリックを活用したものだといえるだろう。男女の情を扱った歌謡においては、激しい思いの丈をいかに表現し尽くすかということが一つの重要なテーマとなるのであり、現代の歌謡曲においてもこの点はさほど変わらないといえようか。

なお、楽府「上邪」は、短簫鐃歌《たんしょうどうか》（簫は竹制の管楽器。長短不揃いの竹管を複数並べたもの。鐃は鐘《かね》に似た打楽器）という軍楽の歌の一つとして歴史書に記録されているのだが、歌詞の内容が軍隊に相応しくないという理由から、これが実際に軍楽として歌われていたことを疑う説がある。しかし、恋の歌が軍楽に不向きだとは必ずしもいえない。後代の軍楽の歌詞の中にも、しばしば激しい恋情を歌うものが見られる（南朝梁《りょう》の鼓角横吹曲《こかくおうすいきょく》など）。軍楽は太鼓や笛などといった打楽器と管楽器を中心に編成される。ブラスバンド編成の音楽にのせて、先述の詞が高らかに歌われたとすれば、若い兵士の士気を高めるのに大いに役立ったと考えることもできるだろう。

楽府の分類

楽府を厳密に定義することは、実はかなり難しい。前述したように、楽府と呼ばれる作品群には、詠み人知らずの民歌だけでなく、古い民歌にならって後代の文人たちが作った詞も含まれる。魏晋《ぎしん》以降、多くの文人たちが文芸の対象として歌に注目しだし、もとの歌に付けられていた古い詞（古辞《こじ》という）を模擬した作品（一種の替え歌。擬古楽府《ぎこがふ》という）が大量に生みだされるようになるのである。それ以降、楽府は詩体の一種として認識されることとなるのだが、独立した詩体として意識されだすと、古い民歌を踏襲するだけにとどまらず、任意に題をたてて新しい楽府を作ろうという動きも見られるようになり、これも楽府の範疇に含まれる。つまるところ、楽府は時代とともにその含むところを拡大していき、遂には歌曲全般を意味することばになっていくのである。

宋代の郭茂倩《かくもせん》が編纂した、楽府の総集『楽府詩集《がふししゅう》』を通して楽府の全体像を探ってみよう。『楽府詩集』全一〇〇巻は、楽府を時代や地域、その用途や伴奏楽器などによって、まず一二の項目に分類する。そしてその項目ごとに、題（楽府題という。楽府の題は楽曲名を表す）を同じくする歴代の楽府作品を時代順に配列する。『楽府詩集』の一二の分類は、中国の歌謡文学にどのようなバリエーションがあったのかを大まかに示しており、〈歌われるコトバ〉が音楽とどのように結びついていたかを知る上でも非常に有益である。一二の分類とは以下のようなものである。

① 郊廟歌辞《こうびょうかじ》（全一二巻）　② 燕射歌辞《えんしゃかじ》（全三巻）　③ 鼓吹曲辞《こすいきょくじ》（全五巻）
④ 横吹曲辞《おうすいきょくじ》（全五巻）　⑤ 相和歌辞《そうわかじ》（全一八巻）　⑥ 清商曲辞《せいしょうきょくじ》（全八巻）
⑦ 舞曲歌辞《ぶきょくかじ》（全五巻）　⑧ 琴曲歌辞《きんきょくかじ》（全四巻）　⑨ 雑曲歌辞《ざっきょくかじ》（全一八巻）
⑩ 近代曲辞《きんだいきょくじ》（全四巻）　⑪ 雑歌謡辞《ざっかようじ》（全七巻）　⑫ 新楽府辞《しんがふじ》（全一一巻）

郊廟歌辞は、歴代の朝廷における祭祀の歌。燕射歌辞は、朝廷で行われる儀式や宴会の歌。鼓吹曲辞と横吹曲辞は、ともに軍楽の歌である。前者は漢代に端を発し、前節でふれた短簫鐃歌がこれにあたる。後者は主に南北朝時代の北朝の軍楽に起源をもち、非漢族である北方民族の歌が南朝の梁の宮廷に流入したもの。その中には、北方民族のことばを漢語に翻訳したものが含まれている。楽器編成についていえば、鼓吹曲は簫と笳《あしぶえ》を用い、横吹曲は鼓と角笛《つのぶえ》を用いたという。

相和歌辞は、絃楽器と管楽器の演奏をともなった歌曲であり（相和とは管絃楽の調和をいう）、主に漢から魏晋の時代にかけて流行したもの。清商曲辞は、主に南朝時代の長江流域の民歌であり、五言四句の短詩型で恋の歌が多くを占める（「子夜歌《しやか》」が特に有名）。北朝を代表する歌曲である鼓吹曲がしばしば雄々しい男気を歌うのに対し、南朝では恋人への思いをつづった可憐な恋歌が流行していたのであり、各地域の好尚が対照的にあらわれているといえようか。

宴席における絃楽器と打楽器の合奏のさまを描いた漢代の画像磚
（四川省成都出土。『中国美術全集・絵画編 18・画像石画像磚』より）

舞曲歌辞は文字通り舞踏をともなった歌曲であり、琴曲歌辞は同様に琴の演奏をともなったものである。雑曲歌辞は上記の分類にあてはまらない伴奏つきの歌曲を広く集めたもの。近代曲辞は、『楽府詩集』が編纂された当時（宋代）における近代、即ち隋・唐の頃に作られた雑曲歌辞を集めて一つの部立てとしたものである。雑歌謡辞は、楽器の演奏をともなわない歴代の歌（徒歌《とか》という）を集めたもの。新楽府辞は白居易の作品「新楽府《しんがふ》」など、主に諷諭《ふうゆ》（政治批判）の精神にのっとって唐代に新たに作られたものをいい、これも楽器の伴奏を必要としないものである。

楽府の継承

次に楽府を通時的な視点から眺めてみよう。楽府文学の特質は、歴史的な連続性にある。前項で述べたように、楽府は一つの同じ題のもとに、模擬の作品が次々と作られていく。しかし同一の題を持つ各時代の作品を並べてみると、実はそれぞれの作品の歌詞の形式は、ほとんどの場合ばらばらであり、同じ楽曲のもとに歌われていたとはとても想像できない。たとえば、「将進酒《しょうしんしゅ》」という楽府は、先にも紹介した軍楽の短簫鐃歌に起源を有し、漢代の古い歌詞を今に伝えているが、それを承《う》けて作られた南朝梁の昭明太子《しょうめいたいし》、唐の李白や李賀《りが》などの同題の楽府は、もとの詞と字数・句数がまったく一致しない。擬古の楽府は唐代に至っても盛んに作られ続けるが、音楽自体は唐以前にすでに滅んでしまったと考えられるのである。

このことは、楽府が音楽との親和性を失い、主に読みものとして伝えられていったことを示唆している。唐代には杜甫の「兵車行《へいしゃこう》」「麗人行《れいじんこう》」や白居易の「長恨歌《ちょうごんか》」「琵琶引《びわいん》」（第三節参照）など、歌を意味する「行」「歌」「引」といった詩題を持つ作品が数多く作られ、これらは歌行体《かこうたい》と呼ばれる（『楽府詩集』の分類の最後にあげられた新楽府辞も歌行体の一種である）。歌行体は伝統的な楽府のスタイルを装いつつ新たに創作されたものであり、音楽の伴奏に乗せて歌われることを意識したものというより、やはり読みものとしての性格が強い。漢以来継承されてきた楽府は、元来有していた音楽との緊密な関係性を次第に失っていくのであり、杜甫や李白、白居易など唐代半ばに活躍した詩人たちの歌行体を最後に、その文学的生命を半ば終えることとなってしまう。

しかし、そういった楽府の消長は、唐以降、文学と音楽の関係性が希薄になったことを意味するわけでは決してない。唐代半ばには、楽府とはまた別の歌謡形式である詞《し》が新たに起こり、宋代以降に引き継がれていくし、〈歌われるコトバ〉即ち歌謡文学とは異なるかたちの音楽と文学の接触を見いだすこともできる。次節では歌謡文学の系譜から離れて、唐代特有の音楽文化と、それが文学、特に詩歌の中でどのように表れているかについて見てみよう。

なお、宋代に流行する詞（塡詞《てんし》、長短句《ちょうたんく》ともいう）と元代に起こる曲《きょく》（オペラ形式で上演される雑劇《ざつげき》と、個別の作品として歌われる散曲《さんきょく》に大別される）については、本章では詳述できなかったが、これらも歌謡文学の一形式として看過できないものである。それらについては、章末に紹介した諸文献を参照されたい。

3　唐詩と音楽

音楽の国際化と玄宗

唐代は中国の音楽史上、一つの頂点をなした時期だとされる。それはこの時期、胡楽《こがく》と呼ばれる西域（中央アジアやインドなど）の音楽の流入がピークに達し、国際色豊かな音楽文化が開花したことによる。

唐代は音楽に限らず、文化・芸術のあらゆる面において国際化が積極的に進められた時代であった。奈良の正倉院に収められている美術品や工芸品の中に、ペルシアなど中央アジア地域の遺品が含まれていることを思えば、当時の中華

敦煌莫高窟《ばっこうくつ》一一二窟の壁画（唐代の壁画。仏前で舞楽を演じる姿を描く。中央の人物は舞いながら背面で琵琶を弾き，それを囲むようにして座る楽士が，各々鼗鼓《とうこ》（ふりつづみ），笛，拍板《はくばん》，箜《く》篌《ご》（ハープ），阮咸《げんかん》，琵琶を演奏する。『中国美術全集・絵画編15・敦煌壁画』より）

王朝・唐の国際性がよく理解されるのではないだろうか。それらはシルクロードの交易を経て中国にわたった後に、日本にもたらされたものである。たとえば正倉院の宝物の中に、遣唐使が持ち帰ったとされる楽器螺鈿《らでん》紫檀《したん》五絃《ごげん》琵琶《びわ》がある。この五絃琵琶は、中国固有のものではなく、もともとインドで起こった楽器である。それがシルクロードのオアシス国家亀茲《きゆうじ》（今の新疆《しんきょう》ウイグル自治区庫《ク》車《チャ》県一帯）を経由して、中国の南北朝期の北朝に伝えられ、唐代では宮廷音楽にも使用されるほど珍重されるようになったのであった（ちなみに唐代では五絃ではなく四絃の琵琶もあり、これは漢代のときに、イランから中国にもたらされたもの）。

音楽文化の隆盛とその国際性について、開元《かいげん》の治で知られる玄宗皇帝（李隆基《りりゅうき》、六八五～七六二）を中心に見てみよう。玄宗は音楽を好んだ皇帝としても非常に有名であり、彼のときに中国古来の音楽と西域音楽の融合が強く推し進められた。そのことを象徴する楽曲が、霓裳羽衣《げいしょううい》の曲である。白居易の「長恨歌」にも登場し、唐一代の宮廷音楽を代表するこの有名な舞曲は、もとは胡楽で

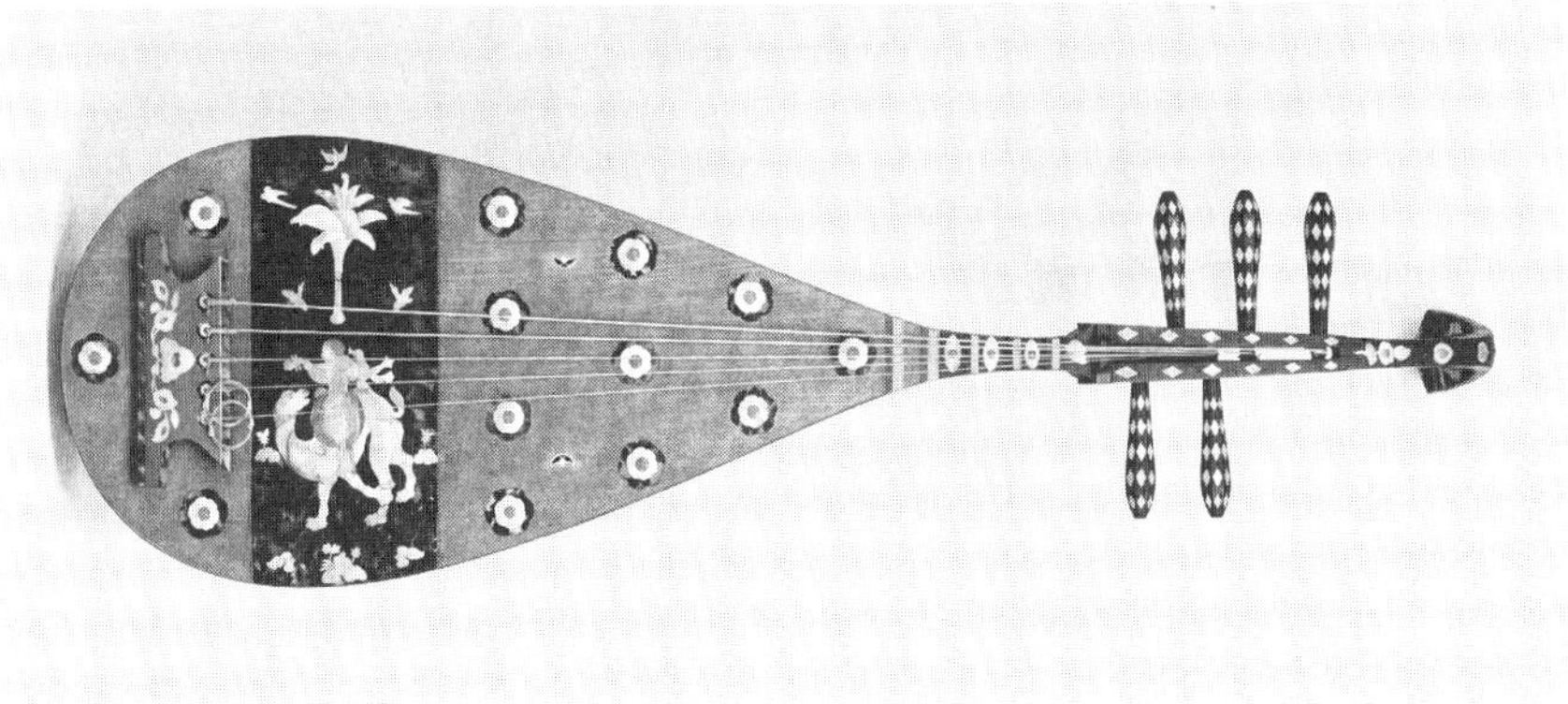

螺鈿紫檀五絃琵琶
（胴の部分には，駱駝に乗って琵琶を弾く胡人《こじん》の姿が描かれている。『正倉院の楽器』より）

あった。当時の河西節度使《かさいせつどし》（現在の甘粛省《かんしゅくしょう》西部一帯の長官）が献じたインド起源の波羅門《ばらもん》という曲を、玄宗自ら中国風にアレンジし、霓裳羽衣と改名したという（なお玄宗と霓裳羽衣をめぐっては多くの伝説があり、玄宗が道士の秘術によって月の宮殿に至り、そこで観た仙女の舞楽を、楽士に再現させたのが霓裳羽衣だという俗説もある）。

また玄宗は、音楽や歌舞の教練所を拡充したことでも知られる。唐にはもともと、主に雅楽（祭祀などの儀式に用いる正統な音楽）を司る太楽署《たいがくしょ》という音楽機関と、宮女が楽舞などの技芸を習う内教坊《ないきょうぼう》が宮城内に置かれていたが、玄宗はそれらとはまた別に外教坊《がいきょうぼう》（左教坊・右教坊に分かれる）を新たに設け、楽舞を教習する専門機関とした。そして、太楽署の楽工の中から技芸に特に秀でた者三〇〇人を宮中の梨の園に集め、教坊の宮女の中からも数百人を選抜して宮城内の宜春院《ぎしゅんいん》におき、彼らに自ら法曲《ほうきょく》（中国古来の俗楽と外来音楽である胡楽が融合したもの。当時の最先端の宮廷音楽で、霓裳羽衣もその一つ）を教えたという。この教習機関を梨園《りえん》と呼ぶ。玄宗の教習を受けた楽工と宮女は「梨園の弟子《ていし》」と呼ばれ、音楽に精通していた玄宗は、彼らが少しでも曲を間違えれば、すぐさまそれに気づき、過ちを正したという。わが国において、歌舞伎役者の世界を梨園と呼ぶのも、この玄宗の梨園に基づく。

一般に中国において名君と称される帝王は、政治や軍事において優れた治績をあげるだけでなく、文学や芸術の面にも深い造詣を有している場合が多く、彼らは国家全体の文化の水準を高めることにきわめて熱心であった。それは第一節で述べた礼楽思想の影響によるところが大きいが、その思想の枠組みをこえる熱意を文学や芸術に傾けた帝王もいた。楽府を興し、文学の才をもつ人材を積極的に登用した漢の武帝しかり。建安文学《けんあん》（後漢末の建安期の文学。五言詩を定着させるなど、文学史上の画期をなした）を主導し、自らも楽府作品を数多く残した三国・魏の曹操《そうそう》しかり。とりわけ玄宗は、中国の文化史上、最も輝かしい時代を作りだした皇帝として記憶される。

彼の時代は、音楽文化の最盛期であったと同時に、中国文学の精華である詩歌の黄金期でもあった。文学史的に盛唐《せいとう》と呼ばれる時期であり（唐代は初唐《しょとう》・盛唐・中唐《ちゅうとう》・晩唐《ばんとう》の四つの時期に区分される）、かの杜甫や李白、王維が活躍していたときである。唐代、特に盛唐期以降における音楽と文学の関わりについて、以下に見てみよう。

楽人の物語

次にあげるのは、杜甫（七一二〜七七〇）の詩「江南《こうなん》にて李亀年《りきねん》に逢う」である。李亀年はかつて玄宗の宮廷に仕えていた名歌手の名であり、この作品は彼との再会を詠ったもの。

岐王《きおう》の宅裏《たくり》 尋常に見
崔九《さいきゅう》の堂前 幾度か聞く
正に是《こ》れ江南《こうなん》の好風景
落花の時節 又《ま》た君に逢う

「都の岐王や崔九殿のお屋敷であなたには何度もお目にかかり、その歌を聴きました。それがここ江南の美しい風景の中、花が舞い散るこの季節に、再びあなたにお目にかかることになろうとは」。

このとき杜甫は、五九歳。都を遠く離れた江南地方で流浪の旅を続けていた。直接的には語られていないが、この詩の根底にあるのは、宮廷歌手の身の落魄《らくはく》に対する共感にほかならない。かつて都で栄光を手にしながら、時を経て、地方に身を寄せることとなった不遇の歌手李亀年。官職に恵まれず、地方をさまよい続けた杜甫は、彼に自己の半生を重ね合わせ、人生の浮き沈み、世の移り変わりに対する万感の悲哀を込めて、この詩を綴っているのだ。人生の盛りを過ぎた二人が再会するのが、江南の春の盛りのときであったというのも、きわめてドラマチックではなかろうか。

伝唐・李昭道《りしょうとう》「明皇幸蜀図《めいこうこうしょくず》」の模本（乱を避けて都から蜀《しょく》に逃れる玄宗一行を描く。台北故宮博物院蔵。『中国美術全集・絵画編２・隋唐五代絵画』より）

ところで、宮廷専属の歌手であった李亀年が都から地方に流れたのには、一つの理由がある。前項において玄宗のときに音楽文化が隆盛を極めたことを述べたが、歴史の常として、最盛期は下り坂の始まりでもある。玄宗朝の後半期には、かの安史《あんし》の乱（七五五～七六三）が起こり、唐王朝はまさに「国破れて山河あり」（杜甫の詩「春望《しゅんぼう》」の中の一句）という状況に陥ってしまう。戦乱が落ち着いた後も、朝廷は節度使《せつどし》の反乱に悩まされ続け、国勢は衰退の一途をたどることとなり、玄宗の庇護のもとに極度の発展を遂げた音楽文化も、王朝の命運とともに衰退を余儀なくされる。

芸術の最大の理解者たる玄宗を失った楽人たちは、宮中に身の置き場がなくなり、新たな庇護者（パトロン）を求めて、地方に逃れていかざるをえない。そういった楽人の一人が、杜甫の詩に詠まれた李亀年であったと想像される。そもそも前近代の中国においては、楽人は奴隷身分の賤民であり、庇護者がいなければ技芸の才能で自活することなどできないのである。

大局的に見れば、楽人の流出は中央の音楽文化が地方へ伝わる契機となったと思われ、必ずしもマイナスの側面しかなかったわけではない。宮廷から離れた楽人たちは、最先端の優れた技芸を宮廷外に伝え、地方の音楽文化の水準を高める役割を果たした。しかし、当の楽人本人にとっては、宮廷を出ることはやはり悲劇でしかなかったであろう。ひとたび皇帝の寵愛を受けながら、地方を転々とする後半生を送っていた楽人たち。その悲劇的な人生は、唐代の詩人たち、特に杜甫以降の中唐期の詩人たちにとって、唐王朝の繁栄と衰退（杜甫の場合、それは自身の人生の軌跡とも重なりあう）を象徴するものとして注目され、詩歌の題材ともなった。音楽家の人生を詠ったそれらの詩歌の中に、音楽と文学のもう一つの接点を見いだすことができるだろう。

明・仇英《きゅうえい》「琵琶行図」（部分）（台北故宮博物院蔵。『故宮書画図録（七）』より）

白居易の「琵琶引」

楽人をテーマとした詩歌として忘れてはならないものに、白居易《はくきょい》（七七二～八四六）の「琵琶引」がある（「琵琶行《びわこう》」とも呼ばれる）。

白居易は杜甫より少し後の時代の人で、盛唐期の次の中唐期を代表する詩人。音楽好きで有名であり、琴《きん》を自ら演奏もした。彼の音楽への関心は幅広く、その詩集には琴はもちろんのこと、箏《そう》や琵琶、笛や笙《しょう》、觱篥《ひちりつ》（西域から伝わった管楽器。篳篥《ひちりき》）などさまざまな楽器の音楽を詠じた作品があり、霓裳羽衣など特定の楽曲を主題とした作品も少なからずある。音楽を扱ったそれらの詩の中でも、特に有名なのが彼の代表作の一つでもある、この「琵琶引」である。

八十八句の長きにわたる「琵琶引」の基調をなすのは、杜甫の詩の場合と同様、身を持ち崩した楽人の悲しみと、それに触発された不遇の詩人の嘆きである。楽人と詩人の出会いに始まるこの作品は、次のように叙述される。――江《こう》州《しゅう》（現在の江西省九江市《こうせいしょうきゅうこうし》）に左遷されていた白居易は、とある客人を川辺に見送る際、ふと船上からもれ聞こえてきた琵琶の音に耳をとめる。その音の主を尋ね求め、さらなる演奏を求めたところ、現れたのは一人の女性であった。白居易の要求に応じてひとしきり琵琶を奏でたその女性は、おもむろに自らの半生について語り始める。それによれば、彼女はもともと長安の教坊に所属していた妓女《ぎじょ》であり、かつて一世を風靡したほどの琵琶の名手であった。しかし年を重ねて色香も次第に衰えていった彼女は、やがて薄情な商人の妻となり、今では華やかな過去を思い出しながら、失意に沈む日々を送っているとのこと。白居易は彼女に「同《とも》に是《こ》れ天涯淪落《てんがいりんらく》の人（天のはてに追いやられて落ちぶれた人）」という共感を抱き、「遷謫《せんたく》の意（辺地に左遷された者の悲哀）」を募らせていく。そして、再び奏でられた彼女の琵琶の音に激しく涙を落とすのであった。

このように明確な筋立てを持ち、巧みに構成された「琵琶引」は、白居易自身が経験した実話を述べたものではなく、そこに登場する妓女も架空の人物であるという説が古くからある。確かに「琵琶引」に登場する楽人が、望まぬ結婚生活を送る薄幸の女性である点などを鑑みれば、物語的な脚色が多分に加えられているかのような印象を受ける。前項に見た杜甫の詩「江南にて李亀年に逢う」と比べれば、その物語的要素の色濃さは明らかであろう。

白居易は玄宗皇帝と楊貴妃のロマンスを詠った「長恨歌」の作者であり、彼の周囲には当時流行した伝奇小説《でんきしょうせつ》（「李《り》娃伝《あでん》」や「鶯鶯伝《おうおうでん》」、また「長恨歌」の姉妹作ともいうべき「長恨歌伝」など）の作者が多くいた。「琵琶引」のヒロインが実在の人物であったかどうかはさておくとしても、起伏に富んだ楽人の人生を題材とし、新奇な物語をつくることに、白居易が自覚的であったということは少なくともいえるだろう。楽人の人生は、物語としての深みを文学にもたらすこともなったのである。

音楽の言語化

「琵琶引」に登場する妓女は、絶世の技芸を持つ琵琶奏者であり、白居易は彼女の奏でる妙なる音楽についても、詩の中で仔細に描き出している。「琵琶引」の表現をもとに、音楽は詩歌の中でどのように言語化されるのかといった問題を、最後に考えてみよう。以下は、琵琶の音を表現した箇所である。

大絃《たいげん》は嘈嘈《そうそう》として急雨の如《ごと》く、小絃《しょうげん》は切切《せつせつ》として私語の如し
嘈嘈 切切 錯雑《さくざつ》して弾けば、大珠《だいじゅ》小珠《しょうじゅ》玉盤に落つ

間関《かんかん》たる鶯語《おうご》は花底《かてい》に滑らかに、幽咽《ゆうえつ》せる泉流《せんりゅう》は氷下《ひょうか》に難《なや》む
氷泉《ひょうせん》は冷渋《れいじゅう》して絃は凝絶《ぎょうぜつ》し、凝絶して通ぜず 声は暫《しばら》く歇《や》む
別に幽愁暗恨《ゆうしゅうあんこん》の生ずる有り、此《こ》の時 声無きは声有るに勝る
銀瓶《ぎんぺい》乍《たちま》ち破れて水漿《すいしょう》迸《ほとばし》り、鉄騎《てっき》突出して刀槍《とうそう》鳴る
曲終り撥《ばち》を収め心に当てて画《かく》す、四絃《しげん》の一声 帛《はく》を裂くが如し

「太い絃はけたたましく響き、激しく降る夕立のよう。細い絃はひそひそと音をたて、人のささやき声のよう。激しい音とひそやかな音が混じりあうと、大小の珠《たま》がばらばらに玉の皿に落ちて音をたてる。のどかな鶯のさえずりが、花の下でなめらかに響いたかと思えば、咽《むせ》び泣くかのような泉の流れが、氷に阻まれて行きなやむ。氷の下を流れる泉はやがて凍りついて滞《とどこお》り、琵琶の絃は凝結する。凝結して流れが途絶え、声はひとときの間、消えてしまう。すると、ひそかな愁いと恨みがたちまちわき起こり、この音のない静寂は、音のある状態よりも優れている。しばらくたつとまた演奏が始まり、今度は銀の瓶《かめ》が突然割れて中から水がほとばしり、鉄の鎧をまとった騎馬兵が飛び出して刀や槍をぶつけ合う。曲が終わりを迎えるとバチを手元に収め、琵琶の絃の真ん中をさっと一斉に払う。四つの絃が同時に発する声は、まるで絹を引き裂くかのよう」。

音楽を詩歌の中で描き出そうという試みは、白居易以前の詩人たちによってもなされてきた。唐代では音楽文化の爛熟と相まって、楽人を主題とした詩歌が増加し、それとともに音楽の演奏をコトバによって描き出そうとする試みも、盛んになされるようになる。それらの表現の中でも、白居易「琵琶引」の描写は屈指のものとされ、後世、音楽を詠じた「至文《しぶん》（至高の文）」とまで称されている。果たして、それはなぜであろうか。

白居易の音楽描写は、雨の音や人のささやき声、鶯のさえずりや泉のせせらぎなど、さまざまな音声によって構成されている。読み手が想起しやすい音を詩の中に取り込み、それらの比喩によって音楽を表現しようという姿勢が徹底されているのだ。その上、白居易は各種の音声を、巧みに配置し、自在に組み替えることによって、音楽全体の流れをも

表現しようとしている。春の鶯の柔らかな鳴き声は、氷の下を流れあぐねる泉の音に変わり、その泉の冷たさはやがて音楽自体を氷結（「凝絶」）させ、「声のない音楽」という究極の音楽を生み出す。そして一度氷結し、固形化した音楽は、幾許かの沈黙を経たのち、また「水漿（水）」となってあふれだし、銀の瓶が打ち破られ、刀や槍が打ち合う激しい音を響かせる。――強い音、ひそやかな音、柔らかな音、無声の音、硬質なものが衝突する音、破裂する音などを巧みに使い分け、あたかも一つのストーリーを作るかのように、音楽の世界が描かれているのである。これは音楽そのものを忠実に写し出そうとしているかのように見えて、その実、音楽によって刺激された白居易自身のイマジネーションの表れにほかならない。音楽から得たイメージを、より複雑に、人間の創意に基づいてとらえ直し、描き尽くそうとする姿勢をここに見て取ることができるだろう。

音楽をどのように表現するかという問題は、作者が音楽をどのように聞いていたか、またどのように感じ取っていたのかという問題に通じる。音楽に鶯のさえずりを感じ取るのは、聞き手の側の感性や美意識の問題なのである。右にあげた音楽の描写には、詩人である白居易自身の感性や美意識、ひいては芸術観が反映されていると考えることができる。古来、白居易の「琵琶引」が傑作とされるのは、その音楽の描写自体が一つの芸術を紙上に創造していたからでもあるのだ。音楽と文学、両者の交流の相の一つの到達点を、この作品に見ることができるだろう。

参考文献

【一般的・入門的文献】

①　吉川幸次郎『詩経国風』上・下（中国詩人選集一・二、岩波書店、一九五八年）
＊『詩経』の歌のうち、国風に分類されるもの一六〇篇をすべて翻訳する。各篇のはじめに代表的な注釈書の説を簡潔にまとめており、『詩経』の解釈の揺れを知る上でも、大変有益。
②　小尾郊一・岡村貞雄『古楽府』（東海大学出版会、一九八〇年）
＊『楽府詩集』の中から、無名氏の作品（古楽府、楽府古辞）を選び出し、訳注を施す。楽府の世界の大要は、本書を通読するこ

とでおおむね知ることができる。

③ 村上哲見『宋詞の世界──中国近世の抒情歌曲』（あじあブックス、大修館書店、二〇〇二年）

＊宋代に流行した歌謡曲である詞について、わかりやすく解説する。宋詞研究の第一人者による詞の手引き書。作品の引用も豊富で、詞の魅力を存分に味わうことができる。

④ 田中謙二編、吉川幸次郎・田中謙二・浜一衛・岩城秀夫訳『戯曲集』上・下（中国古典文学大系五二、平凡社、一九七〇・七一年）

＊元から明清の頃にかけて流行した歌劇の中から「西廂記」「救風塵」「還魂記」「桃花扇」など一〇篇を選び、その台本を翻訳する。巻末の「解説」（田中謙二氏執筆）に、中国の戯曲文学の大要が詳述されている。なお元代の散曲（劇ではなく個別に歌われたもの）については田中謙二『楽府・散曲』（中国詩文選二二、筑摩書房、一九八三年）が詳しい。

⑤ 岸辺成雄『古代シルクロードの音楽──正倉院・敦煌・高麗をたどって』（講談社、一九八二年）

＊西域・中国・日本・朝鮮など、シルクロード全域を視野に入れて、古代の音楽文化の交流の様相を解説する。正倉院の楽器や敦煌・高句麗の壁画などに関する資料も豊富。唐代音楽文化の入門書として最適。

【専門的文献】

① 加納喜光『詩経・Ⅰ　恋愛詩と動植物のシンボリズム』（汲古書院、二〇〇六年）

＊従来、儒家的な道徳観にのっとって解釈されてきた『詩経』のうたを、恋愛詩として読み、そのレトリックとシンボリズムについて分析する。姉妹篇に『詩経・Ⅱ　古代歌謡における愛の表現技法』がある。また著者による『詩経』の訳注書に、『詩経』上・下（学習研究社、一九八二年・八三年）がある。

② 大阪大学中国文学研究室編『中国文学のチチェローネ──中国古典歌曲の世界』（汲古書院、二〇〇九年）

＊元代に歌曲の模範とされていた「十大曲《じゅうだいきょく》」（十首の詞）を分析し、それに関連する楽府・唐詩・宋詞・元曲の例を多数あげながら、中国古典歌曲の主題や表現、受容された環境などについて解説する。

③ 滝遼一『中国音楽再発見　楽器篇』（滝遼一著作集Ⅰ、第一書房、一九九一年）

＊中国音楽で用いられる楽器を、その起源にさかのぼりつつ丁寧に解説する。中国音楽の研究者である筆者の著作集としては、ほかに『中国音楽再発見　歴史篇』『同　思想篇』があり、通読することで中国音楽の全体像を知ることができる。

④　齋藤茂『教坊記・北里志』（平凡社東洋文庫、一九九二年）

＊『教坊記』は唐の長安の歌舞教練所である教坊について、『北里志』は当時妓館の多く集まっていた北里について、その見聞を集めたもの。妓女の生活や風習の一端をしることができる貴重な資料である両書を、詳細な解説・注釈を付しつつ翻訳する。

⑤　中純子『詩人と音楽　記録された唐代の音』（知泉書館、二〇〇八年）

＊詩人と音楽の交流の様相を解き明かした論文集。中唐の詩人白居易の作品を通して、当時の音楽文化の実像にせまる。唐代音楽文化の研究としても最新の成果を多く含む。

コラム5

神話

中村未来

中国には、体系的な神話がないと言われることが多い。確かに、日本の『古事記』やギリシアの『神統記《しんとうき》』のように、天地開闢《てんちかいびゃく》や神々の系譜を系統立てて記した古典は、中国にはないと言ってもいい。成立年代は不明であるが、地理や歴史・異形の生物に関する記述を多く含む『山海経《せんがいきょう》』が、中国神話を収める早期の文献とも考えられているが、その内容は散漫であり、体系的にまとめられたものとは言い難い。戦国時代の南方の詩『楚辞《そじ》』天《てん》問《もん》や、前漢武帝期に淮南王《わいなんおう》劉安《りゅうあん》（前一七九〜前一二二）が編纂させた『淮南子《えなんじ》』、また同じく前漢の司馬遷《しばせん》（前一四五?〜前八六?）が著した『史記《しき》』などにも、一部、天地の構造や物事の起源を記す故事が見えるが、それらも「神話」という面から言えば、一つの体系をなすものではない。すなわち、われわれが中国の神話に触れるためには、以上のような文献に少しずつ残された伝説や故事の断片を拾い集める必要があるのである。

創造神話・始祖神話

創造神話・始祖神話として知られるものには、北欧に見えるユミルのような巨人開闢神話、聖書に見えるノアの方舟《はこぶね》のような洪水神話、また日本のイザナギとイザナミのような兄妹始祖神話などがある。もちろん、中国にもこれらと類似した故事は存在していた。

巨人開闢神話については、巨人盤古《ばんこ》が混沌の中で天地を分かち、天地の変化に合わせて自らも巨大化し、天と地の間に入ってそれらを支えたという話が見える。また盤古が死ぬと、その頭や体が五岳《ごがく》（五つの霊山）、目が日月、血が江河、皮膚と毛が草木になったという話がよく知られている（任昉《じんぼう》『述異記《じゅついき》』、徐整《じょせい》『三五歴記』など）。ただし、「ばんこ」には異説があり、帝嚳《ていこく》（中国古代伝説上の帝王）の飼い犬槃瓠《ばんこ》が手柄を立てた褒賞として、帝の娘を娶《めと》り、後にその子孫が非漢民族の「武陵《ぶりょう》蛮《ばん》」になったという話も伝わっている（『後漢書《ごかんじょ》』南蛮西《なんばんせい》南夷列伝《なんいれつでん》）。

また洪水神話としては、『書経《しょきょう》（尚書《しょうしょ》）』禹貢《うこう》や『国語』周語下、『史記《しき》』夏本紀《かほんぎ》などに、帝堯《ぎょう》の時に起こった洪水を鯀《こん》（夏王朝初代王である禹の父）が治められずに殺され、それを息子の禹《う》が治めたという話が伝わっている。禹が治水のために土を盛った中でも、特に土地が高くなった箇所が後に名山になったという。さらに、洪水神話と兄妹始祖神話の複合型として、雲南《うんなん》の伝承の中に次のような伏羲《ふくぎ》と女媧《じょか》の話がある。

兄妹であった伏羲と女媧は、父の封《ふう》じた雷公の封印を解いてしまったが、雷公によって引き起こされた洪水の際に、瓢箪《ひょうたん》に隠れて命からがら助かることができた。後に二人は結婚して滅亡した人類を再び繁栄させた。

伏羲と女媧は人面蛇身《じんめんだしん》で三皇《さんこう》（中国古代伝説上の三帝王）に数えられる神である。また、唐代の学者司馬貞《しばてい》（生没年不詳）が『史記』に補った三皇本紀《さんこうほんぎ》には、共工《きょうこう》（中国古代伝説上の神）が天を支える柱を壊して洪水を起こしたが、それを女媧が修復したという別の物語が見える。後代、しばしば洪水を引き起こす悪神として登場する共工は、もともと西方に住む羌族《チャンぞく》が信仰する神であり、伏羲と女媧は南方苗族《ミャオぞく》の支持する神であったと考えられている。そして、これら部族間の争いが古代神話に見える神々の争いに反映されているという説もある。恐らく、加上説《かじょうせつ》（時代が下るほど、その正統性や根拠を古代に求めて、より古い故事を加えること）が説かれるように、神話の中には後世になって、神々に仮託されて創作された、あるいは附加されていった物語も少なからずあったのであろう。神話とは、歴史的背景と虚構とが複雑に絡み合い生まれ、発展した産物であったと考えられる。

伏羲・女媧（『金石索』石索より）

古代聖王伝説

中国古代の聖王には、人類の発展にとって必要不可欠な発明をしたとされる伝説が多く残されている。五帝（古代伝説上の五聖王）の筆頭とされる黄帝《こうてい》は、夏《か》王・殷《いん》王・周《しゅう》王や各部族に共通した祖先神と考えられており、後代には、老子《ろうし》とともに道教の神としても祀られる存在となったが、家屋や衣服・医療などを発明したという伝承も合わせ持つ。また、その黄帝の臣下であった蒼《そう》（倉）頡《けつ》は、鳥や獣の足跡からその動物の全体像を推測することができるとして、そこから事物を文字として表現するという着想を得て、漢字を創作したと伝えられている。後世描かれた蒼頡の肖像には眼が四つあることが多いが、ここには漢字を創作した蒼頡の洞察力の鋭さが表されていると考えられている。

　他にも、古代王朝の始祖には、その生誕に神秘的な故事がつきものである。たとえば、殷の始祖契《せつ》は、その母が玄鳥《げんちょう》（燕）の卵を飲んで身ごもったとされ、周の始祖后稷《こうしょく》は、その母が巨人の足跡を踏んで身ごもったとされている。このように通常では考えられない誕生伝承は「感生帝説《かんせいていせつ》」と呼称される。感生帝説を有することにより、各王朝の始祖には生誕前からその非凡な才が暗示され、より一層神秘性を増す効果があったと考えられる。また、母親が神秘的な体験をとおして懐妊するという、父親不在の状況から、彼らは共通して天の子（天子）とみなされていた。

黄帝（『三才図会』より）

蒼頡（『歴代古人像賛』より）

神話の歴史化、経典化

ところがその後、さまざまな神々の織り成す神秘的伝承は影を潜めることになる。それは、孔子が『論語』述而の中で「怪力乱神《かいりきらんしん》を語らず」と述べ、怪しげなことについては口にしなかったとしていることと関連があろう。『史記』孔子世家によれば、当時三〇〇〇ほどあった「詩《し》」が孔子によって約三〇〇篇に編集され、「書伝」（古代聖王の伝記）が順序立てて整理されたと言われるように、五経《ごきょう》（『詩経《しきょう》』『書経《しょきょう》（尚書《しょうしょ》）』などの五つの重要な経典）の編纂には孔子が関わっていたと認識されていた。そのため、経書に登場する古代聖王や聖人の言行からは特異な神秘性が薄れ、徳性を強調する内容や為政者が教訓とすべき事蹟が多く説かれることとなったのである。たとえば、『書経』堯典《ぎょうてん》や『論語』堯曰《ぎょうえつ》などには、古代聖王の堯が世襲ではなく、統治権を有徳者の舜《しゅん》に譲り、舜もまた有徳者の禹《う》（夏《か》王朝の初代王）に譲り渡したこと（禅譲《ぜんじょう》）が見え、これは儒家における理想の政権交代を表していたとされている。

また、孔子は周王朝初期の統治を至上のものと考えていたため、周王朝を樹立した文王《ぶんおう》・武王《ぶおう》や周の礼楽諸制度を定めた周公旦《しゅうこうたん》を敬慕していた。他の経書より成立が早いと考えられる『書経』や『詩経』にも、文王や武王、周公旦の具体的な統治思想が散見している。

このように、諸子百家が並び立ち自説を展開した春秋戦国期には、神話はすでに歴史化されて経典へと取り込まれ、古代聖王の言行は単なる物語ではなく、為政者にとっての政治的教訓として大きな地位を占め、後世に引き継がれてゆくことになるのである。

周文王
於穆文王
純一不已
道接羲皇
重爻演義
神化無迹
至徳不形
大哉乾元
穹然高明

周の文王（『集古像賛』より）

道家系文献に見える創世論

道家の書『荘子《そうじ》』には、古代聖王の堯《ぎょう》や弓の名手羿《げい》の記述が見えるなど、寓話《ぐうわ》（たとえ話）を得意とする荘子が伝説や故事に強い関心を持ち、それらについて膨大な知識を有していたことがうかがえる。

その一方で、人や神に関する内容ではないが、道家特有の宇宙生成論も一種の創世譚としてすでに説かれていたことが知られている。たとえば、『老子《ろうし》』第四二章には、道が一を生み、一が二を生み、二が三を生み、三が万物を生むとあり、道を万物の根源と位置づける記述が見える。これは、道を重んずる道家ならではの発想であり、他の先秦諸子が具体的な統治論を説く中で、特異な内容であったと考えられる。また近年、新たに発見された出土文献にも、宇宙の生成を説く資料が見られることが明らかとなった。次にその例を二つ、紹介してみたい。

一九九三年、湖北省《こほくしょう》荊門市《けいもんし》郭店《かくてん》一号《いちごう》楚墓《そぼ》から発見された竹簡《ちっかん》（竹の札）群の中に、『太一生水《たいいっせいすい》』と称される文献が含まれていた。そこには、万物の根源に絶対的存在として「太一《たいいつ》」をおき、それがまず水を生み、水の仲立ちを得て天が形成されると説かれている。また、一九九四年、上海博物館が入手した竹簡群には、『恒先《こうせん》』という文献が見える。そこでは、万物の原初について、「恒《こう》」という状態が想定され、そこに内在される「質」「静」「虚」が増大することによってさまざまなものが形成されていくと述べられている。

このように、『老子』や『太一生水』のような道家系文献の宇宙生成論には、人格神が登場し世界を動かすという内容は見られない。ただ人の営為を超越した視点から、宇宙のはじまりが淡々と述べられているのである。そのため、このような「道」や「太一」「恒」を万物の大本に据える道家系文献の思想は、上帝（天）から命ぜられて文王・武王が周王朝を樹立し天下を治めたとする中原《ちゅうげん》（黄河《こうが》流域の古代中国の中央部）のそれとは、異なる淵源《えんげん》を持つ可能性が高いとの指摘もある（浅野裕一『古代中国の宇宙論』岩波書店、二〇〇六年）。

中国古代には、さまざまな神や聖王たちが息づいていた。多くの部族が争いあい、離合集散《りごうしゅうさん》を繰り返す中で、このような世界・事物のはじまりや神々の闘争伝説も生み出されたのであろうが、それらはついに「神話」として体系化されることなく、早い段階で経典や諸子の学説へと取り込まれていった。特に儒家経典では、聖王の言行を為政者にとっての教訓として重視し、墨家や法家などの諸子も、聖王や賢人の伝承を自らの学説に都合よく利用した。このように、中国の神々は早期に人間化され、為政の指針として、また自らの思想を説く際のよりどころや権威づけとして引用され、後世へと語り継がれることとなったのである。

参考文献

袁珂著、鈴木博訳『中国の神話伝説』上・下（全二冊）（青土社、一九九三年）

高馬三良『山海経——中国古代の神話世界』（平凡社、一九九四年）

伊藤清司『中国の神話・伝説』（東方書店、一九九六年）

白川静『中国の神話』（中央公論新社、二〇〇三年）

瀧本弘之『中国神話・伝説人物図典』（遊子館、二〇一〇年）＊『中国神話・文学人物図典』も刊行されている。

大林太良・伊藤清司・吉田敦彦・松村一男編『世界神話事典 世界の神々の誕生』（角川ソフィア文庫、二〇一二年）

第八章　故事と歴史

草野友子

第一層：西王母，第二層：季札（右）・邢渠（左），第三層：二桃殺三士，第四層：軺車出行
（『中国画像石全集』第二巻，山東漢画像石より）

「故事」と聞くと、多くの人が「昔話」を連想するであろう。「故事」という語がもつ意味は、一つは、昔あった事柄。もう一つは、習慣や言葉の起源となるものとして、昔から今に伝わる出来事やいわれ。すなわち、広義では、単なる昔話を指し、狭義では、時間・場所・人物などを特定できるもので、歴史書の素材となり得るものを指す。つまり、故事と歴史とは密接な関係があるのである。

中国では古来より、文字で記録する習慣があった。古くは甲骨文《こうこつぶん》、金文《きんぶん》に始まり、いつ、どこで、誰が、何をしたかを時系列で記録する、いわゆる歴史書が発生する。歴史書は、人間社会の記録であり、昔の事柄を知る手段である。その一方で、物事の由来やたとえ話、人々の思いや戒めの言葉などを編集した故事集が誕生する。

人間が歴史を考え、語り、記録するということは、どういうことなのか。

本章では、中国の代表的な歴史書や故事集を取り上げ、新たに発見された資料についても触れながら、中国における故事と歴史を紐解いてみたい。

1 歴史観と歴史書

『春秋』と『左伝』

中国では古くから、具体的な年代と事柄を記録する習慣があった。殷周時代の甲骨文や金文には普通、干支（日）・月や王の在位年などとともに、作成された背景や経緯が記されている。このような記録方法は、年代記の始原といえるものである。そして、年代記の体裁を用いて時系列順に書かれた現存最古の書物は、『春秋《しゅんじゅう》』である。

『春秋』とは、春秋時代の魯《ろ》の国を中心とした歴史書であり、五経《ごきょう》（儒教の経典）の一つに数えられる。魯は孔子《こうし》（前五五一？〜前四七九）の故郷であり、『春秋』は孔子によって編纂されたと伝えられている。『春秋』には魯の隠《いん》公《こう》元年（前七二二年）から哀公《あいこう》一四年（前四八一年）までの二四二年間の歴史記事が記録されており、「春秋時代」という名称はこの『春秋』が由来となっている。

『春秋』はおおむね、年、時（季節）、月、日、記事という体裁で、「元年、春、王の正月、公《こう》位に即《つ》く。三月、公　鄭伯《ていはく》に垂《すい》に会す（会合する）。鄭伯　璧《へき》（平らな輪の形で、中央に穴がある玉）を以て許の田を仮《か》る（借りる）。夏、四月、丁未、公　鄭伯と越《えつ》に盟《ちか》う（盟約する）。秋、大水。冬、十月。」（桓公元年）というように、淡々と簡潔に書かれてい

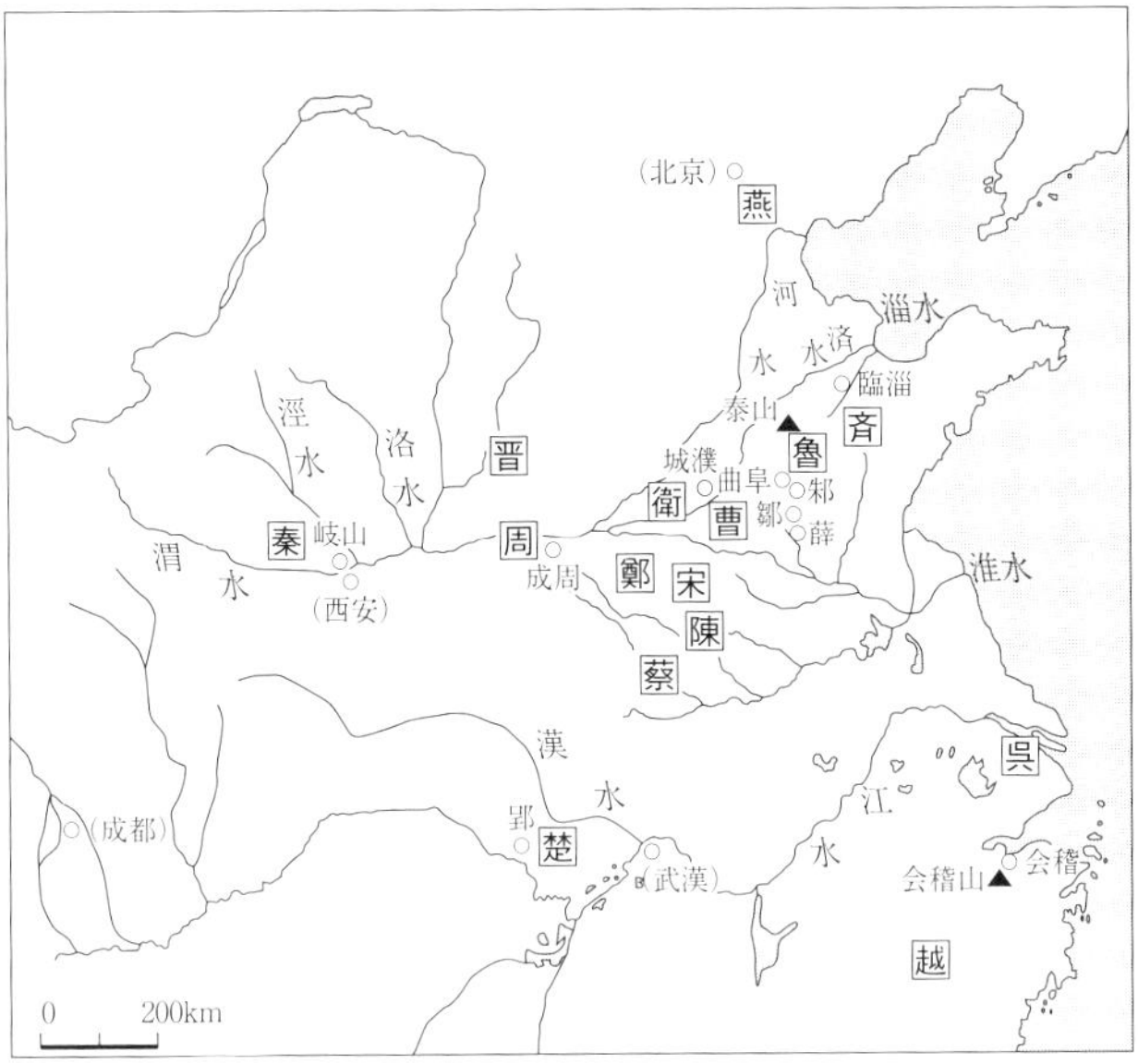

春秋時代の中国

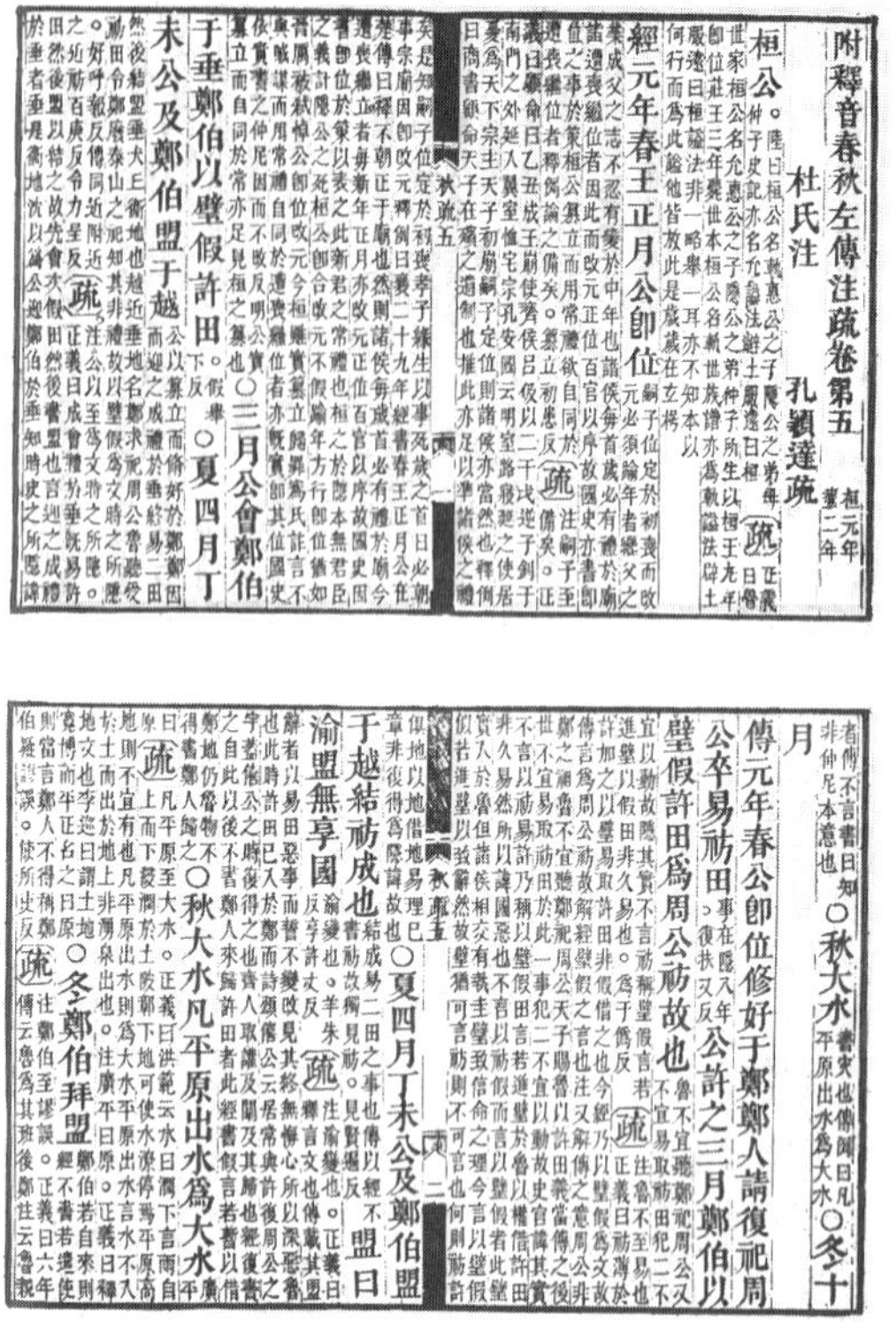

『春秋左氏伝』（十三経注疏『春秋左伝注疏』より）

る。その内容は主に、王や諸侯に関する記事、戦争や会盟などの外交関係の記事、日食・地震・洪水といった自然災害に関する記事などである。

また、『春秋』には、戦国時代から漢代にかけて作成された「伝」と呼ばれる注釈書がある。主なものとしては、『春《しゅん》秋《じゅう》左《さ》氏《し》伝《でん》』『春《しゅん》秋《じゅう》公《く》羊《よう》伝《でん》』『春《しゅん》秋《じゅう》穀《こく》梁《りょう》伝《でん》』（以下、『左《さ》伝《でん》』『公《く》羊《よう》伝《でん》』『穀《こく》梁《りょう》伝《でん》』）の三つがあり、あわせて「春秋三伝」と呼ばれる。『左伝』の作者は魯の左《さ》丘《きゅう》明《めい》であるといわれているが、定かではない。『公羊伝』は孔子の門人子夏《しか》の教えを受けた公羊高《くようこう》の作、『穀梁伝』は子夏の弟子の穀梁赤《こくりょうせき》の作とされ、これらは口伝によって伝わり、書物として成立したのは漢代初期頃と考えられている。

三伝が伝えるそれぞれの『春秋』の本文（経文《けいぶん》）には異同が見られ、また書かれている最後の年代も異なる。『春秋』の最後の記事は、哀公一四年の「獲麟《かくりん》」である。「麟」すなわち伝説上の聖獣「麒麟《きりん》」は通常、太平の世に現れるが、乱世の世に西方で麒麟が捕獲され、また神聖なはずの麒麟を人々が不気味がって捨ててしまった。この異常事態を目の当たりにした孔子は大いに落胆し、「十有四年春、西に狩りして麟を獲《え》たり」と書いて『春秋』の筆を絶ったとされる。『公羊伝』『穀梁伝』はこの哀公一四年で終わるのに対し、『左伝』の経文は「獲麟」の二年後、哀公一六年（前四七九）の孔子の死去までが書かれており、伝はその後、哀公二七年（前四六八）まで続いている。

また、三伝はそれぞれ注釈の態度も異なる。儒家の孟子《もうし》（前三七二頃～前二八九頃）は、孔子が『春秋』の一字一句を添削し、そこに人倫道徳の大義を込めたとする「孔子春秋筆削説《こうししゅんじゅうひっさくせつ》」を唱えた。『公羊伝』や『穀梁伝』はこれに基づき、『春秋』に込められた孔子の微言大義《びげんたいぎ》（簡潔な言葉の中に含まれた深い意味や道理）を解明し、孔子の真意を解き明かすことに主眼を置いている。『公羊伝』は儒教的政治や倫理を『春秋』の表現に即して解釈し、『穀梁伝』は『公羊伝』の形式に近いものの、思想的には法家的色彩が見える。一方、『左伝』は、歴史的事実の裏付けに重点を置き、豊富な資料を基にして『春秋』の記事を補っており、春秋時代を理解する上で基礎資料となるものである。

このように、注釈の態度が異なることにより、同一の事件であってもそれぞれ解釈が異なっている。『公羊伝』『穀梁伝』が『春秋』に託された孔子の精神を解明しようとしているのに対し、『左伝』は史実に即して説くことを特色としており、歴史物語としても高く評価されている。

『左伝』の中には、故事成語の語源となっている記事が多く見られる。その代表的なものが「宋襄《そうじょう》の仁《じん》」である。宋の襄公《じょうこう》が楚と戦ったとき、公子の目夷《もくい》は敵が陣形を整えないうちに攻めるべきだと進言した。しかし襄公は、「君子は他人が困っているときに苦しめてはいけない」と言って敵の陣形が整うのを待ち、結果的に宋は楚に敗北してしまう（『左伝』僖公《きこう》二二年）。このエピソードに基づき、「宋襄の仁」とは、無益の情けや、つまらない情けをかけてひどい目にあうという意味の故事成語として現代でも使われている。他にも、「牛耳《ぎゅうじ》を執《と》る」（主導権を握る）、「大義親《しん》を滅す」（大義のためには親兄弟をもかえりみない）、「臍《ほぞ》を噬《か》む」（及ばないことを悔やむ）などは、『左伝』を出典とする故事成語である。

国別史『国語』

『左伝』とほぼ同時期を扱った歴史書『国語《こくご》』は、「春秋外伝」とも呼ばれる。著者は『左伝』と同じく魯の左丘明であるといわれているが、こちらも定かではない。しかし、後漢の班固《はんこ》（三二～九二）が編纂した歴史書『漢書《かんじょ》』の中には「春秋外伝」という名称が見えるなど、古くから『左伝』の「外伝」と呼ばれていたようであり、両者が無関係であるとは考えがたい。

『国語』は、西周後期の周の穆王《ぼくおう》一二年（前九九〇）から『春秋』の終わりとされる前四八一年までの事柄を国別に記している。周語三巻、魯語二巻、斉語一巻、晋語九巻、鄭語一巻、楚語二巻、呉語一巻、越語二巻の全二一巻よりなり、王侯や文武官の語録が採録されている。

『左伝』と『国語』は同一事件の記録が多く見られるが、以下のような相違点がある。第一に、叙述の範囲が異なる点である。たとえば、『国語』周語に見える西周の穆王《ぼくおう》から幽王《ゆうおう》までの歴史は、『左伝』ではほとんど言及されていない。また、『国語』が記す春秋時代の歴史は、大部分が晋国、特に晋の文公についてであり、『国語』全体のおよそ三分の一を占める。一方、『左伝』は春秋時代の多くの諸侯の歴史を記録している。第二に、重点が異なる点である。『国語』は道理を明らかにすることを重視し、強い教戒の色彩を帯びている。一方、『左伝』は事件の経過を詳細に記録している。また、『左伝』は各諸侯間の外交活動や戦争を詳述しているが、『国語』の中にはそのような記述は多くない。第三に、『左伝』は文章の風格が比較的統一されているが、『国語』はそうではない点である。たとえば、『国語』の周語と鄭語は大部分が長篇の対話であり、晋語は叙述が詳細であるものの対話は少なく、また越語はしばしば韻を踏んでいる。

唐の柳宗元《りゅうそうげん》（七七三〜八一九）は、『国語』の文体を好んでいたものの、その内容は孔子が目指すいわゆる「聖賢の道」には合わないとして、『非国語《ひこくご》』という批判の書を著した。また、南宋の朱熹《しゅき》（一一三〇〜一二〇〇）は、内容だけでなく文体をも批判している。その一方で、後漢の賈逵《かき》（三〇〜一〇一）、三国呉の韋昭《いしょう》（？〜二七三）や虞翻《ぐほん》（生没年不詳）らは『国語』の注釈を著し、また北宋の蘇軾《そしょく》（一〇三六〜一一〇一）は柳宗元の批判に反論している。

司馬遷『史記』　漢代になり、司馬遷《しばせん》（前一四五頃〜前八六頃）が登場すると、新たな歴史記述の体裁が誕生する。

司馬遷は、前漢の景帝《けいてい》の時代に太史令《たいしれい》（天文・暦法・文書管理などを掌る史官の長）の司馬談《しばだん》の子として生まれた。字《あざな》を子長《しちょう》といい、自らを太史公《たいしこう》と称した。その伝記は『史記』太史公自序や『漢書』司馬遷伝によって知ることができる。

元朔三年（前一二六）、司馬遷が二〇歳の頃、全国を周遊する旅に出ている。都の長安を出発し、伝説の帝王の遺跡から楚漢興亡の地に至るまで、中国全域のさまざまな史跡を歴訪して見聞を広めた。また、都に戻って郎中《ろうちゅう》（宮中の宿衛官）に任命された後には、巴《は》や蜀《しょく》などの西南地方へ派遣されている。このような若き日の体験が、司馬遷に多大なる影響を与えたと見られる。

元封元年（前一一〇）、武帝《ぶてい》は泰山《たいざん》で封禅《ほうぜん》の儀（天子が行う天と地を祭る儀式）を挙行した。父の司馬談は太史令の職にありながらこの大典に参加できず、憤悶のうちにこの世を去る。その臨終の際、子の司馬遷に、『春秋』を継ぐ歴史書の完成を託した。

父の喪が明けると、司馬遷は太史令となり、『史記』の著述に着手する。この頃、武帝は北方の匈奴《きょうど》を制圧するための遠征軍を何度も派遣していた。天漢二年（前九九）の討伐戦の際、武将の李陵《りりょう》は五〇〇〇の歩兵を率いて匈奴の大軍と奮戦したが、敗北。李陵は自決せずに降伏したため、朝廷では李陵を非難する声が高まった。この時、司馬遷は李陵を弁護するが、これが武帝の逆鱗に触れ、投獄されてしまう。そして翌年、宮刑（去勢される刑罰、腐刑ともいう）に処せられる。この出来事は司馬遷にとって屈辱のきわみであり、自ら命を絶つことも考えたほどであった。しかし司馬遷は、父との約束を完遂させるべく、恥辱に苦しみつつも発憤し、歴史著述事業に心血を注いだ。そして、前九一年頃、ついに『史記』が完成する（完成年代については諸説あり）。

司馬遷（『三才図会』より）

『史記』は、全一三〇巻で、「本紀《ほんぎ》」一二篇、「表《ひょう》」一〇篇、「書《しょ》」八篇、「世家《せいか》」三〇篇、「列伝《れつでん》」七〇篇で構成されている。それ以前の歴史書が『春秋』に代表されるような編年体《へんねんたい》（年代順に記載）であるのに対し、司馬遷は紀伝体《きでんたい》と呼ばれる新しい体裁を創始した。「紀」は「本紀」、「伝」は「列伝」を指し、これらを中心に項目ごとに分類して、歴史を記述するというものである。

「本紀」は、伝説の帝王黄帝《こうてい》の時代から漢の武帝に至るまでの歴代の天子・皇帝の事績を記す。「表」は、諸国や諸侯・爵位などを年表にしてまとめたものである。「書」は、礼楽・暦法・天文・祭祀・治水・経済など、漢代における文化・制度の沿革を記す。「世家」は、春秋戦国の各国の国別史と、秦漢の諸侯国の歴史を記す。ここには孔子の生涯を記した「孔子世家」も含まれている。「列伝」は、宰相・将軍・学者・役人から刺客・遊侠・商人に至るまでのさまざまな人物の伝記、および匈奴・南越・朝鮮などの周辺の異民族について記す。また、「列伝」の最後には、「太史公自序」として、司馬遷自身の伝記と、「六家要指」（父・司馬談による諸子百家の解説）が記されている。

『史記』は中国最初の通史であり、続く『漢書《かんじょ》』以下の歴史書に多大な影響を与え、その後の正史《せいし》（国家が認める正統な歴史書）の規範となった。後漢の班固《はんこ》が編纂した『漢書』は、前漢二四〇年間だけに限定した断代史であり、前半部分が『史記』と重複するが、『史記』に比べて簡潔な文体になっている。正史はその後も紀伝体の断代史で書かれ、特に『史記』から『明史』までの正史を総称して「二十四史」と呼ぶ。

『史記』は、日本文化とも関わりが深く、『枕草子《まくらのそうし》』に「ふみは文集（『白氏文集』）。文選。新賦。史記五帝本紀」とあるように、平安以来、必読の漢籍とみなされてきた。また、江戸・明治期には、「左国史漢」（『左伝』『国語』『史記』『漢書』）が漢文の基礎教材とされていた。『史記』は単に歴史を学ぶものでなく、内容を楽しむ文学としても愛読され、教養を深めるための書として定着していたのである。

さらに、日本への影響が強いものとして、宋末・元初の学者曾先之《そうせんし》（生没年不詳）が編纂した『十八史略《じゅうはっしりゃく》』があげられる。本書は、『史記』以下の一七史に宋代の史料を加えて一八史とし、重要な記事を取捨選択して概述している。史料的価値は低いと見なされているものの、多くの故事・逸話を含み、室町時代に伝来して以降、中国史の入門書として広く読まれた。

2 故事集の誕生

劉向の登場

前漢時代は、『史記』のような歴史書が登場する一方、故事集を意識的に編纂する者が現れる。その代表的人物が劉向《りゅうきょう》（前七七〜前六）である。

劉向は、政治家・学者であり、中国目録学の祖とされる人物でもある。字は子政《しせい》、はじめの名は更生《こうせい》、のち向《きょう》に改めた。陽城侯劉徳《りゅうとく》の第二子で、前漢の高祖劉邦《りゅうほう》の末弟、楚元王劉交《りゅうこう》の玄孫にあたる。若くから博学で文才があり、その才能が見込まれて宣帝に仕えるが、錬金術に失敗して投獄されてしまう。しかし、その才能が惜しまれ、また兄の陽城侯劉安民《りゅうあんみん》らの計らいによって再び宣帝に用いられる。その後、蕭望之《しょうぼうし》・周堪《しゅうかん》らとともに職務に励み、外戚《がいせき》（皇帝の母または皇后の一族）の許氏や宦官《かんがん》（去勢された男子で貴族や宮廷に仕える者）の弘恭《こうきょう》・石顕《せきけん》らの横暴を抑えるために上書を奉った。ところが、これが故意に事実をねじ曲げているとみなされ、蕭望之は自害、周堪は左遷、劉向は投獄後、免官となった。

十数年後、成帝が即位し、弘恭・石顕が失脚すると、劉向は再び任用され、宮中の蔵書の整理や校勘にあたるようになる。この頃、外戚の王氏が権力を握っていたため、劉向は『新序《しんじょ》』『説苑《ぜいえん》』『列女伝《れつじょでん》』などの著作を奉って何度も君主を諫めた。君主は、劉向の諫言は道理にかなうものであると思いつつも活かすことができず、結局、劉向は三〇年あまりも重用されずに、七二歳でこの世を去った。

『新序』

劉向が編纂した『新序』は、春秋時代から漢初までの歴史故事集である。もともと三〇巻であったとされるが、その後散逸し、現在は一〇巻のみが伝えられている。現行の『新序』は、北宋の曾鞏《そうきょう》（一〇一九～一〇八三）が校訂したものである。

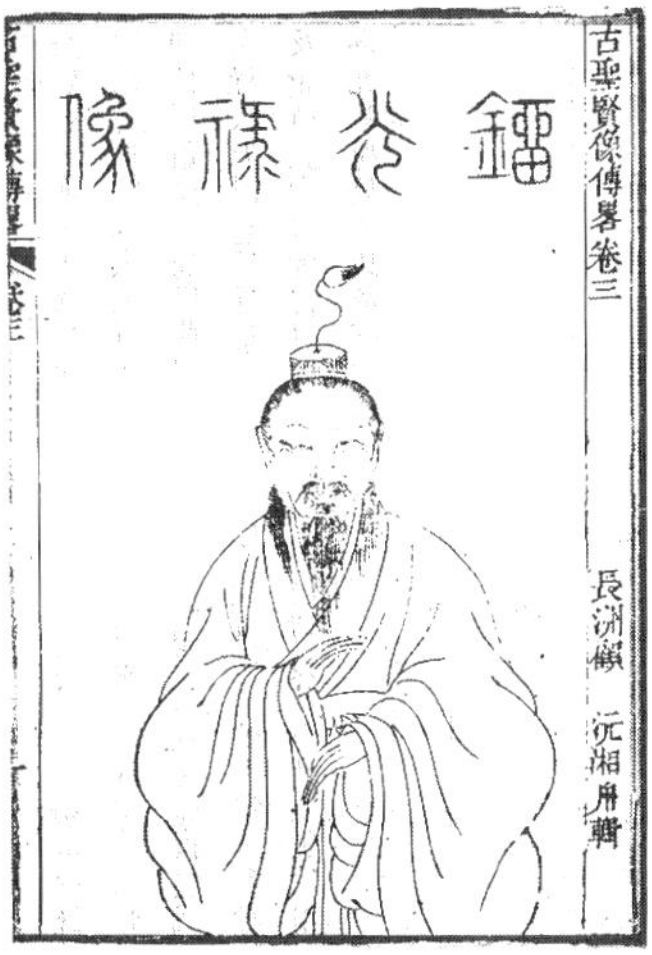

劉向（『古聖賢像伝略』より）

現存の篇目は、第一巻から第五巻までが「雑事」、第六巻が「刺《し》奢《しゃ》」、第七巻が「節士」、第八巻が「義勇」、第九巻が「善策上」、第一〇巻が「善策下」であり、全一六六項目で構成されている。基づいている資料は、「春秋三伝」（『左伝』『公羊伝』『穀梁伝』）や、『国語』『戦国策』『史記』『呂氏春秋《りょししゅんじゅう》』『韓詩外伝《かんしがいでん》』、経書（儒教の経典）、諸子百家の書など多岐にわたる。抜粋や省略があり、原典とは差違があるものも少なくないが、基本的には儒教の精神にのっとりながら、漢初までの帝王や聖賢、士民の言行を収録している。

『新序』の中の有名な故事として、「葉公《しょうこう》龍を好む」（葉公好龍）というものがある。

春秋時代、魯《ろ》の哀公《あいこう》はつねづね、「自分は賢才を重んじ、才知ある人物を求めている」と語っていた。それを聞いた子張《しちょう》（孔子の弟子）は魯に赴くが、七日が経過しても哀公に会えなかった。子張は失望と立腹の中、哀公の車夫に故事を話して去って行った。その後、子張が面会を求めていたことを思い出した哀公は、車夫から子張が話した故事を聞く。昔、楚《そ》に葉公《しょうこう》という人物がいた。彼は龍を好み、家の飾りや衣服など至る所に龍を施した。ある日、天の龍がそのうわさを聞きつけ、地上に降りて葉公の家にやってきた。龍が窓から顔をのぞかせると、葉公は恐怖のあまり失神してしまった。実は葉公は、本物の龍を愛していたのではなく、絵や彫刻、刺繡などの偽物の龍を愛していたのであった。哀公はこの故事を聞き終わると、自分の行為を恥じ、逃がしてしまった子張のことを惜しんだ（『新序』雑事）。

この故事は、小人《しょうじん》が本物に出くわすと思わず逃げてしまうこと、名を好むだけで実を好まないことのたとえ話として、中国では子ども向けの絵本にもなっている。

ただし、葉公（沈諸梁《ちんしょりょう》）は歴史上、決して小人といわれるような人物ではなく、むしろ賢臣として有名な人物である。葉公が生きた楚の昭王・恵王の時代は、楚国が非常に緊迫していた時期であり、葉公は自ら挙兵して楚国の混乱を平定した。その後、葉公は令尹《れいいん》・司馬という重要な職位を授けられるが、国家が安定すると位を他の者に譲って隠居したとされる（『左伝』哀公一四年）。この「葉公好龍」の故事は、時代が下るにつれて、想像によって作り上げられた事柄が付加されたことを示すものであるともいえる。

『説　苑』

『説苑《ぜいえん》』も『新序』と同じく歴史故事集であり、古来の説話、寓話、逸話などを集め、その中に儒教の理念による教訓的な議論をはさんでいる。君道、臣術などの二〇篇からなり、内容・体裁も『新序』に類似している。劉向の子の劉歆《りゅうきん》が編纂した『七略《しちりゃく》』という宮廷蔵書目録の中には、『説苑』という書名は単独では登場しないが、『新序』『列女伝』などとともに「劉向所序六十七篇」として記録されている。

『説苑』が出典となっている代表的な故事成語に、「間髪を容れず」がある。間をおくことなく直ちに、という意味で使われるものである。この故事の内容は以下の通りである。

前漢時代、呉王劉濞《りゅうび》は漢王朝に恨みを持っており、反逆を企てた。すると、郎中の枚乗《ばいじょう》は、「王の行為は、糸に千《せん》鈞《きん》（約一五トン）のおもりをつけ、限りなく高いところから果てしなく深い淵に吊り下げるようなものです。一旦糸が切れてしまうと二度と出ることができないでしょう。出ようとしても、その隙間は毛髪一本も入らないほどです」と言って王を諫めた（『説苑』正諫）。

ここでは、髪の毛が入る空間もないほどに狭いことを「間《かん》、髪《はつ》を容《い》れず」といっている。すなわち、もともと「間髪」は熟語ではなく、「かんぱつ」という読みも、実は誤りなのである。日頃何気なく使っている言葉でも、原典を探ってみれば、本来の意味との間に差違が生じていることがあるという好例である。

孟廟（山東省鄒城市）

『列女伝』

また、劉向は、伝説の堯《ぎょう》・舜《しゅん》の時代から戦国時代末期までの著名な女性たちの伝記を集めた『列女伝』を編纂した。本書は、母儀、賢明、仁知、貞順、節義、弁通、孼嬖《げつへい》の七篇からなる。もとは八篇であったらしいが、六朝時代にはすでに古い形態が失われていたようである。

『列女伝』の中で特に有名な故事は、孟子の母に関するものである。

孟子は幼い頃、墓地の近くに住んでいたため、しばしば葬式ごっこをして遊んでいた。孟子の母は、「ここはわが子が住むにはふさわしくない」と考え、市場の近くに引っ越した。すると孟子は、商人をまねて商売ごっこをして遊ぶようになった。孟子の母はまた「ここもわが子が住むにはよくない」と考えて、今度は学校の近くに引っ越した。すると孟子は、祭祀や礼儀作法のまねをして遊ぶようになった。「ここならばわが子にふさわしい」と孟子の母は考え、この場に住居を構えた（『列女伝』母儀・鄒孟軻母）。

これは「孟母三遷《もうぼさんせん》」の四字熟語として知られ、子どもは周囲の影響を受けやすいため、教育の環境を選ぶことが大切だ、という意味で使われる。また、遠くに遊学した孟子が故郷に帰省すると、母親が機《はた》を断ち切って、学業を中断してはいけないと説いたという「孟母断機《もうぼだんき》」も、『列女伝』に見える故事である。

『列女伝』の各伝の終わりには『詩経《しきょう》』（現存最古の詩集で、五経の一つ）の引用や君子の評語などが付され、教訓的な故事集の体裁をとる。ただし、内容は美談のみにとどまらない。篇名の一つ「孽嬖」は、悪女という意味であり、ここには悪女亡国譚が記されている。特に有名な悪女は妲己《だっき》であり、殷の紂王《ちゅうおう》が妲己を溺愛したために国を滅ぼすことになったという故事が収録されている。美談や成功談だけでは説得力がなく、失敗談や悪女の物語からも学ぶことは大いにあり、それらが理想の女性像をより浮き彫りにするのである。

なお、「列女伝」という名称は、後世の文献でもたびたび使用され、正史の中にも「列女伝」の項目が立てられるようになる。そのため、劉向のものを「古列女伝」と称することもある。

孟廟・孟子像

孟廟・孟母三遷祠

『戦国策』と縦横家

「虎の威を借る狐」（権力者の力を頼みにして威張る小人のたとえ）や「蛇足」（付け加える必要のないもの、無用の長物の意）など、日本人にも馴染みが深い故事成語は、『戦国策《せんごくさく》』という文献がその出典となっている。

『戦国策』とは、各国の史実や遊説の士の言説を国別に集めた書である。「戦国時代」という語はこの書に由来する。もともと「国策」「国事」「事語」「短長」「長書」「修書」といった書物があったようであり、これを劉向が編纂して三三篇とした。司馬遷は、『史記』の中の戦国時代の記述は「国策」を参考にしたと述べているが、現在日にすることができる『戦国策』と司馬遷が参考にした「国策」とは内容が合致するものではないと考えられている。

春秋時代末期、周の封建制度は乱れ、周王朝の権威は低下し、諸侯が各地に割拠する分裂時代に突入する。各国は領士を獲得するために侵略戦争を行うようになるが、武力による侵略は勝敗にかかわらず国力が疲弊する要因となるため、武力を使わずに外交手段によって打開することが重視された。ここで登場するのが諸子百家であり、それぞれの思想家は自らの思想を時の有力者に売り込んだ。

中でも縦横家《しょうおうか》は、諸国を遊説して自身の政策や外交を論じた学派である。その代表的人物である蘇秦《そしん》は、強国秦に対抗するため、南北に連なる韓・魏・趙・燕・楚・斉の六国を連合させようとする「合従策《がっしょうさく》」（従は縦の意）を提唱した。また、張儀《ちょうぎ》は、蘇秦の合従策に対抗して、韓・魏・趙・燕・斉・楚の六国をそれぞれ個別に秦と同盟させようとする「連衡策《れんこうさく》」（衡は横の意）を提唱した。

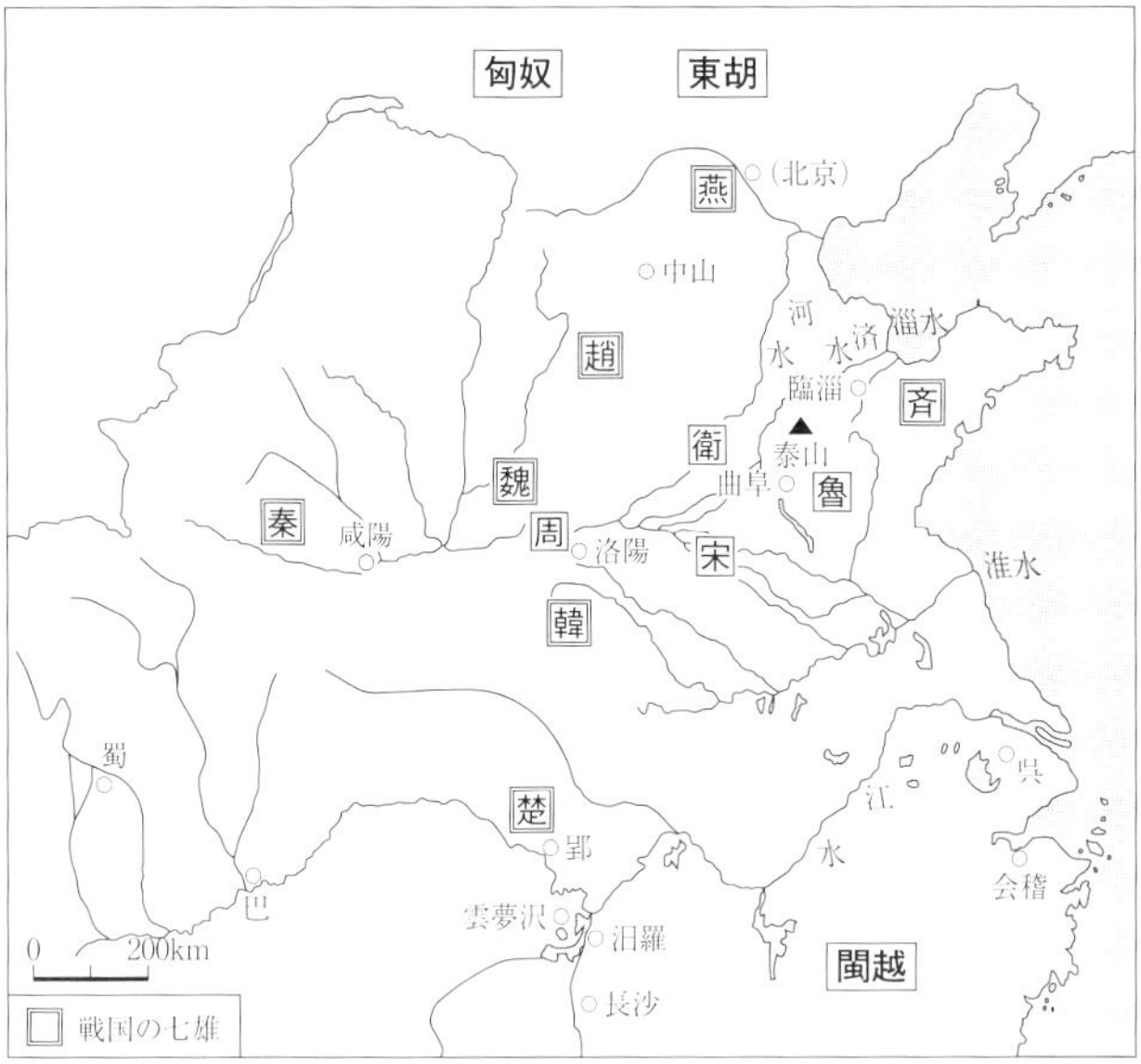

戦国時代の中国

『戦国策』は、周の安王から秦の始皇帝までの約二五〇年にわたる遊説の士の策謀や言説など四八〇条を、一二の国別に収録している。後漢の高誘《こうゆう》（生没年不詳）がはじめて注釈をつけたが、現存するのは八篇のみである。隋代から宋代にかけては、『戦国策』の異本が多く出現し、篇数に混乱が生じた。そこで、唐宋八大家の一人である北宋の曾鞏《そうきょう》が再校訂を行って三三篇にまとめなおした。南宋には、曾鞏の校定したテキストに依拠しながらも性格が異なる二種のテキスト、姚本《ようほん》（姚宏《ようこう》の校定本）と鮑本《ほうほん》（鮑彪《ほうひょう》の校注本）が刊行される。鮑本は国の分類と年代の順序を厳密にし、本文にも校訂を施しているため、従来は姚本の側が原典の体裁を保っているとして尊重されていた。しかし、近年、新資料が発見されたことにより、鮑本の信頼性も再評価されるようになった。

3 新出土文献の発見

二〇世紀後半以降、中国各地で竹簡《ちっかん》、木簡《もっかん》、帛書《はくしょ》などの新出土文献が相次いで発見されている。これらは紙が誕生する以前に使用されていた書写素材であり、竹簡・木簡は細長く加工された木材に、帛書は絹の布に、墨で文字が書かれたものである。

馬王堆帛書の発見

一九七三年、湖南省《こなんしょう》長沙市《ちょうさし》の馬王堆《まおうたい》三号漢墓から、大量の帛書が発見された。これを「馬王堆漢墓帛書《まおうたいかんぼはくしょ》」（馬王堆帛《まおうたいはく》書《しょ》）と呼ぶ。墓主は、前漢時代の文帝一二年（前一六八）に埋葬された人物で、その後の整理・解読の結果、全体は二八種に分類され、総字数は約一二万字と発表された。

馬王堆帛書の中には、『戦国縦横家書《せんごくじゅうおうかしょ》』と名づけられた文献がある。本書には、蘇秦・張儀ら縦横家の言説や書簡が記録されており、内容の大半は蘇秦に関するものである。全二七章からなり、全体はおおよそ三つに大別される。

第一類（一章～一四章）は、蘇秦の書簡と対話を中心に記したもので、四章と五章の一部が『史記』蘇秦列伝や『戦国策』燕策に見える以外は、みな佚文である。第二類（一五章～一九章）は、一七章のみが佚文で、それ以外は『史記』や『戦国策』に同様の文が見える。第三類（二〇章～二七章）は、二五・二六・二七章が佚文である以外は、『史記』や『戦国策』に共通する記事がある。

このように、『戦国縦横家書』の中のおよそ六割が、『史記』や『戦国策』などの既存の史料には見られない佚文であった。

注目すべきは、本書の発見によって史書との照合が可能になった点である。

たとえば、『戦国縦横家書』の「合従」の情勢がうかがえる部分では、五国による秦の討伐であることが記載されている。一方、『史記』では六国の「合従」とし、その時期は『戦国縦横家書』より四、五〇年早い。また、蘇秦の活動時期については、『戦国縦横家書』では紀元前三世紀頃、『史記』では紀元前四世紀末頃としている。『史記』では、蘇秦と張儀は同世代の人物で、蘇秦の死後に張儀が「連衡」を提唱したとされる。しかし、この記述は『戦国策』と食い違っていた。『戦国縦横家書』によると、前三一〇年に張儀が死去した際、蘇秦はまだ年が若く、遊説を始めたばかりであることがうかがえる。

これまで『史記』の中の戦国時代の部分や『戦国策』の記述は、その信頼性がしばしば問題となっていた。『戦国縦横家書』は、『史記』や『戦国策』の成立以前の戦国故事の輯本であることから、本書と共通する故事については、先行する資料が存在したことが証明された。『戦国縦横家書』は、『戦国策』の資料的価値を回復させ、また『史記』との照合と再検討を可能にした貴重な資料なのである。

馬王堆三号漢墓（湖南省長沙市）

さらに、馬王堆帛書の中には、『春秋事語《しゅんじゅうじご》』という文献が含まれている。この文献は、全一六章で構成され、魯の隠公弑殺《しいさつ》事件（前七一二）から晋の智氏滅亡（前四五三）に至るまでの春秋時代の歴史故事が記載されている。一章につき一つの論題があるという体裁であり、人物の発言の記録に重点が置かれている。内容の大部分は「春秋三伝」や『国語』に見られるものであるが、伝世文献には未見の故事も含まれている。

このように、馬王堆帛書は、従来の歴史記事の再検討を可能にする、きわめて重要な資料である。

上博楚簡の発見

また、近年、これまで知られていなかった故事を記す文献が発見されている。

一九九四年、上海博物館は戦国時代の楚《そ》の竹簡を入手した。これを「上《しゃん》海博物館蔵戦国楚竹書《はいはくぶつかんぞうせんごくそちくしょ》」（上博楚簡《しゃんはくそかん》）という。上博楚簡は、盗掘によって香港に流出したものであるため、出土時期や出土地は未詳であるが、炭素

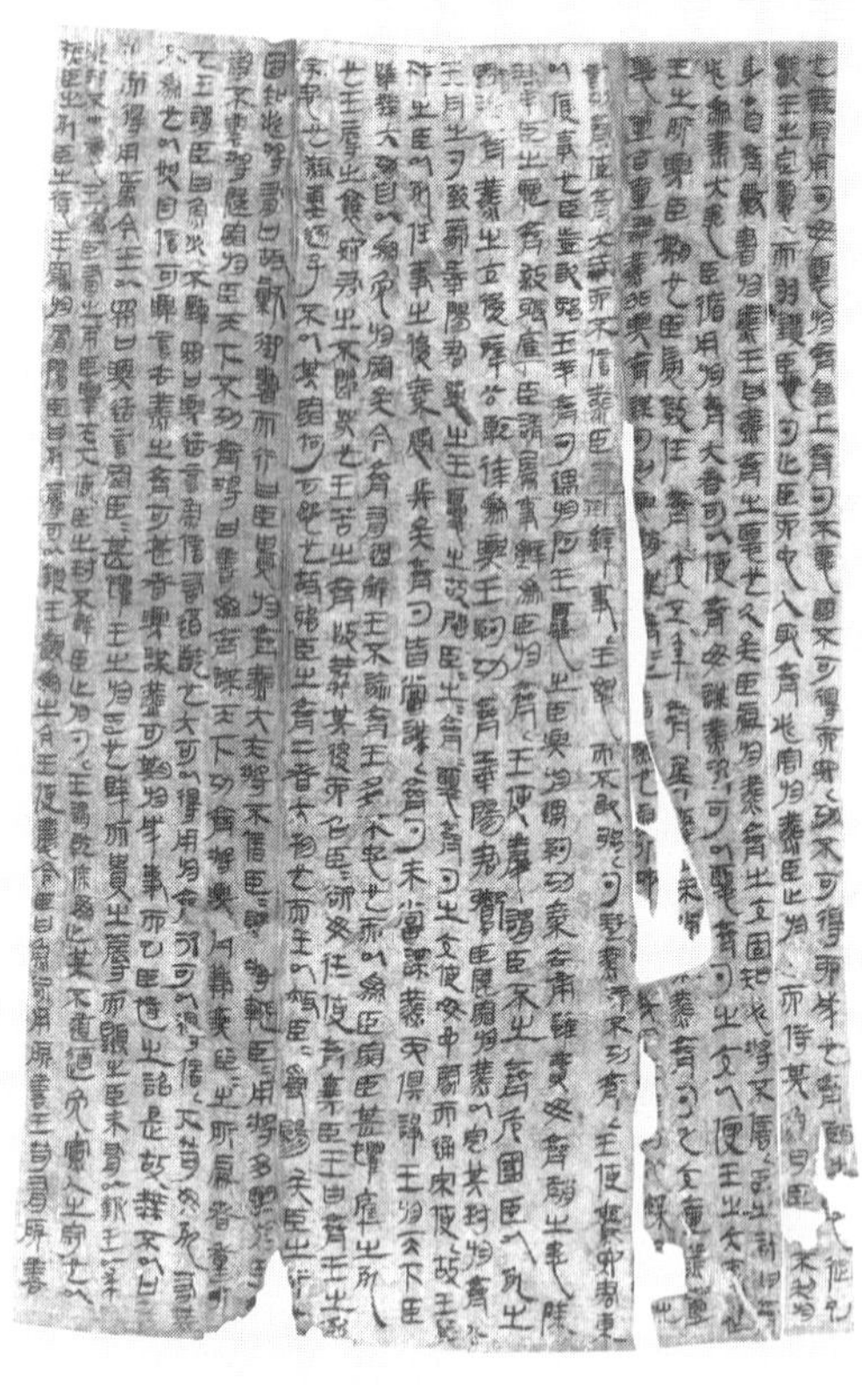

馬王堆帛書『戦国縦横家書』（『長沙馬王堆漢墓簡帛集成』）

一四の考古学の年代測定が行われ、前三七三年から前二四三年の間のものであるとの測定結果が得られた。年代の下限は、秦の将軍白起《はくき》が楚の都の郢《えい》を占領した前二七八年と考えられるため、前三七三年から前二七八年の間に書写された竹簡であると推定されている。総数は約一二〇〇枚であり、秦の始皇帝が文字を統一する以前に書かれた文字（楚系文字）で筆写されている。

内容は、儒家系文献、道家系文献、孔子とその弟子門人に関する文献、伝説の帝王堯《ぎょう》・舜《しゅん》・禹《う》に関する文献、兵学に関わる文献、占いに関する文献など多種多様である。この中には、春秋時代の各国の故事や説話が多く見られ、特に南方の楚の国に関する故事、すなわち「楚国故事」が豊富に含まれている。

楚国故事と伝世文献

上博楚簡中の楚国故事は、伝世文献と関連が深い文献がある一方、これまで知られていなかった佚書《いっしょ》（古代に散佚し、その存在すら知られていなかった文献）も含まれている。楚は早くから王号を称していた国であり、楚国故事には、成王・荘王・霊王・平王・昭王・恵王・簡王ら楚の歴代君主や、楚を支えた臣下たちが登場する。

では、楚国故事の例として、「春秋五覇」の一人である楚の荘王（在位、前六一四～前五九一）に関する故事を見てみよう。楚の荘王は、「三年蜚《と》ばず鳴《な》かず」（将来を期待してじっと機会を待つという意味）や「鼎《かなえ》の軽重《けいちょう》を問う」（人の実力を疑う、物事の価値を疑うという意味）などの故事成語でも有名な人物である。

まず、故事の背景を知るために、『左伝』宣公四年の記事を紹介しておきたい。

楚の人が、鄭《てい》の霊公《れいこう》にすっぽんを献上した。鄭の公子宋《こうしそう》とその側近の子家《しか》は、ちょうどそのとき霊公のもとを訪れた。すると、公子宋の食指《しょくし》（人差し指）がぴくりと動いた。そして子家に、「このようになるときは、必ずごちそうにありつける」と言って入室すると、料理人がすっぽんをさばいているところであった。しかし、鄭の霊公は、以前から仲の悪かった公子宋にだけすっぽんを振る舞わなかった。これに恨みを持った公子宋は、子家に霊公の殺害計画をもちかける。子家は、一度は断るが、公子宋の讒言《ざんげん》を恐れ、結局は共謀して霊公を殺害する。

この部分は、故事成語「食指《しょくし》が動く」の出典であり、食欲が起こる、転じて、ある物事に対して欲望や興味が生じる、という意味で使われる。

ここで登場する鄭の子家に関わる楚国故事が、上博楚簡『鄭子家喪《ていしかそう》』である。『鄭子家喪』は、子家が死去した一報が楚の荘王にもたらされるところから始まる。荘王は、君主を殺した子家が手厚く埋葬されるのは大きな過ちであるとして、軍隊を発動し、鄭を包囲する。これに焦った鄭の人々は、子家を粗末に埋葬した。荘王は鄭を許し、帰還しようとしていた時、晋が鄭の救援にやってきた。荘王はそのまま帰国するつもりであったが、楚の大夫たちは、そもそも今回の進軍は子家の一件があったためで、鄭を救おうとした晋を迎撃すべきだと進言する。そこで荘王は、晋軍と両棠《りょうとう》という地で戦い、大勝利を収める。

楚と晋とが両棠において戦ったという記述は『左伝』や『史記』などに見られるが、楚の進軍の理由が、子家を手厚く埋葬したことによると述べているのは、本篇のみである。歴史上、楚と晋の抗争（邲《ひつ》の戦い）で楚が勝利したことにより、覇権は晋から楚に移り、楚の荘王は覇者としての地位を確かなものとしたとされる。一方、本篇には、「天は楚国を厚遇し、諸侯の長とした」という一文が見え、この頃にはすでに、楚の荘王は自らが覇者であるという意識を強く持っていた姿が描かれている。このことから、楚国故事は、歴史事件を楚の側から描いたもので、楚の人の意識が大いに反映されているものであると推測される。

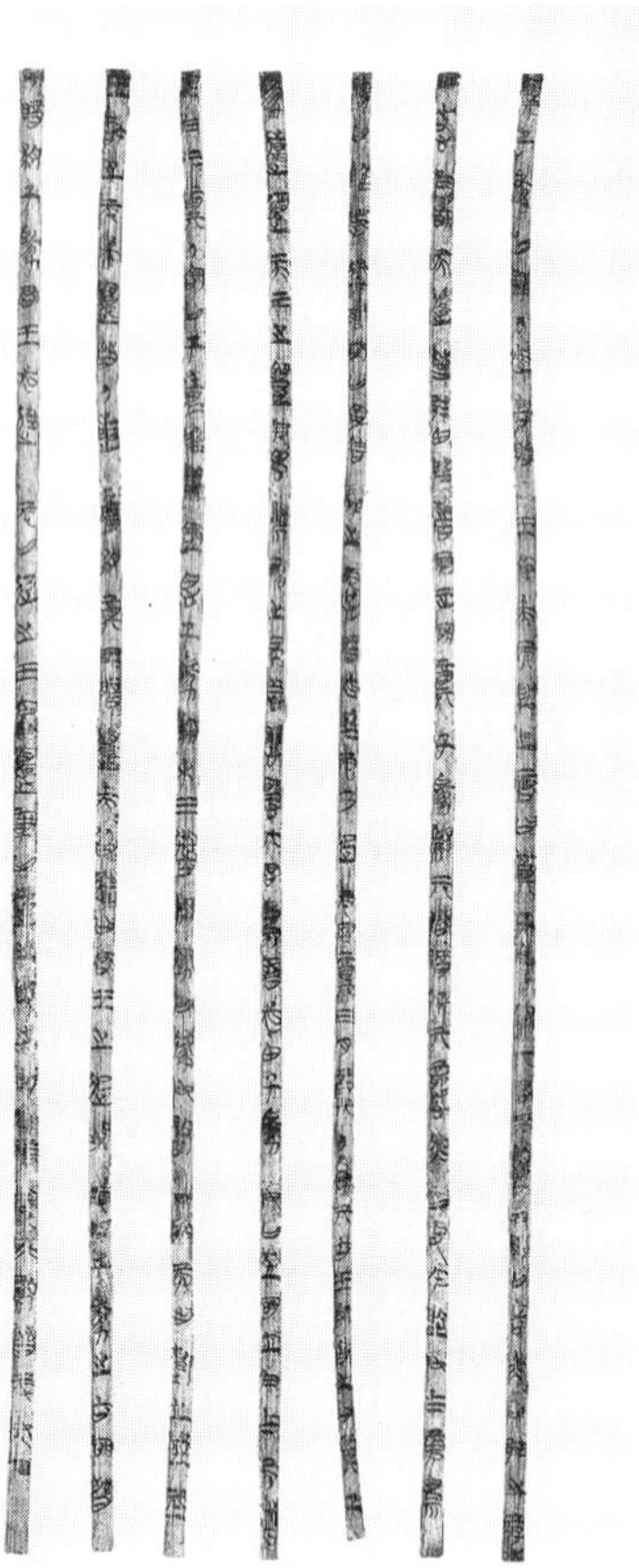

上博楚簡『鄭子家喪』
（『上海博物館蔵戦国楚竹書（七）』）

楚国故事の著作意図

楚国故事は他にも、楚の成王とその臣下の子文・子玉が登場し、『左伝』の内容との重複が見られる『成王《せいおう》為《い》城濮《じょうぼく》之行《しこう》』や、楚の太子の無知な姿が描かれ、『説苑《ぜいえん》』との関連が指摘されている『平王《へいおう》与《よ》王子木《おうじぼく》』など、伝世文献と関わりが深いものが含まれている。また、大きな鐘を鋳造した楚の荘王に対して臣下が国家の滅亡を予言する『荘王《そうおう》既成《きせい》』、新宮造営時の楚の昭王の対応が描かれる『昭王《しょうおう》毀室《きしつ》』などは、伝世文献には見られない佚書である。

さらに、楚国故事の一篇『邦人《ほうじん》不称《ふしょう》』は、楚の昭王の夫人について新たな情報を提示している。『列女伝』節義・楚昭王越姫《えつき》では、昭王の夫人越姫は、重病の昭王の身代わりとなるために自害したとされている。しかし、歴史書の中には昭王の死後も昭夫人が存命している記事が見えることから、この故事には疑いももたれていた。『邦人不称』では、昭夫人は昭王の死後も健在で、楚の賢臣である葉公《しょうこう》子高《しこう》（沈諸梁《ちんしょりょう》）と激論をたたかわせている。葉公に関する楚国故事はこの文献以外にも存在し、葉公が楚国にとって重要な臣下の一人であったことがうかがえる。

楚国故事は、楚王の側に何らかの過失・失敗があり、王の規範や禁忌などが示されるというものが多い。その一方で、直接王は登場せず、臣下同士の対話を中心に構成され、王を補佐すべき立場としての規範が示されているものもある。これらは、楚の王権に対する教戒をまとめた故事集であり、楚の太子や王族貴族の子弟を対象とした教訓書としての役割を持つ文献であると推測される。

なお、楚国故事以外にも、『左伝』や『国語』などの伝世文献と関連が深い文献がある。その一つは、上博楚簡『姑《こ》成家父《せいかふ》』である。本篇は、春秋時代の晋《しん》の三郤《さんげき》（郤錡《げきき》・郤犨《げきしゅう》・郤至《げきし》）が登場する文献である。『左伝』や『国語』などの伝世文献における三郤は、驕傲《きょうごう》で不敬な態度が強調されているが、『姑成家父』では、三郤、特に姑成家父（郤犨）が臣下の立場をわきまえた実直な人物として描かれており、三郤の再評価を促す一資料となっている。

また、魯の旱魃をめぐって哀公と孔子、孔子と弟子の子貢が対話する上博楚簡『魯邦大旱《ろほうたいかん》』や、斉の日食をめぐって斉の桓公《かんこう》と臣下の鮑叔牙・隰朋が対話する上博楚簡『競建内之《きょうけんないし》』『鮑叔牙与隰朋之諫《ほうしゅくがよしゅうほうしかん》』など、上博楚簡には春秋時代の各地が舞台となっている文献が多くある。これらが楚の地の竹簡資料の中に含まれていたことから、戦国時代にはこのような文献が広い範囲で流布していたことが明らかとなった。伝世文献はあくまで歴史の一側面を映し出したものである可能性があり、新出土文献とあわせて再検討する必要性が生じてきたのである。

清華簡の発見

二〇〇八年七月、北京の清華《せいか》大学は戦国時代の竹簡を入手した。これを「清華大学蔵戦国竹簡《せいかだいがくぞうせんごくちっかん》」（清《せい》華簡《かかん》）と呼ぶ。竹簡の総数は二三八八枚、炭素一四の年代測定の結果、前三〇五±三〇年に書写されたものと発表された。その内容は主に「経」「史」の類の書で、『書経《しょきょう》』や『逸周書《いつしゅうしょ》』との関連が注目される文献、「易」「礼」「楽」に関連する文献、さらに殷の湯王《とうおう》と伊尹《いいん》に関わる故事や周の文王・武王・周公旦に関する文献などが含まれている。

清華簡の中には、楚の歴代君主の所在や国都の変遷を記した文献『楚居《そきょ》』や、周・晋・楚などの歴史的事件を記した書『繫年《けいねん》』などがあり、これらは中国古代の歴史を知る上で重要な資料である。

このように、新出土文献の発見によって、伝世文献との比較対照や知られざる歴史の一側面をうかがい知ることが可能となり、中国古代の歴史・思想・文化の研究に多大な影響を与えている。

4 故事集と歴史書の展開

故事集の展開

前漢の劉向《りゅうきょう》以後も、故事集は編まれ続ける。その代表作は、『世説新語《せせつしんご》』である。

『世説新語』は、南朝宋の劉義慶《りゅうぎけい》（四〇三～四四四）が著したもので、後漢末から東晋までの人物の言行や逸話を、徳行、言語など三六のテーマに分類して集録している。人物の言行や逸話を事実として記録しようとしている点で、史書の性格も帯びているが、意図的なフィクションも混入されており、史実とは異なるものも散見される。従来、教訓書として編まれていた故事集は、読者に好まれるエピソードを集めた昔話としての性格が強くなっていくのである。

また、著名な故事集として、『蒙求《もうぎゅう》』があげられる。本書は、唐の李瀚《りかん》（生没年不詳）が編纂したものであり、七四六年頃に完成したとされる。「蒙求」とは、『易経《えききょう》』の一句「童蒙《どうもう》我に求む」（幼い者の方から自分に教えを請いに来る）に由来する。伝説の帝王、尭《ぎょう》・舜《しゅん》の時代から南北朝までの著名人の伝記・逸話を四字句で書いた幼童向けの教科書であり、計五九六句が収められている。主要な漢籍に見える故事成語は、ほとんどこの書の中に含まれている。本書は、唐代中期から元代にかけて中国社会に広く普及したが、一七世紀以後、『三字経』や『千字文』の流行に圧倒されて姿を消し、李瀚がいつ頃の人物かさえもわからなくなった。

一方、日本には平安時代に伝わって以降、漢文や歴史・故事・教訓を学ぶための入門書として読まれ、初学者たちにとって必読の書とされた。唱歌「蛍の光」の出典「孫康映雪　車胤聚蛍」（孫康は雪明かりで読書し、車胤は蛍を袋に集めて読書した）や、夏目漱石の名前の由来となった「孫楚漱石」（孫楚は流れに漱《くちそそ》ぐと言うべきところを石に漱ぐと言い誤った）などは、いずれもこの『蒙求』に掲載されている。『蒙求』は時代を越えて多くの日本人に読まれ、『枕草子』『源氏物語』から江戸・明治に至るまで、さまざまな文学作品に影響を与えた。

長編通史と紀事本末体

後世の代表的な歴史書としては、北宋の司馬光《しばこう》（一〇一九〜八六）が編纂した『資治通鑑《しじつがん》』があげられる。北宋の英宗の勅命を受けて一〇六五年に編集に着手、一〇八四年に全二九四巻が完成し、神宗に献じた。書名は、皇帝の政治に資《し》する鑑《かがみ》（手本）となる書、という意味で名づけられた。周の威烈王二三年（前四〇三）から五代後周末（九五九）までの一三六二年間の史実を編年体で記述し、政治、経済、軍事、地理、学術など幅広い分野について言及している。三〇〇を超える史料を取り扱いつつ、儒教的歴史観に基づいて編集されており、中国の代表的な史書の一つに数えられる。

南宋の袁枢《えんすう》（一一三一〜一二〇五）は、この『資治通鑑』を愛読していた。しかし、編年体で記された『資治通鑑』は、一つの歴史事件を追って読むことが容易ではなかった。そこで袁枢は、『資治通鑑』の記事を並べ直し、事件ごとに項目を立ててその本末を記した『通鑑紀事本末《つがんきじほんまつ》』を一一七四年に完成させ、その翌年に出版された。

ここから、一つの事件の始終をまとめて記述する「紀事本末体」という歴史記述の形式がはじまり、以後、この記録方式が中国において流行した。明代には陳邦瞻《ちんほうせん》『宋史紀事本末』『元史紀事本末』、清代には高士奇《こうしき》『左伝紀事本末』、李有棠《りゆうとう》『遼史紀事本末』『金史紀事本末』、谷応泰《こくおうたい》『明史紀事本末』など、多くの歴史書が紀事本末体の形式で編纂された。

歴史学の誕生

さらに、歴史そのものを研究するという態度を表明する者も現れる。

中国最初の史学理論書『史通《しつう》』は、唐の劉知幾《りゅうちき》（六六一〜七二一）の撰で、七一〇年に成立した。全二〇巻、内外二篇からなり、史書の体裁、史官の沿革、史書の内容などについて論評している。本書は、孔子、司馬遷、班固らを容赦なく批判しているため、しばしば非難された。しかし、そこには、儒教の経典や史書の記述をただ「事実」として受け入れるのではなく、実証によって真偽を明らかにしようとする態度があったのである。

また、『史通』と並んで著名なものとして、清代の史学家、章学誠《しょうがくせい》（一七三八〜一八〇一）の『文史通義《ぶんしつうぎ》』があげられる。内編五巻、外編三巻からなり、一八三二年に刊行された。本書は、史書の重要性を強調して、独自の史学方法論を確立している。本書には「六経皆史」（六経はすべて史書である）という一文が見え、これは史を中心にして六経をみるという、伝統的な経学・史学の研究方法とはまったく異なる研究態度を示すものである。発表時にはほとんど反響がなかったが、清末頃から注目されはじめ、史学理論書として現在でも重要視されている。

以上、中国の故事集と歴史書を概観した。中国は早熟な文字文化の国であり、故事や歴史を文字言語によって記録してきた。これらは、人が生きてゆくための教科書となるものであり、日本文化にも大きな影響を与えた。故事や歴史から学ぶということは、まさに孔子が言うところの「温故知新」、すなわち、いにしえの事柄から新しい知識や見解を得るという精神に通じるのである。

参考文献

【一般的・入門的文献】

① 増井経夫『中国の歴史書——中国史学史』(刀水書房、一九八四年)

＊古代から清代にかけての各歴史書について、平易な文章で紹介する概説書。中国史学の概要を把握するのに適した入門書である。

② 竹内康浩『「正史」はいかに書かれてきたか——中国の歴史書を読み解く』(大修館書店、二〇〇六年)

＊中国の歴史書はどのようにして成り立ち、書き継がれたものであるか。歴史的事実とその叙述をめぐる問題を具体的なエピソードを引きながら検証し、「歴史書の歴史」を読み解きながら、「人間の歴史」を思索している。

③ 加地伸行『「史記」再説——司馬遷の世界』(中公文庫、中央公論新社、二〇一二年)

＊司馬遷の生い立ちから全国周遊、そして李陵事件によって腐刑を受けながらも屈辱と苦しみに耐え、『史記』完成に至るという経緯を、時代背景とともにたどる。同著者の『史記——司馬遷の世界』(講談社現代新書、一九七八年)を加筆・改題したもの。

④ 近藤光男『戦国策』(講談社学術文庫、二〇〇五年)

＊『戦国策』三三篇四八六章を、人物編、術策編、弁説編の三編一〇〇章に再構成して平易に解説した書であり、『戦国策』に見える故事名言の由来と古代中国の知恵を学ぶことができる。

⑤ 中国出土資料学会編『地下からの贈り物――新出土資料が語るいにしえの中国』（東方書店、二〇一四年）

＊初学者を対象とした新出土文献の概説書。全二章、四六節（＋コラム一節）で構成され、それぞれの専門家が分担執筆している。これまでの新出土文献研究を包括的にとらえた初の概説書であり、初学者のみならず研究者にとっても有益な情報を提供している。

【専門的文献】

① 池田秀三『説苑――知恵の花園』（講談社、一九九一年）

＊劉向の学問、劉向の生涯、『説苑』という書の性質について、それぞれ詳細に解説する。また、各篇の現代語訳を掲載し、『説苑』に見える故事説話集を平易な文章で紹介している。

② 藤田勝久『史記戦国史料の研究』（東京大学出版会、一九九七年）

＊馬王堆帛書『戦国縦横家書』などの新資料と比較しながら、『史記』戦国七国史の構造と性質を考察し、『史記』の成立過程の解明に手がかりを与える。同著者による『史記』の研究書、『史記戦国列伝の研究』（汲古書院、二〇一一年）および『史記秦漢史の研究』（汲古書院、二〇一五年）もあわせて読みたい。

③ 稲葉一郎『中国史学史の研究』（京都大学学術出版会、二〇〇六年）

＊『史記』『漢書』『前漢紀』『史通』『資治通鑑』『文史通義』の考察を通して、中国の歴史認識、歴史叙述、歴史学がどのように形成され、発達・発展してきたか、その過程をたどる。

④ 野間文史『春秋左氏伝――その構成と基軸』（研文出版、二〇一〇年）

＊『左伝』をめぐる諸問題について検討し、構成と基軸、成り立ちと性質、著作意図などを考察している。巻末には、『左伝』の主な研究書や論文がまとめられている。同著者の『春秋学――公羊伝と穀梁伝』（研文出版、二〇〇一年）、『五経入門――中国古典の世界』（研文出版、二〇一四年）などもあわせて読みたい。

⑤ 湯浅邦弘『竹簡学――中国古代思想の探究』（大阪大学出版会、二〇一四年）

＊上海博物館蔵戦国楚竹書・清華大学蔵戦国竹簡・岳麓書院蔵秦簡・北京大学蔵西漢竹書など、新出土文献の研究成果をまとめた書。第二部「王者の記録と教戒――楚王故事研究」では、上博楚簡の楚国故事を数篇取り上げ、これらは楚王やその太子・貴族などを主な読者対象とし、教戒を目的に編纂されたものである可能性を指摘している。

⑥　新釈漢文大系（明治書院）：『春秋左氏伝』（一：一九七一年、二：一九七四年、三：一九七七年、四：一九八一年）、『国語』（上：一九七五年、下：一九七八年）、『史記』（全一五冊：一九七三〜二〇一四年）、『十八史略』（上：一九六七年、下：一九六九年）、『戦国策』（上：一九七七年、中：一九八一年、下：一九八八年）、『世説新語』（上：一九七五年、中：一九七六年、下：一九七八年）、『蒙求』（上：一九七三年、下：一九七三年）

＊思想・歴史・詩・文章など中国の重要古典を収録した訳注書のシリーズ。解題・原典の全文・訓読・現代語訳・余説・注釈・索引で構成されている。研究者、学生だけでなく中国の古典に関心のある幅広い読者に漢文の世界を紹介する。

⑦　山崎純一訳『列女伝』（明治書院、上：一九九六年、中：一九九七年、下：一九九七年）

＊新釈漢文大系の姉妹編「新編漢文選」の一つであり、解題・原文・訓読・現代語訳・注釈・余説・索引で構成されている。同著者の『列女伝——歴史を変えた女たち』（五月書房、一九九一年）でも『列女伝』が詳しく解説されている。

コラム6

武器

福田一也

武器の発明者とされる蚩尤《しゆう》は、自身が作成したさまざまな武器を駆使して、伝説の帝王である黄帝《こうてい》と死闘を演じた。蚩尤もまた伝説上の人物であり、最終的に敗れはするものの、黄帝を大いに苦しめた戦いの神として知られている。諸伝によれば、蚩尤が作成した武器は剣《けん》・矛《ぼう》・戈《か》・戟《げき》・弩《ど》・鎧《がい》など実に多様で、いずれも中国の主力兵器として活躍したものである。神話伝承ではあるものの、両者の戦いは戦争における武器の重要性を実によく物語っているといえよう。

蚩尤像（山東省嘉祥県武氏祠画像石，『よみがえる中国の兵法』より）

戦場において兵士は、盾や鎧で身を固め、弓や矛で武装し、戦車や馬の機動力を駆使して戦闘を行う。「走」（機動力）・「攻」（攻撃力）・「守」（守備力）の三者が一体となることで、大きな力が発揮されるのである。中でも「走」に関しては、中国古代の春秋時代（前七七〇～前四五三）から戦国時代（前四五三～前二二一）にかけて、めまぐるしい変化が起こっている。そこで以下、中国古代を中心に、「走」・「攻」・「守」の三方面から中国の武器について概観してみよう。

「走」（機動力）

戦車　春秋時代以前の戦争は、戦車が主力であった。中国古代の戦車は、二～四頭立ての馬に木製の車両を引かせるもので、乗車定員は三名。搭乗するのは身分の高い貴族で、中央に戦車を操縦する御者《ぎょしゃ》、左右に弓や戈で武装した兵士が乗り込む。さらに戦車一台に七五人程度の歩兵が従属し、戦闘を補助した。戦車戦の舞台となるのは、両軍の戦車が対峙できる広大な平原で、そこに数

戦車（『中国兵器甲冑図典』より）

百台もの車両が集結し、隊列を組んで戦う。遠距離からは矢を放ち、近距離では戈などを振るって攻撃するのが戦車の戦法で、時には果敢に突進し、敵の隊列を乱すなどの陽動作戦も行った。巧みな戦車の操縦や車上からの正確な射撃は、幼い頃から修練を積んだ貴族ゆえに可能な技であったといえる。

歩兵　戦国時代に入ると、貴族に加えて大量の民が動員され、戦争は国家をあげての総力戦となる。これに伴い、戦車に代わって一般の民で構成される歩兵が新たに戦いの主力となった。歩兵は行動範囲が平地に限られる戦車とは異なり、さまざまな地形に対応して多彩な作戦行動を展開した。しかし一方で、民を主体とする歩兵は、貴族のように十分な戦闘訓練は受けておらず、戦意や戦闘能力の面で不安を抱えていた。こうした時代状況の下で作成された『孫子《そんし》』の兵法では、以上の弱点を補うため、全軍が一丸となって力を発揮する「勢《せい》」の重要性を説いている。

騎兵　さらに戦国時代半ばには、新たに騎兵が登場する。当時はまだ鞍《くら》や鐙《あぶみ》などの馬具は発明されておらず、馬に直接跨がる習慣は漢民族にはなかった。その中で、いち早く画期的な軍制改革を行ったのが趙《ちょう》の武霊王《ぶれいおう》である。戦国時代の趙国は北方騎馬民族と国境を接しており、しばしばその侵入に悩まされていた。幼い頃から裸馬に乗って狩猟を行ってきた騎馬民族の戦士たちは、戦場を馬で自在に駆け抜け、馬上から巧みに矢を放ってくる。漢民族の戦車や歩兵ではまったく歯が立たず、そこで武霊王は、やむなく彼らの戦法を導入し、いわゆる「胡服《こふく》騎射《きしゃ》」を開始する。「胡服」とは騎馬民族の服装で、短衣に皮の長靴を着用するといった騎馬用の軍装である。それまで漢民族は、乗馬に不向きな長衣をまとっていたが、武霊王は服装から改め、さらに馬上から弓を射る「騎射」の訓練も行った。以後、各国がこれに倣って騎兵を導入し、戦車の数十倍の騎兵を保有する国も登場するなど、騎兵は瞬く間に軍隊の中心戦力となっていった。

「攻」（攻撃）

敵と刃を交えずに遠距離から攻撃可能な弓や弩は、特に戦いの前哨《ぜんしょう》戦で威力を発揮した。

弓　弓《きゅう》の歴史は古く、すでに旧石器時代には狩猟に用いられていた。射撃の威力や精度は射手の腕力や技術に依存するため、その技能の習得には長い訓練期間を要する。ただし、「矢継《やつ》ぎ早《ばや》」という言葉もあるように、熟練次第では速射も可能となる。弓は足場が不安定な場所でも矢の装塡が容易なため、戦車戦の主要兵器として活躍し、後には騎兵にも装備されるなど息の長い武器となった。

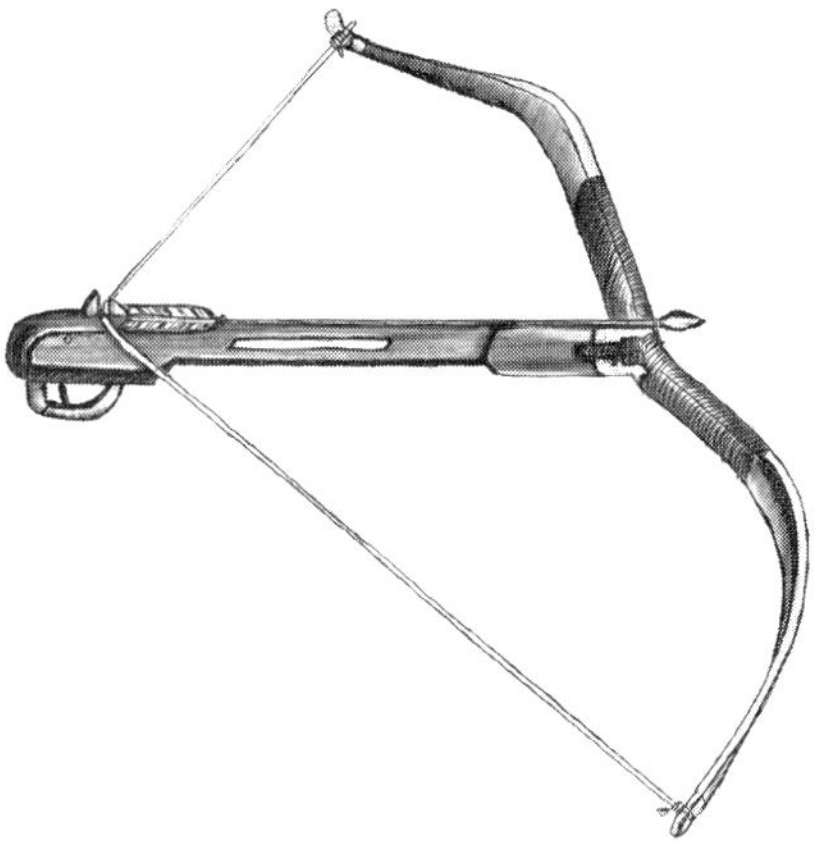

弩

弩　弓よりも手軽な操作性を実現したのが、戦国時代に登場した弩《ど》である。弩は、中央の台座に弦を引いた状態で矢をセットし、引き金を引いて発射する。狙いが定めやすく、簡単な教練で一定の命中精度が得られるといった利点がある。ただし、一旦弩を地面に置き、両足で支えるなどして弦を張らねばならず、弓にくらべて発射準備に時間がかかる。そのため車兵や騎兵には向かず、主として歩兵に装備された。

近距離の戦闘で最も使用頻度が高いのは、遠い間合いから攻撃できる矛・戈・戟などの長柄武器である。

矛　長柄の先に鋭い両刃の穂先を備えた矛《ぼう》は、遠い間合いから敵を突き刺して攻撃する。構造もシンプルで汎用性が高く、車兵はもとより歩兵や騎兵にも装備され、広く活用された。小説『三国志演義《さんごくしえんぎ》』で、蜀《しょく》の猛将張《ちょう》飛《ひ》が愛用する「蛇矛《だぼう》」（刃が蛇のようにくねった矛）もこの一種である。

戈　戦車戦により特化した長柄武器が戈《か》である。鎌形の刃をもつ戈は、車上からすれ違いざまに打撃を加えたり、引っかけるなどして敵を殺傷する。直線的な攻撃を主とする矛よりも命中率は高く、まさに戦車戦のために開発された武器であるといえる。交戦することを「干戈《かんか》を交《まじ》える」というが、これは戦車戦の主要装備である「干」（たて）と「戈」に由来する言葉である。

戟　矛と戈を組み合わせた形状で、両者の長所を併せもつのが戟《げき》である。戟は矛のように突き刺すことも、戈のように引っかけて殺傷することもできる。その多機能性から、車兵・歩兵・騎兵ともに幅広く使用された。『三国志演義』の中で天下無双の呂布《りょふ》が携える方天画戟《ほうてんがげき》は、この戟から発展した武器の一つである。

長柄武器が折れるなどして使用不能となった場合、剣や刀などの短柄武器が用いられる。これらは主に護身用の武器であり、戦場での使用頻度はやや低い。

剣　剣《けん》は先端の尖った両刃の武器で、主に突き刺すことで敵を殺傷する。春秋時代末期から戦国時代中期にかけては、銅と錫《すず》の合金である銅剣が発達し、特に中国南方の呉《ご》や越《えつ》では、切れ味鋭い名剣が多く作成された。

刀　漢代以降、剣に代わって短柄武器の主流となったのが刀《とう》である。刀は片刃の武器で、主に斬ることで敵を殺傷する。刀は背が厚いため、強い力で斬りつけても刀身が折れにくいのが特徴である。北方騎馬民族との戦いを中心とした漢代では、騎兵がすれ違いざまに攻撃を加えることが多く、刺すよりも斬ることに優れた刀が多く用いられた。

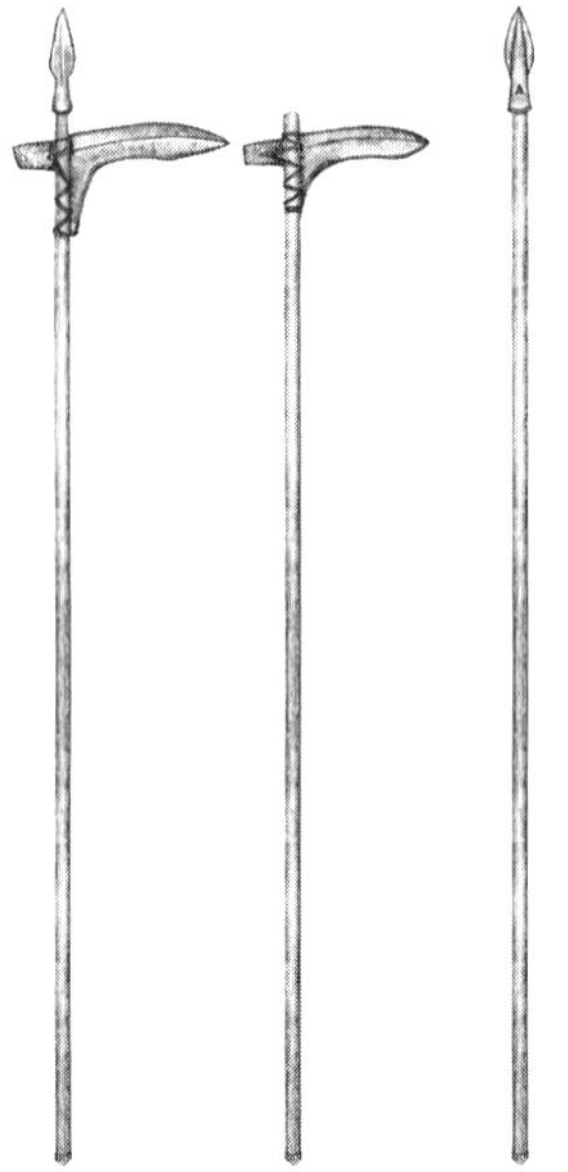

長柄武器

「守」(守備)

守備の要となるのは、兵士の身を守る鎧や盾などの防具であり、また、高い城壁で覆われた防御施設としての城である。

甲・鎧　身体を保護する防具は、甲《こう》や鎧《がい》とよばれる。古くは牛や犀《さい》の皮が使用され、札状の甲片《こうへん》を縦横に綴り合わせて防具とした。湖北省の曾侯乙墓《そうこういつぼ》(戦国時代初期の造営)から出土した皮甲《ひこう》は、皮革製の甲片が赤い絹糸で縫い合わされ、その表面には強度と耐久性を増すための黒い漆が塗布されている。青銅製の武器で皮革を貫通することは困難であり、鉄製の武器が登場するまで皮甲は高い防御力を発揮した。秦の始皇帝陵から出現した兵士俑《よう》(陶製の人形)も、甲片を

戦国時代の皮甲
(『中国古代軍戎服飾』より)

紐《ひも》で綴った裾の長い防具を着用している。
　戦国時代後期に鉄製の武器が普及すると、これにともなって鉄製の鎧（鉄鎧《てつがい》）も登場し、漢代以降も改良が加えられて、鎧はより強固なものへと進化していった。

盾《じゅん》　弓・弩の矢をさえぎり、剣や矛の攻撃を受け止める盾は、「楯《じゅん》」・「干《かん》」・「牌《はい》」ともよばれ、有名な「矛盾《むじゅん》」の説話にも登場する代表的な防具である。盾の材質には木材や金属が使用され、その表面に神獣の像などを描いて敵を威圧した。車兵や騎兵は軽くて使いやすい小型の盾を用い、また歩兵は大型の盾を装備して敵の突進を食い止めた。多くの攻撃に対して優れた防御効果を発揮する盾は、特に歩兵に常備され、時代問わず広く活用された。

城　敵の攻撃を防ぐ最後の砦となるのが、都市全体を高い城壁で囲む防御施設としての城《じょう》である。有名な万里の長城もその一種で、それは都市の城壁を中国という領域にまで拡大したものと見なすことができる。中国の城は、君主の居住区域を囲む内城（城）と都市全体を囲む外城（郭）とに分かれ、これを併せて城郭《じょうかく》とよぶ。防衛の拠点となるのは外城の城壁で、そこで繰り広げられる守城戦には、守備側の兵士はもとより、都市で生活する一般の民も動員された。
　攻撃側は「雲梯《うんてい》」とよばれる折りたたみ式の梯子車で城壁をよじ登り、また、巨大な槌《つち》を備えた「衝車《しょうしゃ》」で城門の破壊を試みる。これに対して守備側は、「床弩《しょうど》」

雲梯
（山東省「中国孫子兵法城」より）

藉車（『戦略戦術兵器事典①中国古代編』より）

（台座を備えた大型の弩）から巨大な矢を発射したり、可動式の「藉車《しゃしゃ》」から石や丸太を投下してこれを阻止する。城をめぐる攻防戦には多くの攻城兵器・守城兵器が投入され、まさにそれは兵器対兵器の戦いでもあった。

武器の優劣は、戦争の勝敗を大きく左右する。そのため人類は、常に当時の最先端の技術を結集し、武器の改良や開発を行ってきた。唐代頃に火薬が発明されると、それはやがて鉄砲や大砲などの火器を生み出し、現在では人類の生存自体を脅かす核兵器も登場している。

かつて蚩尤は、さまざまな武器を発明して黄帝に戦いを挑んだ。人類もまた次々と新兵器を開発し、飽くなき戦いを続けているが、その姿はまさに蚩尤そのものといえるであろう。

参考文献

篠田耕一『武器と防具　中国編』（新紀元社、一九九二年）
歴史群像グラフィック戦史シリーズ『戦略戦術兵器事典①中国古代編』（学習研究社、一九九四年）
湯浅邦弘『孫子・三十六計』（角川ソフィア文庫、二〇〇八年）
伯仲編著、中川友訳『図説　中国の伝統武器』（マール社、二〇一一年）
水野大樹『図解古代兵器』（新紀元社、二〇一二年）

第九章　科　挙

鶴成久章

江南貢院の明遠楼（現在は，南京中国科挙博物館）

中国の「五大発明」と言われて何を思い浮かべるであろうか。紙、印刷術、火薬、羅針盤、ここまではイギリスの科学史家ジョゼフ・ニーダム（一九〇〇〜九五）が唱えた中国の「四大発明」説として学校で習った人も少なくないかもしれない。しかし、五番目が何であるか頭をひねる人が多いのではあるまいか。近年、廈門大学《あもいだいがく》の劉海峰《りゅうかいほう》教授は、「四大発明」に「科挙」を加えて、中国の「五大発明」とする説を提唱している。劉教授は「科挙」が中国のみならず世界の文官任用制度に多大な影響を与えた事実を指摘し、その意義を正当に評価すべきであると言う。

文官任用試験のみならず、いま世界中で行われている試験制度の淵源をたどっていくと、基本的に中国の科挙制度に行き着くと言ってよい。世界の文明に大きな影響を与えた「発明」であるというのは決して誇大評価とは言えないであろう。

1 科挙制度の成立

科挙のはじまり

科挙とは隋から清末に至るまで一三〇〇年以上も中国で実施された官僚登用のための試験制度である。古代中国では人材を選んで任用することを選挙《せんきょ》と呼び、その選挙を専門とする科目《かもく》（試験種別）ごとに行ったことから科挙という呼称が生まれた。科挙の制度は隋に始まったと考えられているが、資料が乏しいため隋の科挙には不明な点が多く、唐代の制度から類推するしかない。開始時期についても、煬帝《ようだい》が大業《たいぎょう》年間（六〇五～六一八）に進士科《しんしか》をたてたのが始まりとする説や、六朝の貴族制度を支えた人材登用法である九品官人法《きゅうひんかんじんほう》（九品中正《きゅうひんちゅうせい》制度ともいう）が廃止された文帝《ぶんてい》の開皇《かいこう》年間（五八一～六〇〇）とする説のほか議論が分かれる。

土台を固めた唐王朝

唐は、秀才《しゅうさい》、明経《めいけい》、進士《しんし》、明法《めいほう》、明書《めいしょ》、明算《めいさん》などの科目を設けた。はじめは秀才科が最も重んじられたが、受験者が下第《かだい》（不合格）したら推薦者の地方長官まで処罰されたため受験者が減少してやがて廃止された。その後、明経と進士の両科が主な科目となるが、経書《けいしょ》（儒教の経典）の単純な暗記能力を試すのが中心の明経科は軽んじられ、「詩《し》」と「賦《ふ》」を主な試験内容とする進士科が最も尊重されるようになった。

科挙の受験資格には二種類あり、学《がく》（都に設けられた国子学《こくしがく》、太学《たいがく》、四門学《しもんがく》、律学《りつがく》、書学《しょがく》、算学《さんがく》、および地方の州学《しゅうがく》、県学《けんがく》）あるいは館《かん》（都に設けられた弘文館《こうぶんかん》、崇文館《すうぶんかん》）を経た者を生徒《せいと》といい、自力で学業を修め州県に申し出て試験を受け資格を得た者を郷貢《きょうこう》（郷貢進士《きょうこうしんし》ともいう）といった。生徒と郷貢が尚書省礼部《しょうしょしょうれいぶ》の行う省試《しょうし》（礼部試《れいぶし》ともいう）に参加した。

省試の試験科目は時代による変化が大きい。当初は「策」（政治や学問に関する問いに対して意見を述べさせる試験）が重んじられ、秀才科では「方略策《ほうりゃくさく》」五問のみであった。やがて重きをなすようになった進士科では「詩」と「賦」が最も重視された。「詩」（「試帖詩《しちょうし》」）は、『文選《もんぜん》』等に収録された古人の詩から一句を取り上げて、その中の平声《ひょうしょう》の字を韻にして五言六韻の律詩《りっし》（排律《はいりつ》）を作らせた。「賦」の方は、古人の詩、『論語《ろんご》』『楚辞《そじ》』等の古典の一句が題として与えられ、その句の一字一字をそのままの順番で韻にして三五〇字以上の長短句で韻文を作らせた。一方、明経科では「帖《ちょう》経《けい》」と「経問《けいもん》」が重んじられた。「帖経」とは経書のある部分の本文または注の前後を隠して中間の一行だけをひらき、その一行の文章からさらに三字を隠してその字を当てさせる試験であり、「経問」とは経書の語句に関する簡単な質問に対して答えさせる試験で、口頭で答えるのを「口義《こうぎ》」、筆記式のものを「墨義《ぼくぎ》」と呼んだ。

唐代の科挙では、進士科の受験生が試験に先だって自作の詩文を有力な高官に届けて推挙してもらう行巻《こうかん》や礼部の試験官に直接届ける公巻《こうかん》という事前運動が公然と行われた。省試の試賦よりも行巻の作品に重きが置かれており、試験の前に合格順位が決まっていることすらあったという。さらに、科挙に合格しても実際に任官するためには、貴族が実権を握っていた吏部《りぶ》が行う銓選《せんせん》（銓試《せんし》、釈褐試《しゃくかつし》ともいう）すなわち「身《しん》」（風貌）、「言《げん》」（弁舌）、「書《しょ》」（書法）、「判《はん》」（作文）の試験に合格しなければならなかったため、六朝以来の貴族の影響力を完全に排除することは難しかった。とはいえ、唐中期以降、「進士に由《よ》らずんば、終《つい》に美《ほまれ》と為さず」（『唐摭言《とうせきげん》』）と言われるようになり、詩人としても著名な白居易《はくきょい》（字は楽天、七七二～八四六）など新進階級の科挙官僚が一層朝廷で重用されるようになった。

骨格を作りあげた宋王朝

宋は、科挙制度の基本的な骨格を作り上げたと言ってよい。宋代科挙の沿革を調べることで、制度導入の経緯、目的、思想等を理解することができる。その主要なものについて見てみると、まず、治平《ちへい》四年（一〇六七）から、『周礼《しゅらい》』の大比《だいひ》（役人の成績考査）の制度にならって三年に一度の実施となった点、当初は進士科の他に「諸科《しょか》」（九経《きゅうけい》、五経《ごけい》、開元礼《かいげんれい》、三史《さんし》、三礼《さんれい》、三伝《さんでん》、学究《がっきゅう》、明経《めいけい》、明法《めいほう》）が設けられていたのがやがて進士科に一本化された点が注目される。また、試験が解試《かいし》、省試《しょうし》、殿試《でんし》の三段階制となったことも重要である。解試は都に置かれた学校（国子学《こくしがく》、太学《たいがく》、四門学《しもんがく》、律学《りつがく》、宗学《そうがく》ほか）を統括した国子監《こくしかん》が行う試験、あるいは中央派遣の地方官が各府州で行った試験である。試験は八月一五日から開始し、それぞれに解額《かいがく》（合格定員）が定められていた。続く省試は礼部が主催する統一試験でこちらは定員が決まっていなかった。殿試は皇帝が主催する最終試験であり、この殿試が太宗《たいそう》の開宝《かいほう》八年（九七五）に制度化されたことは、とりわけ重要な意味をもった。これにより科挙の最終合格者を決めるのは皇帝で、官僚は科挙を通じて皇帝に直接任用されるかたちとなり、唐代以来の座主《ざしゅ》（試験官）と門生《もんせい》（受験生）といった私的関係は排除され、皇帝に権力が集中する君主独裁体制の基盤が確立した。なお、嘉祐《かゆう》二年（一〇五七）以降

【唐】　郷貢・生徒 →省試 →銓試 →任官
【宋】　解試 →省試 →殿試 →任官
【明・清】　童子試（県試→府試→院試）→郷試 →会試 →殿試 →任官

科挙受験から任官まで

は殿試では不合格者を出さなくなった。

さらに、科挙制度の本質に関わる改革として、淳化《じゅんか》三年（九九二）の殿試では受験生の答案の姓名を封印して審査する糊名《こめい》（封弥《ふうび》ともいう。明代以降は弥封《びふう》といった）が行われ、ついで省試と解試にも広げられていったこと、また、大中祥符《だいちゅうしょうふ》八年（一〇一五）の省試からは答案を別人が転写した上で審査する謄録《とうろく》の制度が導入されたこと、そして、慶暦《けいれき》元年（一〇四一）には唐代以来続いてきた公巻が禁止されたこと等も重要である。これらの改革により、競争試験としての実質が完備することとなった。

宋初には進士科の試験科目は、第一場で「詩」「賦」「論」（議論文）が各一問、第二場で「策」五問、第三場で「帖経」一〇問、「墨義」一〇問であった。これに抜本的な改革を行ったのが王《おう》安石《あんせき》（字は介甫、一〇二一～八六）である。彼は、「詩賦」「帖経」「墨義」を廃止し、経書の大義を問う「経義《けいぎ》」を重視した。また、殿試でも「詩」「賦」「論」をやめて「策」を課すこととした（殿試で「策」一問を課すというのは、これ以降清末に至るまで踏襲されている）。一方、彼は科挙改革と連動させるかたちで学校制度にも大胆な改革を行い、科挙を経ずにそのまま任官することも可能な制度を整備した。彼が構想した三舎《さんしゃ》の法《ほう》は、旧来の太学を人材養成の拠点へと一新しようとするものであった。学生を学力によって三舎に分け、全国の州からの推薦を経て試験に合格した者をまずは外舎生《がいしゃせい》にし、その後の試験の結果を踏まえて内舎生《ないしゃせい》、上舎生《じょうしゃせい》に昇進させ、それから科挙を受けることも任官することも可能とした。三舎の法は、熙寧《きねい》年間（一〇六八～七七）には地方の州学・県学にも拡大された。王安石の科挙改革は制度面のみに止まらず、『三経新義《さんけいしんぎ》』をはじめとする彼の著作が国家の標準解釈として公認され、教育内容の面でも当時の士人たちに大きな影響力を持つに至った。

王安石が政権を退き、ついで神宗《しんそう》が死去すると、司馬光《しばこう》（字は君実、一〇一九～八六）ら旧法党《きゅうほうとう》が実権を握り王安石の新法を次々と廃止した。科挙制度に関しては、元祐《げんゆう》四年（一〇八九）に「詩賦」の試験が復活し経義と詩賦の二科がたてられ、詩賦進士は「経義」「詩賦」「論」「策」、経義進士は「経義」「論」「策」を試験することとなった。「詩賦」の復活には、文学よりも徳行を重んずる立場から司馬光も反対したのだが、文学を重んじる士人たちの願望を抑えることはできなかった。実際、受験生は詩賦進士の方に殺到している。

南宋は、経義と詩賦の両科を踏襲した上で、試験科目については、詩賦進士は「詩賦」「論」「策」、経義進士は「経義」「論」「策」とし、詩賦進士の「経義」を免除した。その後、試験科目の内容や出題の順番に変更が生じるなど、制度に揺れはあったが、紹興《しょうこう》三一年（一一六一）以降は詩賦進士と経義進士の制度が定着した。ただ、朱熹《しゅき》（字は元晦、一一三〇～一二〇〇）をはじめ「詩賦」を不要とする主張は根強かった。そのため、のちに朱子学が全面的に採用された明代の科挙では、「経義」が重視され「詩賦」は廃止されることとなる。

2 科挙制度の完成

制度を完成させた明王朝

元は、当初科挙を廃止したが、漢民族の強い要望もあり、仁宗《じんそう》の皇慶《こうけい》二年（一三一三）に復活させた。しかし、進士の定員や試験の難易度で、蒙古人《もうこじん》・色目人《しきもくじん》と漢人《かんじん》・南人《なんじん》とを差別した。一方、宋の解試が各府州から合格者を直接省試に送ったのに対し、元では各行省《こうしょう》（明代以降の省に相当）単位で管轄下の府州の受験生を集めて一次選抜を行う郷試《きょうし》の制度を創始したことなど注目すべき改革も行われている。また、経書の国定解釈に朱子学《しゅしがく》を採用したことは、その後の思想史の展開に重大な影響を与えた。

明は、太祖《たいそ》の洪武《こうぶ》三年（一三七〇）に最初の郷試、翌年に会試（礼部試のこと。元以降の名称）を行うが、洪武六年以降中断され、一七年（一三八四）になって再開した。この時に出された「科挙成式《かきょせいしき》」は若干の改革を加えながら基本的に明一代を通じて踏襲された。それによると、郷試と会試の試験科目は、第一場では、全受験生が必修の「四書義《ししょぎ》」三問、選択必修の「経義《けいぎ》」（「五経義《ごけいぎ》」ともいう）四問であった。「経義」では受験生は「五経」のうちの一経を選択した。受験生の「五経」の選択にはかなり偏りがあり、『詩経《しきょう》』の人気が最も高く、『礼記《らいき》』『春秋《しゅんじゅう》』が最も敬遠された。その理由は言うまでもなく内容量や勉強の負担感による。なお、明代中期以降、最終的な合否を左右したのは、第一場の成績であったとされる。そのため試験解答用の特殊な文体まで発達したが、このことについては後述する。第二場は「論」一問、「判《はん》」（裁判の判決文）五問、「詔《しょう》」（詔勅文）「誥《こう》」（布告文）「表《ひょう》」（上奏文）のいずれかから一問選択であった。第二場の主要科目であった「論」は、宋代から試験科目として重んじられるようになった文体で、たとえば、「学以至乎聖人之道」（学んで聖人の道に到達する）などのような短いテーマを与え、それについて論じさせるというものであった。最後の第三場は「経史時務策《けいしじむさく》」が五問で、経学、史学、時局問題等に関する百数十字から三〇〇〜四〇〇字、長い場合には六〇〇字以上の「策問《さくもん》」（問題文）を読ませた上で「対策《たいさく》」（意見文）を書かせた。

答案の作成にあたっては準拠すべき国定解釈があり、「四書」については朱熹の『四書集註《ししょしっちゅう》』、「五経」についてもそれぞれに朱子学系の注釈書が指定されていた。永楽《えいらく》一三年（一四一五）に「四書」と「五経」それぞれの「大全《たいぜん》」と『性理大全書《せいりだいぜんしょ》』が編纂されると、経学と性理学に関する朱熹の学説の重視が決定的となり、科挙を通じて朱子学が空前の規模で士人たちに学ばれることとなった。

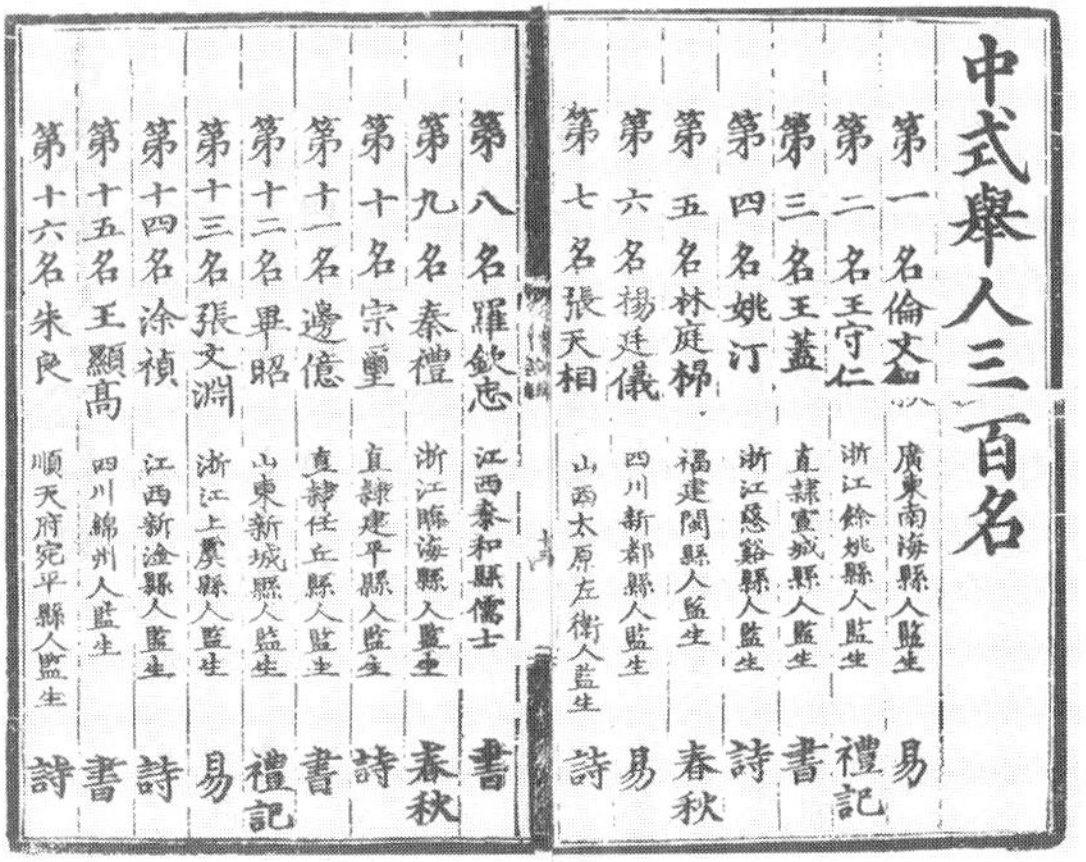
中式舉人三百名
第一名倫文敍　廣東南海縣人監生　易
第二名王守仁　浙江餘姚縣人監生　禮記
第三名王蓋　直隷宣城縣人監生　書
第四名姚汀　浙江慈谿縣人監生　詩
第五名林庭棉　福建閩縣人監生　春秋
第六名楊廷儀　四川新都縣人監生　易
第七名張天相　山西太原左衛人監生　詩
第八名羅欽忠　江西泰和縣儒士　書
第九名秦禮　浙江臨海縣人監生　春秋
第十名宗璽　直隷建平縣人監生　詩
第十一名邊憲　直隷任丘縣人監生　書
第十二名畢昭　山東新城縣人監生　禮記
第十三名張文淵　浙江上虞縣人監生　易
第十四名凃禎　江西新淦縣人監生　詩
第十五名王顯高　四川綿州人監生　書
第十六名朱良　順天府宛平縣人監生　詩

『弘治十二年会試録』の合格者名簿
（合格順位，姓名，出身地，身分，選択科目が記される。最初の五名が五経魁。『天一閣蔵明代科挙録選刊』より）

学校試の制度化

明の科挙制度の特色として重要なのは、それが学校制度を包摂したという点である。科挙の受験は、基本的に学校の生徒でなければ認められなかった。学校にはさまざまな種類があったが、主なものは都に置かれた国子《こくし》監《かん》（国子学《こくしがく》、国学《こくがく》ともいう）そして地方に設置された府学《ふがく》、州学《しゅうがく》、県学《けんがく》であった。国子監の学生を監生《かんせい》（国子生《こくしせい》ともいう）といい、地方学校の学生を生員《せいいん》（秀才《しゅうさい》、博士弟子員《はくしていしいん》ともいう）といった。ただし、明初の時期を除き学校は実質的な教育機関としてはほとんど機能しておらず単に籍を置くだけであった。それでも科挙受験のためにはまず生員の資格が必要であったため、入学希望者の数は増え続けた。その結果、当初は簡単な試験のみで選抜していたのが、やがて本格的な競争試験を導入する必要が生じた。その試験は童子試《どうじし》（童試《どうし》ともいう）と称され、県試《けんし》、府試《ふし》、院試《いんし》（提学試《ていがくし》ともいう）の三段階からなっていた。童子試の受験生は年齢を問わずすべて童生《どうせい》と呼んだ。試験内容は科挙の簡略版と言うべきもので、科挙よりも出題の種類と数を減らしただけのものであった。合格年齢の平均はおおよそ二二歳であったとされる。

生員は入学後も学校で授業を受けるわけではなく、提学官《ていがくかん》（各省内の学校行政を監督した官）が巡回してきた時に歳試《さいし》（定期試験）を受ける義務があるだけであった。歳試の成績により生員は六等に分けられ賞罰が行われた。成績優秀者は定期あるいは臨時の選抜を経て、貢生《こうせい》として国子監に送られ入学が許された。なお、科挙に受からなくとも生員にはさまざまな特権があったため、希望者が増加の一途をたどりその数の多さが社会問題化した。

地域間格差の調整

広大な領域を有する中国は色々な面で地域間の格差が大きく、進士の数にもやはり地域間格差の問題があった。この問題は宋代にはすでに顕在化していたが、宋では地域ごとに進士の定数配分を決める制度は実行されなかった。元は、郷試はもとより、会試の合格定員も地域ごとに細かく定めた。しかし、異民族王朝であった元が必要としたのは、まずは民族ごとの合格定員の配分であって、蒙古人・色目人を極端に優遇して漢人・南人を抑えこんだことから、別な不均衡が生じた。

明は、洪武三年の郷試から解額《かいがく》（合格定員）を定め、その後は地域ごとの受験生の数や学力水準を勘案し、科挙競争力に応じて解額の調整を続けた。たとえば、万暦元年（一五七三）の時点の解額は、左図の通りである。しかしながら、解額の配分には地域間の政治的な利権争いが密接に絡むため、解額は各地域の学力を真に反映してはいなかった。そのため競争率の高い省から低い省へと本貫《ほんがん》（本籍地）を偽って受験する冒籍《ぼうせき》といった不正行為が絶えず発生した。

会試になると地域ごとの定員配分がなかったため最終的な進士の数には地域間で大きな不均衡が生じ、早くも洪武三

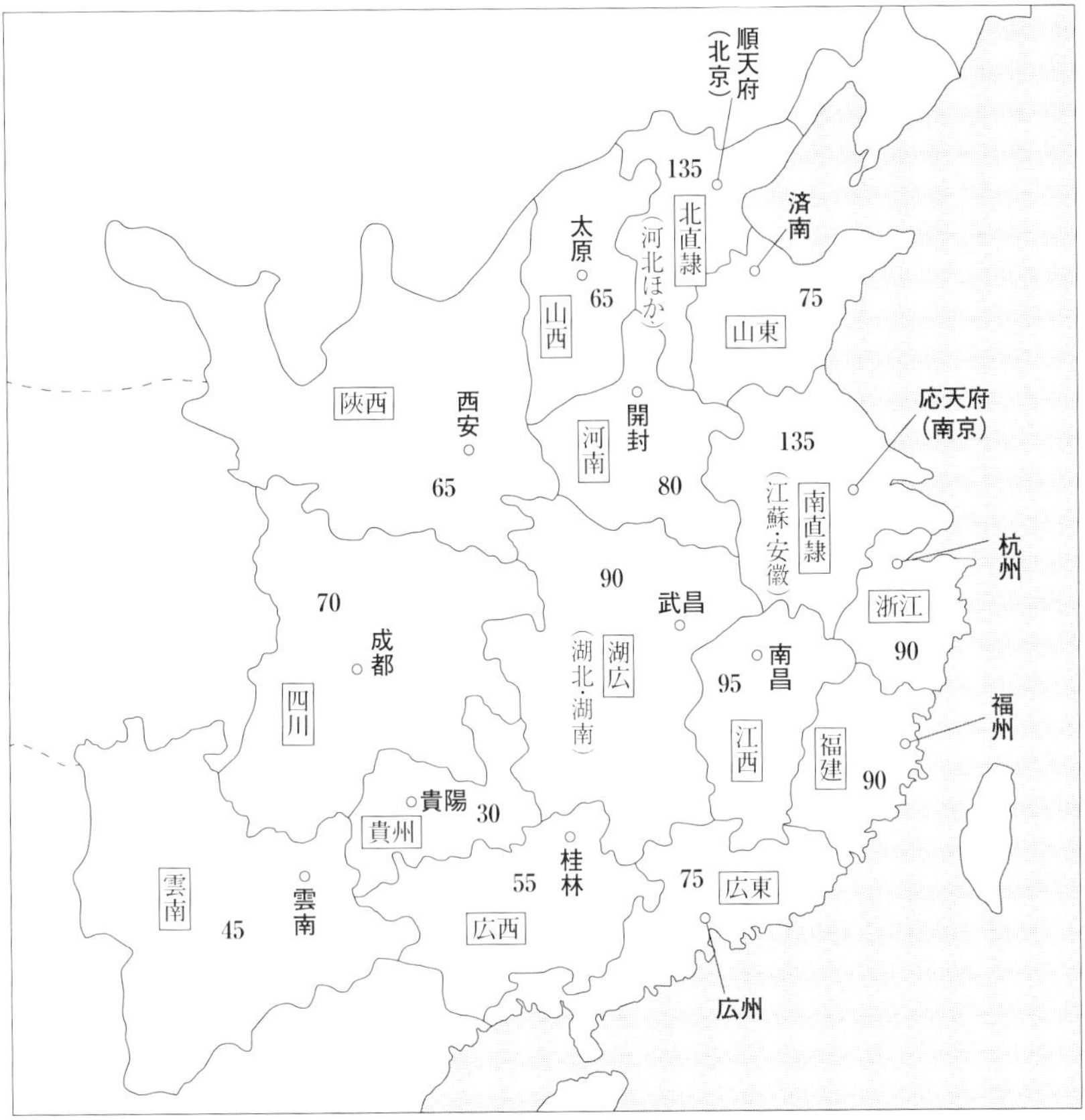

明代に郷試が行われた 15 都市と解額

○年（一三九七）の会試でそれが重大な事件を引き起こした。試験官の劉三吾《りゅうさんご》（一三一三～一四〇〇）が合格させた五二名がすべて南人であったため、北人の怒りが爆発したのである。皇帝は自ら再試験を行って六一名の北人を合格させた上で、関係者を厳罰に処した。そして、これを契機に中国全土を南北に分割してそれぞれに会試の合格定員を割り振る南北巻《なんぼくかん》の制度が創始された。直後に中巻《ちゅうかん》も加わり、南巻（南直隷の主要部、浙江、江西、福建、湖広、広東）、北巻（北直隷、山東、山西、河南、陝西）、中巻（四川、広西、雲南、貴州、南直隷の一部）ごとに合格比率（五五：三五：一〇）が定められ進士の地域バランスが図られた。ただ、この制度は教育・文化の水準が相対的に低い地域に恩恵をもたらす一

進士科の試験内容の変遷

<table>
<tr><th>時　代</th><th>試験名</th><th colspan="2">試　験　内　容</th></tr>
<tr><td>唐　天宝 11 年
(752)</td><td>省試</td><td colspan="2">**第一場**「帖経」(『礼記』又は『春秋左氏伝』及び『爾雅』) 10 問
第二場「文」* 1 問,「賦」1 問
第三場「策」5 問</td></tr>
<tr><td>北宋（初期）</td><td>解試・省試</td><td colspan="2">**第一場**「詩」1 問,「賦」1 問,「論」1 問
第二場「策」5 問
第三場「帖経」(『論語』) 10 問,「墨義」(『春秋』又は『礼記』) 10 問</td></tr>
<tr><td>北宋　熙寧 4 年
(1071)</td><td>解試・省試</td><td colspan="2">**第一場**「経義」(『詩経』『書経』『易経』『周礼』『礼記』から 1 経選択) 10 問
第二場「経義」(『論語』『孟子』) 10 問
第三場「論」1 問
第四場「策」3 問（省試は 5 問）</td></tr>
<tr><td>南宋　建炎 2 年
(1128)</td><td>解試・省試</td><td>〔詩賦進士〕
第一場「詩」「賦」各 1 問
第二場「論」1 問
第三場「策」3 問</td><td>〔経義進士〕
第一場「経義」(『易経』『詩経』『書経』『周礼』『礼記』『春秋』から 1 経選択) 3 問,『論語』義,『孟子』義各 1 問
第二場「論」1 問
第三場「策」3 問</td></tr>
<tr><td>元　皇慶 2 年
(1313)</td><td>郷試・会試</td><td>〔蒙古人・色目人〕
第一場「経問」(「四書」) 5 問
第二場「策」1 問</td><td>〔漢人・南人〕
第一場「経疑」(「四書」) 2 問,「経義」(「五経」から一経選択) 1 問
第二場「古賦, 詔, 誥, 章, 表」の内から 1 問
第三場「策」1 問</td></tr>
<tr><td>明　洪武 17 年
(1384)</td><td>郷試・会試</td><td colspan="2">**第一場**「四書義」3 問,「経義」(「五経」から一経選択) 4 問
第二場「論」1 問,「判」5 問,「詔, 誥, 表」の内から 1 問
第三場「経史時務策」5 問</td></tr>
<tr><td>清　乾隆 58 年
(1793)</td><td>郷試・会試</td><td colspan="2">**第一場**「四書制義」3 問,「五言八韻律詩」1 問
第二場「五経制義」(「五経」のすべてから各 1 問) 5 問
第三場「策」5 問</td></tr>
</table>

注：＊天宝年間の末頃に「文」が,「詩」に変わり,「詩賦」の試験が定着する。

方で、文化的な先進地域であった江南地方の受験競争を激化させることになった。清もこの制度を踏襲したが、康熙《こうき》五一年（一七一二）に各省ごとに直接進士の合格定員を振り分けるかたちに変更された。

清は、明の制度をほとんどそのまま踏襲したが、会試や郷試の後に覆試《ふくし》（確認のための再試験）が加えられたのをはじめ、煩瑣な手続きが種々付け加わり業務は一層複雑化した。また、異民族王朝として支配民族を優遇する必要があったため、宗室《そうしつ》（皇族）を優遇するために宗室科挙を行い、八旗《はっき》（軍事・行政上の支配組織）の子弟のために八旗科挙を設けた。さらに、公文書の使用において満漢併用主義《まんかんへいようしゅぎ》を維持しようとしたため翻訳科《ほんやくか》挙《きょ》も行った。

科挙制度の終焉

清の皇帝は漢民族文化を積極的に受容したが、中でも乾隆帝《けんりゅうてい》の学問好きは有名である。乾隆帝は「五経」が選択必修であるのに不満を示し、「五経」をすべて必修にした。また、その在位時代に全盛期を迎えた考証学《こうしょうがく》の学術成果に基づき、新たな国定注釈書の作成も命じており、考証学が出題や答案作成にも影響を与えた。なお、清代には試験科目に「詩」が復活させられ、順天郷試《じゅんてんきょうし》と会試の「詩」題は「四書」題とともに皇帝自らが出題した。

清末、列強による植民地化が進む危機的状況の中で、光緒《こうしょ》二七年（一九〇一）、郷試と会試の試験科目を改めて、第一場で「中国政治史事論《ちゅうごくせいじしじろん》」五問、第二場で「各国政治芸学策《かっこくせいじげいがくさく》」五問を試験し、それまで重んじられてきた「四書義」と「五経義」を第三場に下げるという改革が行われた。また、この時、答案に八股文《はっこぶん》（試験用の特殊文体。後述）を用いることも禁止された。しかしながら、限られた教養のみを試験で考査するやり方では、王朝の危機を救うことのできる有為の人材を任用することができないことは明白であった。結局、光緒三一年、袁世凱《えんせいがい》（一八五九～一九一六）、張之洞《ちょうしどう》（一八三七～一九〇九）等の上奏がいれられ、科挙を廃止して人材を新式の学堂《がくどう》（西洋式の学校）で養成し採用することとなった。かくて、一三〇〇年近くも続いた科挙制度は、光緒三〇年の殿試を最後に終焉を迎えることとなった。

以上が制度の概要である。次節からは、明代の科挙を例にして、少し具体的な内容について述べる。

3 受験生の立場からみた科挙制度

試験勉強

科挙の試験勉強は挙業《きょぎょう》（挙子業《きょしぎょう》ともいう）と呼ばれた。学校は単に籍を置いておくだけのものであったから、受験生は塾に通ったり家庭教師を雇ったりした。勉強の内容は、暗記と作文の訓練に尽きると言ってよい。もっとも、適当に勉強しただけでは学習効果があがらないので、さまざまなカリキュラムが考案された。中でも最も有名なものの一つに、元の程端礼《ていたんれい》（一二七一～一三四五）が作成した『程氏家塾読書分年日程《ていしかじゅくどくしょぶんねんにってい》』がある。ただ、その内容は朱子学的教養のマスターを目指す極度に理想的なものであったため、明代になるともっと受験効率が高いカリキュラムが、家ごと宗族ごとに独自に作られていった。

たとえば、万暦《ばんれき》四年（一五七六）の応天府《おうてんふ》郷試《きょうし》で解元《かいげん》（首席）となった顧憲成《こけんせい》（字は叔時、一五五〇～一六一二）の勉強法を見てみると、彼はかぞえの六歳で初めて塾師に就き、七歳で『大学』『中庸』を授かっている。八歳で『論語』、九歳で『孟子』と本経《ほんけい》（専攻する経書、「五経」から一経を選択）である『書経』の「虞書《ぐしょ》」、一〇歳で『書経』の残りの部分を習い、一一歳になると唐の韓愈《かんゆ》（字は退之、七六八～八二四）の文章、一二歳で初めて対句《ついく》を学んでいる。そして、それらの学習を継続しながら、一六歳になると師を変えて挙業を習ったというが、その内容を見ると、破題《はだい》、承題《しょうだい》、起《き》講《こう》、対比《たいひ》とあるので、要は後述する八股文の勉強にほかならない。彼は五年後に二一歳で童子試を受験して、県試、府試、院試でみな一位の成績を収めて県学の生員になっている。もちろん、これは顧家あるいは顧氏一族の受験カリキュラムであるが、このカリキュラムが童子試の受験に照準を合わせて組まれていることは間違いない。

郷試と会試の受験

郷試は子《ね》、卯《う》、午《うま》、酉《とり》の年に実施された。郷試が近づくと提学官は管轄する地域を巡り、事前に県と府で選抜された生員を集めて科試《かし》（科考《かこう》ともいう）を行った。科試では歳試と同様に参加者の成績を六等に分け、一、二等の者を科挙生員として郷試に参加させた。ただし、ほとんどの受験者は三等に置き郷試に参加させなかった。科試における選抜の目安は、たとえば、顧憲成の時代であれば、郷試の解額一名につき三〇名であった。したがって、彼が受けた応天府の解額は一三五名であったから、科試で一、二等に選ばれる省内の生員の数はその三〇倍の四〇五〇名ということになる。ただ、遺才《いさい》（埋もれた人材）を拾うという名目で選抜に漏れた者を特別に郷試に参加させることもあった。ちなみに、『万暦四年応天府《ばんれきよねんおうてんふ》郷《きょう》試録《しろく》』（郷試の実施報告書）の序文を見ると、この年の受験者数は四四〇〇余人とあるので合格率は三・〇七パーセントであった。郷試は、明代には一五カ所の省都で実施され、本籍がある省の省都での受験が原則であった。試験は三回に分けて行われ、旧暦の八月九日から第一場、一二日から第二場、一五日から第三場の試験が行われた。郷試の合格者を挙人《きょじん》と呼びその学位は終生の資格として認められ、そのまま官僚となる道もあった。

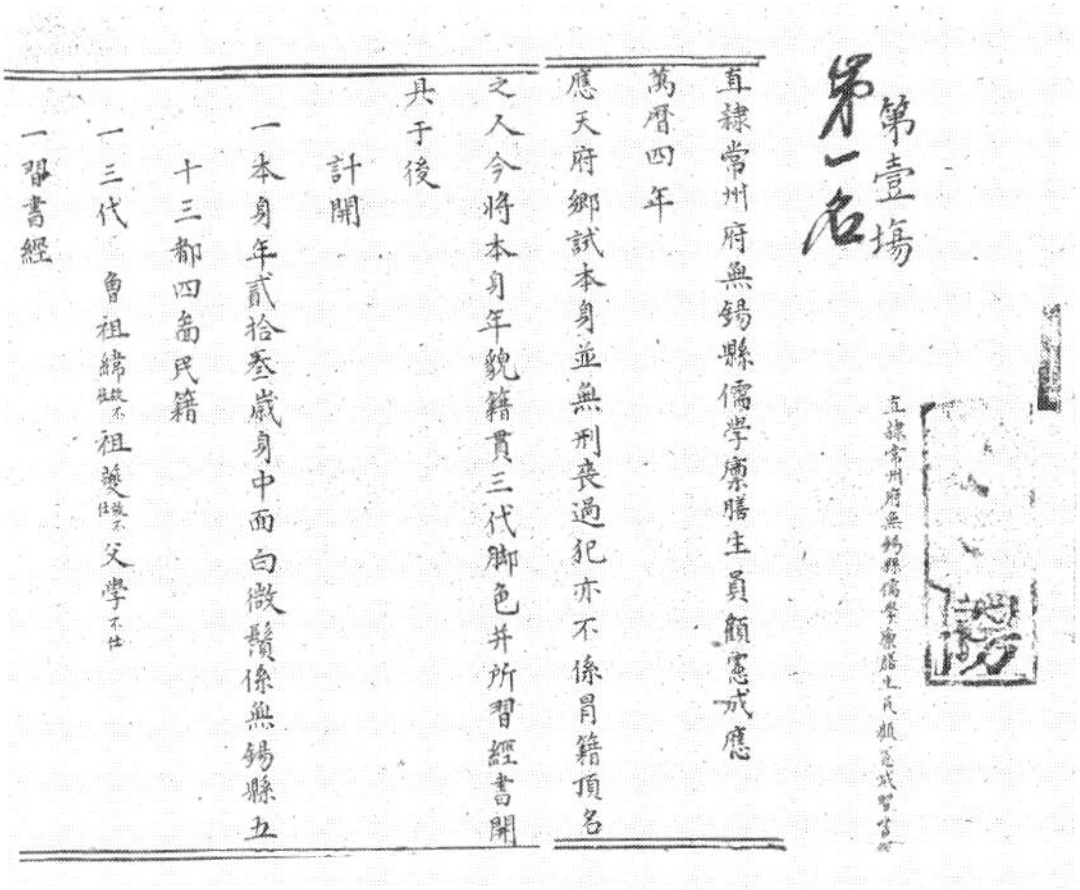
第壹場
第一名
直隸常州府無錫縣儒學廩膳生員顧憲成應
萬曆四年
應天府鄉試本身並無刑喪過犯亦不係冒籍頂名
之人今將本身年貌籍貫三代脚色并所習經書開
具于後
計開
一本身年貳拾叁歲身中面白微鬚係無錫縣五
十三都四啚民籍
一三代　曾祖綿故不仕　祖夔故不仕　父學不仕
一習書經

顧憲成の墨巻の草稿の個人情報が書かれた部分
（『中国国家博物館館蔵文物研究叢書――明清檔案巻（明代）』より）

続く会試は郷試の半年後に都で行われ、実施の時期を除けば、試験日程も試験内容も会試とまったく同じであった。地方からの受験生には北京までの旅費が支給されたとはいえ、たとえば、顧憲成の住む無錫《むしゃく》（江蘇省無錫市）からだと一月半以上かかったし、都から僻遠の地からだと数カ月もかかったので大変な負担であった。挙人は一月の末までに礼部に赴いてあらかじめ準備した試巻《しかん》（答案用紙）に印巻官《いんかんかん》から印を押してもらわねばならなかった。会試は二月九日の早朝から始まった。当初は試験当日の黎明に入場させたが、門のあたりに受験生が殺到して押し倒され踏まれて圧死する者まで出たため、やがて前日の夜までに入場させるようになった。受験生が貢院《こういん》（試験場）に入る際には、捜検官《そうけんかん》（捜検懐《そうけんかい》挟官《きょうかん》ともいう）から甚だ厳しい捜検（身体検査）を受けなければならなかった。ちなみに、もともとこの捜検は郷試では厳格な一方で、会試ではゆるやかであった。挙人は郷試に合格して鹿鳴宴《ろくめいえん》

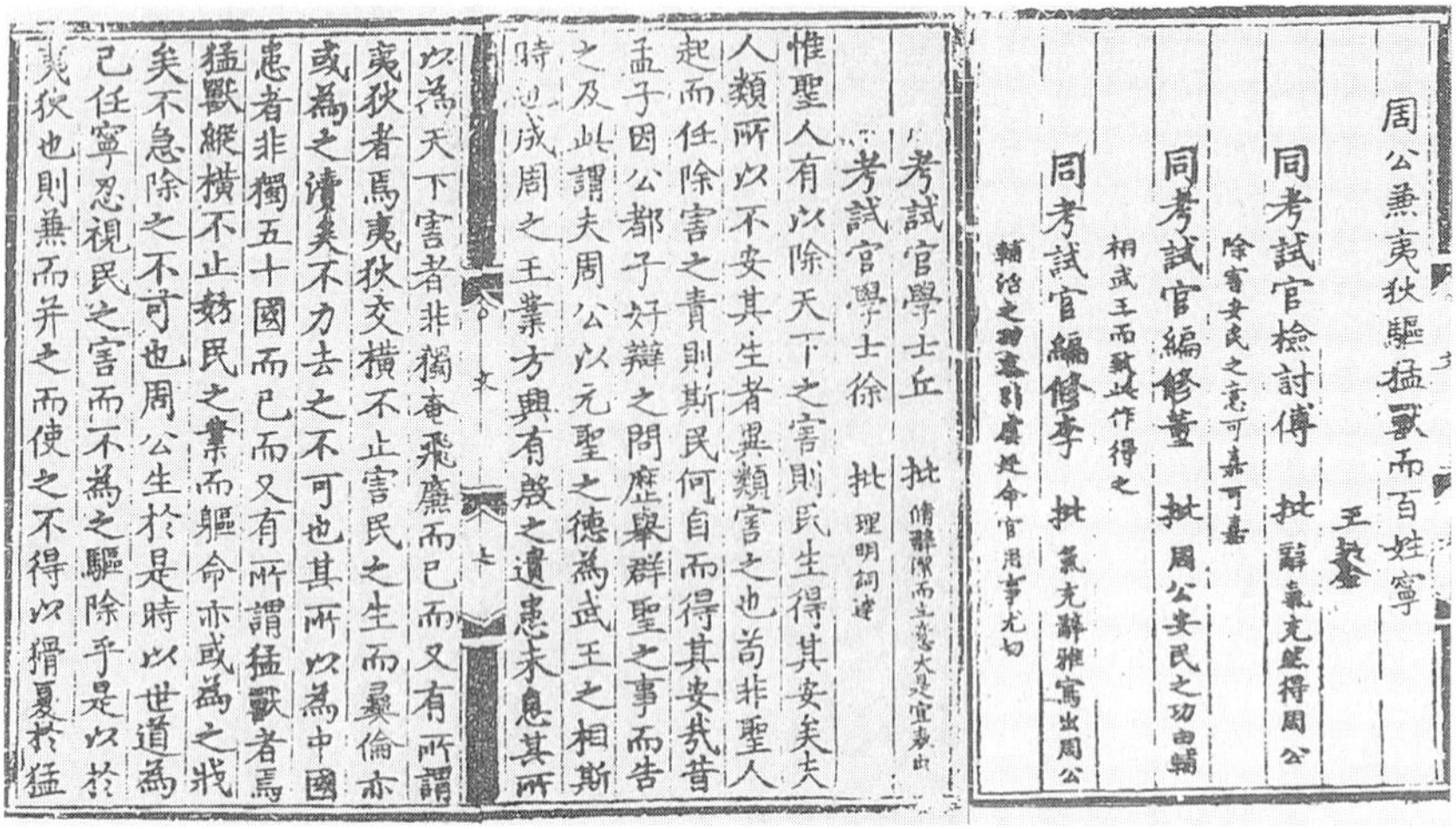
周公兼夷狄驅猛獸而百姓寧
王鏊
同考試官檢討傅 批 辭氣充暢得周公除害安民之意可嘉可嘉
同考試官編修董 批 周公安民之功由輔相武王而致此作得之
同考試官編修李 批 氣充辭雅寫出周公輔治之功
考試官學士丘 批
考試官學士徐 批 理明詞達
惟聖人有以除天下之害則民生得其安矣夫人類所以不安其生者異類害之也苟非聖人起而任除害之責則斯民何自而得其安哉昔孟子因公都子好辯之問歷舉群聖之事而告之及此謂夫周公以元聖之德爲武王之相斯時也成周之王業方興有殷之遺患未息其所以爲天下害者非獨奄飛廉而已而又有所謂夷狄者焉夷狄交横不止害民之生而彝倫亦或爲之瀆矣不力去之不可也其所以爲中國患者非獨五十國而已而又有所謂猛獸者焉猛獸縱横不止妨民之業而軀命亦或爲之戕矣不急除之不可也周公生於是時以世道爲己任寧忍視民之害而不爲之驅除乎是以於夷狄也則兼而并之而使之不得以猾夏於猛

『成化十一年会試録』に載録された八股文の模範解答と試験官の批評
（『北京図書館古籍珍本叢刊』より）

（郷試合格者の祝宴）に招かれ『詩経』「鹿鳴《ろくめい》」の詩を歌って来た者であり、そういう立派な人物を盗賊扱いして身体検査を行うのは礼に反すると考えられたからである。ところが、現実には会試でも書籍や紙片の持ち込みといった不正行為が後を絶たず、ついには捜検を厳しくせざるを得なくなった。

受験生は、貢院で一夜を過ごした後、九日の早朝に問題が配られると、その日は答案を書きながら場中で過ごし、夕暮れには答案を提出して退場することになっていたが、完成できない受験生には燭が与えられ、一〇日の夜明けまで書き続けることが許された。試験を終え退出する時も門のあたりに人が殺到するため移動に大変時間がかかり、疲労困憊した身体では数歩も進むとほとんど倒れんばかりであったという。受験生は第一場、第二場が終わる度に一度貢院を出る必要があり、一二日の第二場、一五日の第三場の前日に再び捜検を受けて入場した。

八股文

明代の受験生が最も精力を注いだのは制義《せいぎ》（制芸《せいげい》ともいう）、すなわち郷試と会試の第一場で課された「四書義」と「経義」であった。これらの出題方法は非常に簡単で、経書の一句あるいは一章が何の説明もなく提示されるだけであった。たとえば、制義の神様のように崇められた王鏊《おうごう》（一四五〇〜一五二四）が会元《かいげん》（首席）となった成化一一年（一四七五）会試の「四書義」の第三問は「周公兼夷狄駆猛獣而百姓寧」（周公は夷狄を兼《あわ》せ猛獣を駆りて百姓寧《やす》んず）であったが、受験生はこれを見た瞬間に出典が『孟子《もうし》』（滕文公《とうぶんこう》下篇）であることはもとより、『四書集註大全《ししょしっちゅうたいぜん》』の注釈を想起した上でそれに基づき経義を解き明かす必要があった。

答案に用いられる文体にもともと厳格な縛りはなかったが、成化年間（一四六五～八七）頃から対句を多用する特殊な文体、いわゆる八股文が用いられるようになった。八股文の「股」とは、対句のことであり二股の組み合わせが四つ、すなわち四組の対句を要《かなめ》とする文体のことである（ただし、実際には八股以外のものも認められた）。非常に長くて複雑な対句を用いながら、破題《はだい》、承題《しょうだい》、起講《きこう》、大結《だいけつ》その他の要素を組み合わせて全体の構成をうまく整えるには相当な修練を積む必要があった。

観榜図（伝仇英筆）（『中国古代文人生活』より）

八股文の文体には制度的な規程はなく自然にその様式が確立されていったのであり、その淵源を巡っては諸説あって未だ定論を見ない。漢文のあらゆる文体の長所を取り込みながら進化を遂げており、科挙制度の伝統が生み出した究極の試験用文体であると言えるかもしれない。郷試でも会試でも八股文の出来が合否を大きく左右したこと、また、清では「四書義」が欽命題目《きんめいだいもく》（皇帝による出題）になったこともあり、受験生は競って八股文の作文テクニックの習得に励んだ。だが、それとともに「経義」の文体としての本来の意義からは遠ざかっていき、形式主義的で中味の無い文章の代名詞になってしまった。

合格発表

会試の合格発表は二月二七、八日前後に行われた。発表は夜明けとともに行われたので掲暁《けいぎょう》と言い、また、合格者一覧を書いた紙のことを榜《ぼう》と呼んだため放榜《ほうぼう》とも言った。榜が張り出されると、前日の夜から待ちかまえた大勢の人が殺到した。自分の名前を見つけて喜びのあまり半狂乱になる者や、名前が無くて失意

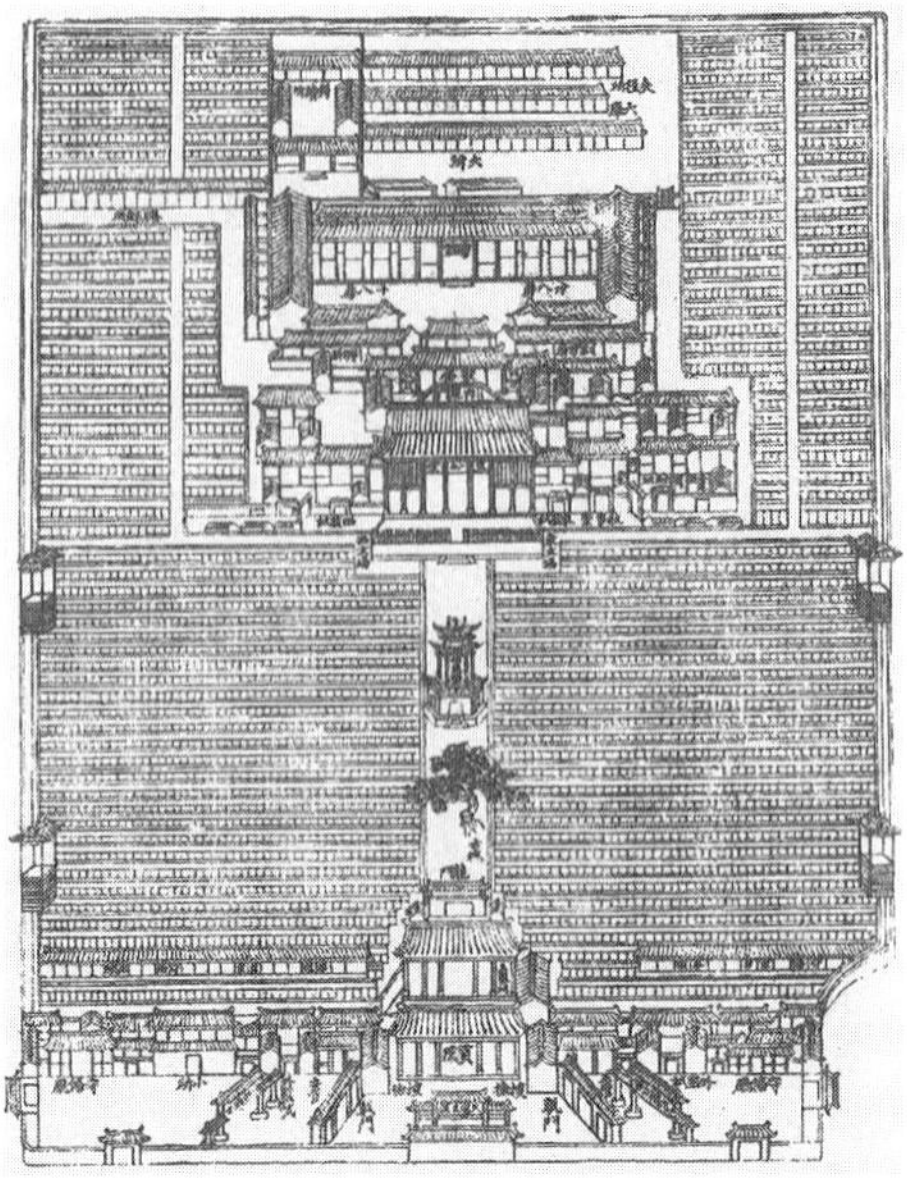

清末の順天府貢院の見取り図
（真ん中あたりにある建物が至公堂。マス目のように見える部分が号房。『光緒順天府志』より）

のあまり全身の力が抜け下僕に両脇を抱えられてすごすごと去っていく者など悲喜こもごもであった。下第すると次の機会は三年後であるからその落胆は計り知れない。

ちなみに、顧憲成は万暦五年会試には下第、次の八年の会試に及第している。『万暦八年会試録《ばんれきはちねんかいしろく》』（会試の実施報告書）の序文によると、会試に参加した挙人は四六〇〇人余りで合格者は三〇〇人であるから、合格率は六・五二パーセントであった。前年に全国で行われた郷試の解額総数は一一九五名であったので、この年の会試にはその三倍に近い数の再受験者がいたことになる。

掲暁の日、貢院に集まったのは受験生とその関係者ばかりではなく、この機会に一儲けしようと目論む者も多くいた。事前に貢院内の印刷職人に金品を渡し、「会試録」の合格者一覧の部分を多めに印刷するよう依頼しておき、門が開くと同時にそれを受け取って合格通知を待ち望む受験生の家めがけて疾走した。発表を見に来られなかった受験生や合格の吉報を待つ家族のもとに、捷報《しょうほう》（公式の合格通知）が届く前に合格を知らせると祝儀をはずんでもらえたからである。

4 試験場と試験業務の実態

貢院の構造

貢院の「貢」とは人材を推挙するという意味であり、宋代以前は科挙のことを貢挙《こうきょ》と称することが多かった。北宋までは専用の試験場はなかったが、南宋からは貢院が整備されていった。明では、会試が行われる都のみではなく郷試が行われる省都にも貢院が完備された。

順天府《じゅんてんふ》郷試と会試が行われた北京の貢院の構造を例に見てみると、貢院は内城の東南部に南向きに作られ、大門を通るともう一つ門があり、その先に龍門《りゅうもん》があった。龍門を抜けると甬道《ようどう》（煉瓦敷きの通路）がまっすぐ続き、その中間あたりに明遠楼《めいえんろう》があった。明遠楼はひときわ目立つ高楼でその実質的な役割は見張り台であった。明遠楼を過ぎると突き当たりに至公堂《しこうどう》があった。龍門から至公堂に至る甬道の東西には号房《ごうぼう》（号舎《ごうしゃ》ともいう）と呼ばれる受験生の入る個室を連ねた建物があり、明末の時期には東西にそれぞれ七〇区、区ごとに七〇間、全部で約四九〇〇（清代には一万近くにまで増えている）の部屋があった。万暦年間の改修で煉瓦造りになるまでは号房は木造建築であった。大勢の受験生が密集する空間であるだけに火事でも起こると悲惨なことになる。実際、天順七年（一四六三）の会試で火災が発生し九〇名以上もの死者と数え切れない程の負傷者を出している。至公堂は貢院の中心に位置する建物で、その東西には後述する弥封所《びふうしょ》や謄録所《とうろくしょ》などがあり、この一帯で受験生が提出した答案を処理するさまざまな業務が行われた。至公堂の奥には簾が下がっていてその内外は厳重に隔てられ交通が禁じられていた（清代になると外簾と内簾の間に内龍門《ないりゅうもん》が作られている）。内簾に入ると聚奎堂《しゅけいどう》（全試験官の会議室）があり、その東西に考試官《こうしかん》（主任試験官）の部屋があった。聚奎堂の奥は燕喜堂《えんきどう》（宴会室）で、そのさらに奥に会経堂《かいけいどう》（副試験官の会議室）があり、その両側に同考試官《どうこうしかん》（副試験官）の部屋があった。その他、色々な試験業務に関連する作業を手伝う官員の入る部屋も沢山設けられていた。

試験官の構成

試験に携わる官員の構成とその業務について会試を例に見てみる。まず、実施責任者である知貢挙官《ちこうきょかん》は礼部《れいぶ》の尚書《しょうしょ》（大臣）と左侍郎《さじろう》（次官）が務めたが、彼らは出題や答案審査には関与しなかった。試験の実質的な責任者は主任試験官である考試官（主考官《しゅこうかん》ともいう）正副二名であった。考試官には翰林院《かんりんいん》の学士をはじめ学問と徳行に優れた者が任命された。出題の補助と答案の一次審査を行った同考試官は最初は八名であったが後に一八名（十八房《じゅうはちぼう》と称された）にまで増やされた。同考試官は「五経」の別に選ばれ、選択する受験生の多寡に応じて各経を担当する同考試官の定員が変動した。試験官たちが貢院の中で具体的にどういう業務を行ったかについては、厳嵩《げんすう》（一四八〇～一五六七）という人物が正徳一二年（一五一七）会試の同考試官を務めた際の様子を詳細に記録しているので、以下それ（「南省志《なんしょうし》」）に基づいて、試験官の業務の内容を概観してみる。

出題の方法

考試官の任命は二月六日であり、翌日皇帝に謁見して命を受け朝廷を辞するとそのまま貢院に入った。八日の午後四時頃、考試官と同考試官は聚奎堂に集まり第一場の出題を決めると直ちに印刷にまわした。ついで、皇帝に見せる進呈題を黄色の紙に書き、筒に納めて黄色の袱紗《ふくさ》で包んだ。翌日の午前四時頃、板を打ち鳴らして至公堂内の簾を掲げると、礼部尚書がやって来て簾の下に内簾から一丈余りを隔てた位置に立った。そして、内簾から送られてきた筒を受け取るとそれを捧げ持って退出し、皇帝に出題内容を報告に行った。これが終わり提調官《ていちょうかん》（試験事務の統括官）が受験生に配るための問題を受領して出て行くと、試験官は解散して各部屋に退いた。一一日に第二場の問題を出し、一四日に第三場の問題を出す際にもすべて同じように行った。

答案の審査

九日の試験開始から一昼夜が過ぎ、一〇日の明け方になるとすべての受験生が答案を受巻所《じゅかんしょ》（答案提出場所）に提出し終わった。受巻官《じゅかんかん》はそれらを確認して弥封所《びふうしょ》に届けた。弥封官《びふうかん》は答案冒頭の個人情報（姓名、年齢、本籍、曽祖父・祖父・父の姓名、本経ほか）が書かれた部分を封印し、後で識別できるように記号を付する作業を行い、処理が終わった答案を謄録所《とうろくしょ》に送った。謄録官《とうろくかん》は七〇〇名前後の生員を動員して全部の答案を転写させた。受験生の答案は黒墨で書くことになっておりこれを墨巻《ぼっかん》と呼んだ。一方、謄録は朱筆で行われ、書き写した答案を硃巻《しゅかん》と呼んだ。閲巻《えつかん》（答案審査）を行う考試官は青筆で書き込みをすることになっていた。すべて不正防止のためである。謄録を終えた硃巻は対読所《たいどくしょ》に送られた。対読官《たいどくかん》はやはり大勢の生員に指示して、一人が墨巻、一人が硃巻を見ながら謄録に間違いがないか二人一組で読み合わせ点検を行った。ここまでが外簾の仕事で、第二場、第三場でも同じ作業を行った。

外簾で処理を終えた答案は内簾に届けられた。収掌《しゅうしょう》試《し》巻官《かんかん》がそれを受け取って各房の印を押し登記した上で、仕分けして同考試官の部屋に送り届けた。厳嵩の記録では、二月一〇日の夜八時頃には第一場の数巻が届き、一一日には数十巻、その後どんどん増えていったという。彼は『詩経』房の担当で、この年は三九〇〇余名の受験生のうち、『詩経』選択者は一四〇〇名いて、『詩経』房の同考試官の数は五名であった。彼の房は南巻が一二五巻、北巻が一一三巻、中巻が四〇巻の全二七八巻であったというので、均等に割り振られていたことがわかる。一六日の正午頃には第二場の答案が、そして、一九日の午前四時頃には第三場の答案が届いている。閲巻は二四日に終わったという。なお、閲巻については、担当する答案の多さに比べて時間があまりに短い上に、途中に宴会がはいったりするために、第一場の成績だけを重視したり、審査そのものがなおざりになったりする弊害がしばしば問題になっている。

合格者の決定

閲巻終了後、主考官は皇帝から合格者数の指示を受けると各同考試官に伝えた。同考試官は割当に応じて二五日には合格候補者の答案をそろって進呈した。この時、厳嵩は南巻から一四名、北巻から九名、中巻から三名、全部で二六名を取っており、南、北、中巻の比率が守られていることがわかる。また、合格者の総数は三五〇名であったので、全体の合格率は九パーセントであった。主考官は同考試官の上中文と批語《ひご》（批評）を見て合格順位を決め草榜《そうぼう》（合格候補者一覧）を作成した。その際、上位五名は必ず「五経」のそれぞれから選ぶ必要がありこれを五経魁《ごけいかい》と称した。草榜の記入が終わると、礼部尚書らが内簾に入ってきて外簾から墨巻を取り寄せさせた。同考試官は合格候補者の硃巻と墨巻とを照合するが、答案の種類と数が多く非常に困難な作業であった。もしも、照応しないものがあれば棄て置いてあえて取ることはしなかった。三場の答案すべてが照合できたら、硃巻と墨巻とを束ねて箱に入れ厳重に封をして聚奎堂にしまっておいた。

二六日には答案の弥封を開いてまず乙榜《おつぼう》（次点候補者一覧。官学の教師などの進路があった）に姓名を書き込んだ。そして、翌二七日にようやく正榜《せいぼう》（合格者一覧）に姓名を書き込み、二八日が放榜であった。疲れ果てた試験官たちはこれでようやく貢院を退出できたが、実はその際にも気を抜くことができなかった。なぜならば、試験官が貢院から出てくるのを待ち受けて、審査に不満を抱く不合格者が道を塞いで詰問したり、試験官が乗った馬を取り囲んで騒ぎ立てたりしたからである。激昂した受験生に迫られ落馬して深い塹壕の中に転げ落ちた試験官もいたという。いくら禁令が出されてもほとんど効果はなかったようである。さらには、試験の後で匿名の怪文書を回して他の受験生を中傷する者までいて、そのような文書を禁ずる通知も出されている。

殿試の晴れ舞台

最終試験の殿試は当初は三月一日に行われたが、明代中期以降は一五日に行われるようになった。貢士《こうし》（会試の合格者）は殿試の期日に先立って礼部に赴き試巻に印を押してもらった。そして、一五日の早朝、皇帝が宮殿の奉天殿《ほうてんでん》（重要な儀礼に用いられた中心的な建物、のち皇極殿《こうぎょくでん》に改称）に出御すると、礼部の役人に率いられて奉天殿に入り丹墀《たんち》（宮殿の朱塗りのテラス）の東西に北面して立った。皇帝が制策《せいさく》（御製の策問）を賜うと、貢士一同は五拝三叩頭の礼を行い、そこで問題が配られ試験が始まった。試験は一日で終わった。

進士題名碑
（現在は，北京の国子監に隣接する孔子廟に集められている）

殿試は皇帝が行う建前であったので、考試官という役職はなく皇帝に対して答案を読み上げる読巻官《どくかんかん》を置き、内閣大《ないかくだい》学士《がくし》ら高官をあてて実質的な試験業務に与からせた。殿試の答案は謄録はせず弥封をしたら掌巻官《しょうかんかん》（処理の終わった答案を登記し仕分けする官）が東閣《とうかく》に詰めた読巻官に届け、読巻官は二日間かけて審査を行った。審査を終えた翌日、読巻官はそろって皇帝のもとに行き第一甲《だいいっこう》三名の候補者の試巻を進読した。読み終わったら、皇帝が御筆で三名の試巻に順番を書き込んだ。読巻官は宴席を賜ってから退くと、残る第二甲と第三甲の試巻の封を開き黄榜《こうぼう》（合格者一覧）に記入した。翌日の早朝、読巻官一同は華蓋殿《かがいでん》（奉天殿の北に隣接する建物、のち中極殿《ちゅうぎょくでん》に改称）に行き、皇帝が順位を決めた第一甲三名の姓名を読み上げ黄榜に書き込んで御璽を押した。これで黄榜の完成である。

三月一八日、皇帝が登殿して玉座に坐り、黄榜が載せられた机が丹墀の真ん中に置かれると伝臚《でんろ》（合格順位を伝える儀式）が始まった。殿試の合格者は三等級に分けられ、第一甲には進士及第《しんしきゅうだい》、第二甲には進士出身《しんししゅっしん》、第三甲には同進士《どうしんし》出身《しゅっしん》の称号を賜った。第二甲と第三甲の人数に決まりはなく、第二甲は「若干名」とされるが、おおむね数十名で、一〇〇名を超えることもあった。御前で姓名が読み上げられるのは第一甲の三名、第二甲と第三甲のそれぞれ第一位のみであった。発表が終わると礼部の執事官は黄榜を捧げ持ち鼓楽に先導されて宮殿の外に出て行き、黄榜を広げて掲示した。翌日以降、恩栄宴《おんえいえん》、鴻臚寺《こうろじ》（儀礼を掌った役所）での習礼、奉天殿での謝恩といった公式行事が続き、二三日に孔子廟で釈菜《せきさい》の礼（孔子を祭る儀式）を行って一連の日程を終えた。この後、新進士全員の姓名を刻んだ進士題名碑《しんしだいめいひ》が国子監に立てられた。

状元という夢

殿試の首席のことを状元《じょうげん》、第二位を榜眼《ぼうがん》、第三位を探花《たんか》と呼んだ。中でも状元は士人たちにとって無上の栄誉であった。そのため、状元に関する不思議な伝説や超人的な逸話は枚挙に暇がない。たとえば、正統《せいとう》一〇年（一四四五）の状元商輅《しょうろ》は三元《さんげん》、すなわち解元、会元、状元をすべて獲得した明代ではただ一人の人物であった。彼が科挙に合格する以前のある日のこと、学舎の中で居眠りしていると、三つの首を引っ提げた人物が夢に現れその首を自分に授けてくれた。殿試の後になってそれは彼が三元になる予兆であったことを悟ったという。

こういう吉兆話はもとより沢山あるが、状元の選定をめぐっては目を疑うような記録も少なくない。建文《けんぶん》二年（一四〇〇）殿試の状元は当初は王艮《おうこん》に決まっていたが、伝臚の段階になって建文帝は彼の容貌が振るわないという理由で、第二位の胡広《ここう》と順位を入れ替えてしまったという。帝がこのようなことをした理由については、胡広の書いた「対策」の内容が気に入ったからだという説もあるが、両者の容貌を理由として指摘する史料は頗る多い。また、正統元年（一四三六）状元の周旋《しゅうせん》は読巻官の大学士が彼のことを知る同僚にその風貌について尋ねたところ、「顔の色が白く堂々としている」と答えたので状元とした。ところが、

三元商輅が夢を見ている絵『明状元図考』（国立公文書館内閣文庫蔵）

同僚が答えたのは周瑄《しゅうせん》のことであり、「旋」（xuán）と「瑄」（xuǎn）の発音が近いことから取り違えたのであった。周旋は容貌が非常に醜く、伝臚の日に人々はがっかりしたという。外見の重視は唐代の銓試以来の伝統であるものの、状元は衆人の注目を一身に集めることから、明代では伝臚に先立って状元候補者の容貌を調査することもあったとされる。

天順四年（一四六〇）殿試では、読巻官は祁順《きじゅん》を第一位に決めていたが、状元の姓名を聞いたある宦官《かんがん》が、「伝臚の時にこの祁順《チーシュン》（Qíshùn）という音と英宗《えいそう》の御名祁鎮《チージェン》（Qízhèn）という音とがまぎらわしいのをどうなさいますか」と言うと、大学士は御名を犯したと誤解されるのを恐れ、王一夔《おういっき》を状元にして祁順は唱名の際に読み上げられる可能性のない第二甲第二名にしたという。さらに、永楽二一年（一四二三）殿試では読巻官は孫曰恭《そんえつきょう》を状元の候補にしていた。ところが皇帝は、「『曰恭』とは何と『暴』という字ではないか」と言った。そして、「邢寛《けいかん》」（「刑罰が寛《ゆるや》か」の意に取れる）という二字を見たところ非常に喜んで邢寛を状元にした。もとより真偽のほどは定かではないが、殿試の合格順位の決定に際しては、答案の成績以外の事情が勘案され不明朗であるという見方は根強かったようである。

負の試験文化

試験制度にとって何よりも重要なのは公明正大な実施体制の確保である。では、殿試はさておき、郷試と会試では受験生の実力が正当に評価されていたと言えるのかというとそうとも言えない。実は、試験の厳正な実施に疑いを抱かせるような科場案《かじょうあん》（試験場の不正事件）は、むしろ郷試と会試こそが主な舞台であった。不正行為の手口はきわめて巧妙かつ多彩であったが、受験生が事前に試験官に金品を渡すなどして巧みに取り入って出題を漏らしてもらったり、答案審査の際に手心を加えてもらう関節《かんせつ》の弊害が最も甚だしかった。その理由は、関節は証拠がなかなかつかみにくく試験官もつい魔が差してしまったからであるとされる。しかし、試験官が関与する不正は試験官の側で実行可能な手段に自ずと限界があったのに対し、受験生と貢院内の下級役人が結託して行う不正は関与が可能な部署と人員が頗る多岐にわたったため、複雑かつ狡猾でとても糾明し尽くせないほどひどかった。

万暦四四年（一六一六）の会元に選ばれた沈同和《しんどうわ》は無類の遊び人で、目に一丁字もないとんでもないごろつきであった。ところが、そのような人物が会元になったために国中が大騒ぎになった。結局、悪事が露見して厳しい取り調べの末に彼が白状した犯行の手口は、懐挟《かいきょう》（カンニングペーパーの持ち込み）や代筆のほかおよそ考えつく限りの手段を駆使したあきれるほど大胆なものであった。この前代未聞の不正事件のせいで、直後に行われた殿試では過去に例を見ないほどの厳重な捜検が行われ、試験が終わると体調をくずす進士が続出したという。

カンニング用の紙片の持ち込みの歴史は古く、すでに宋代には蠅頭本《ようとうほん》と呼ばれる蠅《はえ》の頭のように小さい字で書かれたカンニングペーパーが売られていた。貢院における懐挟はこの蠅頭本によって行われることが多かった。持ち込む方法は、細工を施した硯《すずり》に隠したり、大きめの服を仕立てて内側に縫い込んだりなど色々とあった。万暦一九年（一五九一）の応天府郷試では、ある男が蠅頭本を小さく丸めた紙玉を油紙で包み細い糸でぐるぐる巻きにした上で、それを肛門の中に隠して試験場に持ち込もうとしたところ、尻から垂れている糸の端を捜検官に引っ張られて不正が発覚したという。いくら捜検を厳しくしても、不届き者は跡を絶たず、新たな手口が次々と編み出されていった。

洗練された不正の手法には雅名までつけられた。たとえば、あらかじめ作文に精通した人物を一人選んで謄録生に潜り込ませ、試験関係者が正式に入場する前に、黒墨、盗んだ印章、答案用紙等の一式を謄録所の地面にこっそり埋めておかせておき、試験がはじまり依頼者の墨巻が届くと、他の多くの受験生の墨巻から佳いところを拾い集めて一篇の文章を合成し、準備した白紙の答案用紙で依頼者の名前を書いた新たな墨巻を作ったあと、もとの答案は焼却させるという手の込んだやり方があった。これは蜂《はち》が蜜《みつ》を採取するのになぞらえ「蜂採蜜《ほうさいびつ》」と称したという。その他、「活切頭《かつせつとう》」「蛇脱殻《だだっこく》」「仙人睜目《せんにんせいもく》」等々、一三〇〇年の伝統が生み出した負の遺産はまだまだ色々あったようだが、ともあれ、ここまでくるとこれももう立派な文化であると言わざるを得ない。

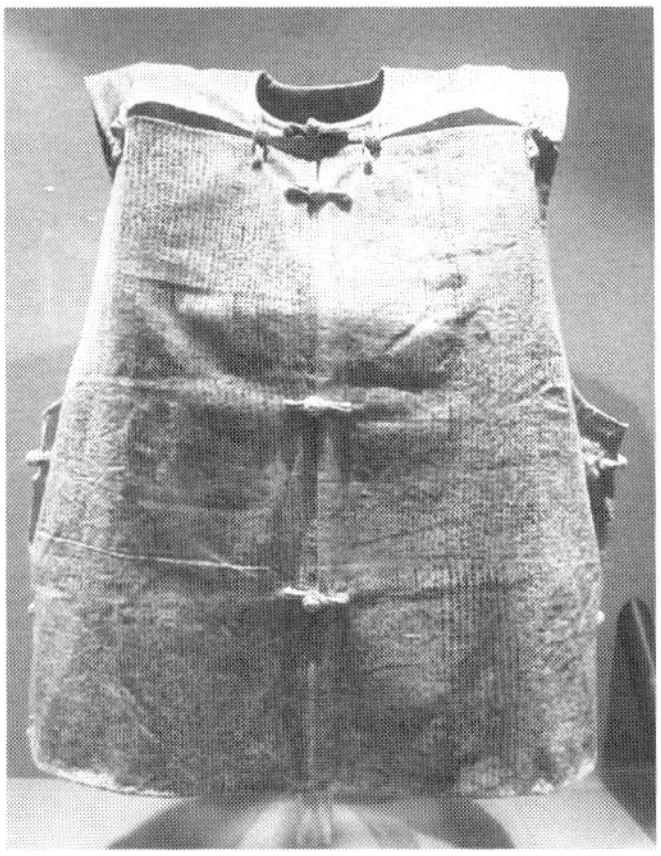

カンニング用の下着（全面に文字が書き込まれている。上海科挙博物館蔵）

参考文献

【一般的・入門的文献】

① 宮崎市定『科挙――中国の試験地獄』（中公新書、一九六三年〔文庫版、

一九八四年）

＊清代を中心とする内容であるが、科挙の本質を簡明に理解する上で、もはや古典と言ってよい。宮崎氏には『科挙史』（平凡社東洋文庫、一九八七年）もあり、こちらはやや専門的で文体も堅いが内容はより詳しい。科挙制度の沿革をまとめた部分は大変明快な通史になっている。『宮崎市定全集一五　科挙』（岩波書店、一九九三年）には両書と論文一篇、「自跋」を収める。

② 程千帆著、松岡栄志・町田隆吉訳『唐代の科挙と文学』（凱風社、一九八六年）

＊『唐代進士行巻与文学』という原題からわかるように、内容的には唐代の進士行巻と文学との関係について考察したものである。やや専門的なテーマではあるが、丁寧な訳注と解説等により大変読みやすくなっている。

③ 高木重俊『唐代科挙の文学世界』（研文出版、二〇〇九年）

＊著者によれば、科挙と銓選という選抜システムを経験した唐代の知識人たちが、その体験から生じた思いをいかに文章に託したかを明らかにしようとしたという。科挙をテーマにした唐詩が多数取り上げられていて興味深い。

④ 村上哲見『科挙の話　試験制度と文人官僚』（講談社現代新書、一九八〇年〔講談社学術文庫、二〇〇〇年〕）

＊唐宋時代の科挙制度について理解する際には必読文献の一つである。制度の概説のみではなく、著名な文学者の逸話、歴史上の有名な出来事を適宜紹介しながら、科挙について縦横に語っている。新書版だが、図版も多く内容豊富な書である。

⑤ 平田茂樹『科挙と官僚制』（山川出版社、世界史リブレット9、一九九七年）

＊宋代官僚制研究の専家である著者が、科挙制度を、官僚登用試験としてのみ理解する視点から離れて、中国の政治・社会・文化構造をつくり出していくシステムとして論じている。図版が豊富で用語解説もあり読みやすい工夫がなされている。

【専門的文献】

① 荒木敏一『宋代科挙制度研究』（東洋史研究会、一九六九年）

＊唐、五代の科挙制度との対比を通じて、宋代科挙制度の特徴を明らかにしている。宋は後の時代にまで受け継がれた制度の基本を確立した時代であるので、宋代の科挙制度を包括的に扱った本書は必読文献の一つであると言える。

② 近藤一成『宋代中国科挙社会の研究』（汲古書院、二〇〇九年）

＊著者は、『宋史選挙志訳注』を作成した主要メンバーの一人。本書は宋代科挙の歴史において重要な意義を有する諸改革を精緻に考察した論文が中核を占め、科挙社会・科挙文化という視点から宋代史を考究した関連論文を収める。

③　何炳棣著、寺田隆信・千種真一訳『科挙と近世中国社会——立身出世の階梯』（平凡社、一九九三年。原書は、Ping-ti Ho, *The Ladder of Success in Imperial China, Aspects of Social Mobility, 1368-1911*, 1967）

＊明清時代の科挙制度を分析し、科挙が中国における社会流動性を促進する上で極めて重要な役割を果たしたことを豊富な史料に基づいて論じている。ただし、科挙制度と社会流動性との関係をめぐっては、今なおさまざまな議論がある。

④　中嶋敏編『宋史選挙志訳注（一）（二）（三）』（東洋文庫、一九九二、一九九六、二〇〇〇年）

＊『宋史』選挙志の訓読訳と注釈。原文は載せていないが、関連資料の所在や本文の異同について詳しく指摘していて参考になる。注の説明もゆきとどいており、取りあげる事項に関連する本文や注の所在について丁寧に言及している。

⑤　井上進・酒井恵子訳注『明史選挙志一　明代の学校・科挙・任官制度』（平凡社東洋文庫、二〇一三年）＊二は未刊。

＊『明史』選挙志の現代日本語訳、原文、注釈。日本語訳は平明かつ達意の文章である。また、注は大変詳細で、関連資料を豊富に示して制度の沿革や意味について解き明かしている。制度史の文献の読み方を教えてくれる。

コラム7

成語

椛島雅弘

成語とは

熟語、慣用句、格言、ことわざ、そして成語——他者と会話する際、あるいは文章を書く際、日常的に用いているものである。これらを使用することにより、われわれは話し相手や読者に対して、自身の伝えたい事柄をうまく伝えることができる。

　中国の成語は、おおよそ二字か四字の漢字で構成される。これは、一字では漢字の意味が不安定だが、二字になると意味が安定し、四字になるとさらに意味が明瞭になるからである。また、故事（歴史的エピソード）を背景に持つ成語は、特に「故事成語」と呼ばれる。

　よって、成語と、成語と同じく二字以上の漢字から構成される熟語は、表面上同じに見える。しかし、「天地」「好機到来」といった熟語は、漢字から意味を容易に理解できる。一方、「完璧《かんぺき》」という成語は、なぜ現在「完全」という意味で用いられているのだろうか。「完璧」とは、『史記《しき》』に記されている故事から誕生した語である。戦国時代、強国秦《しん》が隣国趙《ちょう》の所有する「和氏《かし》の璧《へき》」と呼ばれる名玉を手に入れようとした。しかし、藺相《りんしょう》如《じょ》という人物が見事「璧を全《まっと》う」した（守り切った）。この故事から、「完璧」は「大事を成し遂げる」という意味で用いられるようになった。一方で、和氏の璧が瑕《きず》一つ無い「完全」な名玉であることから、「完全無欠」という意味も生まれた。現在の日本では、専ら後者の意味で用いられている。

　また現在、四〇歳のことを「不惑《ふわく》」と表現するが、これは『論語《ろんご》』において、孔子《こうし》が「四〇にして惑わず（四〇歳にしてあれこれ迷うことがなくなった）」と述べたことに由来する。

　このように成語は、漢字そのものの原義から類推しても、なぜそのような意味であるのか知ることはできない。この疑問は、それぞれの出典にあたることによって解決される。以上の点が両者の違いであり、同じ文字数でも、成語が熟語より豊かな表現力を持つ理由でもある。

　ただし、厳密に言えば、成語は単に「出典がある」から表現力があるのではなく、出典を含めたさまざまな中国文化や日本文化の影響を受けることによって、その表現力に深みを増しているのである。

成語と日本文化

中国で生まれた成語は、いつから日本で使用されるようになったのだろうか。『古事記《こじき》』によれば、成語を含めた漢字文化が、最初に日本へ伝わったのは、奈良時代、王仁《わに》という人物が『論語《ろんご》』『千字文《せんじもん》』を伝えてからだといわれている。中国ゆかりの成語は、それらの書物を通して、次第に日本でも用いられるようになった。

おおよそ鎌倉時代に成立したとされる『平家物語《へいけものがたり》』には、「傾城《けいせい》」という成語が登場する。傾城とは、「城」（国家）を「傾《かたむ》ける」（危うくする）ほどの美貌を持った女性の意であり、美人の形容として現在でもよく用いられる。その出典は、中国古典の一つ『詩経《しきょう》』である。

また、『平家物語』には「蛍雪《けいせつ》の勤め」という句も登場する。「蛍雪」とは、晋の車胤《しゃいん》が貧乏で油が買えず、灯りが無かったので、蛍の光で代用して勉学に励み、また同時代の孫康《そんこう》も貧乏であったため、月に照らされた雪の明かりで勉学に励んだという『晋書《しんじょ》』の故事に基づく成語であり、「苦労して勉学に励む」という意味で用いられる。このように、日本において中国ゆかりの成語を使うことは、比較的古くから見られる。

中日間での成語の変容

ただし、中国で生まれたが、中国とは異なった意味で日本に伝わり、現在用いられる成語も存在する。例として「折檻《せっかん》」という成語を取り上げてみよう。折檻とは、現在日本で「厳しく叱《しか》る」「子供を折檻する」や「体罰を与える」という意味で認識されており、目上の者が目下の者を叱るニュアンスで用いられる。

折檻の出典は『漢書《かんじょ》』朱雲伝《しゅうんでん》である。前漢《ぜんかん》の成帝《せいてい》は、張禹《ちょうう》という人物を重用し、また非常に尊敬していた。張禹は、学識が高く、温厚な人柄であったが、その一方で蓄財を好み、自身の特権をふりかざし、私腹を肥やしていた。そのころ、朱雲という気骨のある人物が、成帝に「私に剣をお与え下さい。その剣で佞臣《ねいしん》を斬り殺したいと存じます」と申し出た。「佞臣」とは口先がうまく、不正な心を持つ臣下のことである。成帝は、誰のことを言っているのか朱雲にたずねたところ、成帝が日頃重用し尊敬している張禹の名が返ってきた。

朱雲（『古聖賢像伝略』より）

すると成帝は激しく怒り、朱雲に対して死罪を命じ、朝廷から引きずり出させた。しかし朱雲は、「檻《てすり》」にしがみついて抵抗したため、檻が折れてしまった。その際、辛慶忌《しんけいき》という将軍が朱雲を弁護したため、朱雲は死罪を免れたが、檻を後日修理する際、成帝が「これからも私を諫める者が現れるように、そのままでよい」と言った。これが折檻の元となる故事である。

この故事が折檻の出典と言われて、なにか違和感を覚えないだろうか。故事では、目上の者が目下の者へ「叱る」というよりも、目下の者が目上の者を「諫《いさ》める」というニュアンスが強い。

これはおそらく、「折檻」が、日本で「切諫《せっかん》」という語と同義で用いられているように、「諫」という漢字の用法に起因している。「諫」という漢字は、中国では「目上の者に対して意見する」という意味でしか用いないが、日本では古くから「目下の者をいましめる」という意味でも用いられた。

たとえば、『和泉式部日記《いずみしきぶにっき》』には「神のいさめ」というフレーズが登場する。これは、明らかに「神」という上位者から下位者への「いさめ（諫め）」という意味で用いられている。ここから、折檻が「目下の者を叱る」という現在の認識が生まれたことが予想される。成語の意味が変容する理由はいくつか考えられるが、「折檻」という成語に限っていえば、その理由は、日中間での「漢字の用法」という文化の違いによって起こった現象であった。現在、われわれがなにげなく使っている成語は、人々に受け継がれる過程で、その土地の文化から影響を受け、変化する場合があるのである。

成語の誕生と中国文化――「類書」とその周辺

では、そもそも成語とは、中国においてどのように誕生したのだろうか。成語の成立を探る上で、一つの手がかりとなるのが「類書《るいしょ》」の編纂という中国特有の文化である。

類書とは、先行する文献を「天」「地」といった項目ごとに引用し編集した書籍群であり、いわば百科事典のようなものである。類書は、現在成語として定着した出典箇所を多く収めており、古人はしばしばこれを介して成語の出典となる文章を読んだ。

本来、類書編纂の目的は、皇帝が世界の事物を掌握することであった。しかし類書は、後に白居易《はくきょい》『白氏六帖《はくしりくじょう》』のように、詩文作成のための資料集としても用いられるようになり、読者層が広がっていった。さらに類書は、科挙の受験生にも読まれた。科挙とは、隋からはじまった官吏の採用試験であるが、試験には儒教経典を含む古典が出題されるため、受験生は膨大な典籍を暗記する必要があった。その際、古典の精華を要領よく引用する類書は、受験勉強の参考資料として歓迎された。

このように、次第に読者層を拡大していった類書であるが、成語が誕生する上で特に重要なのが、類書の発展に伴う「見出し語」の登場である。たとえば『白氏六帖』歌部では、「荘子の妻死して盆を鼓して歌う」という見出し語が存在するが、これは、『荘子《そうじ》』至楽《しらく》篇の故事を大幅に省略したものである。そして、類書の見出し語の影響を受け、後に「鼓盆《こぼん》」だけで「妻と死に別れる」意味を持つようになったことが推測される。

明代以降、印刷技術が発展すると、『幼学故事瓊林《ようがくこじけいりん》』や『故事必読成語考《こじひつどくせいごこう》』といった類書が登場する。これらは、ただ原文を引用するだけではなく、成語の解説を行う点に特徴がある。たとえば『故事必読成語考』（師生）では、「出藍の誉れ」という成語の原文（『荀子《じゅんし》』の「青は藍より出でて藍に勝る」）が引かれ、さらに「弟子が師匠より優れる」といったように解説がなされる。このような「故事成語事典的類書」は、現在の故事成語事典の直接的先駆となった。故事成語事典的類書は、先に述べた「見出し語附き類書」と共に、成語の誕生に多大な影響を及ぼしたことが予想される。

このように成語とは、中国古典だけではなく、類書と、その周辺にある読書、作詩、科挙、印刷技術といった「中国文化」が密接に関わり合って成立した語なのである。

中国文化と成語の変容

先に、中日間での文化的違いから成語の意味が変化する場合について解説したが、中国内でも、原典と成語の意味にずれが生じることも少なくない。たとえば、「杞《き》憂《ゆう》」という成語は、辞書を引くと「取り越し苦労」という意味であり、出典は、杞という国の人が天が落ちてこないかと心配した故事である、と解説される。この故事の出典は『列子《れっし》』天瑞《てんずい》篇であるが、該当箇所には、「杞憂」というまとまった漢語は存在しない。また、『列子』で杞人が心配したのは、「天」の崩落ではなく、「天地」の崩落である。

この二つの問題には、おそらく類書が密接に関わって

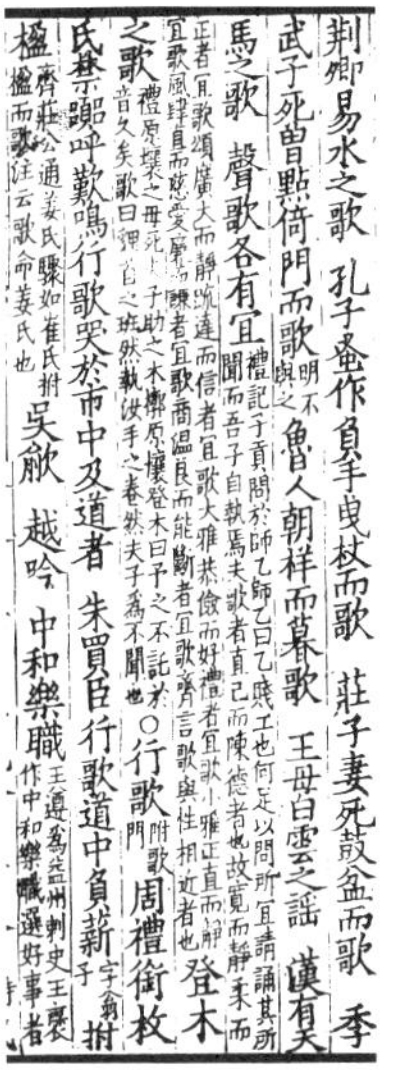
判卿易水之歌　孔子蚤作負手曳杖而歌　荘子妻死鼓盆而歌　季
武子死曾點倚門而歌　魯人朝祥而暮歌　王母白雲之謡　漢有天
馬之歌　聲歌各有宜
登木之歌　行歌　周禮銜枚
氏禁嘂呼歎鳴行歌哭於市中及道者　朱買臣行歌道中負薪
謳　呉歈　越吟　中和樂職

『白氏六帖』歌部

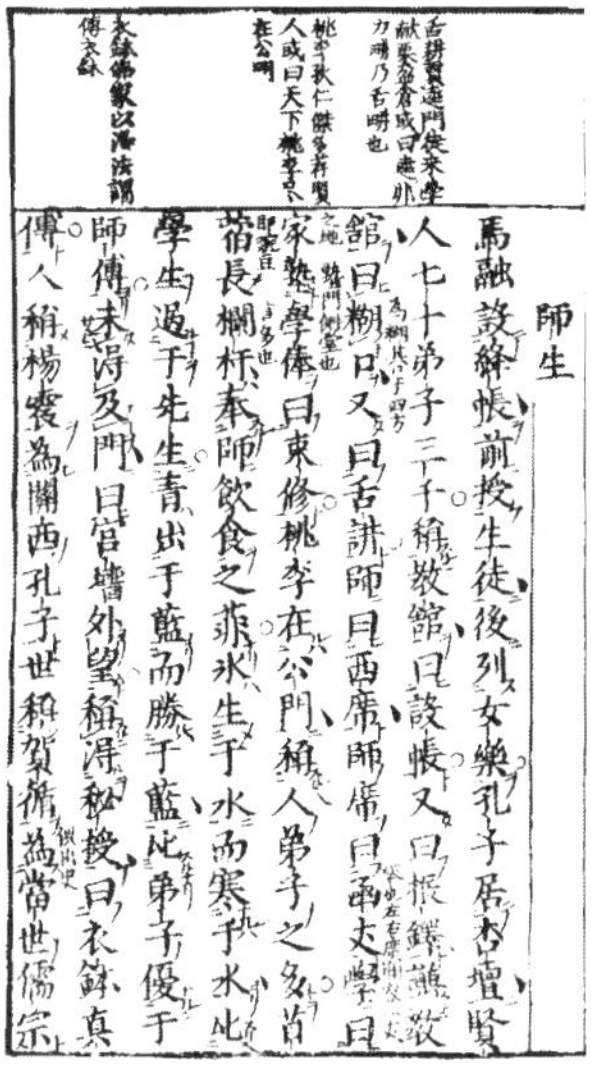
師生
馬融設絳帳前授生徒後列女樂孔子居杏壇賢
人七十弟子三千稱教館曰設帳又曰振鐸藉教
館曰糊口又曰舌耕師曰西席師席曰函丈學曰
家塾學俸曰束修桃李在公門稱人弟子之多苜
蓿長闌杆奉師飲食之菲冰生于水而寒于水比
學生過于先生青出于藍而勝于藍比弟子優于
師傅未得及門曰宮墻外望稱得秘授曰衣鉢真
傳人稱楊震為關西孔子世稱賀循為當世儒宗

『故事必読成語考』師生

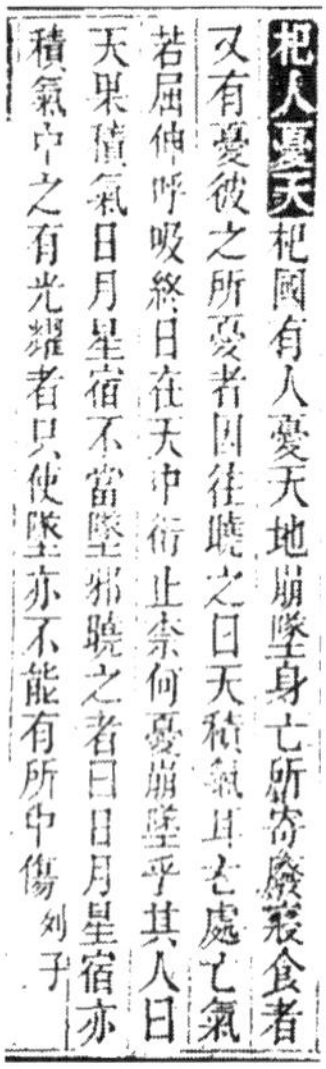
杞人憂天 杞國有人憂天地崩墜身亡所寄廢寢食者又有憂彼之所憂者因往曉之曰天積氣耳亡處亡氣若屈伸呼吸終日在天中行止奈何憂崩墜乎其人曰天果積氣日月星宿不當墜邪曉之者曰日月星宿亦積氣中之有光耀者只使墜亦不能有所中傷 列子

『天中記』天部「杞人憂天」

いる。というのも、類書が杞憂の話を収録する際、その多くが「天」の部に分類している。つまり、分類上、「天地」の「地」は省みられることはなくなり、読者の「地」に対する印象は薄れていった。このことが、後世「天地」から「地」が欠けてしまう一つの要因となったことが考えられる。また、前述の通り、類書の中には冒頭に見出し語を附すものも存在し、杞憂の場合は「杞国憂」（『初学記《しょがくき》』）、「杞憂天墜」（『古今合璧事類備要《ここんがっぺきじるいびよう》』）、「杞人憂天」（『天中記《てんちゅうき》』）のように、後に成立する「杞憂」の下地になるような見出し語をつける類書が存在する。この二つが、出典の故事から「杞憂」という現在の意味に定着するまでの過程で、一定の影響を及ぼしたことが予想される。

以上のように、成語は、中国の文化的背景が原因となって、一部意味が違ったり反転したりする場合があるのである。

成語は、中国古典、類書、読書、作詩、科挙、印刷技術といった「中国文化」の産物であるばかりでなく、日本文化とも密接に関わる語であり、時にその意味を変えながら、現在まで脈々と受け継がれてきたのである。だからこそ、成語は、時に他の一般的な語句と比較できないほどの表現力を有し、言葉や文章に深みを与え、また、処世の知恵や教訓として、今でも人々の精神生活に深く根づいているのである。

参考文献

合山究『故事成語』（講談社現代新書、一九九一年）
阿辻哲次『故事成語 目からウロコの八五話』（青春出版社、二〇〇四年）
井波律子『故事成句でたどる楽しい中国史』（岩波ジュニア新書、二〇〇四年）
遠藤哲夫『出典のわかる故事成語・成句辞典』（明治書院、二〇〇五年）
湯浅邦弘『故事成語の誕生と変容』（角川学芸出版社、二〇一〇年）

第十章　宗教と民間信仰

川野明正

カンボジア王国プノンペンの華人廟の本頭公廟で虎の神様「虎爺」（こや・フーイェー）の前で厄祓いの儀式をする人々

中国は多民族国家なので、宗教もイスラム教やキリスト教、あるいはそれぞれの民族固有の民族宗教などがある。仏教だけでも大乗仏教《だいじょうぶっきょう》に基づく中国仏教の他に、タイ族（漢字表記：傣族、トン・タイ語群チワン・タイ語系）の信じる上座部仏教《じょうざぶぶっきょう》や、チベット族（漢字表記：蔵族、チベット・ビルマ語群チベット語系）の信じるチベット仏教がある。ここでは中国の最多数民族である漢族の宗教と民間信仰のみを取り上げ、儒教・中国仏教・道教などの宗教に言及したうえで、人々の日常の祈りの世界ともいえる民間信仰の世界の中に、これらの宗教の諸要素が、どのような形で取りこまれているのか見てゆきたい。それによって、中国人の信仰世界の全体像が浮かびあがってくるはずである。

1 祖先祭祀と儒教

初期の儒教

孔丘《こうきゅう》（孔子、前五五一？〜前四七九）を開祖とする儒教は、社会思想としての内容が強い。孔丘は、堯《ぎょう》・舜《しゅん》・周公《しゅうこう》など、古《いにしえ》の君子が行ったとされる政治を理想の政治とし、周王朝の礼法への復古を唱え、仁道を倫理的な徳目とし、身分秩序を規範とした行為を実践することを教えている。孔丘の一門は、戦国時代（前四五三〜二二一）には諸子百家《しょしひゃっか》の一派として儒家を形成したが、前漢（前二〇六〜後七）の時代に、国家の統治理念として儒教が採用されて以降、中国歴代王朝の統治理念として生き続けてきた。

しかしながら、孔丘以前にも「儒《じゅ》」と呼ばれた人々はおり、冠婚葬祭などの宗教儀礼、特に葬送儀礼を執り行うことを専門とした集団であった（これを加地伸行は「原儒《げんじゅ》」と呼ぶ）。したがって、儒教では宗教的要素も重要な内容なのである。

「儒」と呼ばれる人々は本来冥界と交信する「巫祝《ふしゅく》」（神や魂などの神霊と人間とを繋ぐ能力をもつ職能者。シャーマンともいう）であった。

孔丘は、古代中国の神や魂などの神霊と人間とを繋ぐための宗教儀礼の体系から、「祖先《そせん》」（ズーシィエン）崇拝の要素を整備して礼教として体系化したのである。

宗教を最も簡潔に、「目にみえる世界を超えた者（神・仏・祖先など）と人間との交流・交感のありかた」と定義した場合、儒教では祖先が「目にみえる世界を超えた者」に相当する。「儒」の行う宗教的行為の役割は、祖先と子孫との対話を媒介することである。そこから儒教のもつ宗教性と祖先崇拝を核心とする信仰の内実をみていきたい。

「鬼」と「魂魄」

日本では仏教徒が家に祀る仏壇には位牌がある。しかしインドでは本来死者の魂は輪廻転生するから、死者の魂が位牌に入って留まるという考え方は、ありえない。

日本人の仏壇に祀る位牌は、中国では当初「木主《ぼくしゅ》」（ムーチュー）、後に「牌位《はいい》」（パイウェイ）と呼ばれ、儒教的な観

牌位（中央は北宋の大文人蘇軾《そしょく》の牌位。海南省海口市祠蘇公祠）

念に基づく。中国の祖先崇拝では、人間の霊的な実体を「鬼《き》」（クゥイ）とか、「魂魄《こんぱく》」（ホンポー）という。「鬼」は、日本人が想像する怪物「オニ」ではない。鬼とは、人が死ぬと立ち現れる霊的な実体を指す。死者の霊、これが鬼なのである。そして子孫が敬うべき先代や、先々代、それ以上の代の鬼が連なり、これらを祭祀すれば、この鬼たちは祖先という霊格に変化していくといえる。

ところで、人が死ぬと、死者の「魂《こん》」（ホン）は天に帰る。そして肉体に付随する霊である「魄《はく》」（ポー）は、遺骸とともに墓中、つまり地中に帰る。魂という字は、云＝雲があり、形のないものを指す。魄という字には白がつくが、これは骨のことである（白川静『孔子伝』、加地伸行『儒教とは何か』、加地伸行『沈黙の宗教――儒教』などの説明も合わせ参照されたい）。

祖先祭祀と「牌位」

儒教の観念では、遺体は墓の中で大切に葬られるべきものである。遺体は「もの」ではもちろんなく、祭祀の対象である。今日の中国でも遺体を火葬に付すことに抵抗する人も多い。それは遺体が土中に還って残る骨を、きれいな形にしたいからである。

祖先祭祀で使われる木主や後の牌位は、空に帰った魂と、地に帰った魄を招いて、元来の祖先の姿に戻すために祖霊《それい》が依《よ》る木の板である。

それゆえ、儒教の祖先祭祀は、祖先の姿を再び子孫の目の前に現出させるという意味がある（加地伸行は、これを「招魂再生《しょうこんさいせい》」と呼ぶ）。死者に送る冥界の金銭を入れた封筒は、よく「祭如前」（「前にいるがごとく祭る」）という言葉を書く。これは死者を、目の前に現前する祖先とし、生前と同様に孝を尽くして待遇し、饗応《きょうおう》するという、子孫の側の意識を表す。

「孝」と生命の連続性

儒教的な思想では一つの血縁集団の中の死者は、通常祖先として祀られる。そして祭祀を行う子孫は、祭祀を行うばかりでなく、一つの血縁集団の継続と繁栄を未来に向けて担う存在である。子孫が祖先に対して行うべき徳目を「孝《こう》」（シャオ）というが、未来に向けて血族集団の継続と繁栄を実現することは、祖先を祭祀する前提でもある。だから孝は、たんに「子が親に対して孝行を尽くす」という倫理的役割だけに止まらない。「孝とは生命の連続性の自覚である」と加地伸行は指摘するが、祖先と子孫は、個体ではなく、過去も、現在も、未来も、ずっと一緒に生きていく一つの生命なのである。孝とは個を越えた生命の連続性を核心とした理念であるといえる（加地伸行、前掲書の孝についての概説を合わせ参照されたい）。

「前にいるがごとく祭る」祖先は、子孫が孝を尽くす対象である。したがって、最大の不孝はなにかというと、一族の血統の断絶であり、祖先を祭祀する担い手である子孫を失うことである。無縁と化した祖霊を中国語では「絶鬼《ぜっき》」（チュエクゥイ）と呼び、断絶の事態を最も恐れる。現代の韓国社会でも同様で、生殖医療が発達する理由ともなる。

祖先崇拝の角度から見ると、儒教は宗教的な内容を濃厚にもつ思想体系であるといいうる。第五節・第六節で論じる民間信仰の世界でも、儒教的な祖先崇拝のありかたは、核心をなしている。

2 観音菩薩と中国仏教

初期の中国仏教

中国に仏教が伝わったのは後漢《ごかん》（二二～二五〇）の一世紀頃とされる。シルクロード上を往来する商人によって仏像がもちこまれ、仏教の中国伝来に繋がったとされる。文献上で確認できる仏教寺院は後漢の明帝が建立した洛陽《らくよう》の白馬寺《はくばじ》であるが、後漢末にはすでに仏教は相当の広がりをみせる。

仏典の漢訳は、後漢代の二世紀後半には安世高《あんせいこう》（安息国《あんそくこく》〔パルティア〕の人、生没年不詳）や支婁迦讖《しるかせん》（サンスクリットでローカクシェーマ、一四七年頃～没年不詳）が漢訳しており、下って鳩摩羅什《くまらじゅう》（クマーラジーバ、亀茲国《きじこく》〔クチヤ〕の人、三四四〜四一三年〔一説に三五〇〜四〇九〕）が訳した漢訳仏典は現代の大乗仏教圏の経典群の基礎となる。

観音信仰

中国仏教の中で、民衆に最も深く信仰される菩薩は、観音菩薩《かんのんぼさつ》であろう。中国・朝鮮・日本などの大乗仏教圏での代表的な菩薩の一位であり、中国でも日本でも馴染み深い菩薩である。サンスクリット語では、アヴァローキテーシュヴァラ・ボーディサットヴァ（ボーディサットヴァは「菩薩」と訳す）という。鳩摩羅什の旧訳《くやく》で「観世音菩薩《かんぜのんぼさつ》」、唐代の玄奘三蔵《げんじょうさんぞう》の新訳《しんやく》で「観自在菩薩《かんじざいぼさつ》」と訳される。

大乗仏教を信奉する地域では、中国では『観音経《かんのんきょう》』（『妙法蓮華経《みょうほうれんげきょう》』の「観世音菩薩普門品第二十五《かんぜおんぼさつふもんぼん》」）があり、魏晋南北朝《ぎしんなんぼくちょう》期（一八四〜五八九）には『観世音応験記《かんぜおんおうげんき》』が普及し信仰を集める。日本でも飛鳥《あすか》時代（五九二〜七一〇）には仏像が作られる。ジャワ島のシャイレーンドラ朝（八世紀中葉〜九世紀前半）のボロブドゥール寺院（八世紀末造営）やカンボジアのクメール王朝（九〜一五世紀）の王都アンコール・トム（一二世紀後半造営）でも、大乗仏教を信奉し、観音菩薩像がある。

また、大乗仏教圏以外でも、それぞれに唐代・宋代に雲南地方を支配した南詔《なんしょう》や大理国《だいりこく》は、「阿嵯耶観音《あさやかんのん》」と呼ばれる独特な男性の観音像を信奉する王国であり、チベットでもその国土は観音菩薩の国とされ、チベット族の祖先であった猿が観音菩薩の化身であるとされ、深く信奉される。

このように、観音菩薩は、大乗仏教での代表的な菩薩であるが、中国でも日本でも、現世利益をもたらす菩薩として信仰されることも特徴である。

日本でも常に見られる白衣の女性像としての「白衣観音」の像は、中国でも広く見られる姿である。たとえば、子授けを願う夫婦が祈願する白衣観音像は、「送子観音《そうしかんのん》」と呼ばれる。また、観音菩薩がおられる場所は、天竺南方の海上にある補陀落（Potalaka、ポータラカ）という山島であるとされるので、中国では「南海観音《なんかいかんのん》」と呼ばれ、航海安全を導くとされる。

浙江省の舟山《しゅうざん》群島（舟山市）には普陀山《ふださん》・洛迦山《らくかさん》があり航海安全祈願の神としての観音菩薩を祀り、補陀落に仮託された観音信仰の中心地として、漁民たちを中心に篤い信仰を集める。

華人社会では、祖先の故地により、異なる系統の住民がおり、故地毎に相互扶助組織である会館がある。広東系華人の会館「粤東会館《えっとうかいかん》」に祀られるのは、南海観音であり、また、「観音古廟《かんのんこびょう》」は、広東系華人の間で最重要の寺廟として各地の華人街に見られる。

白衣観音は、中国では最も広く民衆が信奉している菩薩である。唐代から宋代にかけて独特な阿嵯耶観音を信奉した雲南省の大理盆地でも、現在の住民であるペー族（漢字表記：白族、チベット・ビルマ語群ペー語系）や漢族（漢語群）は、白衣観音を信仰する。白衣観音は、家の中の母屋中央の部屋「中堂《ちゅうどう》」に多く祭祀され、家族の幸福を導く。観音菩薩は慈悲の力をもつとされ、人々の暮らしに平安を与え、苦しみから救済する。民衆は観音菩薩に対して慈悲の力を期待するのであり、この点は中国の民間信仰にも深い影響を与えている。

3　道　教

道教は、人間の限界を超え出ようとする願望が強い宗教である。修行や錬丹術《れんたんじゅつ》の実践を通じての、「不老長生《ふろうちょうせい》」の実現から、呪術の実践を通じてのさまざまな願望の実現まで、人間のあらゆる願望に応えようとする宗教である。

正一教系道教

道教の源流には老聃《ろうたん》（老子）・荘周《そうしゅう》（荘子）などの無為自然を主な理念とする諸子百家の一派である道家《どうか》の思想や、不老長生を求める仙術などがある。道教という言葉が成立したのは五世紀のこととされているが、道教に直接繋がる教派は、後漢末の太平道《たいへいどう》と五斗米道《ごとべいどう》に由来するといわれている。これを五世紀に寇謙之《こうけんし》（三六五頃～四四八）が改革して北魏の国教に据えて、道教と呼んだ。これが元代（一二七九～一三六七）に正式に「正一教《しょういつきょう》」と呼ばれて現在まで続く。五斗米道は張陵《ちょうりょう》（生没年不詳）が創始し、正一教は代々張陵の子孫が教主を世襲する。中華人民共和国成立以前までは、大本山は江西の龍虎山《りゅうこざん》であった。現在は張天師は台湾で活動し、台湾では正一教の活動が盛んである。

対して北宋末に王重陽《おうちょうよう》（一一一二～七〇）が創始した全真教《ぜんしんきょう》は、元代には隆盛して、正一教とともに道教の二大勢力となる。本山は北京の白雲観《はくうんかん》である。

全真教系道教

道教の主な教派である正一教と全真教は、前者が祈禱や方術、護符などを使って平安祈願・病気治癒・長寿祈願などを行うのに対して、全真教は道観に住んで坐禅を主とする修行を実践する。正一教の道士は妻帯できるが、全真教は妻帯できないなどの区別がある。

道教での神々の世界のありかたについては、中国人の民間信仰の内実とも密接に関係するので、第六節で後述する。

4 中国宗教の性格

聖帝を参拝する華人
（インドネシア，ジャカルタ，グロドッ華人街金徳院）

中国宗教のキーワード「三教合一」

中国では、よく儒教・仏教・道教という三宗教の「三教合一《さんきょうごういつ》」、または「三教同源《さんきょうどうげん》」という言い方がされる。中国の宗教世界では、儒教由来の神も、仏教由来の仏も、道教由来の神も、一様に信仰の対象となることができる。各宗教の神仏、神格が一堂に祭祀されることも多い。中国系宗教のパンテオン（神殿）の複雑多岐なありかたをわかりやすく示すものとして、東南アジア華人の事例をあげる。

華人寺院の神仏

ここにあげる事例はインドネシアの首都ジャカルタの中華街グロドッ地区の寺院、金徳院《きんとくいん》である。福建南部系の寺廟で、福建南部方言でキンテッイェ（Kim Tek Ie）という。一六五〇年に創建され、現在の場所は華人街をグロドッ地区に再建した際、一七五五年に再建された。

この寺院は祭祀される神仏像だけでも、二八グループの神仏がいる。以下神格を仏教系・道教系・民間信仰系に分類してみると、中国的な宗教信仰の複雑な様相がおわかりいただけると

金徳院神仏グループ一覧表

A 仏教系	韋陀菩薩《いだぼさつ》（韋駄天） 千手観音《せんじゅかんのん》 観音仏祖《かんのんぶつそ》（女性像の観音菩薩） 三尊大仏《さんぞんだいぶつ》（地蔵・釈迦・弥勒の三世仏。地蔵菩薩は祖霊の超度を願うため，地蔵殿にも別途祭祀） 十八羅漢《じゅうはちらかん》 達摩祖師《だるまそし》（達磨大師）
B 道教系	玉皇大帝《ぎょくこうたいてい》（宇宙・自然界・人界の最高神。別途恵澤廟にも祭祀する。家庭の平安を願う人も多い） 玄天上帝《げんてんじょうてい》（北方の守護神。広東省潮州系華人の守護神でもある） 三官大帝《さんかんたいてい》（天・地・水界の三官） 関聖帝君《かんせいていくん》（関羽の神格化） 城隍爺《じょうこうや》（行政区画内の管轄神。現地では華人街区画の城市の守護神） 玄壇神《げんだんしん》（武財神趙公明） 魁星星君《かいせいせいくん》（学問上達の神。科挙あるいは試験の守護神） 二郎神《じろうしん》（通俗小説『西遊記』『封神演義』などの楊戩《ようせん》で，魔除けの力をもつ） 財神爺《ざいしんや》（財産繁栄の神・文官像である文財神で殷の忠臣比干《ひかん》） 福徳正神《ふくとくせいしん》（土地神） 大爺《だいや》・二爺《じや》（冥界の拘魂卒《こうこんそつ》。寿命が尽きた者の魂を捕る） 太歳爺《たいさいや》（年ごとの歳神・各歳生まれの守護神） 托塔天王《たくとうてんのう》（通俗小説『西遊記』『封神演義』などの李天王である。仏教の毘沙門天が道教に入った神格）
C 民間信仰系	廣澤尊王《こうたくそんのう》（福建省南安系華人の守護神） 清水祖師《せいすいそし》（福建省安渓系華人の守護神） 懺魁祖師《ざんかいそし》（客家系華人の守護神） 澤海真人《たくかいしんじん》（インドネシア華人の守護神） 花公花婆《かこうかば》（縁結びの夫婦二位の神） 白虎将軍《びゃつこしょうぐん》（凶星白虎の凶運を祓う白虎神） 天狗《てんのいぬ》（二郎神の神犬であるが，天狗星に当たる人の厄祓いに祭祀される） 五虎将軍《ごこしょうぐん》（土地神に使役される虎神）

参考資料：『椰城金徳院網站』ホームページ（http://jindeyuan.org/cn/about）

思う。ただし、以下の分類は便宜的なものである。道教系に分類された神格は、多くの場合民間信仰には重要な役割をもつ神であるので、民間信仰の神格にも分類することができる。しかし両者を明確に分類することは不可能であり、あまり意味をもたないであろう（上の表を参照）。

このように、金徳院では、道教の神格も仏教の仏格《ぶっかく》（如来・菩薩など）も一堂に祭祀される。金徳院は、仏寺であるとも中国式の廟堂であるともいえる。また、民間信仰系の神に分類した神は、華人の祖先たちが移民する前の故地のものが多い。福建省安渓県《あんけい》の安渓系華人が祭祀する清水《せいすい》祖師《そし》や、福建省南安県の南安《なんあん》系華人の祭祀する広澤尊王《こうたくそんのう》や、広東省潮州系華人が祭祀する玄天上帝《げんてんじょうてい》、広東省客家系が祭祀する慚魁祖師《ざんかいそし》など、華人各系の神祇を祭祀する。インドネシア華人出身の人物である澤海真人《たくかいしんじん》は、航海安全の神として祭祀されていて、航海安全の神としては、福建・広東系華人が信仰する媽祖《まそ》が東南アジア華人には深く信仰されるが、それ以外の現地起源の独自の航海保護の神格が生まれている。

5 民間信仰世界から見た霊格の種類と変化

中国人の信じる神格を、道教系・仏教系という神格の性質から分類したが、しかしながら、「民間信仰」という観点で見た場合は、それらは厳格な区別にはならない。

漢族の信仰感覚

ある神格に祈願する場合、祈願をする当の祈願者自身は、ある宗教の信徒であるから、その神格を信奉しているのであるとは、必ずしも言えない。たとえば、人々は、儒教徒という意識で、孔丘を祭祀する文廟（孔子廟）に参拝するのではない。学問の上達や、入試の合格のために祈願する。祈願の対象となる神々は、祈願の目的により異なる。ヴェトナムでもハノイの文廟では、受験生が孔丘像を祭祀する大成殿両脇の黒板に、指で合格祈願の文句を記す習俗があり、日本の天満宮での合格祈願にも似て微笑ましい。

ところで、漢族の宗教観は、日本でよくいう「神仏習合《しんぶつしゅうごう》」というような、神も仏も、一つの宗教世界にともに取り入れる志向が強い。日本の神仏習合に見る習合主義・折衷主義を、宗教学の用語では、シンクレティズム（syncretism）と呼ぶ。しかし、この宗教観は、教義的な習合の側面より、人々の宗教感覚に深く根ざす感覚であることが重要である。それは「主義」という言葉で思想化される以前の感覚的な混合であり、人々の信仰観念のなかに、それぞれの神仏が混然一体となった信仰世界があるといえる。

民間信仰の世界では、あくまでも祈願をする人の祈願事があり、祈願事に対応する神格があり、相応の霊験があるからこそ、人々はその神格に祈願する。だから「三教合一」といっても、民衆の感覚では、まずは祈願と利益という必要性から、信仰対象がある。その神がどの宗教に属する神であるという意識は生じにくいため、人々の民間信仰の観念のありかたを見た場合、漢族の宗教の特徴をシンクレティズムと呼ぶ必然性はあまり感じられない（渡邊欣雄『漢民族の宗教――社会人類学的考察』に詳しい）。

霊格の分類

中国の民間信仰がどのようなものであるか、ここでその核心部分を見ていきたい。

ここでは私が生活している雲南省西部大理盆地の漢族を中心とした信仰世界から、信仰の対象となる霊的なものを分類して説明する。なお、大理盆地には、他にもペー族（漢字表記：白族）や、ホイ族（漢字表記：回族、イスラーム教を信じる。言語は漢語群に属する）が居住する。ペー族と漢族の信仰は、現地では相通じることが多いが、異なる観念も見られる。大理盆地には、このような霊格として、①「鬼《き》」（クゥイ・以下漢語の発音は標準語に相当する「普通話《プートンホア》」の発音で表記）、②「精《せい》」（チン）、③「鬼怪《きかい》」（クゥイクゥアイ）、④「精怪《せいかい》」（チンクゥアイ）、⑤「蠱《こ》」（グゥー）、⑥「祖先《そせん》」（ズーシィエン）、⑦「神《しん》」（シェン）（「仏《ぶつ》」〔フォウ〕）の七種をあげる。このうち、鬼怪と精怪は、共に怪異現象を起こす霊格としてみると、上位の概念の「妖怪《ようかい》」（ヤオクゥアイ）に含まれ、中国語からみた妖怪の定義となる。

鬼

人が死ぬとなる霊格で、霊魂・鬼魂の類である。鬼は、鬼→祖先→神という動的な変化をする。「鬼」は先ずは子孫から祀られると、祖先の霊格に昇格する（社会人類学者の渡邊欣雄は『漢民族の宗教――社会人類学的考察』で、「人死して鬼と為《な》る」というモデルを提示し、鬼魂の位格の動的な変化のありようを分析している）。

鬼は通常は地下の冥界に入り、冥界の役所「陰曹地府《いんそうちふ》」（インツァオティーフー）に行って審判を受け、地獄に服役したり、仙界や「西方浄土《さいほうじょうど》」（シーファンチェントゥー）に行く。その後にこの世にさまざまな形で転生する。仏教の「六《ろく》道輪廻《どうりんね》」の思想が民間信仰の観念に定着している。

ただし、鬼は通常、死を契機として生じるが、生者の霊魂としても存在する。漢族では事例が多くないが、雲南省に住むタイ族では、婦女の魂が人体を脱け出して祟る「ピーポー」と呼ばれる霊現象がある。日本でいう「生霊《いきりょう》」に相当する。『源氏物語』で六条御息所《ろくじょうのみやすどころ》が、嫉妬のあまり、葵《あおい》の上《うえ》にとり憑くが、これと同様人体から脱け出した鬼が作用する。中国語では、「生霊」現象を起こす生身の人を「鬼《き》人《じん》」と呼ぶ。鬼人は、鬼でもあり人でもある変化の性質をもつ霊格である。

精　植物・動物を問わず、長く生きると、精気が凝集して「精」となる。自然物や道具や器などの人工物が、時間が経って精となったり、人間の血がつくなど、なんらかの原因で、精気の感応《かんのう》が生じてできる霊格である。

中国の北方には、「胡仙《こせん》」（フーシェン）と呼ばれる神仙の祠がある。胡仙は狐が精となったもので、人々がさらに神格を与え、神に祭祀する。中国南部の長江以南の山地では、魏晋南北朝《ぎしんなんぼくちょう》時代以来、「山魈《さんしょう》」（シャンシャオ）と呼ぶ一本足の山中の精が山中に住むとされ、いまでもまことしやかにその活動が語られる。

また、道具などの人工物が精となった「器物《きぶつ》の精」もある。人間と接触したり人血が滴ると変化を起こすが、たとえば、木棺の板の精「棺材精《かんざいせい》」（クゥアンツァイチン）は、遺骸が長いこと接触するうちに、精と化した器物の精である。また箒に血がつくと「掃把精《そうはせい》」（サオバーチン）となる。韓国の精怪「トッケビ」は、箒《ほうき》や杵、火掻き棒に血がつくと、一本足のトッケビとなり、この種の器物の精である。日本でも、器物の精は「付喪神《つくもがみ》」と呼ばれ、土瓶《どびん》や箒《ほうき》・臼などのユーモラスな絵が、江戸時代には現代の『妖怪ウォッチ』や『ポケットモンスター』に通じる「妖怪キャラクター」として盛んに描かれる。このように、精の観念は、東アジア各地で、器物の精の観念を含む。

鬼怪　鬼が祟りや怪異を起こすものを「鬼怪」と呼ぶ。死を契機として発生した鬼は、通常子孫により祭祀されるため、そのまま祖先へと祀られる。しかし、中国では祖先となる基準に、「正常な死に方」という条件がある。寝台の上で、寿命をまっとうした死に方が正常な死に方であり、外地で客死したり、未婚のまま子孫を残さず夭折したり、戦争で戦死したり、事故で事故死したりすると、祖先になれない。つまり、鬼が鬼となったまま祖先に変化できず、祖先祭祀の秩序から排除されてしまう。「正常な死」の基準が厳しい点が、中国での祖先の観念を決定づける。

ところで、祖先となった鬼は、子孫から生活物資を受け取って冥界で生活するが、鬼から祖先になることができないと、生活物資が欠乏するため、必然的に飢餓に陥る。だから、この種の鬼を「餓鬼《がき》」（ヲークゥイ）と呼ぶ。また、祭祀者である子孫をもたない異常死者となった鬼は、孤独な魂である。だから「孤魂《ここん》」（グゥーホン）とも呼ぶ。異常死者の鬼は、地下冥界である「陰曹地府」に行くことができず、地上の死んだ場所に拘束されるため（日本の「地《じ》縛霊《ばくれい》」に似る)、共同体の外部の周縁地帯である「野《や》」(イエ)に漂う。この種の鬼を「野鬼《やき》」(イェクゥイ)と呼ぶ。孤魂も野鬼も、同一の鬼なので「孤魂野鬼《ここんやき》」(グゥーホンイエクゥイ)とも呼ぶ。

ところで、孤魂野鬼もまた、生活を維持するために、生活物資を得る必要がある。その方法が祟り(「作祟《さくすい》」ツゥオスゥイ)である。

祟りは大別して三つのレベルがある。①子孫が祖先に捧げる祭品を盗む。②生者を病気にしたり、不運にする。③生者を死に至らしめ、その鬼を孤魂野鬼とし、その場所に他人の霊魂を留め、自分は冥界に行き、転生のシステムに乗る。これを「身代わり」の意味で、「替代《たいだい》」(ティータイ)という。

祟りがあると、人はその原因を「巫師《ふし》」(ウーシー)や「巫婆《ふば》」(ウーポー)(それぞれ男性と女性の霊能力者、シャーマン)に相談する。たとえば、精神不安は餓鬼がとり憑いた症状とされるなどの判断がなされる。その上で適切な祓いを依頼したり、自前で祭祀するが、冥界の貨幣「紙銭《しせん》」(チーチェン)や、食物などの祭品を捧げる。つまり生者を病気にすることが、孤魂野鬼が生活物資を得る機会ともなる。また、水難や交通事故の多発の原因は、よく鬼怪の連鎖的な身代わり行為に求められる。

戦死した兵士の鬼怪「五路《ごろ》暢《ちょう》〈猖《しょう》〉兵《へい》」
(雲南省の神像呪符。雲南省洱源《じげん》県)

精怪

長江南部に多い山魈は、人間が山魈の巣を壊したり、小便などをして汚すと報復する。一本足のため、「独脚五郎」などと呼ぶ。精が怪異を発生させるものを「精怪」と呼ぶ。精怪の種類は多い。天上の精怪を列挙すると、旱ばつは「旱魃《かんばつ》」(ハンファー)と呼ぶ精怪の活動とされ、日暮れに干した衣服を放置すると、フクロウに似た天上の凶鳥が化した「梟神《きょうしん》」(シャオシェン)が子どもを病気にし、月蝕・日蝕の原

一本足の精怪「独脚五郎」
（雲南省巍山彝族回族自治県）

天上の精怪「天狗毛煞」
（日本伝来以前の天狗の形象。雲南省保山市隆陽区）

因となる「天狗《てんのいぬ》」も、子どもの病気をもたらす。

蠱

「蠱」は、「蠱毒《こどく》」（グゥードゥー）ともいい、毒虫から成る一種の「霊的な毒物」である。中国南部に多く、漢族のみならず、ペー族やタイ族・イ族（漢字表記：彝族、チベット・ビルマ語群イ語系）・ミャオ族（漢字表記：苗族、ミャオ・ヤオ語群ミャオ語系）など、多くの南方民族に伝わる。中国北部と台湾では聞かない。昆虫では蛾や蝶やゴキブリなどがあり、雲南省昆明市の漢族とイ族は、夜に家に蛾が入るとかならず殺さねばならない。蛇や蝦蟇《がま》などの両生類、また猫やラバなどの動物もその類とされる。特定の家庭の主婦が端午の節句に密かに毒虫の類を取り、甕《かめ》の中に封じておくと、内部で毒虫が互いに喰い合い、生き残った一匹が、毒を最大限取り込んだ蠱となるとされる。蛇が生き残ると、「蛇蠱《じゃこ》」（ショーグー）であり、蝦蟇が生き残ると「蝦蟇蠱《がまこ》」（ハーマーグゥー）となる。蠱は飼い主の意図を察知して近隣の家庭に入り、子どもや成人の体内に入り病気にして、傷つけ、死に至らしめるが、病人の家の財産を蠱が運搬し、飼い主が得るとされる。

蠱の性質は、精怪に近いが、人為で作り出される。また、扱い主に使役される点では、黒呪術の一種であり、精怪、蝦蟇や蛇や毒虫の虫霊がなるとする点で、自然物の変化でもあり、毒性が強調される点では、自然物を人工化した毒物としての性質をもつ。精怪とは区別され、今でもまことしやかに語られる民間信仰の霊格カテゴリーである。

祖先

死を契機として発生した「鬼」は、通常子孫によって祭祀されるため、「祖先」へと霊格を変化させることができる。祖先は、子孫から祭品を送ってもらい、冥界で生活する。

祖先と子孫との関係は、相互応酬（ギブ＝アンド＝テイク）の関係でもあり、祖先は子孫から生活物資の安定的な供給を受け、代わりに子孫の現世での生活を見守る。牌位にも祖霊が留まり、この世のからくりを裏から見るともされる。子孫に何か問題が起きた場合、子孫は、巫師・巫婆に依頼して、口寄《くちよ》せ（「問魂《もんこん》」ウェンホン）をして、祖先を呼び出し、原因を解き明かしてもらう。また、墓地の位置につき、よい「風水《ふうすい》」（フォンシュイ）の土地に墓所を造成すると、子孫にも良い影響があるとされる。風水とは、土地に内在する気脈や方位などの要素から判断する伝統的土地鑑定法である。

神

「神」を定義すると、「鬼か精が公共的な意味づけを与えられて祭祀された霊格」であるといえる。公共的な性格というのは、一族の祖先を祭祀する「宗祠《そうし》」（ゾンツー）ではなく、血縁集団を越えた地域社会の範囲中で、「廟《びょう》」（ミャオ）で祭祀される「廟神《びょうしん》」（ミャオシェン）となるという意味である。

蛾の蠱「月牙昇《ユエヤーション》」
（イ族の神像呪符。雲南省昆明市）

神は、鬼を元にした神と、精を元とする二種の神がある。鬼を元とする神は、人が死んで鬼となり、子孫たちに祭祀される祖先の祭祀範囲を超え、さらに神となって、公共で祭祀される霊格として崇拝される霊格である。これは「人神《じんしん》」（レンシェン、日本でも「ひとがみ」と呼ぶ）といってもよい。中国民間信仰の世界では、仏教でいう「仏《ぶつ》」（フォウ）・「菩薩《ぼさつ》」（プーサー）も、神と同列の位格に置くことができる。祭祀場所が、廟ではなく「寺《じ》」（スー）で祭祀される（ただし、大理盆地のペー族の場合は、村神の廟なども、一括して「寺」と呼び、漢族と観念が異なる）。元来が人である場合、人神と同様の性格といえる。

自然物が変化した精も、それが公共的な意味づけで祭祀されると神となる。こちらは人神に対して、「自然神《しぜんしん》」（ツーランシェン）である。たとえば、樹木を神に祀る樹神はわかりやすい神格である。また、中国南部では、山中の精である山魈は、特定の家庭を選んで祭祀を要求し、密かに家庭内で祭祀される五通神《ごつうしん》となるとされる。精から祀り上げられ、プライベートな性格をもつ「家神《かじん》」（チャーシェン）となる。五通神は歴代の王朝からは正式な神格とは認定されない祭祀である（これを「淫祠《いんし》」（インツー）と呼ぶ。非公認の余計な祠を意味する）。しかし中国南部では村落に五通廟《ごつうびょう》を建てることもあり、廟神ともなる。

ダイナミックな霊格の位格変化

ここにあげた中国民間信仰での霊格の諸々の区別は、人霊か自然物かという出身以外は、基本的にはレベルの違いである。これらの霊格は、レベルに応じて民間信仰の世界の中で、動的な変化を経て諸々の位格をもつ。相互の関係は固定された関係ではなく、変化を前提としたダイナミックな関係なのである。

6 民間信仰の神界の系統

神と人との関係

中国の民間信仰の世界では、神々の世界はまず天上の朝廷「天庭《てんてい》」（ティエンティン）の統治機構が想定される。天庭に君臨するのは、道教の最高神である玉皇大帝《ぎょくこうたいてい》である。玉皇大帝は、現実世界の朝廷では皇帝に相当する。宇宙・自然・人間界すべての秩序を統括する。

その下に、省庁に似た行政部署があり、風を司る風部《ふうぶ》、雨を司る雨部《うぶ》、伝染病を司る瘟部《おんぶ》、雷を司る雷部《らいぶ》、稲妻を司る電部《でんぶ》などがある。また、天界（天上界）を司る賜福天官《しふくてんかん》・地界（地上・地下）を司る赦罪地官《しゃざいちかん》・水界（海洋と河川）を司る解厄水官《かいやくすいかん》の三位の神を指す三官大帝《さんかんたいてい》もいる。

玉皇大帝は、人間界に対しては、農事を含めた生活環境を整えるべく、雨や風などの天候上の恵みである「風調雨《ふうちょうう》順《じゅん》」（フォンティヤオユィーシュン）をもたらし、平穏無事な生活状態「清吉平安《せいきちへいあん》」（チンジーピンアン）を保持すべく、諸神を通じて人間界を保護する。人々もそうした理想的な状態の実現や維持を望み諸神に祈願を捧げる。

また、玉皇大帝は、人間界の道徳倫理の秩序の監督者である。人間の行為の「善悪正邪《ぜんあくせいじゃ》」を把握する立場の玉皇大帝は、悪業を行った人間を処罰する。したがって、中国の民間信仰の観念の中には、善悪正邪に応じて、諸神からの相応の影響があるという「善悪報応《ぜんあくほうおう》」「因果報応《いんがほうおう》」の観念が浸透し、神と人との関係を表す言葉として原則化される。

しかしながら、神と人との関係は、人間も諸神に対し、じつに能動的に振る舞う。

たとえば、諸神に捧げた祈願は、実現すると「還願《かんがん》」（ホアンユゥエン）つまり、願解《がんほど》きの際に、紅布に「有求必応《ゆうきゅうひっおう》」（ヨウチィウピーイン・「求め有らば必ず応ずる」）と書き廟内に奉納する。これは人々が寄せる諸神に対する期待であり、信念を表す。つまり祈願者が信心深く、行い正しく心が潔白な者であれば、諸神に捧げた祈願はなんらかの応答があるはずだという信念である。逆にいうと、霊験がない神は、神たる資格を失い、人からの祭祀を失う。「有求必応」は、人が神に托する基本原則である。

民間信仰での神と人との関係は、人々の行為に対する諸神の反応という側面では、「善悪正邪」の基準に応じた「善悪報応」「因果報応」の原則があり、人々の祈願に対しての諸神の応答の側面には、人間の側からの諸神の能力への期待や暗黙の要求として、「有求必応」の原則がある。人と神との関係は、互いに働きかけ合う関係がある（川野明正『神像呪符〈甲馬子〉集成——中国雲南省漢族・白族民間信仰誌』に詳しい）。

神の世界と人の世界の平行関係

天庭の諸神の秩序をさらに見ていくと、天上の天庭を離れて、地上では、各行政区画に、管轄神である城隍《じょうこう》がいる。たとえば、府であれば府城隍、県であれば県城隍などの神がいる。行政区画の範囲内での行政長官、加えて悪鬼を取り締まるなどの警察長官のような役割も兼ねる。知事や、清代以前の知府《ちふ》・知県《ちけん》などの職務に似る。

神の世界と人間の世界は、平行関係にある。神の世界は陰陽説《いんようせつ》でいう「陰《いん》」（イン）の世界「陰間《いんかん》」（インチェン）であり、人の世界は、「陽《よう》」（ヤン）の世界「陽間《ようかん》」（ヤンチェン）という。玉皇大帝と現実の朝廷の皇帝が平行関係にあり、城隍と現実の地方官の知事が平行関係にある。また、鬼と人も平行の関係で、人の昼は鬼の夜、鬼の夜は人の昼で、陰

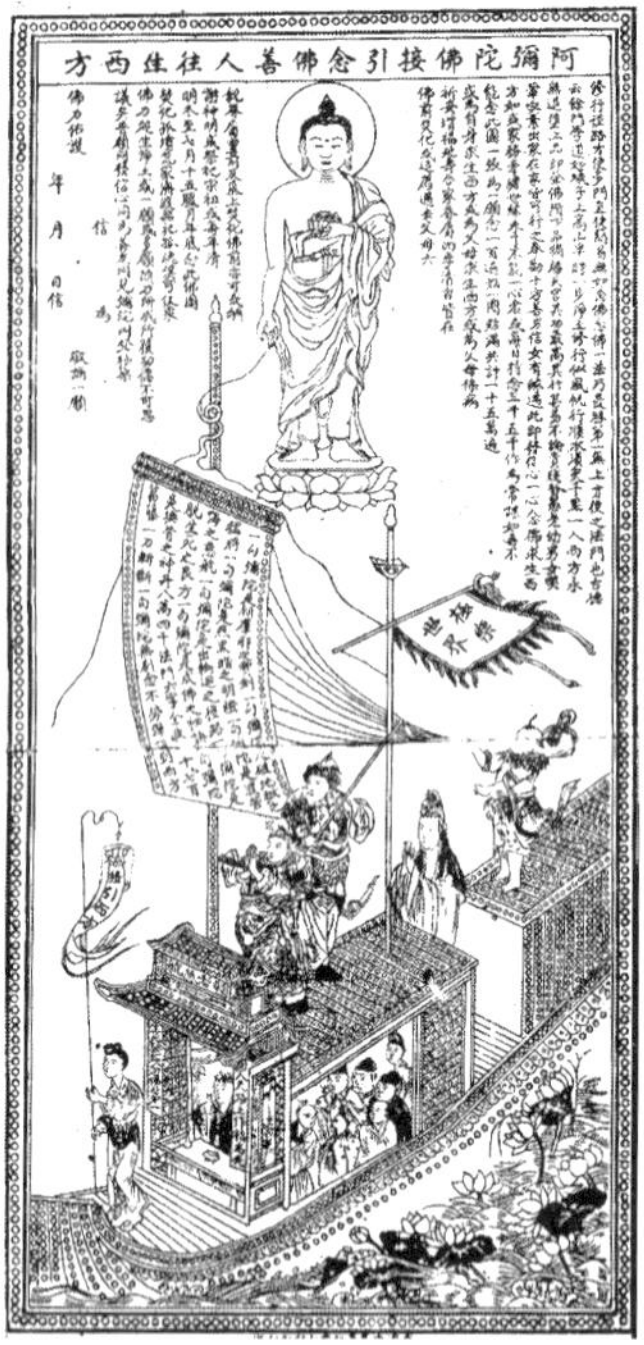

西方浄土行きの船を描いた中華民国期の神像呪符（長江流域以南で流通）

と陽が相対する。

城隍は、上司がおり、それは冥界の陰曹地府を司る東嶽大帝《とうがくたいてい》である。行政区画内で、人が死亡すると、鬼となった霊魂が、村内やあるいは、市街の区画である里坊《りぼう》を管轄する神である土地公《とちこう》の許に行き、それから城隍の許に赴いて審判を受けてから、さらに東嶽大帝の許に送られ、東嶽大帝の部下である十殿《じゅうでん》閻王《えんおう》と呼ばれる十位の裁判官の許で審判と処罰を受ける。

ここまで述べた神界の秩序は、道教の最高神である玉皇大帝を皇帝相当の地位とする天庭の祭祀秩序であるから、道教的世界の範囲でもある。

民間信仰での道教・仏教・儒教の要素

民間信仰の神々の系統では、道教以外の要素も、重要な意義を果たす。仏教的な観念では、生前罪のない鬼は、審判の後、そのまま西方浄土に行くという観念がある。祖霊が現世に帰る旧暦七月の「中元節《ちゅうげんせつ》」（チュンチュウチィエ）（鬼を祀る節句で「鬼節《きせつ》」（クウイチィエ）ともいう）に燃やす、西方浄土行きの船を描いた神像呪符には、阿弥陀如来が見守り、船の舳先に浄土から迎えに来た接引童子《せついんどうじ》が描かれ、船には白衣観音が乗る。

観音菩薩は民間信仰の中で最も深く信仰される神格（仏格）である。これは一つには、皇帝を頂点とする独裁的政治制度を模した道教的な諸神のヒエラルヒー（位階秩序）が、人間に対して懲罰的に対処することが多い点にも理由があろう。

玉皇大帝は、地上の人間界の状況を知るのに、さまざまな配下を持つ。天空を回って地上を観察する巡察神である虚《こ》空遇往《くうぐうおう》の神、かまどを守りながら、家庭の成員の行動を観察し、年末に天庭に上がり報告するかまど神の司命竈君《しめいそうくん》、各人の体内に住み、庚申《こうしん》の日に、天庭に上がって個人の行いについて報告する三尸《さんし》虫《ちゅう》などの報告が天庭で奏上される。地上で発生する不幸・不運・厄災・災害の相当の部分は、玉皇大帝が判断するものとされる。だから道教的な宗教秩序は、人間に対して懲罰的である。個々の家庭では次年の家庭の運勢が、地域的には干ばつや伝染病が天庭が人間界に下した懲罰に相当する。

『西遊記』は、第八九回で、玉皇大帝は、地上を巡行した際、鳳仙郡《ほうせんぐん》の郡侯《ぐんこう》が諸神の祭祀をないがしろにしたのを怒り、降雨を禁じ、干ばつにする。この種の懲罰は、天上の官署である雨部《うぶ》に命令して干ばつを起こす、瘟部《おんぶ》に命じて伝染病を播く、あるいは悪人を罰するために雷部《らいぶ》や電部《でんぶ》に命じて雷電で悪人を殺す、などの措置がある。

玉皇大帝の懲罰的な性格もあり、天上では観音菩薩がしばしば人々を救うために働く。観音菩薩に人々が期待するのは慈悲の働きであり、生活の平安を託す気持ちが働く。したがって、玉皇大帝と観音菩薩は、相補的な関係にある。同様に、陰曹地府での死後の審判や懲罰についても、仏教的な菩薩の相補的な役割が見られる。大理古城では、陰曹地府の管轄神である東嶽大帝を祭祀する東嶽大帝廟に対して、背後に地蔵寺があり、地蔵菩薩の力によって、死者である祖先の鬼の救済が期待される。観音菩薩も地蔵菩薩も、仏教的な信仰を民間信仰の世界で体現する。

また、死者の祭祀という点では、人が死んで鬼となり、さらに祖先となるという民間信仰の核心部分に、同様に、儒教的な宗教世界の構造が据えられている。

相補する三教と民間信仰世界

このように、道教的な宗教世界と、仏教的な宗教世界、儒教的な宗教世界の各要素が、中国民間信仰の世界では、相補的に、不可分に関連づけられる。民間信仰の角度から、これら三教をみると、三教の要素が密接に結合した漢族の信仰世界の全体像が見えてくる。

参考文献

【一般的・入門的文献】

① 白川静『孔子伝』（中央公論新社、二〇〇三年）

＊大胆な推論も交えて、孔丘（孔子）の人物の全身像を赤裸々に提示する。また、孔丘以前の儒者の世界について、巫祝としての活動などの宗教性を詳しく解説している。

② 加地伸行『儒教とは何か』（中央公論新社、一九九一年）

＊東アジアに共通する思想である儒教をわかりやすく概説する。孔丘の行ったことはなにか。また、孔丘以前の「原儒」の人たちが行った宗教行為の意味について解説している。

③ 加地伸行『沈黙の宗教――儒教』（筑摩書房、二〇一一年）

＊著者の『儒教とは何か』の姉妹的な著作である。道徳思想の根底としての儒教の宗教的基盤を詳細に解説し、祖先祭祀の「招魂再生」としての意義や、「孝」の理念が「個を超えた生命の連続性」にあることなどを指摘する。

④ 鎌田茂雄『新中国仏教史』（大東出版社、二〇〇一年）

＊初期の中国仏教など、中国仏教の展開を詳細に跡づけた通史で、中国仏教を知るための必読書である。

⑤ 金正耀著、宮澤正順監訳、清水浩子・伊藤丈訳『中国の道教』（平河出版社、一九九五年）

＊中国側で出版された道教史。道教の全体的な通史、各宗派ごとの歴史などの見通しを得ることができる著作。なお、道教関連の入門書は、日本では他にも多数の著作がある。

【専門的文献】

① 木村清孝『中国仏教思想史』（世界聖典刊行協会、一九七九年）

＊華厳宗《けごんしゅう》・法相宗《ほっそうしゅう》・禅宗《ぜんしゅう》、各宗派の教学などの研究を通じて、仏教が中国で展開する過程を詳細に跡づけた著作である。

② 川野明正『神像呪符〈甲馬子〉集成――中国雲南省漢族・白族民間信仰誌』（東方出版、二〇〇五年）

＊神像を描いた木版画を通じて、雲南省の漢族・ペー族の民間信仰世界を一望した図録である。民間信仰世界の神界と人間との関係の解説が詳しい。

③ 川野明正『中国の〈憑きもの〉――華南地方の蠱毒と呪術的伝承』（風響社、二〇〇五年）

＊日本の「憑きもの」にも似た知られざる「蠱《こ》」（グゥー）の民間信仰伝承の内実と構造を解明している。

④ 澤田瑞穂『中国の民間信仰』（工作舎、一九八二年）

＊鶏の身体の妖怪になって死者の魂が家に帰る「回煞《かいさつ》」信仰など、多くの知られざる事象を論じた先駆的な中国民間信仰の論集

である。同著者には『修訂・中国の呪法』（平河出版社、一九八四年）、『修訂・地獄変——中国の冥界説』（平河出版社、一九九一年）など、中国呪術・地下冥界観などを論じた多数の著作がある。

⑤野口鐵郎・坂出祥伸・福井文雅・山田利明編『道教事典』（平河出版社、一九九四年）

＊道教研究に必携の事典である。各項目は、それぞれ専門分野の日本の道教研究者が執筆しており、各項目から網羅的に道教を理解することができる。

⑥渡邊欣雄『漢民族の宗教——社会人類学的研究』（第一書房、一九九一年）

＊社会人類学のフィールドワーク研究から、漢族の宗教世界について、鬼↓祖先↓神へのダイナミックな変化の構造など、密接な相互の関係からなる全体像を提示している。

コラム8

年中行事

草野友子

中国の伝統的な年中行事（中国語で「節日《ジェリー》」）は、旧暦（「陰暦」「農暦」ともいう）を基本として行われる。そのうち、春節《しゅんせつ》・端午節《たんごせつ》・中秋節《ちゅうしゅうせつ》は三大節句とされ、それぞれ伝統食がある。

春　節

春節は、旧暦の元旦、一月一日から始まる。新暦でいえば、一月中旬から二月中旬頃に相当する。中国で最も重要な祝祭日であり、官公庁や一般企業、学校は大型休みとなる。そのため、多くの人々は故郷に帰って家族とともに春節を過ごす。

春節の前日、大晦日の夜のことを「除夕《じょせき》」という。この時に年越しの餃子を作り、午前一二時、すなわち「子《ね》」の時刻に食べる。これは、「交子（jiaozi）」（子の時刻に歳が変わる）と「餃子（jiaozi）」の発音が同じだからであり、餃子を食べないと年を越せないともいわれている。餃子の中身は、肉や野菜を混ぜた餡の他に、小豆、ナツメ、落花生、黒砂糖、コインなども包まれる。甘い餡を食べると甘く幸福な生活、落花生を食べると長寿（落花生の別名は「長生果」）、コインが当たると金持ちになれるといわれている。また、ナツメの餃子「棗餃子（zaojiaozi）」は「早交子（zaojiaozi）」（早くに子と交わる）と同音であることから、食べると子宝に恵まれるとされる。

餃子を食べるのは、主に北方の習慣であり、南方では「ニエンガオ」と呼ばれる上新粉や白玉粉で作る餅のような食べ物が食される。また、「年年有余」（毎年ゆとりがある）と「年年有魚」の「余」と「魚」の発音が同じ（yu）であることから、魚料理を食べることも良いとされている。

家の外では爆竹が鳴り響き、花火が上げられ、にぎやかに新年を迎えるのが通例である。

年が明けると、親戚や親しい友人のところに新年の挨拶「拝年」にでかける。各家の玄関や部屋の中にはめでたい言葉や絵を描いた「春聯《しゅんれん》」や「年画《ねんが》」がかかげられる。その中には「福」の字を逆さにしたものがあるが、これは「倒福（daofu）」（「福」の字を倒す）と「到福（daofu）」（福が到来する）が同じ発音であり、「福が来るように」という願いが込められているからである。また、日本の正月と同じく、年賀状を送りあう、子どもがお年玉（「ヤースイチエン」）をもらう、というような習慣もある。

　元旦から一五日目は「元宵節《げんしょうせつ》」と呼ばれる。この日は一年の最初の満月に当たり、提灯《ちょうちん》を見物したり、「湯《タン》圓《ユエン》」を食べる習慣がある。「湯圓」とはもち米の粉で作られた白玉団子であり、ゴマ・クルミ・サンザシなどの餡が包まれている。元宵節をもって、春節の行事はすべて終了する。

　なお、新暦の元旦、一月一日は祝日になっているものの、特別な行事があるわけではなく、平時と同じように過ごす。

端午節

　端午節には、ちまき（「粽子《ゾンズ》」）を食べる。中国のちまきは日本とは異なり、もち米の炊き込みご飯をササやハスの葉などで包んで蒸した、いわゆる中華ちまきである。ちまきは、古代の詩人、屈原《くつげん》を記念するために作られたとされる。

　屈原は、戦国時代の南方地域、楚《そ》の王族出身で、三閭《さんりょ》大夫《たいふ》（王族を掌る長官）として、内政・外交に活躍した。博識で政治家として才能があり、楚の王からの信頼も厚かったが、政敵からしばしば讒言《ざんげん》（人を陥れるために事

餃　子

春聯・「倒福」

湯　圓

実を曲げて告げ口すること）に遭い、王にも疎まれるようになった。政治闘争に敗れ、憤悶のうちに放浪を続けた末、屈原はついに汨羅江《べきらこう》に身を投げ、自ら命を絶った。楚の人々はその死を惜しみ、屈原の亡骸が魚に食べられないように米類を葉に包んで川の中に投げ入れ、供養した。これがちまきの由来であるとされている。

また、楚の人々は小舟で川に行き、太鼓を打って魚をおどし、屈原を助けたとされる。それが後に、龍の飾りをつけた船で競い合う「ドラゴンボートレース（龍船比賽）」という競技となった。現在では国際大会も開かれており、舵取り一名、太鼓手一名と、二〇人前後の漕手からなる細長いボートで競われる。

このような風習が、無病息災を祈る「端午節」の行事として定着した。また、この日には、菖蒲《しょうぶ》やヨモギの葉などを厄よけとして門口に掛ける習慣もあることから「菖蒲節」とも呼ばれる。

なお、端午節の由来は諸説あり、たとえば、長江下流の江蘇省や浙江省では、春秋時代に呉王夫差《ごおうふさ》を補佐した人物、伍子胥《ごししょ》（後に讒言により自害）の命日を記念した日であるとされている。

中秋節

秋に中国を訪れると、至る所で「月餅《げっぺい》」を目にするであろう。旧暦八月一五日、「中秋節」の頃には親しい者同士が月餅を贈りあい、家族や友人とともに食べるという習慣がある。月餅は、小麦粉の皮の中に餡を入れ、丸く平たい形にして焼いたものが一般的である。地方によって大きさ、形、材料に違いがあり、餡は小豆、クルミ、ハム、ナツメ、ココナッツ、蓮の実など多種多様である。表面には花柄や文字が型押しされていることが多い。

中秋節に月餅を食べる習慣は唐代に始まったという説があるが、定かではなく、月餅の原型はさらに古くさかのぼれるのではないかといわれている。北宋の時代には宮廷内で「宮餅」を食べることが流行し、それがやがて民間に伝わって「小餅」や「月団」と呼ばれるようになったという。北宋の代表的な詩人蘇軾《そしょく》は、「小餅如嚼月、中有酥和飴（小餅は月を嚙むようであり、中にはクリームと飴が入っている）」という詩を書き残しており、この「小餅」は月餅のことを指すのではないかといわれている。

月餅には、次のような伝説が残っている。元代末期、民衆は蒙古人（モンゴル人）によって支配された元王朝を打倒するため、水面下で準備を進めていた。反乱軍のリーダーの朱元璋《しゅげんしょう》は、八月一五日に蜂起することを決定し、部下に点心（中国の菓子のこと）を作るよう命じた。部下は、月のような円形の「月餅」を作り、その中に「中秋節蜂起殺韃子（中秋節に蜂起して蒙古人を殺す）」と書いた紙を隠して、月にお供えするという名目で各所の関係者に分配した。その後、武装蜂起は成功し、朱元璋は明《みん》の初代皇帝となった。

中国では、「月到中秋分外明」（月は中秋の頃、とりわけ明るい）といわれており、この日の夜に月見をする。「月餅」の丸い形は家庭円満を象徴し、甘い味は生活の幸福を示す。中秋節に家族が集まって庭に供え物を並べ、月を見ながら月餅を食べ、家族団欒や一年の豊作を祝うのである。

その他の年中行事

このほか、中国の代表的な節句の一つに、旧暦九月九日の「重陽節《ちょうようせつ》」がある。中国では古くから、奇数は良いことを表す陽数、偶数は悪いことを表す陰数とされており、「九」という数字は陽数の極みである。九月九日は「九」が二つ「重なる」ことから「重陽」と呼ばれ、吉祥、幸福を象徴する日と見なされている。重陽節には菊酒を飲んで長寿を祈ったり、高い所に登って故郷の家族を思うという習慣があり、現在では「老人節」「敬老節」とも称されている。

ちまき

月餅（「豆沙」とは小豆餡のこと）

旧暦七月七日は、「七夕」である。天の川の両岸に別れ別れになっている牽牛《けんぎゅう》（彦星）と織女《しょくじょ》（織姫）が、年に一度、七月七日の夜に再会するという伝説にちなんだ年中行事であり、日本人にも馴染みが深い。日本では短冊に願い事を書いて笹に飾りつける習慣があるが、もともとは女子が技芸の上達を祈る祭（乞巧《きっこう》）である。七夕は、中国では「情人節」とも呼ばれ、中国でいうところのバレンタインデーに当たる。

中国の年中行事は旧暦を基本として行われるが、中には新暦によって行われるものもある。

「清明節《せいめいせつ》」は、祖先の墓参りの日であり、墓を掃除するために「掃墓節」とも呼ばれる。日本でいうところの彼岸である。「清明」とは二十四節気（一太陽年を二四等分し、立春から交互に節気・中気を設け、それぞれに名称を与えたもの）の五番目で、三月節（旧暦二月後半～三月前半）に当たるが、今では新暦の四月三日から四月五日頃が連休として固定さ

中国の主な年中行事

旧暦（陰暦・農暦）	春　節	元旦	新暦の1月中旬～2月中旬頃。中国で最も重要な祝祭日。大型休み
	除　夕	元旦の1日前	除夜，大晦日
	元宵節	1月15日	春節から数えて15日目，最初の満月の日。湯圓を食べる，提灯を見物する
	端午節	5月5日	戦国時代の楚の詩人・屈原を記念する日。ちまきを食べる
	七　夕	7月7日	牽牛と織女の伝説に基づく祭。中国のバレンタインデー
	中秋節	8月15日	家族が集まり，月餅を食べる。3日ほど休み
	重陽節	9月9日	菊の節句。九は陽数であり，吉祥，幸福を象徴する
新暦（陽暦・公暦）	元　旦	1月1日	1日は全国的に休み
	婦女節	3月8日	国際婦人デー。婦人のみ半日休み
	情人節	2月14日	バレンタインデー。男性が女性に薔薇の花などを贈る
	清明節	4月5日前後	墓を清め，祖先を供養する日。3日ほど休み
	国際労働節	5月1日	国際労働節（メーデー）。全国的に3日～1週間ほど休み。ゴールデンウィーク
	青年節	5月4日	青年の日。中学生以上は半日休み
	母親節	5月の2週目の日曜日	母の日
	児童節	6月1日	子どもの日
	父親節	6月の3週目の日曜日	父の日
	教師節	9月10日	教師の日。恩師に花などを贈る
	国慶節	10月1日	建国記念日。全国的に1週間ほど休み。ゴールデンウィーク
	聖誕節	12月25日	クリスマス

れている。

また、新暦の五月一日は「国際労働節」すなわちメーデーであり、一週間ほどの休みとなる「黄金周」（ゴールデンウィーク）になっている。

新暦の行事で最大のものは、「国慶節《こっけいせつ》」である。一九四九年一〇月一日に中華人民共和国成立の記念式典が北京の天安門広場で行われ、当時の首席毛沢東《もうたくとう》が人民政府の成立を宣言して以来、中国の建国記念日となった。こちらも一週間ほどの休みとなるゴールデンウィークで、多くの人々が旅行に出かける。

近年、一二月になるとクリスマス（「聖誕節」）の飾りが各所で見られるようになった。また、新暦の二月一四日のバレンタインデーも「情人節」と呼ばれるようになり、欧米の習慣に従って男性が女性に薔薇などの花を贈る日となっている。最近では、日本の影響でスーパーにチョコレートが置かれている光景も見かけるようになった。

以上が中国の代表的な年中行事であるが、地域や民族の違いによってさまざまであり、この限りではない。年中行事のほとんどが、家庭円満、無病息災の願いが込められており、日本への影響も少なくない。中国人に出会ったら、その出身地方の年中行事を聞いてみても面白いかもしれない。

参考文献

中村裕一『中国古代の年中行事』（汲古書院、第一冊春：二〇〇九年、第二冊夏：二〇〇九年、第三冊秋：二〇一〇年、第四冊冬：二〇一一年）
周国強著、筧武雄・加藤昌弘訳『中国年中行事・冠婚葬祭事典』（明日香出版社、二〇〇三年）
中村喬『中国歳時史の研究』（朋友書店、一九九三年）
中村喬『中国の年中行事』（平凡社、一九九八年、続編一九九〇年）
敦崇著、小野勝年訳『燕京歳時記　北京年中行事』（平凡社〔東洋文庫〕、一九六三年）

第十一章　卜筮

近藤浩之

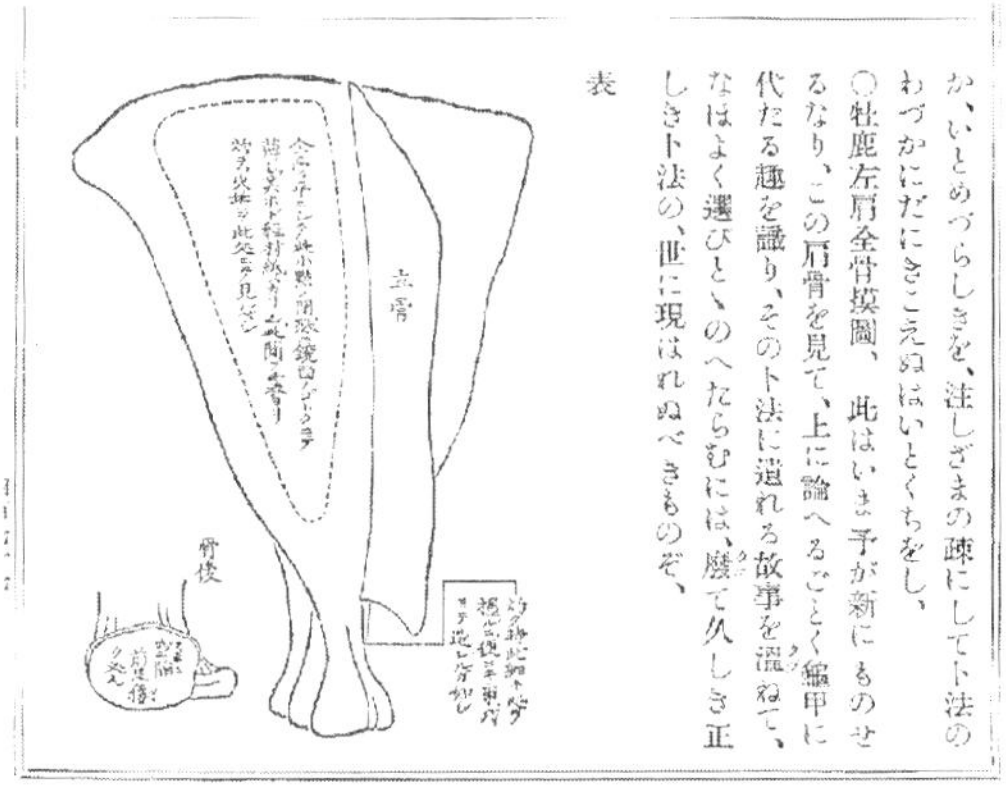
か、いとめづらしきを、注しざまの疎にして卜法の
わづかにだにきこえぬはいとくちをし、
○牡鹿左肩全骨摸圖、　此はいま予が新にものせ
るなり、この肩骨を見て、上に論へるごとく龜甲に
代たる趣を識り、その卜法に遺れる故事を混ねて、
なほよく選びとゝのへたらむには、歴て久しき正
しき卜法の、世に現はれぬべきものぞ、
表

骨卜に使う牡鹿の肩胛骨の図（伴信友『正卜考』より）

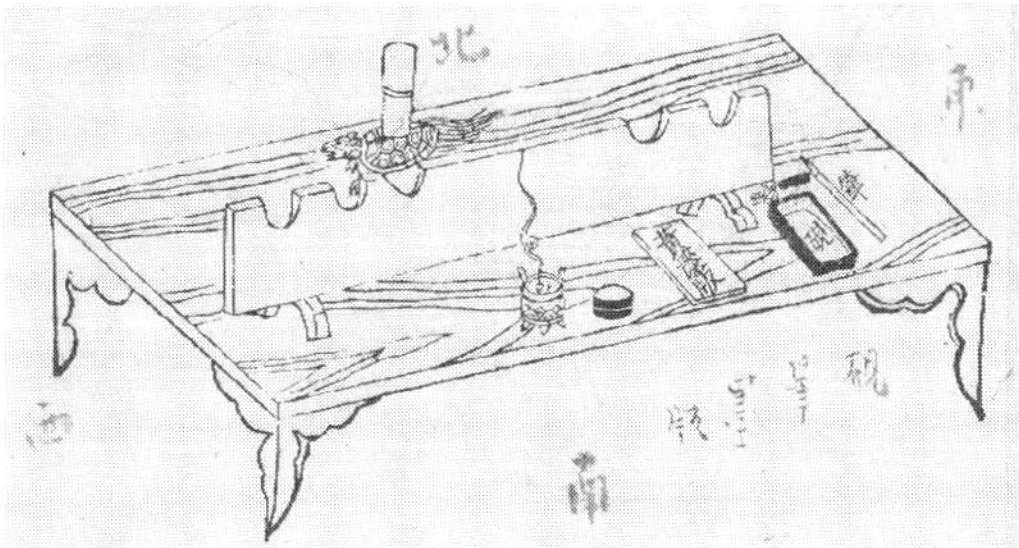

「筮儀」の占具の配置図（馬場信武『易学啓蒙図説』より）

占いの技術と文化は、古代文明を読み解くための重要な鍵の一つである。とりわけ中国においては、卜筮《ぼくぜい》（占い）の技術と文化が遠古長久の中国文明の淵源であり、それらを陰陽五行理論で体系化した易学はつねに中国伝統文化の成立と展開の基軸であった。中国古代の人々が天神あるいは鬼神に吉凶禍福を問う方法には、主に二種類すなわち卜と筮とがあり、『礼記《らいき》』曲礼に「亀を卜と為し、筴を筮と為す。卜筮なる者は、先聖王の民をして時日を信じ、鬼神を敬し、法令を畏れしむる所以なり。民をして嫌疑を決し、猶与を定めしむる所以なり。」とある。獣骨や亀甲を灼《や》いて生じさせた兆象（ひびわれ、さけめの様子）によって吉凶を判断するのが「卜」、蓍草《めどき》（草の名、その茎を占いに用い、ひいて筮竹《ぜいちく》であり、筴《さく》・策《さく》も筮竹を意味する）を揲《かぞ》える（数えとる）ことで得られた卦象（陰と陽の爻《こう》を重ねたしるし）によって吉凶を判断するのが「筮」である。両種の占いは、いわば「動物の神霊」あるいは「植物の神霊」を媒介として、天神と人を通じさせる原始崇拝の習俗である。そして「卜筮」と連ねて言えば、ひろく占卜（占い）一般を意味することにもなる。

1 亀卜・骨卜

中国の卜はおおよそ、新石器時代には羊や猪（豚）の肩胛骨《けんこうこつ》が多く使われたが、殷代後期（前一三世紀以降）になると主に亀の腹甲や牛の肩胛骨が使用され、刻辞（漢字の文字）を伴うようになる。占いに使われた甲羅のことを「卜甲《ぼくこう》」、獣骨を「卜骨《ぼくこつ》」と呼ぶ。殷代後期には占卜の内容を卜甲や卜骨に直接刻む習慣が流行し、亀甲や牛骨に記されたので、それを「甲骨文字《こうこつもじ》」というが、文字を刻むこと自体が高度な技術であった。

先に骨卜、後に亀卜

獣骨（主に肩胛骨）による卜を「骨卜《こつぼく》」、亀の甲羅による卜を「亀卜《きぼく》」と呼ぶ。骨卜や亀卜に関する中国の考古材料から見れば（朴載福『先秦卜法研究』上海古籍出版社、二〇一一年を参照）、仰韶《ぎょうしょう》文化《ぶんか》後期（六〇〇〇～五〇〇〇年前頃）の卜骨は、数量はわずかながら、ほとんどが羊の肩胛骨であり、未加工で鑽《さん》（丸く浅い窪み）も鑿《さく》（縦長の深い窪み）も彫《ほ》らない。獣骨を灼いて占う骨卜の萌芽はこの辺りにあるらしい。竜山文化時期（五〇〇〇～四〇〇〇年前頃）も依然として卜骨はあるが、卜甲は見つかっていない。ただ骨卜の材料としては、牛・猪（豚）・羊・鹿の骨が使われ、牛の肩胛骨で最も早期のものは竜山文化後期に属する。以後、夏代晩期にかけて牛の肩胛骨の発見件数がさらに増え、殷代になるとそれまで最多だった猪（豚）（夏代一五五件、殷代七四件）や羊（夏代一〇三件、殷代九〇件）の肩胛骨に取って代わって、（獣骨類の中で）牛の肩胛骨の件数が最も多くなる（夏代九六件、殷代一五万二五四〇件）。周代の発見件数は四二一件に減るが、それでも依然として獣骨卜の材料として絶大な比率を占めている（獣骨中八五・五パーセント程度が牛）。なお、後漢の王充の著『論衡』卜筮篇には子路が孔子に「猪肩《ちょけん》・羊髆《ようはく》、以て兆を得べく、雚葦《かんい》・藁芼《こうもう》、以て数を得べし。何ぞ必ずしも著亀を以いん」（どうして卜に猪や羊の肩骨を使わないのかなど）と問うた伝説を引用し、前漢の淮南王劉安の編纂『淮南子《えなんじ》』説林訓に「牛蹏《うしのひづめ》・彘顱《ぶたのあたま》も亦た骨なり、しかれども世灼かず」（牛や豚の骨では灼いて卜することはしない）とあるように、前漢時代にもはや中原では獣骨卜は廃れていたようだ。

再び考古材料から見れば、新石器時代から夏代までは卜骨（獣骨卜）しか発見されておらず、いまだ卜甲（亀卜）は発見されていない。しかし、殷墟《いんきょ》からの大量の出土からもわかるように、殷代は夏代に比べて占卜が大いに盛んになり、卜骨を圧倒するほどの卜甲が出現する。殷周時代は卜甲（亀卜）と卜骨（主に牛肩胛骨卜）が兼用される。卜甲の発見件数は、殷代早期は六一件（腹甲五九件、背甲二件）ほどだが、殷代中期には八四七件（腹甲七六五件、背甲八二件）、殷代後期には一五万一八九八件（腹甲一四万六八三〇件、背甲五〇六八件）にもなるが、そのほとんどが殷墟からの出土である。この数字からも殷墟文化は、亀卜を中心とする占卜の技術が最高潮に達する時期であることがわかる。

なお、次の西周早期の卜甲の発見件数は一万七二三九件（腹甲一万七二二九件、背甲一〇件）、西周中晩期は一四三件（腹甲一三三件、背甲一〇件）、東周時期では河南省洛陽東周王城遺跡から発見された五件（腹甲二件、背甲三件）のみで、西周中期以降、占卜（亀卜）習俗が急速に衰退することがわかる。そして春秋戦国時代には、殷・西周時期に比べて亀卜はあまり行われなくなると考えられる。ただし、戦国楚地出土の卜筮祭禱簡《ぼくぜいさいとうかん》の類（後述）に見える占具には、獣骨や亀甲らしきものがあるので、戦国時代ではまだ骨卜・亀卜はそれほど衰退したわけではなく、ただその卜辞の記録が、甲骨という材料（骨は、貝塚のように集積されなければ、長期残存しない）から、竹簡等の材料になされるようになったために、出土発見件数としては大きく減少したように見えるだけかもしれない。

甲骨卜の刻辞

刻辞（甲骨文字）をともなう卜骨・卜甲は、基本的に殷代後期の殷墟遺跡（殷の都、「大邑商」と呼ばれた）から出現し始める。甲骨上に卜辞を刻むことは殷人が創始したことだとも言える高度な文化的技術であろう。鄭州二里崗《ていしゅうにりこう》からもっと古い殷代の都の遺跡が発見され、現在では、殷王朝は前期（二里崗文化、前一六～一三世紀）と後期（殷墟文化、前一三～一一世紀）という時代区分がなされるが、甲骨文字は、今のところ殷代前期には見いだされない。殷代前期の遺跡からすでに文字が有る骨製品（卜骨ではない）はいくつか見つかっているが、それらは殷墟の甲骨文字（卜骨・卜甲の刻辞）と同様の卜辞とは見なしがたい。また落合淳思『甲骨文字に歴史をよむ』（ちくま新書、二〇〇八年）によれば、現在知られる殷代の漢字がほとんど甲骨卜の刻辞（甲骨文字）だからといって、殷代の漢字に占卜という用途しかなかったわけではない。殷代に一般的に使われていた字体が甲骨文字なのではない。甲骨文字は、甲骨という硬い材質に刻むため、結果的に直線が多い角張った特殊な字体になる。ごくまれに筆で書かれたと思われる曲線的な字体が残っていることがあるが、むしろその方が標準的な字体であろう。『尚書』多士に「殷の先人、典有り冊有り」と言うとおり、綴じた竹簡の象形文字「冊」やそれを捧げる様を表す「典」が甲骨文字に存在することから、殷代後期も一般に竹簡に文字を書いていたのだろう。落合淳思氏（前掲書）によれば、甲骨文字の文章（卜辞）には一定の書式がある。①前辞（占卜状況を記す、「干支卜某貞」が典型）、②命辞（占卜内容）、③繇辞《ちゅうじ》（占辞ともいう、吉凶判断）、④験辞（実際の結果、占辞の当否）、⑤記事（月次や占卜地など）で構成される（繇辞・験辞・記事は省略されることが多い）。たとえば、『殷墟文字丙編』・中輯（二）三六八・三六九の卜辞を、①前辞～⑤記事に区分して示そう（大西克也・宮本徹『アジアと漢字文化』放送大学教育振興会、二〇〇九年にも詳しい説明がある）。

① 癸子卜、争鼎、②今一月雨（癸子の日に卜う。争が問う。今の一月に雨は降るか）。
① 癸子卜、争鼎、②今一月不其雨（今の一月に雨は降らないか）。
③ 王占曰、丙雨（王が占断して言う。丙の日に雨が降る、と）。
④ 勹（旬）壬寅雨、甲辰亦雨。／己酉雨、辛亥亦雨（結果として、一〇日以内の壬寅《じんいん》・甲辰《こうしん》の日に、その後、己酉《きゆう》・辛亥《しんがい》の日にも雨が降った）。
⑤ 雀入二百五十（雀という部族から亀が二五〇匹貢納された）。

新資料『卜書』と
『史記』亀策列伝

馬承源主編『上海博物館蔵戦国楚竹書（九）』（上海古籍出版社、二〇一二年一二月）所収の『卜書』は、今まで知られていない「戦国晩期」と推定される新資料の一つだが、先秦時代の亀卜の様相を伝える貴重なものとして注目される。日本では大野裕司氏（「上博楚簡『卜書』の構成とその卜法」『中国研究集刊』闕号（第五十八号）、二〇一四年六月）の研究があり、それによれば、『卜書』の前半部分は卜兆（亀版の割れ目）の横画に拠って吉凶を判断する卜法であり、後半部分は食墨・兆色・三族・三末の状態に拠って吉凶を判断する卜法が書いてある。『周礼』春官・占人に「凡そ卜簭《ぼくぜい》（筮）、君、体を占ひ、大夫、色を占ひ、史、墨を占ひ、卜人、坼《たく》（われめ）を占ふ」とあるような亀卜における「体」「色」「墨」「坼」の四つの判断材料による卜法が、『卜書』には揃っているようだ。

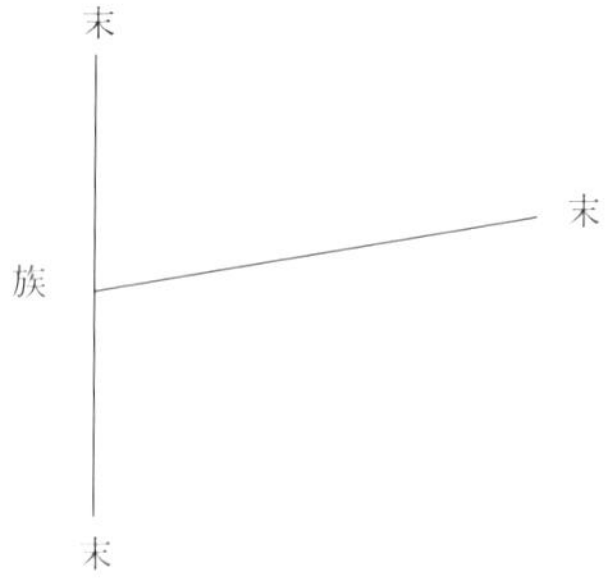

「三族」「三末」

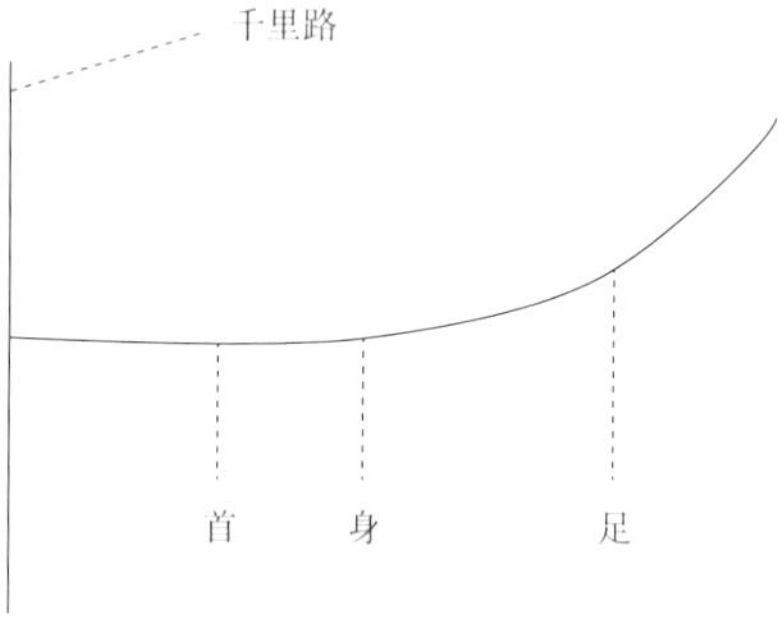

「首」「身」「足」
（劉玉建『中国古代亀卜文化』より）

『卜書』後半部分の「三族」「三末」は卜兆の「体」によって占う卜法、「毋白毋赤、毋卒以易」「如白如黄」などは「色」による卜法、「食墨」（墨は亀を灼いた際に発生する煤であり、食はひび割れが墨に及ぶか及ばないかということ）は「墨」による卜法であり、前半部分に見える卜兆の横画による卜法は「坼」に相当する。『卜書』前半部分には「仰首」「出趾」「頫首」「納趾」「肣」などの語が見えるが、これらは『史記《しき》』亀策列伝《きさくれつでん》にいう「首仰《くびあおぐ》」「足開《あしひらく》」「首《くび》俛《ふす》」「足肣《あしとじる》」などに相当し卜兆の横画（中央を上下に貫く縦線の「千里路」から横に伸びるひび割れ線）を「首」「身」「足」の三つに分けて占う卜法である。

『史記』亀策列伝は「録有りて書無し」（『漢書』司馬遷伝）とされた一〇篇の一つで、前漢元帝・成帝の間に褚少孫《ちょしょうそん》が補伝したものなので、信憑性に欠けるとして軽視されていたが、『卜書』の出現によりにわかにその（文化遺産上の）資料的重要度を増すことになった。吹野安氏（「『史記』亀策列伝小察」『中国文学の世界』第六集、笠間選書、一九八三年）の見解によれば、褚少孫は、『史記』太史公自序に「三王不同亀、四夷各異卜、然各以決吉凶。略闚其要、故作亀策列伝」（三王、亀を同じくせず、四夷、各おの卜を異にす、然るに各おの以て吉凶を決す。略《ほぼ》その要を闚《うかが》ふ。故に亀策列伝を作る。）という太史公の「録」（目録）は有るのに、その亀策列伝の「書」（本文）が無いことに心を傷め、長安中を探索して、なお得られなかったので、太卜の官を訪ねたり、礼楽の官を訪ねたりして、その踏査の結果を編録したと、自ら述べている。踏査の結果を忠実に記録するとすれば、〈掌故《しょうこ》・文学・長老〉の「事に習ふ者」といった、当時の雑多な文化人たちが語りかけた片々たる言葉があったろうことは、今日の民俗採訪（歴史学や民俗学で資料を集めるため各所を訪ねること）などからしても十分推測がつく。いくつかの占筮家流の秘儀も採訪し、踏査のままの、文詞の不統一、雑説まがいの、「煩蕪《はんぶ》陋略《ろうりゃく》にして取るべきもの無し」（司馬貞の評語）と批判される点があるのは、むしろ当然なことである。褚少孫補伝「亀策列伝」の文章に、先学たちが批判する難点があるのは、むしろ主観的な解釈や整理を試みず、採訪の結果を忠実に編録した証とみるべきであろう。

さて、その亀策列伝には少なくとも、①卜某事辞の類、②命曰辞の類、③此某兆辞の類という異なる三種類の卜辞例が収められている。

①「卜某事辞の類」と言うのは、たとえば、

卜繫者出。不出、横吉安。若出、足開首仰有外（繫がるる者出づるを卜す。出でざれば、横吉なれ。もし出づれば、足開首仰にして外有れ）。

とあるように、基本的に「卜（某事）。（肯定）、（某兆形）。（否定）、（某兆形）。」という記述形式である。これは占う時にいのって言う祝語のようである。

②「命曰辞の類」と言うのは、たとえば、

命曰、横吉、内外自挙。以占病者、久不死。繫者、久不出。求財物、得而少。行者、不行。来者、不来。見貴人、見。吉。（命づけて曰く、横吉にして、内外自挙なり。以て病む者を占ふに、久しく死せず。繫がるる者は、久しく出でず。財物を求むるは、得れども少なし。行く者は、行かず。来る者は、来らず。貴人に見ゆるは、見ゆ。吉なり。）

とあるように、基本的に「命曰、（某兆形）。以占（某事）、（肯定）または（否定）。……（某事）、（肯定）または（否定）。（吉凶）。」という記述形式である。

③「此某兆辞の類」と言うのは、たとえば、

此、横吉、上柱、外内自挙、足肣。以卜有求、得。病、不死。繋者、毋傷、未出。行、不行。来、不来。見人、不見。百事、尽吉。（此れ、横吉にして、上柱、外内自挙、足肣《あしとじる》なり。以て求むることあるを卜するに、得。病むものは、死せず。繋がるる者は、傷つくこと毋けれども、未だ出でず。行くものは、行かず。来るものは、来らず。人に見ゆるは、見えず。百事は、尽く吉なり。）

とあるように、基本的に「此、（某兆形）。以卜（某事）、（肯定）または（否定）。……（某事）、（肯定）または（否定）。（吉凶）。」という記述形式である。②③の記述形式の各条の上には、張文虎《ちょうぶんこ》（一八〇八～八五、南匯《なんかい》の人。字は孟彪、または嘯山。号は天目山樵。群籍を博覧し、経学・小学・暦算・楽律に至るまで皆精研深造し、校勘に長ず。『校刊史記札記』がある。）が「首当有亀兆形、伝写失之、以下各条放此、又疑上文命曰、各条上亦有之。」（滝川亀太郎『史記会注考証《しきかいちゅうこうしょう》』所引）と推測したように、きっと亀の腹甲の図か何かがあって具体的な卜のひび割れ方「亀兆形」（卜兆の形）がいちいち図示されていたのだろう。以上のように、三種類の記述形式は、兆形として「横吉」「内外自挙」「足開」「足肣」などの同じ用語を使い、占う事項やそれに対する成否や吉凶の判断の用語もほとんど同じで、兆形と占断の対応関係もほぼ共通している。記述の仕方が異なるだけで実質的には同じ卜法に属すると言ってよい。三種類に分かれているのは、その使用目的や伝承流派の違いに由来するのだろう。あるいは、褚少孫が「大卜の官に之き、掌故・文学・長老の事に習ふ者に問ひて、亀策卜事を写取し、下方に編し」たと言うとおり、掌故・文学・長老の三者それぞれに取材したままを記録したから、三種類の記述形式があるのかもしれない。上博楚簡『卜書』前半部分に見える「仰首」「出趾」「頫首」「納趾」「肣」などの語は、やはり亀策列伝に編録されたこの卜法の語によく似ている。

中国の倭人伝に見える骨卜

日本（倭）が文献に初めて登場する、班固《はんこ》（後三二～九二）の『漢書』地理志「楽浪の海中に倭人有り、分かれて百余国と為る。歳時を以て来り献見す」の記事から、前漢時代（日本の弥生中期）に倭の存在が認識されていたことがわかる。『史記』太史公自序「三王不同亀、四夷各異卜、然各以決吉凶」の「各おの卜を異にす」る「四夷」に「倭」も含まれるだろう。そして後漢以降、弥生後期の日本人は大陸からの借り物とはいえ文字を持つようになる（近年、ＡＭＳ法を用いた年代測定により、水稲耕作の開始時期が紀元前約一〇〇〇年前後であるという研究成果が発表され、弥生文化の始まりが従来よりもさかのぼる可能性が出てきたが、後漢・三国時代は従来と同じく弥生後期と考えてよい）。しかし当初、金印や貨幣に刻まれた漢字は、古代日本人の目には、権威の象徴あるいは呪力をもつ装飾的な模様としか映らず、文字としての機能などまったく理解できなかっただろう。陳寿《ちんじゅ》（二三三〜二九七）の『三国志』魏書・東夷伝の倭人の条に「其の俗、事を挙げ行来するに、云為《うんい》する所有れば、輒ち骨を灼いて卜し、以て吉凶を占う。先づ卜する所を告ぐ。其の辞は令亀の法（中国の亀卜）の如く、火坼《たく》を視て兆を占う」、また裴松之《はいしょうし》の注に「『魏略』に曰く、其の俗、正歳四時を知らず」とあるように、中国の亀卜とは似て非なる獣骨卜を行い、暦も持たない弥生人の姿が見える。この倭人の条によれば、倭国と魏との間で、景初二年（二三八）「十二月、詔書して倭の女王に報じて曰く……今汝を以て親魏倭王と為し、金印紫綬を仮し、……銅鏡百枚……を賜う」以降、たびたび使者が往来する。邪馬台国の有力候補地・奈良県桜井市の纏向《まきむく》遺跡で、三世紀後半〜四世紀初めの占いに使われた猪の右肩胛骨「卜骨」が出土し、灼いた棒をあてた痕跡が三カ所あり、卑弥呼の後継者・壱与《とよ》の時代にあたるという（纏向学研究センター発表、読売新聞、二〇一五年一月三〇日朝刊）。陳寿が知る当時の倭人の習俗には亀卜は無く、「骨を灼いて卜」す獣骨卜であった（卜辞は中国の亀卜の如くだという指摘から、かえって亀卜ではないことがわかる）。

弥生時代の骨卜と古墳時代の亀卜

弥生時代の骨卜（太占《ふとまに》）文化は漢字伝来よりも早く、江戸時代の国学者・伴信友《ばんのぶとも》（一七七三〜一八四六）は、「亀卜とは云へ、まことは上代の鹿卜法の遺伝はれるものなる事の著ければ、……かのかきまぎらはしたる漢《から》ぶり説のさかしらを、古実もて撰りすつるときは、まことの上代の卜法のそれと知らるるを、今試に辨へ証せる此書になむある」として『正卜考』（『伴信友全集』巻二、ぺりかん社、一九七七年所収）を著して、漢字文化に染まる前の日本古来の卜法を考察する。伴信友のこの試みは、まさに弥生時代の骨卜の実態を示す現在の考古学的成果と突き合わせることで再検証されなければならない。

宮崎泰史「日本の卜骨研究の現状について——今後の日韓卜骨の比較研究を前提に」（『東亜文化』一五号、東亜細亜文化財研究院、二〇一三年一二月）によれば、弥生時代から古墳時代前期の卜骨出土例は、現在、四二遺跡四七一点にのぼ

間口洞窟遺跡出土の卜甲（左が外側，右が内臓側）
（『占いとまじない』より）

る。出土例の約八五パーセントが鹿・猪の肩胛骨であり、愛知県を境に西日本は猪、東日本は鹿の利用割合が多くなる。肩胛骨を使った骨卜のタイプは〈時期、地域、焼灼を加える位置、整地、鑽の有無・形状〉によってⅠ～Ⅶタイプに分けられる。日本での卜骨の登場は弥生前期で、中足骨・橈骨・肢骨である。肩胛骨を使用するようになるのは弥生中期前半（Ⅰタイプ、灼面卜面一致）で、奈良県唐古《からこ》・鍵《かぎ》遺跡、大阪府亀井遺跡、鬼虎川《きとらがわ》遺跡、鳥取県青谷上寺地《あおやかみじち》遺跡で出土している。同じ遺跡から出土しても中期中頃～中期後半のⅡタイプ（灼面卜面不一致）とは明確に分離できる。弥生後期初頭に整地（ケズリ）を施すⅢタイプ、その発展形で外側面をケズリによって除去、平坦化する弥生後期後半～古墳前期初頭のⅣａタイプ（主に西日本）がある。古墳前期初頭のⅤタイプ（不整円形を呈する粗雑な鑽あり）以降、東西の差は見られなくなり、その発展形で古墳前期～中期のⅥタイプは平面が円形、断面が半円形を呈する整美な鑽を設ける。古墳後期（六世紀以降）のⅦタイプ（内外面に整地、海綿質部分に長方形の鑽を連続して彫り焼灼）は、従来の骨卜法を払拭するために中国の「亀卜の法」を復古調に再現し、全国的な規模で卜占法を統一するために採用した可能性も十分に考えられ、新たにウミガメを採用し、ウミガメの入手困難な地域では従来から使用していた鹿・猪に加えて牛・馬の家畜を使用するようになった（以上、宮崎氏見解の要約）。『三国志』魏書・東夷伝の「骨を灼いて卜し、……火坼《たく》を視て兆を占う」は弥生後期後半～古墳前期初頭のⅣａタイプあるいは古墳時代前期初頭のⅤタイプの状況を伝えるものだろう。

神澤勇一「古代の占い 亀卜と鹿卜」（別冊太陽七三『占いとまじない』平凡社、一九九一年）によれば、日本における卜甲（亀卜）の初例は、神奈川県三浦市間口洞窟遺跡出土で古墳後期（六世紀）のもので、アカウミガメの甲を板状にし、内蔵側の面に三四個の方形の鑽があり、内面が十字形に灼かれている。反対側は研磨されて光沢があり、鑽の裏を中心に「+」字形、「×」字形の亀裂が生じている。長崎県壱岐《いき》の串山ミルメ浦遺跡と同時期のものであり、対馬に残る近世の例にも驚くほど似ている。これは漢字文化に染まった後の、そして中国の亀卜文化の影響を受けた後の、日本の占卜の変化を如実に現している。ただし亀はウミガメを用い、腹甲よりも主に背甲を使う所が、中国とは大いに異なる。

2 易筮（著筮）とその諸相

亀卜と著筮《しぜい》、その起源はどちらも殷代までさかのぼるが、『史記』亀策列伝に太史公曰（実はこれも褚少孫の補伝にかかるか）として「王者決定諸疑、参以卜筮、断以著亀、不易之道也。」（王者は諸々の疑義を決するのに、卜筮を参考にし、著《めどき》や亀によって判断するが、これは万世不易の道である。）、「夫擿策定数、灼亀観兆、変化無窮、是以択賢而用占焉、可謂聖人重事者乎。」（そもそも策を数えて卦《か》を定め、亀甲を灼いて吉凶の兆を観るのは、その変化に窮まりがない。それ故、賢者を択《えら》んで占いにあたらせるのであって、占いは聖人にとっての重要事というべきだ。）、「『書』建稽疑、五謀而卜筮居其二、五占従其多、明有而不専之道也。」（『書経』〈洪範篇〉には、疑わしい事を考え定める道として、五謀〈五つの相談相手〉すなわち自分の心、卿士、庶人、卜、筮を立ててある。卜と筮はこのうちの二つであり、事にあたってはこの五つに謀って賛成の多い方に従うのである。これは要するに、神明が存するとして卜筮を重んじるけれども、それのみにかたよって事を決しないやり方である。）などと云う。『周礼』春官・簭人《ぜいじん》には、「凡そ国の大事は、簭（筮）を先にし、而して後、卜す」と云い、『左伝』僖公四年には、卜人の言葉として「筮は短、亀は長なれば、長に従ふに如かず」と云う。これらは亀卜の形式が著筮に比べて神秘的であり、著筮は比較的遅れて現れたものだということを反映している。あるいは著筮は一種新しい形式であり、亀卜に対する補助と見なされたのかもしれない。

八卦と六十四卦

『周礼』春官・大卜《たいぼく》に「三易の灋《ほう》を掌る。一に曰く連山、二に曰く帰蔵、三に曰く周易。その経卦は皆、八。その別は皆、六十有四」とある。「経卦」とは基本となる卦を指し、「別」とはそれを重

上篇	1 乾 ䷀	2 坤 ䷁	3 屯 ䷂ 4 蒙	5 需 ䷄ 6 訟	7 師 ䷆ 8 比	9 小畜 ䷈ 10 履	11 泰 ䷊ 12 否	13 同人 ䷌ 14 大有	15 謙 ䷎ 16 豫
	17 隨 ䷐ 18 蠱	19 臨 ䷒ 20 觀	21 噬嗑 ䷔ 22 賁	23 剝 ䷖ 24 復	25 无妄 ䷘ 26 大畜	27 頤 ䷚	28 大過 ䷛	29 習坎 ䷜	30 離 ䷝
下篇	31 咸 ䷞ 32 恆	33 遯 ䷠ 34 大壯	35 晉 ䷢ 36 明夷	37 家人 ䷤ 38 睽	39 蹇 ䷦ 40 解	41 損 ䷨ 42 益	43 夬 ䷪ 44 姤	45 萃 ䷬ 46 升	47 困 ䷮ 48 井
	49 革 ䷰ 50 鼎	51 震 ䷲ 52 艮	53 漸 ䷴ 54 歸妹	55 豐 ䷶ 56 旅	57 巽 ䷸ 58 兌	59 渙 ䷺ 60 節	61 中孚 ䷼ 62 小過	63 既濟 ䷾ 64 未濟	

通行本『周易』卦序

ねたものを指す。周の文王に由来する「周易」以外の「連山」「帰蔵」については、「連山」は伏羲《ふくぎ》の易で「帰蔵」は黄帝の易とする説や、「連山」は夏の易で「帰蔵」は殷の易とする説など、後人の解釈も種々存在するが、みな信ずるに足りない。現在まで伝わる占筮の法には、ただ『周易』の一種があるだけだ。「易」とは、鄭玄《じょうげん》の注に「蓍《めどき》の変易の数を揲《かぞ》へ占ふべき者なり」と説くように、蓍の変化の数を数えて八卦の象を得、卦象により吉凶を推測するが、奇（陽）⚊と偶（陰）⚋の二画を三重にして八卦を得る。

（八卦）	乾《けん》	坤《こん》	震《しん》	巽《そん》	坎《かん》	離《り》	艮《こん》	兌《だ》
（卦画）	☰	☷	☳	☴	☵	☲	☶	☱
（卦象）	天	地	雷	風	水	火	山	沢

八卦を構成するのは奇⚊・偶⚋の両画（陽爻・陰爻という）である。蓍を揲《かぞ》えて卦を求めるという筮法に照らして言えば、蓍数と卦象は密接に結びつく。張政烺《ちょうせいろう》は、考古資料に基づいて卦はもと数字であるという説を提示し、陰陽の二爻は奇数と偶数、すなわち一（⚊）と六（∧）の数から起こったとした（「帛書『六十四卦』跋」『文物』一九八四年三期）。しかし、新資料の戦国竹簡『筮法』（『清華大学蔵戦国竹簡（肆）』所収、中西書局、二〇一三年）には卦を数字で表す数字卦があり七を

「一」と画し八を「八」と画すから、陰陽の二爻は七と八の数から起こったと考える方がよいだろう。

蓍筮の根本経典が『周易』であり、『周易』の本質は六十四卦である。六十四卦は八卦を重ねて成り立つ。六十四卦の配列の順序を卦序《かじょ》と称する。その順序は乾卦に始まり、未済卦に終わる（韓仲民『帛易説略』北京師範大学出版社、一九九二年より）。

つまり1䷀乾《けん》　2䷁坤《こん》　3䷂屯《ちゅん》　4䷃蒙《もう》　5䷄需《じゅ》　6䷅訟《しょう》　7䷆師《し》　8䷇比《ひ》　9䷈小畜《しょうちく》　10䷉履《り》　11䷊泰《たい》　12䷋否《ひ》
13䷌同人《どうじん》　14䷍大有《だいゆう》　15䷎謙《けん》　16䷏豫《よ》　17䷐随　18䷑蠱《こ》　19䷒臨《りん》　20䷓観　21䷔噬嗑《ぜいこう》　22䷕賁《ひ》　23䷖剝《はく》　24䷗復《ふく》　25䷘
无妄《むぼう》　26䷙大畜《だいちく》　27䷚頤《い》　28䷛大過《たいか》　29䷜習坎《しゅうかん》　30䷝離《り》　31䷞咸《かん》　32䷟恒　33䷠遯《とん》　34䷡大壮《だいそう》　35䷢晋　36䷣明夷《めいい》
37䷤家人《かじん》　38䷥睽《けい》　39䷦蹇《けん》　40䷧解《かい》　41䷨損《そん》　42䷩益《えき》　43䷪夬《かい》　44䷫姤《こう》　45䷬萃《すい》　46䷭升《しょう》　47䷮困《こん》　48䷯井《せい》　49䷰革《かく》
50䷱鼎《てい》　51䷲震《しん》　52䷳艮《こん》　53䷴漸《ぜん》　54䷵帰妹《きまい》　55䷶豊《ほう》　56䷷旅《りょ》　57䷸巽《そん》　58䷹兌《だ》　59䷺渙《かん》　60䷻節《せつ》　61䷼中孚《ちゅうふ》　62䷽
小過《しょうか》　63䷾既済《きせい》　64䷿未済《びせい》である。この卦序に関しては、唐の孔穎達《くようだつ》（五七四～六四八）が『周易正義《せいぎ》』において「覆《ふく》に非ざれば即ち変《へん》」の説を提起し、「二二、相耦す」、すなわち二卦で一対を為して配合すると見なす（『周易正義』序卦《じょか》伝）。その配合の形式は、一つは覆、つまり卦象が顚到する。たとえば、䷂屯と䷃蒙、䷄需と䷅訟などである。もう一つは変、つまり卦象の六爻の陰陽がすべて相反する。たとえば、䷀乾と䷁坤、䷚頤と䷛大過、䷜習坎と䷝離などである。前者は後に綜卦と称され、後者は後に錯卦と称される（明の来知徳《らいちとく》の易学用語）。

卜筮の書から哲学の書へ

『易経』は、五経（詩・書・礼・易・春秋）の一つで、もとは数とりによる卜筮の書であるが、後に陰陽思想を根幹とする哲学の書となり、漢代以降、儒教経典の首位とみなされる。春秋戦国時代には単に「易」といい、おそらく前漢以降に「周易」と呼ばれる（馬王堆漢墓帛書『周易』要篇に「周易」の語あり）。『易』の（各氏の）伝に対する経という意味での「易経」一二篇の名は、『漢書』芸文志《げいもんし》・六芸略《りくげいりゃく》に見え、それに対して卜筮の書としての「周易」三八巻の名が、同術数略《じゅつすうりゃく》・蓍亀《しき》の属に見える。つまり『漢書』の分別では、『易』は経典としては「易経」、卜筮としては「周易」と呼ばれる。ただし『隋書』経籍志《けいせきし》・経籍・経一では、経典としても「周易」という称しか見えない。四書五経という儒教経典の一つとして意識されて『易経』と呼ばれるようになるのは宋代からだろう。

伝説であるが、『漢書』芸文志に「人、三聖を更《か》ふ」という説がある。『易』繋辞下伝の「古者《いにしえ》包羲《ほうぎ》氏……始めて八卦を作る」、司馬遷『史記』太史公自序「西伯（文王のこと）、羑里《ゆうり》にとらわれて周易を演《の》ぶ」、孔子世家「孔子晩にして易を喜《この》み、彖《たん》・繋・象・説卦・文言を序《の》ぶ」などの記述によれば、包羲・文王・孔子の三聖人がその編纂に深く関わる。包羲氏が八卦を画し、周の文王が演べて六四卦とし、併せて卦辞と爻辞を作り、そして孔子が伝を作って経を解した、と考える。後漢（馬融など）ではさらに周公旦が爻辞を作ったという説を提起する（南宋の朱熹に至って「人、四聖を更《か》ふ」の説に概括）。さらに『漢書』芸文志に「世、三古を歴《ふ》」と云うように、上古（包羲）・中古（文王）・近古（孔子）の三つの時代を経て長期間にわたって成立したとされる。『周易』繋辞下伝に「易の興るや、それ中古におけるか、易を作る者は、それ憂患有るか」、また「易の興るや、それ殷の末世、周の盛徳に当たるか、文王と紂との事に当たるか」と云う。殷代の亀卜に対する周代の蓍筮《しぜい》、その蓍筮の根本が『易』であり、周代の易なので「周易」というのである。

『周易』の構成と十翼（十篇の易伝）

『周易』は、卦画《かかく》・卦名《かめい》・卦辞《かじ》・爻辞《こうじ》から構成される「経」部分と、彖《たん》上下伝・象《しょう》上下伝・文言《ぶんげん》伝・繋辞《けいじ》上下伝・説卦《せっか》伝・序卦《じょか》伝・雑卦《ざっか》伝から構成される「伝」部分（十翼《じゅうよく》）とから成る。経は戦国期までに、十翼は前漢末までに形成されたと考えられる。経は六四の卦ごとに卦辞があり、一卦は六爻（陽爻または陰爻が六つ）から成るが、爻ごとに爻辞がある。卦辞はもと彖辞《たんじ》（「彖」は決断・断定の意）ともいい、その卦の意義・性質を述べ、吉凶禍福を断定する辞であり、爻辞は爻ごとに対応する辞なので、一卦に六爻辞、全体で三八四ある（乾卦と坤卦のみある「用九」「用六」を含めれば三八六）。「十翼」という名称は漢末にすでにあり、『易』の「経」を助ける一〇篇の「伝」という意味である。彖伝上・下は彖辞すなわち卦辞の解釈である。象伝上・下は小象《しょうしょう》と大象《だいしょう》とから成り、小象は爻辞の解釈である。大象は六四の卦ごとに上卦の象と下卦の象との関係から卦の構成を説き、次に道徳上・政治上の意義を説くという形で整えられている。文言伝は乾坤二卦の卦爻辞だけを詳細に解釈する。繋辞伝上・下は爻辞を引用して解釈したものが一九章ほど含まれるが、全体としては『易』の起源・理論や意義および占筮法などを説く易学概論であり、一名「大伝」という。説卦伝は前半が易学概論の要約であり、後半は八卦それぞれが象徴するもの（方位、性質、動物、自然現象、人倫など）を示す。序卦伝は卦名の意義によって「経」の六十四卦の配列順序（卦序）の理由を説明する。雑卦伝は性質の相反する卦をペアにして三二組六四の各卦（ただし大過と夬のみ組にならず）の特色を一言で要約して説くが、配列順序は「経」の卦序とは異なる。内容から考えて、『周易』の最も古い部分（上経・下経）は西周初頭以降に、最も新しい部分（序卦伝・雑卦伝）は漢代に成立したと考えてよい。

出土した『易』と卜筮併用

現在までに出土した『易』には、発見された順に、前漢代の馬王堆漢墓《まおうたいかんぼ》帛書《はくしょ》『周易』と阜陽双古《ふようそうこ》堆漢墓《たいかんぼ》竹簡《ちくかん》『周易』、秦代の王家台《おうかたい》秦墓《しんぼ》竹簡『帰蔵《きぞう》』、戦国後期の上海博物館蔵戦国楚竹書『周易』（上博本）などがある。

前漢文帝一二年（前一六八）に埋葬された馬王堆三号漢墓から出土した帛書『周易』は、今本『周易』とは卦序が異なるが卦爻辞はほぼ同じ「経」部分と、今本と一部共通する部分（繫辞伝など）を持つが今本には無い篇や文章を多く含む「伝」部分とから成る。つまり帛書『周易』は、「経」の六十四卦篇、「伝」の二三子《にさんし》篇・繫辞《けいじ》篇・易之義《えきしぎ》篇（衷《ちゅう》篇とも）・要《よう》篇・繆和《ぼくか》篇・昭力《しょうりき》篇、合計七篇から構成される。特に「伝」部分六篇は内容が豊富で、前漢以降の『易』の経典化を考える上で不可欠な儒家思想資料である。とりわけ要篇には、孔子が『易』を常に持ち歩き玩味していた話があり、卜筮の書である『易』を儒家が経典として受容した言い訳を示唆している。阜陽漢簡『周易』は、「経」部分のみだが卦爻辞に卜辞が附加されており、『史記』亀策列伝に引かれている亀卜の辞に類似する。

王家台秦簡『帰蔵』は、卦画・卦名のみ今本『周易』とほぼ共通するが、その記述形式は、「（卦画）（卦名）曰、昔者（某人A）卜（某事）。而支占（某人B）、（某人B）占之曰、（吉凶判断）。」という形であるから、一条の中に筮「（卦画）（卦名）」と卜「昔者（某人A）卜（某事）」と支「支占（某人B）、（某人B）占之曰、（吉凶判断）」という三種類の占法に基づく記述がなされていると見ることもできるが、「支」を「牧」の省字とし、「牧」は「謀」の仮借字と考えると（その例として睡虎地秦簡『法律答問』に「臣妾牧殺主。・可（何）謂牧。・欲賊殺主、未殺而得、為牧。」とあり、「牧」は明らかに「謀」の意味である）、たとえば秦簡『帰蔵』の第一九四号簡は「（卦画）節。曰く、昔者《むかし》、武王、殷を伐つを卜す、と。而して、占を老考に支（謀）る。老考、占ひて曰く、吉、と。」と読むことができる。「曰」以下はすべて昔の占卜の記事となる。卜して得られた兆の占断をしかるべき人物に謀ること、それが「支占（某人）」の意味である。

上博本は「経」部分のみで、ほとんど今本と同じだが、各卦の卦名の直下、および爻辞の末尾に、黒色と朱色を使用した符号（首符・尾符）が附けられている。

包山楚墓卜筮祭禱簡（C）の部分（『包山楚簡』より）

さらに易筮の使用を物語る実例として、望山楚墓《ぼうざんそぼ》、包山楚墓《ほうざんそぼ》、天星観楚墓《てんせいかんそぼ》などから戦国時代の卜筮と祭禱に関する記録（卜筮祭禱簡《ぼくぜいさいとうかん》）が出土している。そこには『易』の卦画が記されている（『春秋左氏伝』に見える本卦と之卦のように、卦画は二つ並べて記されているが、卦爻辞は無い）（湖北省荊沙鉄路考古隊『包山楚簡』文物出版社、一九九一年より）が、同じ卜問（貞問《ていもん》）で甲骨卜も同時並行で行われており、卜筮併用の実態が明らかになった。たとえば、包山楚墓卜筮祭禱簡（一九七〜二〇四）に次のように見える（陳偉等『楚地出土戦国簡冊［十四種］』経済科学出版社、二〇〇九年、九二頁【釈文】を参照）。

（A）宋客盛公騯聘於楚之歲、荊𡱝之月乙未之日、盬吉以保家爲左尹𦩨貞、「自荊𡱝之月以就荊𡱝之月、出入事王、盡卒歲、躬身尚毋有咎」。占之、「恆貞吉、少有慼於躬身、且志事少遲得」。……

（B）宋客盛公騯聘於楚之歲、荊𡱝之月乙未之日、石被裳以訓韉爲左尹𦩨貞、「自荊𡱝之月以就荊𡱝之月、盡卒歲、躬身尚毋有咎」。占之、「恆貞吉、少外有慼、志事少遲得」。……

（C）宋客盛公騯聘於楚之歲、荊𡱝之月乙未之日、應會以央著爲子左尹𦩨貞、「自荊𡱝之月以就荊𡱝之月、出入事王、盡卒歲、躬身尚毋有咎」。䷏䷹。占之、「恆貞吉、少有慼於躬身、且爵位遲踐」。……

同じ人物「左尹𦩨《さいんた》」の為に「貞《と》ふ」として、ほぼ同様の貞問《ていもん》「自荊𡱝之月以就荊𡱝之月、出入事王、盡卒歲、躬身尚毋有咎」と占断（占之）「恒貞吉、少有慼於躬身、且志事少遲得」の同類の文章が三段連続するが、その貞人―占具が（A）「盬吉」―「保家」と（B）「石被裳」―「訓韉」と（C）「應會」―「央著」と三者三様に異なる。（C）のみ「䷏䷹」（豫の兌に之く）卦画が記されているから、（C）のみ著（筮竹）を用いた易筮の占いであり、（A）「保家」と

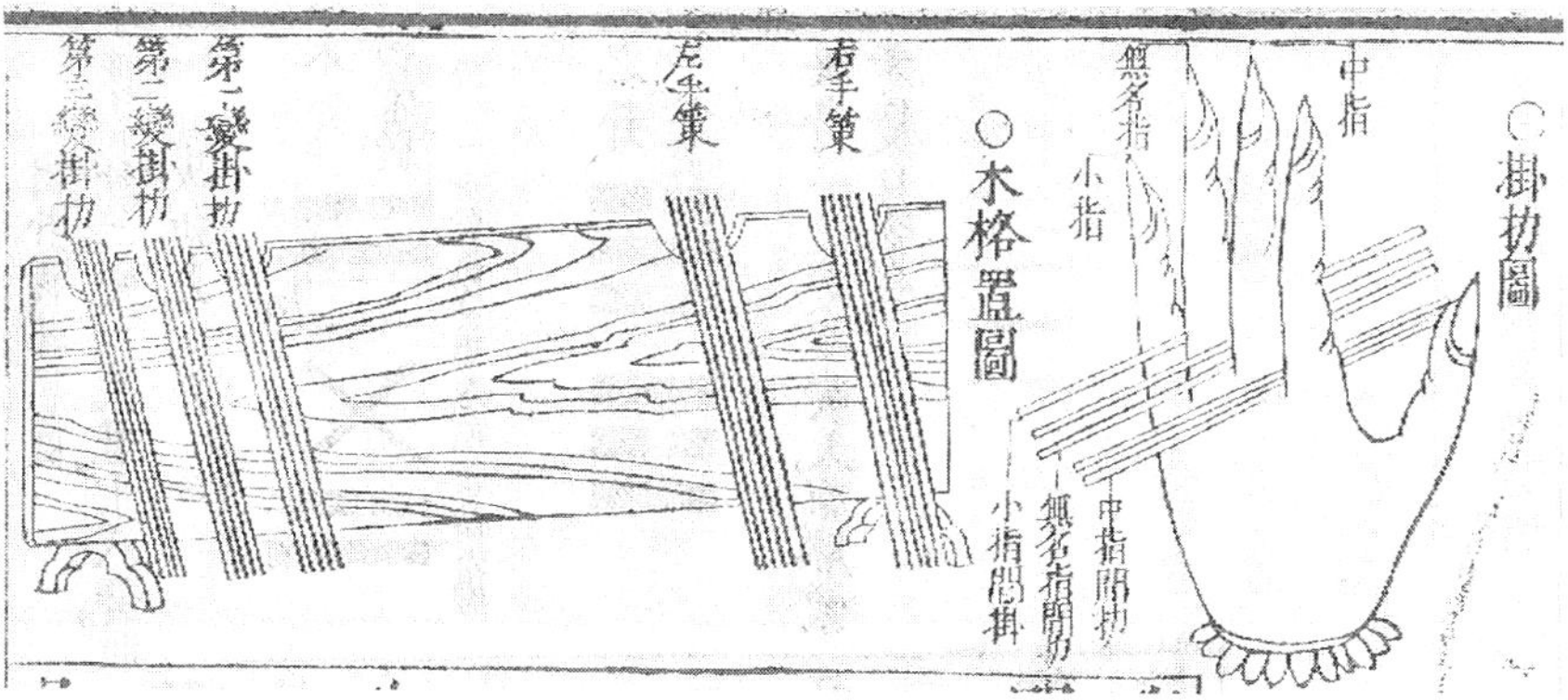

「掛」と「扐」（『易学啓蒙図説』より）

（B）「訓蓷」は獣骨か亀甲を用いた甲骨卜であろうと推測される。そして、三者（あるいは五者、奇数の複数者）に同じ事を占わせるのは、『尚書』洪範篇の「五占従其多」（五つに謀って多い方に従う）と似た儀礼の表現だろう。

卦を求める方法（筮法）

蓍を揲《かぞ》えて卦を求める方法については、『周易』繋辞上伝に「大衍《だいえん》の数は五十、その用は四十有九。分かちて二と為し以て両に象《かたど》り、一を掛《か》けて以て三に象り、これを揲《かぞ》ふるに四を以てし以て四時に象り、奇を扐《ろく》に帰して以て閏に象る。五歳にして再閏し、故に再扐して後に掛く。……この故に四営《しえい》して易を成し、十有八変して卦を成す。八卦にして小成す。引きてこれを伸べ、類に触れてこれを長ずれば、天下の能事《のうじ》、畢《お》はる。」とある。「衍」は演算の「演」に同じ。五〇本の蓍を「大衍の数」となし、その中から一本を取り出して置き、蓍の数の変化に参入しないことを「その用は四十有九」とし、以後、四営を経て一変の数が得られる。第一営は、四九本を任意に左右二つに分ける。第二営は、右の中から一本を取出して指（小指）に「掛」ける。第三営は、左右の蓍をそれぞれ四本ずつ数える。第四営は、左右のそれぞれの余り（一か二か三か四）を指の間にはさんで置く。「奇」とは余りの数をさし、「扐」は指の間のことである。この四営、すなわち二つに分け、一を掛け、四を揲え、奇を扐に帰する、これを第一変と称する。これが「四営して易を成す」である。一変の後、一を掛け奇を扐に帰した数を除く。それから左右の蓍を混ぜ合わせ、再び四営の順序によって数える。これが第二変である。二変の後、再び残った左右の蓍を混ぜ合わせ、四営の順序によってもう一度数える。これが第三変である。三変の結果、その全体の残余の数によって、卦象中の一爻の象が得られる。十八変を経て、六爻の形象を得、一卦を成す。これが「十有八変して卦を成す」である。この方法は、南宋の朱熹《しゅき》が『儀礼』や『礼記』などの礼の古典に散見する断片的な記述をもとに古代の占筮の儀礼を復元して「筮儀」としてまとめたもので、「本筮法」（正式な筮法）と呼ばれる。朱子『周易本義《しゅうえきほんぎ》』巻末にある、この筮法の儀式次第ともいうべき「筮儀《ぜいぎ》」が今日に伝わる『易』の筮法の大本である。馬場信武《ばばのぶたけ》『易学啓蒙図説《えきがくけいもうずせつ》』ではわかかりやすく図示している。

本筮法の他に「略筮法《りゃくぜいほう》」や「中筮法《ちゅうぜいほう》」という略式なものもある。略筮法は江戸時代に平沢常矩《ひらさわつねのり》が案出し、古易中興の人・新井白蛾《あらいはくが》（『易学小筌《えきがくしょうせん》』）が世間に広めたといわれるもので、たった三変で之卦まで出せるので、我が国では今日最も普及している方法である。中筮法も江戸時代に工夫され、本筮法より簡略で略筮法よりは華麗な折衷的な方法である。詳しくは三浦国雄『【増訂】易経』（東洋書院、二〇〇八年）を参照するとよい。

擲銭法について

江戸時代元禄期に活躍した馬場信武は、版元書肆であり自らも著述して、易占関係の書物を次々に刊行し、特に断易の占法を広めることに努めたが、その著『易学啓蒙図説』は、朱熹と蔡元定《さいげんてい》の共編『易学啓蒙』を理解するのを助け参考になる有用な図説を集めたものである。その中に「附録」として「以銭代著法」（銭を以て著に代へる法）、いわゆる「擲銭法《てきせんほう》」を紹介している。この擲銭法の由来は案外に古く、中国で工夫された方法である。室町時代、桃源瑞仙《とうげんずいせん》（一四三〇〜八九）（号は蕉雨、亦庵など）の『百衲襖《ひゃくのうおう》』の中に、擲銭法について詳しく言及した部分がある。足利衍述『鎌倉室町時代之儒教』（日本古典全集刊行会、一九三二年）によれば、柏舟宗趙《はくしゅうそうちょう》『周易抄』と桃源瑞仙『百衲襖』とは共に日本における「現存周易講義の最古たるもの」である。特に桃源は、日本中世の五山禅僧易学の代表者で、当時の日本易学の集大成者と言ってよい。

『百衲襖』（亦庵《えきあん》『易抄《えきしょう》』京都大学図書館蔵、請求記号1—62／エ／7貴、二三冊中の第五冊）で桃源は、胡一桂《こいっけい》『易学啓蒙《えきがくけいもう》翼伝《よくでん》』に「筮法變卦説《ぜいほうへんか》」「平菴項氏（項安世）曰、……以三銭擲之、……蓋以銭代著、一銭当一揲」と見える「以銭代著法」について説明する。

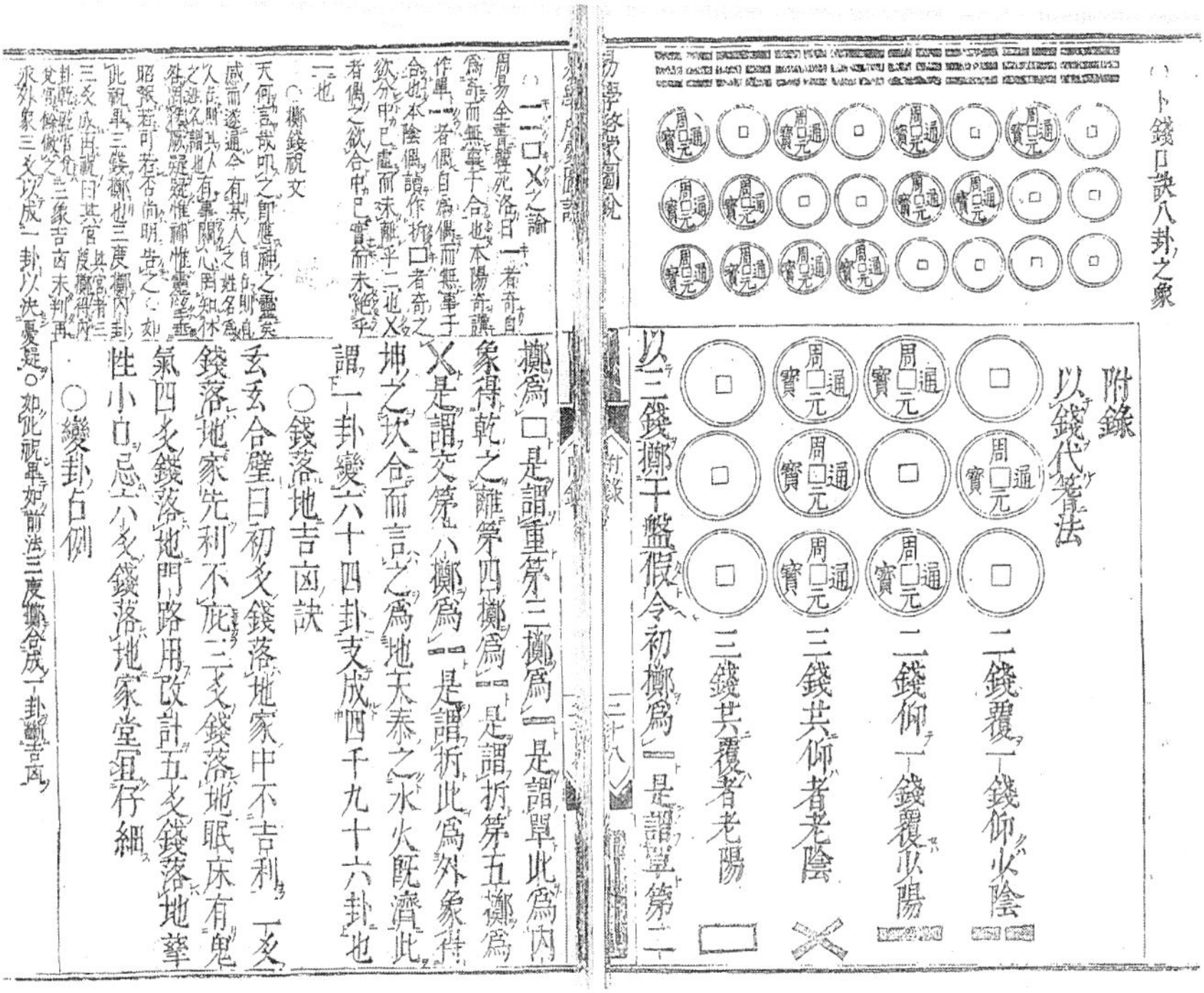

「以銭代蓍法」（『易学啓蒙図説』より）

『大易断例卜筮元亀』巻之一有「以銭代蓍法」。『断例』乃建安葉天祐吉父所撰集也。或本「葉」作「蕭」。字形相似、不知孰是。擲銭法、今載于次。……［13/80］

『断例』諸例并「擲銭」ノ事トモハ『翼伝』ニ其沙汰アルニツイテ、亦庵（桃源）引而載之ナリ。其故ハ、『断例』ナントト云テアレトモ、シカト唐本モ未見、ナニヤラウカキアツメタ様ナル中ニアルホトニ、不足為信トナリ。『翼伝』ニアルニ引合セシテハ、其出処分明テ、書アツメタルモサテハ只ワセサリケルト信セラレテヨキナリ。サル時ハ、ソットシタル写本モ本拠カテキテ、重クナルナリ。是ヲ軽スルテハナイソ。今此変法モ、『断例』ニ「世魂術頌」ト云カアツテ、変卦ニハ重宝ナレトモ、シカト『断例』ト云書ヲ不見時ハ無信カ、『翼伝』ニ今論シタホトニ、『断例』モ実ニ成リタリ。……［18/80］

『百衲襖』（亦庵『易抄』）の第五冊、京都大学図書館機構ホームページの貴重資料画像で公開されている画像［13/80］から［18/80］までは、ほとんどが『大易断例卜筮元亀』巻之一の「以銭代蓍法」部分を長々と引用している。その要点は、まさに馬場信武の『易学啓蒙図説』にある「以銭代蓍法」の図説と同じである。

桃源は、胡一桂『易学啓蒙翼伝』に云う「以銭代蓍法」を、当時日本に伝わっていた『大易断例卜筮元亀』巻之一の中に有るとして説明し、その『断例』なる書を最初「信《まこと》と為すに足らず」と思っていたが、胡一桂『翼伝』に今論じているからには、『断例』も本当のことだとわかったとし、以後この擲銭法は、由緒ある断易の占法として江戸時代の馬場信武が『易学啓蒙図説』に収めるに至るのである（詳しくは、近藤浩之「擲銭法に対する桃源瑞仙の講抄」『中国思想史研究』第三六号、二〇一五年を参照）。

〈擲銭法の手順〉（桃源瑞仙『百衲襖』および馬場信武『易学啓蒙図説』の説明による）

① およそ占うには、香を焚き、至誠に念じて、請語（願い事）を啓白（つつしんで申し上げる）してから、三枚のコインを擲《な》げる。

② 一回擲《な》げるごとに、━單《たん》・╍拆《たく》・□重《じゅう》・×交《こう》の結果（爻）を紙に書いて行くが、下から上へ積み重ねる。

③ 三回擲げ終わったら、何らかの卦（八卦）を成し、それが内象（内卦）となる。

④ 再び三回擲げたら、（四回目〜六回目の）その排列が外象（外卦）となり、内卦外卦合わせて一卦（六十四卦）を成す。

背字背　拆╍　少陰（確率3／8）

字背字　單━　少陽（確率3／8）

字字字　交×　老陰（確率1／8）未来の事をつかさどる（陰╍が陽━に変じる）

背背背　重□　老陽（確率1／8）過去の事をつかさどる（陽━が陰╍に変じる）

（「字」＝コインの字の有る面。「背」＝コインの字の無い面）

【擲銭の例】

初　擲：字背字ならば、⚊　單

第二擲：背背背ならば、□　重　乾☰之離☲、これが内象

第三擲：背字字ならば、⚊　單

第四擲：背字背ならば、⚋　拆

第五擲：字字字ならば、×　交　坤☷之坎☵、これが外象

第六擲：背背字ならば、⚋　拆

外象と内象とを合わせて言えば、（☷・☰）泰之（☵・☲）既済（泰の既済に之《ゆ》く）に遇ふ。すなわち、11䷊泰卦を本卦、63䷾既済卦を之卦として占う。本卦と之卦を比較して異なる箇所（変爻）の爻辞を読む。ここでは泰卦の九二（下から二番目）爻辞「包荒用馮河。不遐遺、朋亡、得尚于中行。」と六五（下から五番目）爻辞「帝乙歸妹、以祉。元吉。」とを読んで吉凶を判断する。

易は中たるか

『易』繋辞下伝に「易は象なり、象は像なり」というように、易占は結局、象（譬喩的な象徴）を示すだけである。それを今の当面の問題に引きつけて像（想像するイメージ）を描き、事の吉凶を解釈するのが占者の力量である。卦の出し方は、本筮法でも略筮法でも擲銭法でもよい。重要なのは、出た卦を読み解く洞察力である。『易』の四五〇卦爻辞（六四卦辞＋六四×六爻辞＋二用辞）は、謎かけの御神託のような難解な言葉で、各卦各爻ごとに御《お》神《み》籤《くじ》のように並んでいる。それは、古代の人々の人生経験に基づく箴言（教訓や格言）集のようにも見える。また、その辞には過去の記憶とともに人類の知恵が蔵されている場合もある。

たとえば、震卦の六二爻辞に「震來厲、億喪貝。躋于九陵、勿逐、七日得。」（震來たり厲《あや》うし、億《おお》いに貝《たから》を喪《うしな》ふ。九陵に躋《のぼ》れ、逐《お》う勿《な》かれ、七日にして得ん。）とある。朱子『周易本義』では〈震が来る時に当たり危険、貨幣を喪失する時に当たり九陵の上に升るが、求めなくても自ずから獲得できる〉などとしているが、「億」も「九陵七日」の象も未詳だと

言う。意味がよくわからない。しかし今や、東日本大震災の津波を知るわれわれには、この爻辞はよりリアルな過去の記憶と未来への警鐘として響く。すなわち、震来厲（地震が来るぞ危ないぞ）、億喪貝（津波で億万の財産が喪われるぞ）、躋于九陵（急いで最も高い所へ逃げろ）、勿逐（人や物を探しにもどるな）、七日得（七日もすれば人や物も見つかるから）。「億」は大の意味だが、単に大きいだけではない犠牲の凄惨さを思わせる。「九陵」は九層もあるような高い建物か高台だろうか。「七日」は離ればなれの肉親をすぐに探そうとするのは危険だから、余震などがようやく収まり、てんでに逃げた人々が再会できるようになるまで、しばらく待つべき期間をたとえるのだろう。勿逐（人や物を探しにもどるな）はまさに「津波てんでんこ」の教訓である。もし仮に二〇一一年三月一一日以前に、易占でこの爻辞を出した人がいても、あの地震と津波を予測するのは困難だろう。しかし、辛い経験を反省し以後同じ過ちは繰り返すまいと意識している人ならば、この爻辞の警鐘に耳をそばだてることができるだろう。その時こそ『易』は中《あ》たるとわかるのかもしれない。

参考文献

【一般的・入門的文献】

① 落合淳思『甲骨文字に歴史をよむ』（ちくま新書、二〇〇八年）

＊甲骨文字の研究の歴史を踏まえ、実際の牛の肩胛骨による「卜」の再現実験の概要説明も加えて、甲骨文字の性質やその成り立ちをわかりやすく解説する。原資料を多く掲載し、甲骨文字の面白さを味わいながら殷代の社会と歴史を学べる良書である。

② 別冊太陽七三『占いとまじない』（平凡社、一九九一年五月）

＊豊富で貴重な写真と図を駆使して、亀卜、骨卜、式占、暦占い、易占いなどさまざまな占いをその分野一流の研究者が紹介・解説している。写真によって占いの実態をリアルにイメージできる占い百科資料集のような書。

③ 本田済『易学——成立と展開』（サーラ叢書一三、平楽寺書店、一九六〇年）

＊第一章は『易経』の成立について論じ、第二章は易学の歴史を論じ、簡潔な易学思想史になっている。第三章は占いの技術（筮法）について説明し、第四章は易と中国人のものの考え方を論じて結論とする。読めばわかる易学概説の名著である。

④ 加地伸行編『易の世界』（中公文庫、一九九四年）

＊文庫本ながら、易について可能なかぎり多角的に切り込んでいる上に、ある部分の記述は易研究の最高水準の内容をわかりやく説明する。オムニバスの易学講義を聴いているかのような最良の概説書・一般教養書としてお薦めできる。

⑤ 和島芳男『中世の儒学』（日本歴史叢書、吉川弘文館、一九六五年）

＊百済・高麗からの儒学の受容の経緯から説き起こし、易学も含む五経の学問が宋代の新注を摂取した禅僧たちによって多彩に発展・展開していく中世を中心に、近世儒学の源流にも言及する名著である。桃源瑞仙の易学についてもその経緯や特徴を理解できる。

【専門的文献】

① 落合淳思『殷代史研究』（朋友書店、二〇一二年）

＊殷王朝の系譜・王統・支配体制・甲骨占卜を対象として分析し、殷代史の全体像を提示する。特に第十三章「占卜工程の復元」は、牛の肩胛骨について、殷代の卜骨の形状や文献資料を手がかりに整治作業（骨を削るなど加工する作業）や焼灼方法などを再現した実験の報告であり、非常に興味深い指摘が多い。

② 東アジア恠異学会編『亀卜　歴史の地層に秘められたうらないの技をほりおこす』（臨川書店、二〇〇六年）

＊歴史学、文学、民俗学、地理学、動物学など多様な分野の研究者が、亀卜の技術に徹底的にこだわって論じた各章が、とにかく面白い。亀の甲を灼く実験レポートもあり、豊富なコラムも専門的に深く掘り下げた情報を提供している。

③ 朱伯崑原著、伊東倫厚監訳、近藤浩之編『易学哲学史』全四巻（朋友書店、二〇〇九年）

＊本書は、北京大学教授だった朱伯崑の『易学哲学史』全四巻（華夏出版社、一九九五年）を、できるかぎり忠実に翻訳し、引用された古典の原文を訓読（または口語訳）し、補足説明が必要な箇所に注釈を施したもの。内容は、『易』伝成立より清代まで二〇〇〇年以上にわたり、思想家の著作ごとにその易学の展開が検討され、易学（ないし筮法）と哲学思想との関係を念頭に置いて論述する。易学的思考の特質を抉剔し、現代哲学における意義などの思辯的な問題に論及するとともに、文献学的にきわめて実証的な史料的吟味をも導入している。

④ 三浦国雄『【増訂】易経』（東洋書院、二〇〇八年）

＊その解釈・翻訳において「（儒教によって潤色された）十翼の強い磁場から脱出し」て「繇辞《ちゅうじ》の原義に帰る」という独特の方針で書かれた、六十四卦の卦爻辞（および彖伝・象伝）の訳注である。各卦ごとに古書に見える実占例を付してあるのが素晴

らしい。総説・易用語解説・易経の窓（易に関する各種論考）なども充実しており、易でどのように占われたかが具体的にわかる、とても実用的な本である。増訂により「繋辞伝」の訳出が増補された。

⑤丸山松幸『易経』（中国の思想Ⅶ、徳間書店、第三版、一九九六年）

＊説卦伝、序卦伝、雑卦伝は省略するが、『周易』の経文と十翼を、不可分のものとして取りあつかう立場から訳出する。各卦ごとに付す解説、全体の訳文と簡潔な注は、もっぱら十三経注疏『周易正義』を使用して、意味が通じることを大切にした適確なもので、あまり偏りの無い最も妥当な解釈となっている。古代の筮占の例として『春秋左氏伝』の中から七項目を訳出して付録としているのも気が利いている。

コラム9

華夷思想

渡邉英幸

「華夷思想《かいしそう》」とは、前近代の東アジアにおいて民族間関係や国際的秩序を規定してきた世界観であり、説明原理である。歴代の中国王朝は、領域内でさまざまな民族を統治し、また周辺諸国との間で「冊封《さっぽう》」（中国王朝の天子が周辺諸国の君主に官爵を与えて君臣関係を結ぶこと）や「朝貢《ちょうこう》」（周辺諸国が中国王朝に使節を派遣して貢献物を差し出すこと）などの関係を結んでいたが、華夷思想はこれらを規定するイデオロギーであった。また古代の日本や朝鮮にも、それぞれ自国向けにアレンジした華夷思想が存在したことが知られている。

〈中華〉と華夷観念

では華夷思想とは何だろうか。華夷思想とは「世界を〈中華《ちゅうか》〉と〈夷狄《いてき》〉の二項対立でとらえ、両者間の差異やあるべき関係を論ずる思考の枠組み」と定義することができる。特に〈中華〉を世界の中心に位置づける側面を「中華思想」ともいう。その根幹には、何らかの対象を〈中華〉や〈夷狄〉と呼ぶ観念（＝ものの見方・意識）が存在する。ここでいう〈中華〉とは、「中国」・「夏」・

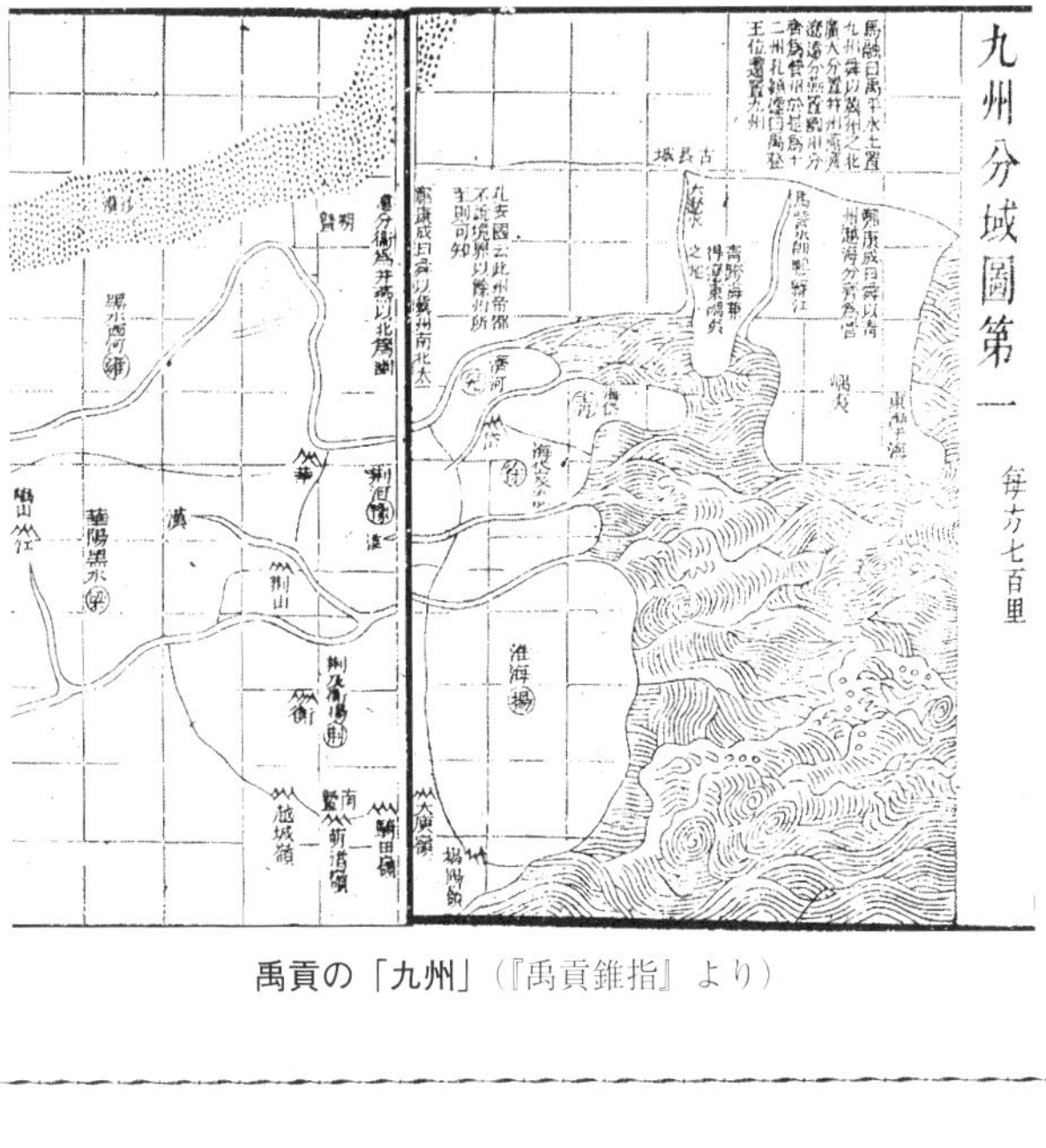

禹貢の「九州」（『禹貢錐指』より）

「華」などを組み合わせた一連の呼称（中華・中夏・諸夏・諸華・華夏）を指す概念である。漢代以降の漢語文献に見える〈中華〉は多くの場合、黄河・長江流域（中原《ちゅうげん》地域）やそこに住む漢族、およびそれらを統治する王朝を指し、対象を〝文明世界〟や〝秩序の中心〟と見なす観念が込められていた。一方〈夷狄〉とは異民族や周縁地域を指す「夷《い》」「蛮《ばん》」「戎《じゅう》」「狄《てき》」「胡《こ》」などの呼称であり、対象を野蛮・非礼・無恥・不道徳な存在とする差別観が込められていた。この〈中華〉と〈夷狄〉を合わせて「華夷《かい》観念《かんねん》（華夷意識）」という。この観念の上にさまざまな華夷思想が形作られた。

中国王朝が統治対象とする世界は「天下《てんか》」と呼ばれ、理念的に中央に「中国」、周辺に「四夷《しい》」（夷・蛮・戎・狄）が居住する形で構想された。「天下」の中核である中原地域は、伝説の禹《う》が治水した「九州」とも呼ばれ、漢族が多数を占め、礼制・農耕・都市・郡県制・儒教倫理が行われる文明圏と見なされた。漢族とは一般的に炎《えん》帝《てい》・黄帝《こうてい》を伝説上の始祖とし、漢字と漢文化を身につけ、「華人」「漢人」の自己意識を共有する人々を指す。秦・漢以降の統一国家は「天下」「中国」を統治する歴代王朝と見なされ、「正統」な王朝交代が論じられた。

〈中華〉と〈夷狄〉の淵源

「中国」の事例は西周時代初め（紀元前一〇〇〇年前後）にさかのぼる。何尊《かそん》という青銅器の銘文には、周の武王が新都「成周」の建設地とした現在の河南省洛陽附近を「中或（國）」と呼んだ言葉が記されている。これは『詩経《しきょう》』や『書経《しょきょう》』などの「中国」の意味と近く、周が統治する世界の〝中心地〟を意味していた。現存最古の〈中華〉観念である。「中国」はその後、指し示す内容が拡大し、戦国・秦漢時代に成立した『春秋《しゅんじゅう》左氏《さし》

何尊の器影（右）と銘文中の「中或（中国）」の拡大図（左）
（『中国青銅器図録』より）

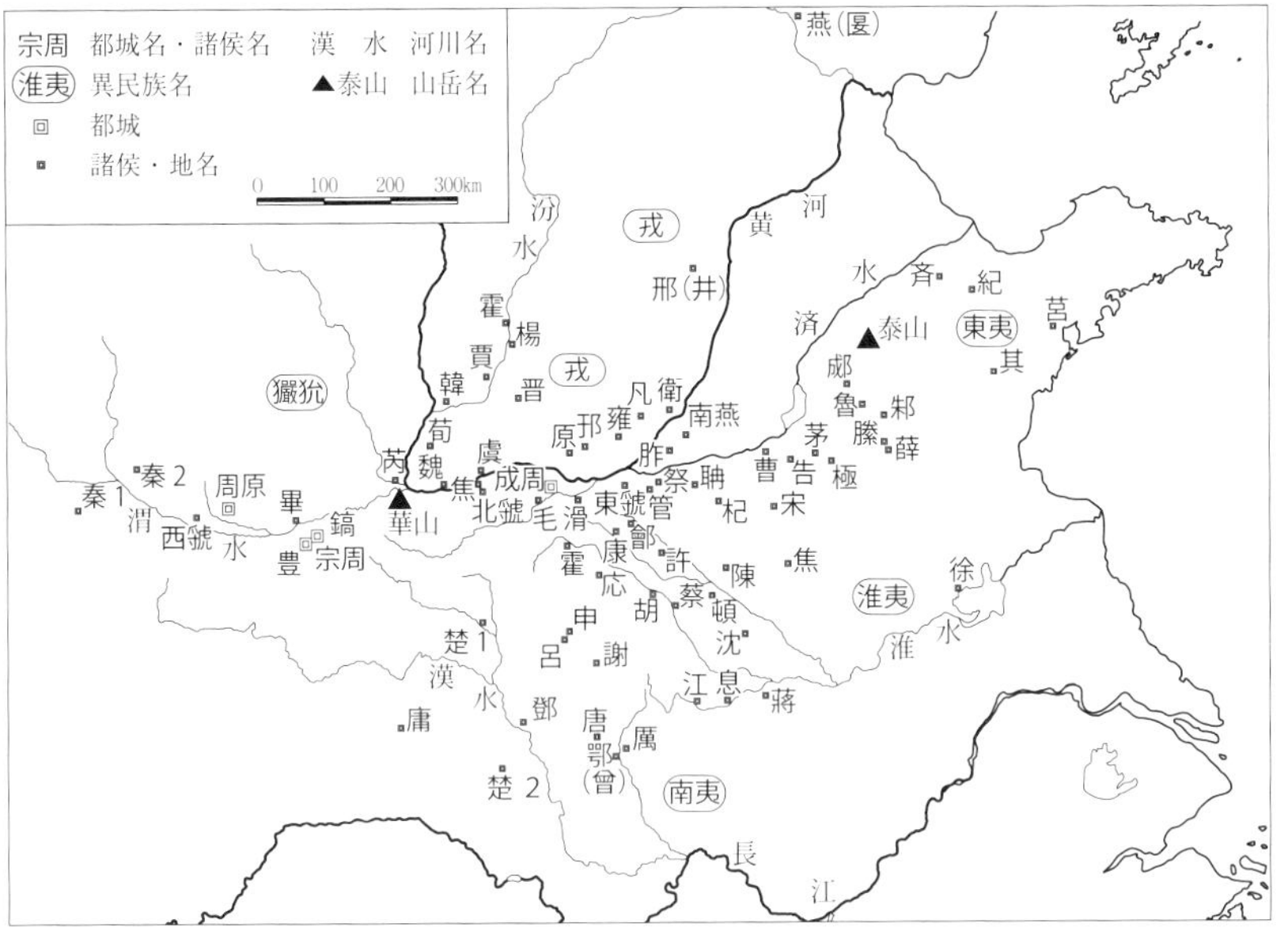

西周時代（海岸線は現代のもの。『中国古代王朝の形成』，『中国歴史地図集』第１冊をもとに，近年の知見を参照して筆者作成）

伝《でん》（左伝）』・『春秋公羊伝《しゅんじゅうくようでん》（公羊伝）』・『春秋《しゅんじゅう》穀梁伝《こくりょうでん》（穀梁伝）』・『論語《ろんご》』・『孟子《もうし》』などの文献には、後述する春秋時代の諸侯間の国際秩序（諸夏）や、戦国時代の中原地域を「中国」と呼んだ用例が見える。

「夏」もまた『詩経』や『書経』では周王朝の中心や文化・秩序を指す呼称であった。原義は夏王朝といわれるが、「夏」には本来「雅（正しい言語・文化）」の意味がある。春秋時代、斉や晋を盟主（覇者）として、周王を推戴する諸侯の同盟体制が構築されるが、『左伝』はこの同盟体制を「夏盟」と呼び、参列する諸国を「諸夏」と記述する。また「華」は「夏」とほぼ同義と考えられ、文献には「諸華」や「華夏」という用例が見えている。戦国後期の『荀子』では、「夏」が中原の人や文化を指す呼称として定着している。

戦国時代、中原地域やその住民を「中国」「夏」と呼ぶ意識が定着した後も、国際的な秩序を「夏」と称する用例はなお残存していた。紀元前三四四年（諸説あり）、魏の恵文王は宋・衛・鄒・魯・陳・蔡の諸侯を糾合して「逢沢《ほうたく》の会」を行い、「夏王」を自称したと伝えられる（『戦国策《せんごくさく》』秦策四・斉策五）。また戦国秦で用いられていた法律には、秦と臣属国の間の統属関

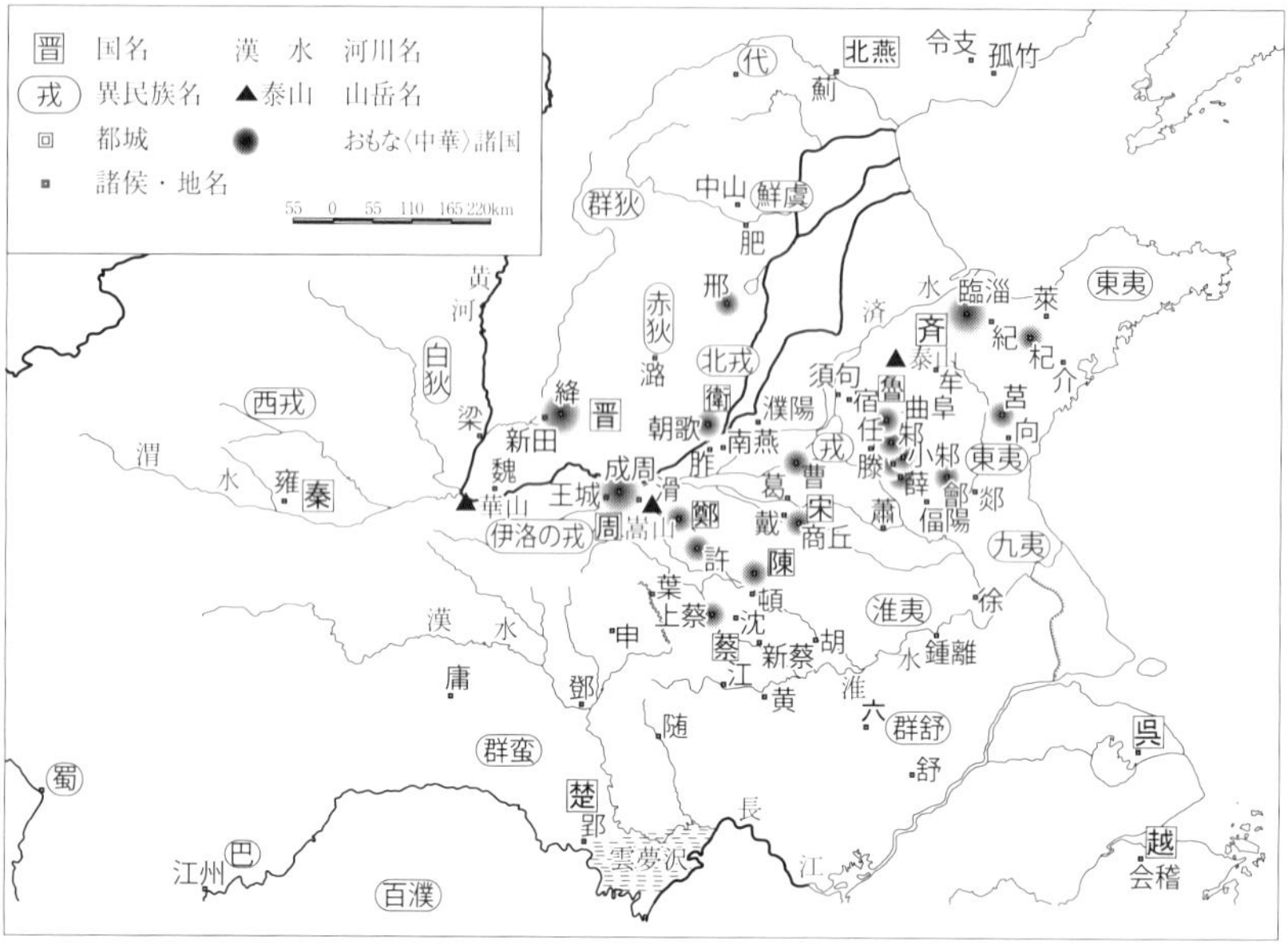

春秋時代（『中国歴史地図集』第１冊をもとに筆者が作成）

係の枠組みを「夏」と規定した条文が含まれていた（雲夢睡虎地秦簡《うんぼうすいこちしんかん》「法律答問《ほうりつとうもん》」）。このような諸国をまとめる秩序やその中心を意味する〈中華〉観念は、統一以後にも形を変えて引き継がれ、中国王朝の対外関係を説明づける論理の一部となったと考えられる。

このように「中国」はどちらかと言えば地域的な概念であり、「夏」「華」は文化的・政治的な概念ではあるが、両者は原初的に〝秩序の中心〟や〝文明の及ぶところ〟を意味し、周の王権や諸侯間の「国際」関係を基軸として重なり合う性質を持っていた。両者が統一王朝や漢族を指すようになるのは、秦による統一を経て、漢代のことである。「中国」と「華夏」を組み合わせた「中夏」という熟語は後漢時代、「中華」は東晋時代頃から確認できるようになる。

これに対し、〈夷狄〉観念の原型となった「夷（尸）」「戎」「蛮（緐）」「玁狁《けんいん》（厳允）」などの呼称が西周時代の青銅器銘文に見えている。周王朝や諸侯国の人々が、周辺地域の異文化集団を指したものである。春秋時代の中原地域の諸侯国の周囲にも、「戎」や「狄」、あるいは「夷」「濮《ぼく》」「舒《じょ》」などの呼称で記録された異文化集団が居住していた。こうした集団は、戦国時代の領土国家に飲み込まれ姿を消していくが、代わって長城地帯の

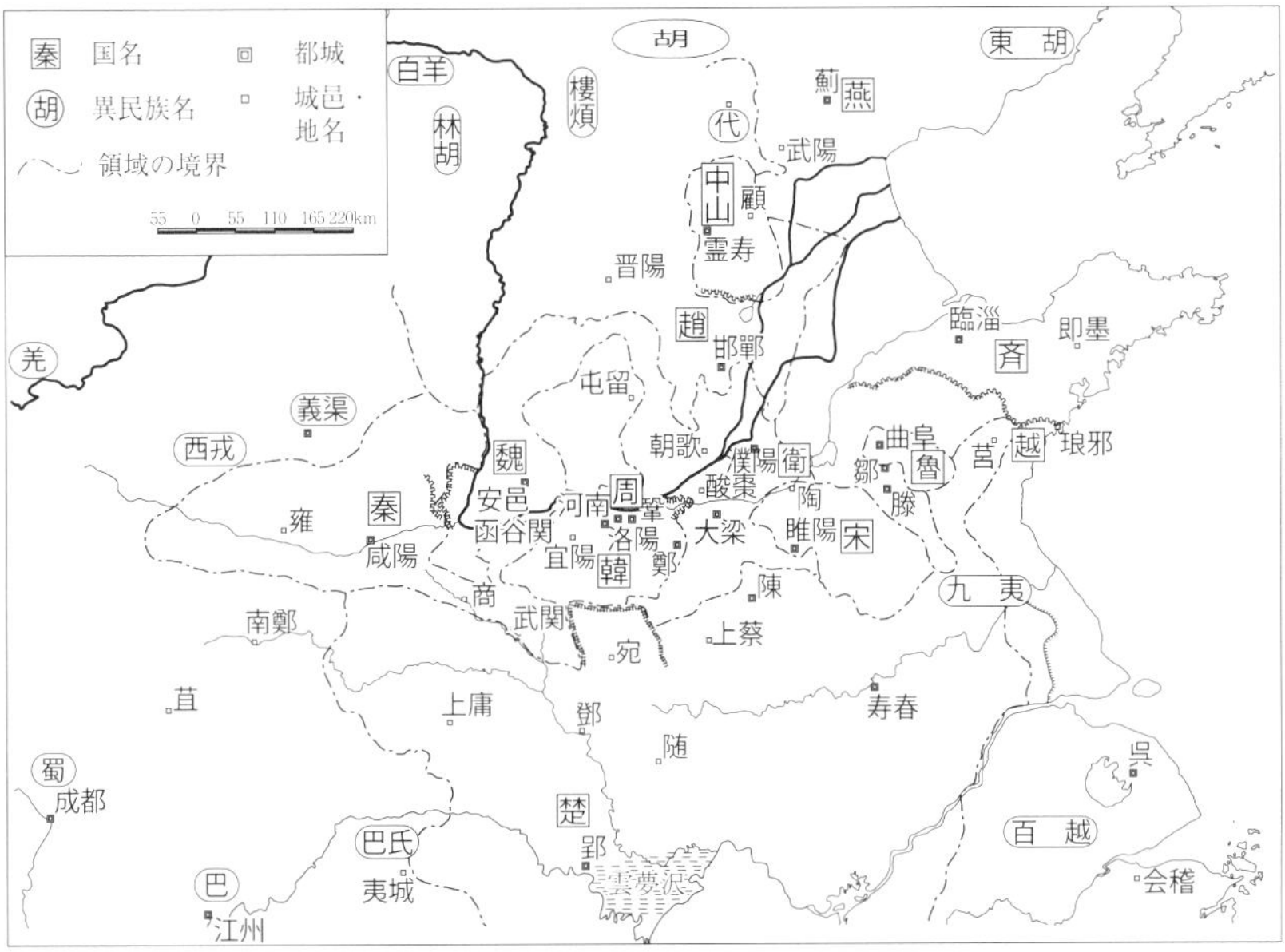

戦国時代（前350年頃）（『中国歴史地図集』第1冊をもとに筆者が作成）

「胡《こ》」や長江以南の「越《えつ》」が異文化の人々として記述された。秦漢時代以降は、「夷」や「蛮」といった「四夷」観念がより遠方の民族を指すレッテルへと転化し、再生産されていく。

周王朝の中心地のみを指す〈中華〉と、王室・諸侯以外の異文化集団を指す〈夷狄〉はもともと対立する観念ではなかった。両者を相対立する枠組みとする華夷観念が成立したのは、諸国間の同盟体制の内・外が明確化した春秋時代である。春秋時代中・後期に秦で作られた秦公簋《しんこうき》銘文には、他の諸侯国を指す「夏」と、自国周囲の異文化集団を指す「蛮」を対置した「蛮夏」という語句がある。また『左伝』や『公羊伝』など、春秋時代を記述対象とする文献には「諸夏」「中国」⇕「蛮夷《ばんい》」「戎狄《じゅうてき》」「四夷」を対置した華夷観念が認められる。これらの文献は同時代史料ではないが、春秋時代に生まれた観念が、戦国時代にかけて思想として整理され、定着したものと考えられる。

華夷思想の四つの論理

華夷思想はよく「中国が自己を世界の中心だと主張し、周辺の人々を野蛮人として差別した自民族中心主義《エスノ・セントリズム》だ」といわれる。これはまったくの誤りというわけではないが、説明としては不十分である。実際の華夷思想は、さまざまな関係性

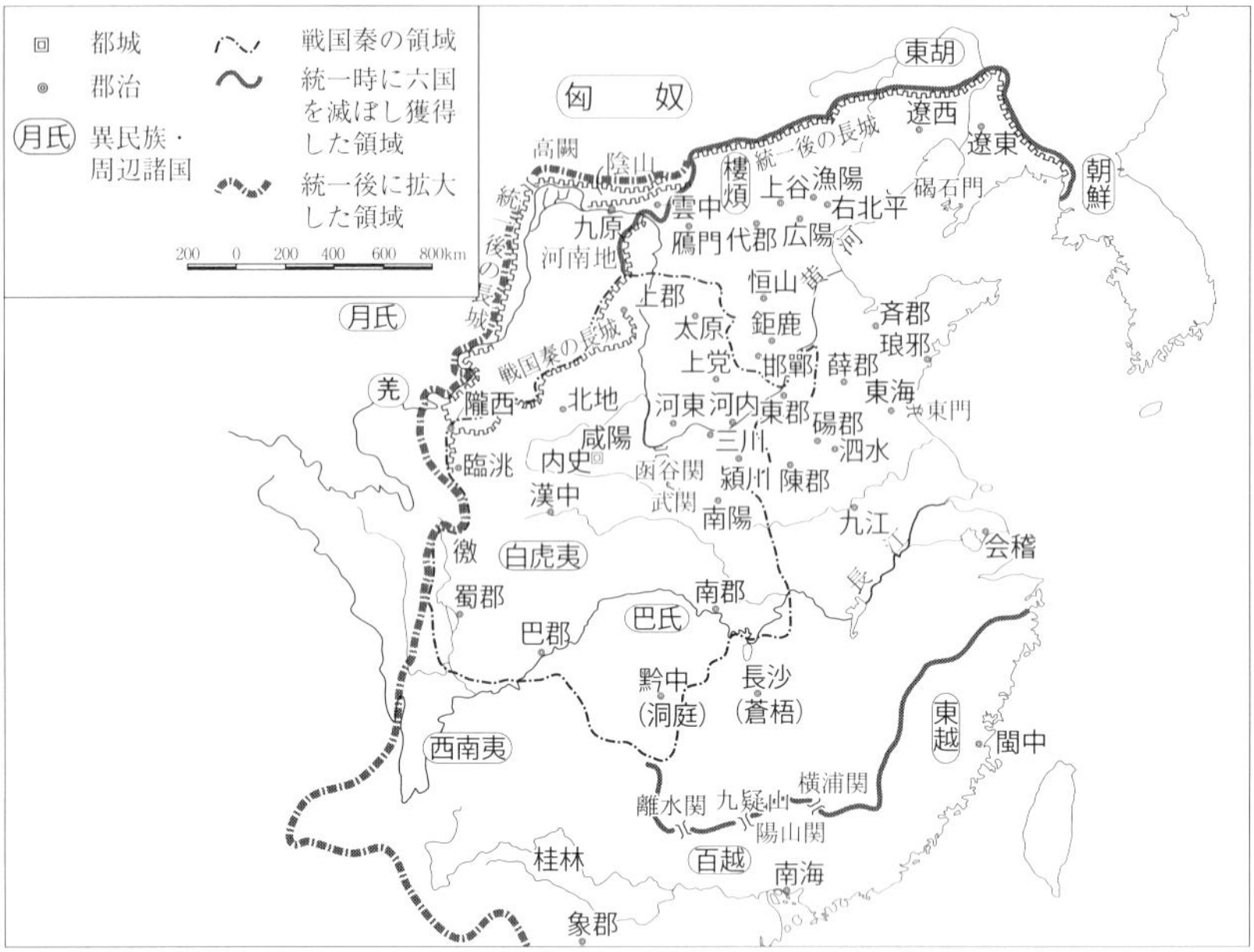

秦代郡治図（『中国歴史地図集』第２冊をもとに筆者が作成）

を含む複合的な論理から成り立っていた。

華夷思想の論理は概ね四つに区分できる。一つ目は〈棄絶《きぜつ》〉である。これは、〈中華〉に侵入してくる〈夷狄〉をうち払い（攘夷）、領域外を統治対象とせずに放棄して、〈中華〉内部の安寧を守ろうとする論理である。この場合の〈夷狄〉は、一般民とは「性（本質）」が異なり、教化や馴致が不可能な「禽獣《きんじゅう》」のような存在と見なされた。当然、この文脈における〈夷〉に対する差別意識は峻厳なものとなる。

二つ目は〈同化《どうか》〉である。これは習俗の異なる〈夷狄〉を文化的に同化し、〈中華〉の民に組み込もうとする論理である。この場合〈華／夷〉の相違は生まれつきの本質ではなく、後天的な「習」の格差に過ぎず、教化による融合が可能とされた。中国王朝の郡県制は、出自の異なる人々を戸籍により「百姓《ひゃくせい》」として均質に編成する力学をもち、漢族も多くの異民族を「漢化」してきた歴史がある。〈同化〉はこの趨勢を是認する論理であり、一視同仁的な側面を持つ反面、少数民族の文化的な特質を認めない傾向を持つ。

三つ目は〈羈縻《きび》〉である。「羈縻」とは家畜をつなぎ止めるおもがいや引き綱を意味し、〈夷狄〉をそのまま〈中華〉の秩序に従わせ、

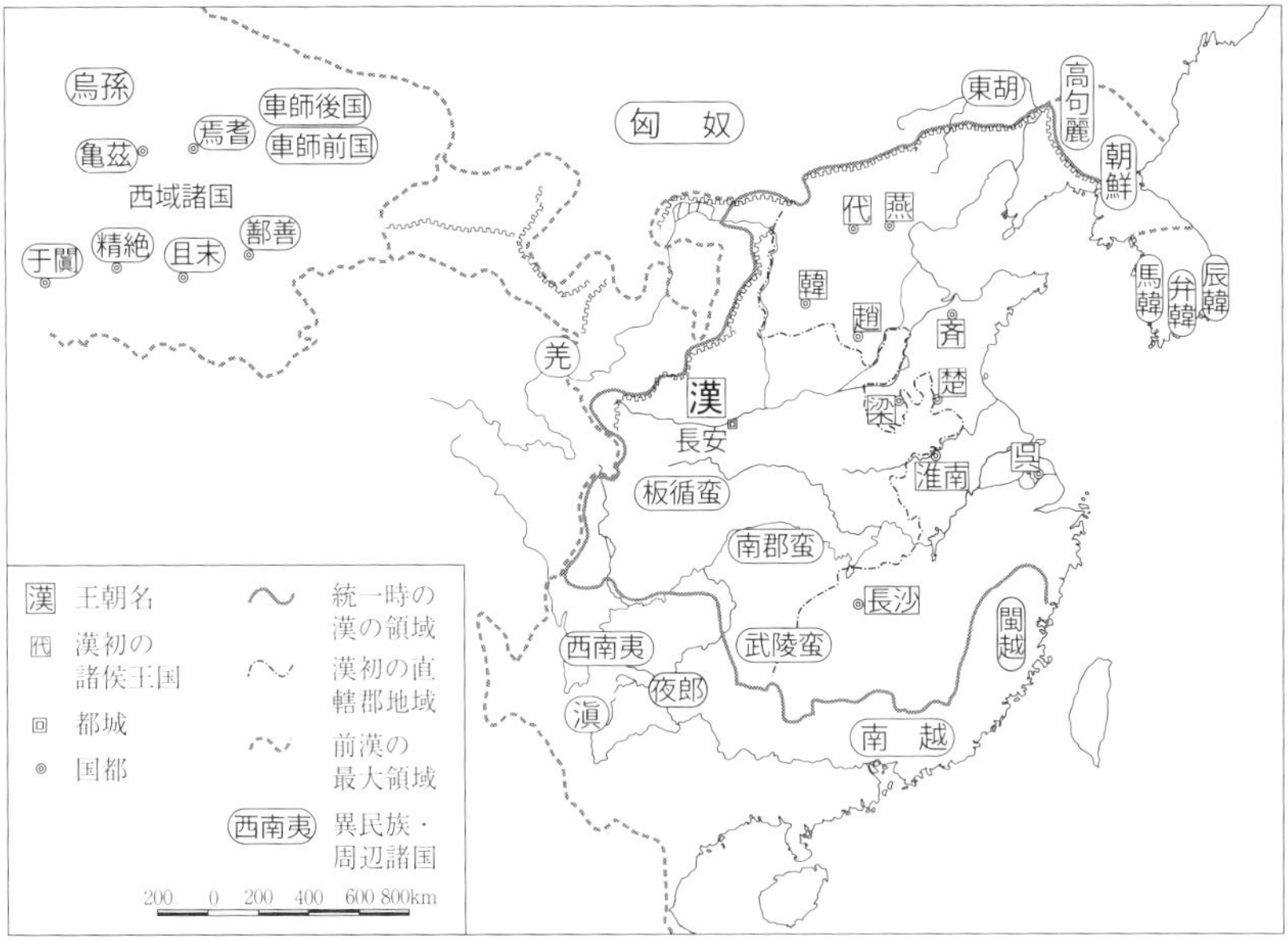

前漢時代（『中国歴史地図集』第２冊をもとに筆者が作成）

秦公簋の器影（右）**と銘文中の「蛮夏」の拡大図**（左）
（器影『秦西垂陵区』。銘文：『殷周金文集成（修訂増補本）』より）

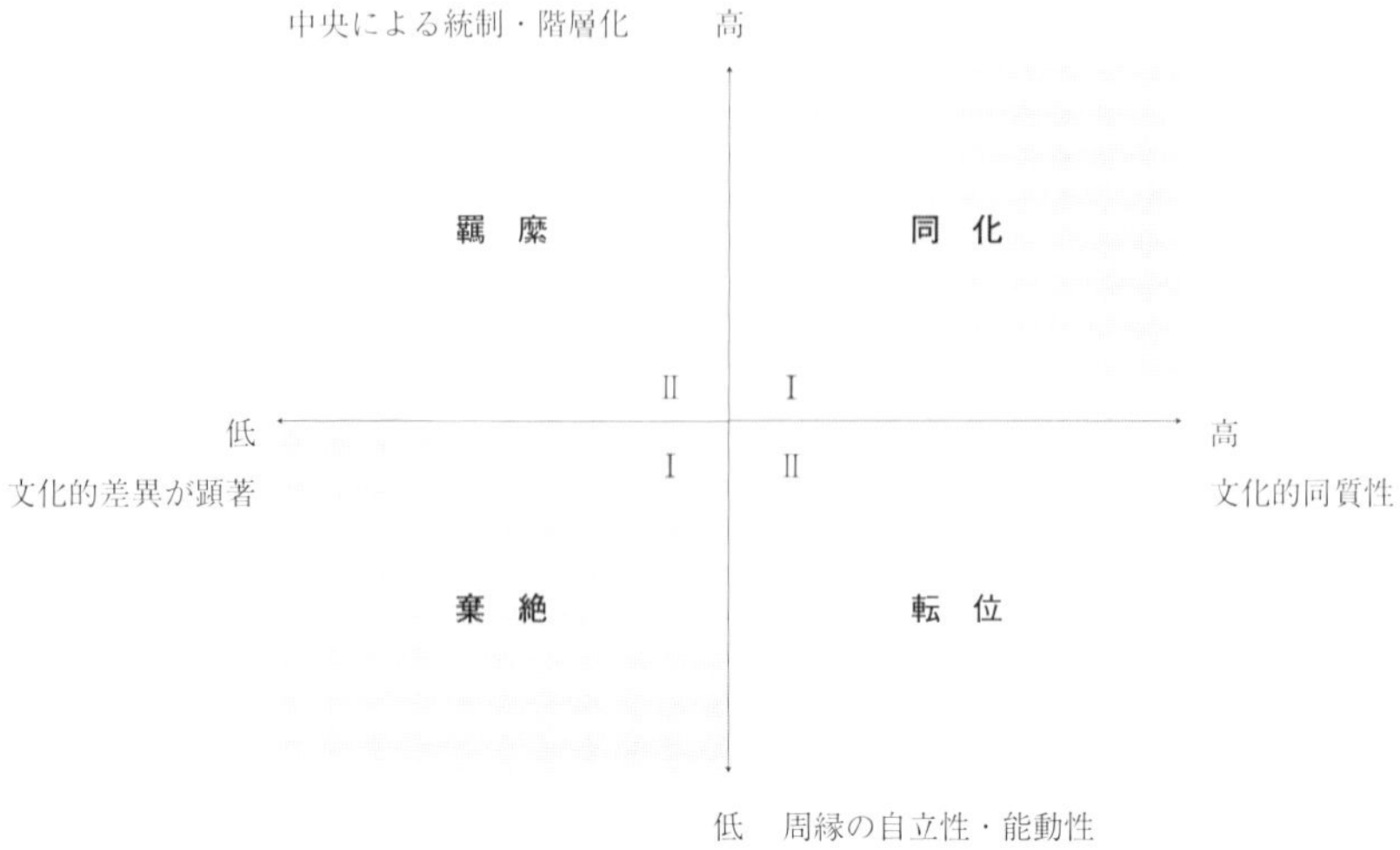

Ⅰ：領域・境界の形成　Ⅱ：結合・交流関係の構築

華夷思想の４つの論理

コントロールしようとする論理である。多くの〈夷狄〉を招き寄せることは、統治者の人格的能力の高さを示す指標でもあった。冊封や朝貢関係の許可のほか、周辺国の君主に宗室女性を嫁《とつ》がせる和親政策（和蕃公主《わばんこうしゅ》）や、交易を許可する互市《ごし》も「羈縻」の一環であり、そこには儀礼的な外交関係から軍政的な間接統治まで、さまざまな関係が内包されていた。

そして四つ目が〈転位《てんい》〉である。これは優れた資質を身につけた〈夷狄〉が〈中華〉へと昇進《プロモーション》したり、逆に不善をなした者が〈中華〉から〈夷狄〉に転落したり、あるいは〈夷狄〉出身者による〈中華〉の支配さえ肯定する論理であり、〈夷狄〉の側の主体性と〈華⇅夷〉の相互転位性を認める点に特徴がある。一見すると特異な思想だが、儒家の古典に典拠がある。孟子は、聖王の舜《しゅん》が「東夷の人」、周の文王が「西夷の人」でありながら、「志を得て中国に行う」理想的統治を実現したことを称賛している（『孟子《もうし》』離婁《りろう》下）。同様の論理はのちに南匈奴の劉淵《りゅうえん》や清の雍正帝《ようせいてい》（『大義覚迷録』）など、非漢族の統治者が中国支配の正当性を主張する際に、その根拠としてしばしば引用された。

中国王朝の二つの統治原理と実効支配

以上のように華夷思想には代表的な四つの論理が含まれる。そこに共通するのは、現代的な意味での「平等」という観念が存在しないことであろう。中国王朝の知識

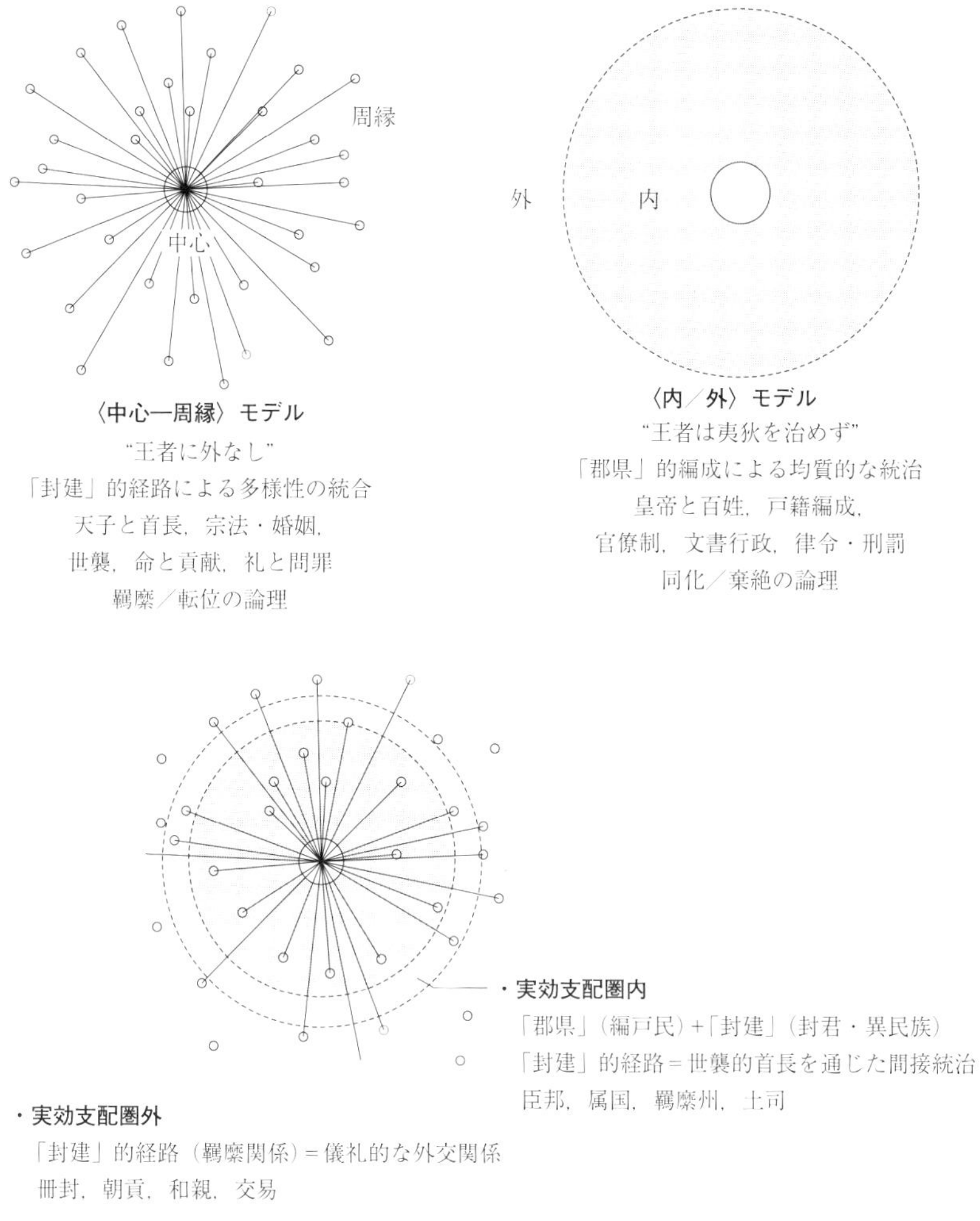
周縁
中心
〈中心―周縁〉モデル
"王者に外なし"
「封建」的経路による多様性の統合
天子と首長，宗法・婚姻，
世襲，命と貢献，礼と問罪
羈縻／転位の論理
外
内
〈内／外〉モデル
"王者は夷狄を治めず"
「郡県」的編成による均質的な統治
皇帝と百姓，戸籍編成，
官僚制，文書行政，律令・刑罰
同化／棄絶の論理
・実効支配圏内
「郡県」（編戸民）+「封建」（封君・異民族）
「封建」的経路＝世襲的首長を通じた間接統治
臣邦，属国，羈縻州，土司
・実効支配圏外
「封建」的経路（羈縻関係）＝儀礼的な外交関係
冊封，朝貢，和親，交易

中国王朝の２つの統合モデルと対外関係

人たちは、当面する現実の課題に合わせて論理を選択し、外交政策や統治方針を討論していた。研究者はこうした対外姿勢を「王者に外なし」と「王者は夷狄を治めず」という二つの原理に区分している。「王者に外なし」とは、王者（皇帝）にとって外国は存在せず、すべてが統治の対象になるという考えである。『詩経』に「溥天《ふてん》の下、王土に非《あら》ざるは莫《な》く、率土《そつど》の濱《ひん》、王臣に非ざるは莫し」（小雅・北山）とあり、同様の観念は周代から存在していた。これは統治構造としては、多様な政体や民族を中央に結び付ける放射状の〈中心―周縁〉構造として捉えられる。もう一方の「王者は夷狄を治めず」とは、王者（皇帝）は徳化の及ばない〈夷狄〉を統治対象にしない考えである。これは一定の範囲のみを均質的に統治する〈内／外〉構造として理解できる。

〈内／外〉モデルは、華夷思想の〈同化〉と〈棄絶〉に親和性が高い。統治領域を郡県（州県）に編成して少数民族を漢族に同化する一方で、外側の異民族は統治対象外とするものであり、両者の境界が浮き彫りとなる。同様に〈中心―周縁〉モデルは〈羈縻〉や〈転位〉と親和性が高い。中央と周辺を結ぶ秩序体系の中で、中央権力が辺境の人々を制御すれば〈羈縻〉となり、辺境の勢力が中央に取って代われば〈転位〉となる。中国王朝の統治方法は伝統的に「封建」と「郡県」に大別されるが、「封建」的経路は〈中心―周縁〉構造に、「郡県」的編成は〈内／外〉構造に適合する。前者は周王朝の秩序を祖型とし、後者は統一時代の秦王朝を典型とする。漢代以降の歴代王朝は、概ねこの二つの原理を組み合わせて統治構造を形作っていた。

さらに郡県制や漢族社会の境界とは別に、王朝の軍事力による実効支配の線を引くことができる。このラインが外側に拡張した際は、多くの異民族を間接統治下に組み込むことになった。唐代の羈縻州体制がその典型であろう。逆にこのラインが後退した場合には、郡県地域の一部を失うこともあった。遼・宋代の燕雲十六州がその例である。

そしてこの実効支配のラインが、「天下一統」などという場合の「天下」を区切る境界であった。冊封や朝貢は、このラインの内側では間接的統治の表現となり、外側では儀礼的な外交の一種となる。ただしこの実効支配は、郡県以外の地域に対しては必ずしも安定的ではなかった。また歴史的に見て、漢族王朝の支配が万里の長城の外に及ぶことはまれであった。中国は歴史的に漢族が多数を占める「内中国」（華北・華中・華南）とその外側の「外中国」とに分けられるが、「外中国」を領有した王朝の多くは北アジア国家であり、統合のあり方も内中国の官僚制や郡県制とは大きく異なるものであった。

注意すべきは、〈中華〉の内実が時代や論者によって揺れ動くことである。「中国」は多くの場合で漢族・中原地域のみを指したが、時に周辺諸国に君臨する王朝そのもの（「上国」・「天朝」）や、王朝の実効支配領域を

「中国」と呼ぶこともあった。また華夷観念には、漢族や漢文化を基軸とする本質主義的な側面と、「徳」や「天命」、安寧秩序などを基軸とする機能主義的な側面とがあった。固有の「中国」領域などというものは存在しないのである。

　華夷思想は、単なる自己満足的な自民族中心主義ではない。それは王朝と周辺国、漢族と異民族、中原地域と辺境地域を含めた相互関係の中で、時々の現実を説明づけ、過去を回顧し、未来を構想するため形作られてきた思想である。その中で〈中華〉は、時に均質的な民族や領域として、時に多様性を束ねる秩序や中心地として語られてきた。いま中国では「中華民族の偉大なる復興」という「夢」が語られているが、これも「華夷思想」の長い歴史の一コマとして回顧される日が、いずれ来るのかもしれない。

参考文献

尾形勇・岸本美緒編『中国史』（山川出版社、世界各国史三、一九九八年）
小倉芳彦『中国古代政治思想研究――『左伝』研究ノート』（青木書店、一九七〇年）
酒寄雅志『渤海と古代の日本』（校倉書房、二〇〇一年）
佐藤慎一『近代中国の知識人と文明』（東京大学出版会、一九九六年）
妹尾達彦『長安の都市計画』（講談社選書メチエ、二〇〇一年）
西嶋定生『西嶋定生東アジア史論集』第三巻（岩波書店、二〇〇二年）
夫馬進編著『中国東アジア外交交流史の研究』（京都大学学術出版会、二〇〇七年）
堀敏一『東アジア世界の歴史』（講談社学術文庫、二〇〇八年）
渡辺信一郎『中国古代の王権と天下秩序――日中比較史の視点から』（校倉書房、二〇〇三年）
渡邉英幸『古代〈中華〉観念の形成』（岩波書店、二〇一〇年）

第十二章　医　学

町　泉寿郎

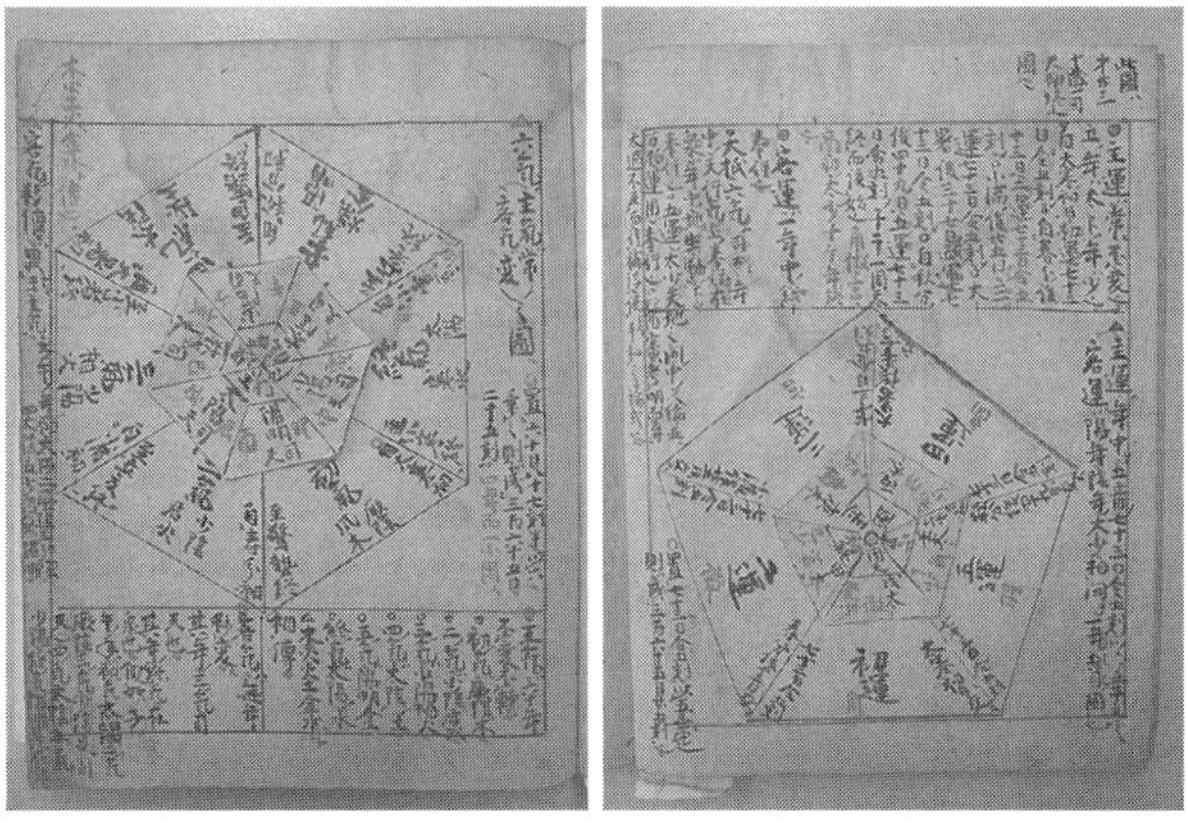

16世紀日本の医者曲直瀬道三による『素問入式運気論奥』の解説書。五行と六気の「気」の運行によって自然現象と病気発生の理論を説明している（国立公文書館所蔵『運気私抄』より）。

中国医学は、インド医学（アーユルヴェーダ）、ギリシア・アラビア医学（ユナニ医学）とともに三大伝統医学の一つに数えられ、古代中国文明の成立とともに長い歴史を持つとともに、東アジア圏を中心に現在に至るまで広く行われ、日本・朝鮮半島など地域ごとに独自の発達を遂げてきた歴史も併せ持つ。

本章は、主として以下の三つの観点から叙述する。一つは、それが歴史的事実かどうかということよりも、伝統的にどう考えられてきたかを重く見て、最近の新しい解釈に依拠するのではなく、従来の伝統的なとらえ方を生かそうとした。次に、哲学思想といった抽象度の高い事象を扱うのではなく、書籍というモノの形成と変遷に着目した。さらに、歴代王朝の医療・医学教育の制度と併せて、学術の展開をたどることを試みた。

それでは豊穣な中国医学の世界をのぞいてみよう。

1 医学古典の形成

伝説や古典からみる先秦時代の医学

古代中国の医薬・医療に関する伝説上の人物たちは、その後の中国医学の枠組みに影響を落としているので、まずその主要人物をあげるところから説き起こす。中国文明を創始した伝説上の帝王たちを「三皇五帝」と称する。誰を三皇五帝とするかは文献によって異同があるが、ここでは司馬遷『史記』にしたがって、三皇を伏羲《ふくぎ》・神農《しんのう》・女媧《じょか》、五帝を黄帝《こうてい》・顓頊《せんぎょく》・帝嚳《こく》・帝堯《ぎょう》・帝舜《しゅん》としておく。五帝のうち黄帝が昇格して、西晋・皇甫謐《こうほひつ》（二一五～二八二）の『帝王世紀』では伏羲・神農・黄帝を三皇としている。医学の分野においては、伏羲・神農・黄帝を三皇とする考え方が妥当性を持っている。

伏羲は、五行（木火土金水）のうち「木」徳によって君臨した。女媧氏《じょかし》とペアで蛇身人首の姿で描かれる。天地の運行や鳥獣の動作を観察して、八卦《はっか》を画き「易《えき》」の基本を作ったとされる。八卦の「八」という数字は、東西南北の四方をさらに細分した数と考えられる。また、それまで縄の結び目（縄結）によって数字などの記録・記憶を行っていたのに代わって文字を創始し、網を作って狩猟や漁労を教えた。

神農は炎帝とも称され、五行（木火土金水）のうち「火」徳によって君臨した。耜《すき》・鍬《くわ》のような器具を製作して民衆に農耕を教え、また赭鞭《しゃべん》（赤色のムチ）で草根木皮《そうこんもくひ》を鞭打って嘗めて薬効を審定し、このため一日に七〇回中毒になった。また市場を開いて交易することを教えた。一説に「易」の八卦を重ねて「六十四卦」を作ったとされる。医薬神として祀られたほか、商業者（特に香具師）から信仰を集めた。その姿は人身牛首で、後代、二本の角を備え木の葉の衣を着した姿で描かれる。

黄帝は軒轅氏《けんえんし》とも称され、神農氏の子孫に討ち勝って国土を平定し、「土」徳によって君臨した。黄帝は五気（木火土金水）の運行を定め、四季に応じた穀物を植えて、人民の生活を豊かにし、天地神を祀る封禅《ほうぜん》の儀を創始した。医薬書と道教経典には「黄帝」の名を冠したものが非常に多く、臣下に医薬に通じた岐伯《きはく》・雷公《らいこう》・伯高《はくこう》・少兪《しょうゆ》・少師《しょうし》・仲《ちゅう》文《ぶん》等を擁し、これらの臣下と医事に関する問答の形式をとった文献が数多く作られている。

その後、周代の弟父《ていふ》や兪跗《ゆふ》といった伝説的な巫医《ふい》（シャーマン）の活躍期を経て、春秋時代以降になると、具体的な記録を伴った名医たちが登場する。『春秋左氏伝』には医緩《いかん》（成公一〇年）や医和《いわ》（昭公元年）の病気診断の説話が記されている。

春秋戦国期最大の名医というべき扁鵲《へんじゃく》は、秦越人《しんえつじん》とも呼ばれ、隠者長桑君《ちょうそうくん》から秘法を授けられて体内を透視できたという。特に脈診などの診断術に長じたと考えられている。

前漢時代の名医倉公は、斉《せい》国・臨《りん》（山東省《さんとうしょう》臨淄県《りんしけん》）の人で、姓は淳于《じゅんう》、名は意《い》。公乗陽慶《こうじょうようけい》から黄帝・扁鵲の「脈《みゃく》書《しょ》」（針灸治療書）を授けられた。前一六七年に讒言によって罪に問われたが、末娘の嘆願によって許され、下問に応えて二五例の診療記録を提出した。その記録の中に、三陰三陽（太陽《たいよう》・陽明《ようめい》・少陽《しょうよう》・太陰《たいいん》・少陰《しょういん》・厥陰《けっちん》）の経脈名が施術部位・診脈部位として現れており、前漢時代の診断と投薬・針灸の治療を知ることができる。

後漢時代の名医華佗《かだ》は、不老長生の術に通じた。疾患の回復や罹患の予防のために、鬱滞した気血を全身に巡らす体操療法「五禽技《ごきんぎ》」を考案した。

陰陽五行説

「陰陽」と「五行」は、それぞれ無関係に生まれた考え方が後に結合した。陰陽は、（＋）と（－）のように相対する両極のどちらに属性が高いかによって二分類する考え方である。陰陽は固定的なものではなく、振り子が一方に振れ切ると反対方向に戻るように、そのバランスは常に変化し増減している。

五行説は、治水に功績をあげて舜《しゅん》から禅譲《ぜんじょう》された禹《う》が、治政にあたって天帝から与えられた九種類の大原則（洪範《こうはん》九疇《きゅうちゅう》）の第一として、五行（火水木金土）が明記されている。「五」の起源については、東西南北の四方に中央を加えたものという考え方（東―木、南―火、中央―土、西―金、北―水）と、肉眼で観察可能な五つの惑星、五星（水星・金星・火星・木星・土星）に淵源があるとする考え方がある。

戦国時代に、陰陽家《いんようか》に分類される思想家・鄒衍《すうえん》によって、五行説は陰陽説と結合して「陰陽五行説《いんようごぎょうせつ》」として理論化された。自然現象・人事のあらゆる事象が「五行」に配当され、さらに陰陽説と結びついて複雑化した。この理論を巧みに操って、鄒衍は自然現象が示す兆候の吉凶から政治制度に説き及ぼし、諸侯たちから信任を得たのである。

前漢時代になると、董仲舒《とうちゅうじょ》（前一七九頃～前一〇四頃）が人事と自然が相関するという「天人相関《てんじんそうかん》」の考え方と陰陽五行説を結合させ、その時々に合致した政治を行わないと天人の調和が崩れて災害を生ずるという「時令思想《じれいしそう》」へと展開する。董仲舒の『春秋繁露《しゅんじゅうはんろ》』や劉安（前一七九～前一二二）の『淮南子《えなんじ》』には、五行の相生《そうしょう》（木→火→土→金→水→木）や相剋《そうこく》（水→火→金→木→土→水）の理論が見いだされ、やや後の劉向《りゅうきょう》（前七七～前六）は上古から秦漢に至る災異を陰陽五行論によって説明した『洪範五行伝論《こうはんごぎょうでんろん》』を著している。

この五行配当の考え方と、相生・相克による循環理論が、医学の理論と治療にも大いに活用されるのである。初めに四肢の先端と内臓を関連づけ、それを五行に配当して、五臓（肝・心・脾・肺・腎）・五腑（胆・小腸・胃・大腸・膀胱）を想定したが、複雑な人体機能を説明するには不十分だったようで、一番目に当たる第六腑として「三焦」が考えられた。前漢時代の馬王堆から出土した『陰陽十一脈灸経』は、この段階を示す医書と考えられる。他方、陰陽をそれぞれ三分した三陰三陽と、それをさらに手・足と組み合わせた十二経脈《じゅうにけいみゃく》（これを正経《せいけい》と言う）という身体にエネルギーや栄養を巡らすルートが設定されたので、それに対応して第六臓として「心包絡《しんぽうらく》」が加えられ、十二経脈に対応する六臓六腑ができあがった。これによって、人体の組織と機能が陰陽五行の理論によって説明可能になった。十二経脈は次の順序で循環していると考えられている。

①手太陰肺経→②手陽明大腸経→③足陽明胃経→④足太陰脾経→⑤手少陰心経→⑥手太陽小腸経→⑦足太陽膀胱経→⑧足少陰腎経→⑨手厥陰心包経→⑩手少陽三焦経→⑪足少陽胆経→⑫足厥陰肝経（→手太陰肺経→）

なお、この正経のほかに奇経《きけい》があり（奇経八脈《きけいはちみゃく》）、奇経のうち治療上重要な任脈《にんみゃく》・督脈《とくみゃく》を合わせて十四経脈と呼ぶ。

漢書芸文志

前漢末から新にかけて、劉向・劉歆《りゅうきん》父子は、漢王朝が収集した各種の記録・文書を校訂して書籍として確定し、その目次や要旨を記した「目録」を作成した。劉向の「別録」・劉歆の「七略」そのものは伝わらないが、それが整理されて『漢書《かんじょ》』芸文志《げいもんし》（藝文志）として伝わっている。

劉歆の「七略」とは、輯略《しゅうりゃく》・六芸略《りくげいりゃく》・諸子略《しょしりゃく》・詩賦略《しふりゃく》・兵書略《へいしょりゃく》・術数略《じゅつすうりゃく》・方技略《ほうぎりゃく》からなり、後に形成される経《けい》・史《し》・子《し》・集《しゅう》のいわゆる「四部分類《しぶぶんるい》」に当てはめれば、六芸略が経部（儒教経典）、諸子略が子部（春秋戦国期の諸子百家）、詩賦略が集部（文学的創作）に相当する。これが中国の伝統的な知識人が学ぶべき対象とした「学」に当たる。後の三略—兵書略（権謀《けんぼう》・形勢《けいせい》・陰陽《いんよう》・技巧《ぎこう》からなる用兵や軍陣の技術書）・術数略（天文《てんもん》・暦譜《れきふ》・五行《ごぎょう》・蓍亀《しき》・雑占《ざっせん》・形法《けいほう》からなる卜《ぼく》占《せん》や天文暦学の書）・方技略（医経《いけい》・経方《けいほう》・房中《ぼうちゅう》・神僊《しんせん》からなる医薬・医療の書）は、それぞれ専門家が担当する「術」（技術）に当たる。

諸子略は、儒家・道家・陰陽家・法家・名家・墨家・縦横家《しょうおうか》・雑家・農家・小説家に分けられ、それぞれの思想の淵源を周代の官庁に配当して説明している（儒家—司徒《しと》の官、道家—史官、陰陽家—羲和《ぎか》の官、法家—理官、名家—礼官、墨家—清廟《せいびょう》の守《しゅ》、縦横家—行人《こうじん》の官、雑家—議官、農家—農稷《のうしょく》の官、小説家—稗官《はいかん》）。兵書・術数・方技も同様に、兵書—司馬《しば》の職、術数—明堂《めいどう》・羲和《ぎか》・史卜《しぼく》の職、方技—王官《おうかん》の一守《いっしゅ》、と官職に配当して説明されている。

医経・経方・房中・神僊に分類される方技の書籍群は、前漢時代の医書、および医学・医療のあり方を伝える貴重な記録である。

「医経」は陰陽五行論を基礎にして医学理論を説いた書籍群で、「黄帝内経《こうていだいけい》十八巻」「（黄帝）外経《がいけい》三十七巻」や「扁《へん》鵲《じゃく》内経《だいけい》九巻」「（扁鵲）外経《がいけい》十二巻」など七書、二一六巻が記録されている。現在まで伝わっているテキストとしては、『黄帝内経素問《こうていだいけいそもん》』九巻と『黄帝内経霊枢《こうていだいけいれいすう》』九巻が「黄帝内経十八巻」に当たると言われる。

「経方」は具体的な薬物治療（処方集）を説いた書籍群で、「五蔵六府痺十二病方《ごぞうろっぷひじゅうにびょうほう》三十巻」「五蔵六府疝十六病方《ごぞうろっぷせんじゅうろくびょうほう》四十巻」「五蔵六府癉十二病方《ごぞうろっぷたんじゅうにびょうほう》四十巻」「風寒熱十六病方《ふうかんねつじゅうろくびょうほう》二十六巻」「泰始黄帝扁鵲兪拊方《たいしこうていへんじゃくゆふほう》二十三巻」「五蔵傷中十一病方《ごぞうしょうちゅうじゅういちびょうほう》三十一巻」「客疾五蔵狂顛病方《かくしつごぞうきょうてんびょうほう》十七巻」「金創瘲瘛方《きんそうしょうけいほう》三十巻」「婦人嬰児方《ふじんえいじほう》十九巻」「湯液経法《とうえきけいほう》三十二巻」「神農黄帝食禁《しんのうこうていしょくきん》七巻」の一一書、二七四巻が記録されている。「痺《ひ》」「疝《せん》」「癉《たん》」「傷中《しょうちゅう》」のような臓腑の特定病症、「風寒熱」のような外因性の病気、「狂顛」のような精神疾患、「金創瘲瘛」のような外科疾患など、病気のタイプに応じた治療書があったことがわかる。また婦人科・小児科の専門治療書、名医の名を冠した処方集、薬の剤型による書籍（「湯液経法」）、食べ合わせに関する書籍（「食禁」）など、すでに多様なジャンルの治療書があったことが確認できる。いずれも散逸して伝わらない。

「房中」は閨房術《けいぼうじゅつ》、性医学書というべき内容の書籍で、「容成陰道《ようせいいんどう》二十六巻」など八書、一八六巻が記録されている。いずれも散逸して伝わらないが、馬王堆漢墓から出土した帛書『十問《じゅうもん》』『合陰陽方《ごういんようほう》』『天下至道談《てんかしどうだん》』が具体的な交接方法など、前漢時代の房中書の内容をよく伝えている。

「神僊」は「宓戯雑子道《ふっきざっしどう》二十巻」以下、一〇書、二〇五巻が記録されている。「神僊」は、「房中」ともに陰陽五行説を基盤にしており、「房中」は性生活において精気を浪費せず陰陽の気を和合させる方法を説き、「神僊」は按摩導引《あんまどういん》等によって自然界から気を身体に導きそれを全身に巡らす方法を説き、ともに不老長生を追求する「養生術」である。しかしながら、このジャンルは後年に正当な医学書とは認識されなくなり、「道経部」（『隋書』経籍志）や「神仙類」に配当されるようになっていった。

黄帝内経

『漢書』芸文志に既出の『黄帝内経』が、現在伝えられている『（黄帝内経）素問』『（黄帝内経）霊枢』と同じものであるかどうかは、実はわからない。前漢から後漢にかけて著されたさまざまな著作が集成されて、現伝本の祖型が形成されたと考えられている。形式的に見ても、多くの篇が黄帝と雷公・少師・伯高・少兪・岐伯・鬼臾区らとの問答体の体裁をとっていて、これを黄帝を始祖として仰ぐ異なるグループによって著された著作が次第に集成されたと考える研究者もいる。

『黄帝内経』の成立は複雑で、分量も多く内容も多様であるが、現伝の『素問』『霊枢』は、全体としてみれば、陰陽五行理論による経脈説（上述した十二経脈による循環理論）と脈診などの診断法、病理に関する理論、および経穴（経脈上にある特定部位、いわゆるツボ）の針灸刺激による治療法や薬物治療などが説かれていると言える。

なお、『霊枢』はもともと『九巻』と呼ばれ、後に『針経』と呼ばれていた。後漢時代に『黄帝内経』の理論を基盤に、秦越人（扁鵲）に仮託された『黄帝八十一難経』が作られた。八一条の問答体形式で針治療の理論と実践が説かれており、もとは『八十一難』と呼ばれていた。

本草経

中国伝統薬物学を「本草学《ほんぞうがく》」と言う。「本草」という語は、前漢末頃にできたものらしく、『漢書』芸文志にはまだ「本草」に該当する書物はなく、「本草」という分類も存在しない。本草書の祖『神農本草《しんのうほんぞう》』ができたのは、後漢（一〇〇年前後）のことである。この時期に薬物学が医学から独立したと見ることもできるだろう。『神農本草』は序録一巻と上中下三巻からなり、一年の日数と同じ三六五種の生薬を収録している。薬効の性質によって、上巻には寿命を延ばし不老長生の作用をもつ「養命薬」一二〇種、中巻には病気を予防し体を強壮にする「養性薬」一二〇種、下巻には「治病薬」一二五種に分けて収録しているのが特色である。この三品分類は、『神農本草』が漢方治療とともに不老長生の仙術と直結していることを示している。漢方処方は一般に生薬を複合して使用するが、「序録」にはその複合原則や禁止事項が定められている。複合に関して「君臣佐使《くんしんさし》」という考え方があり、上巻所収の上薬は君主の働きをし、中巻所収中薬は臣下の働きをし、下巻所収の下薬は佐使（属官）の働きをし、それぞれ一・二・五、あるいは一・三・九の割合で配合するのがよいとされる。また薬物相互の関係性について、単行《たんこう》（単味で使用する）・相須《そうしゅ》（相互協力関係）・相使《そうし》（主従的協力関係）・相反《そうはん》（激しい反作用の関係）・相悪《そうお》（相互に有効性を弱める関係）・相殺《そうさい》（相互に毒性を消しあう関係）・相畏《そうい》（一方が他方の毒性を消す関係）の「七情《しちじょう》」という考え方が示され、複合には相須・相使を用いるべきで、相反・相悪を用いてはならず、相殺・相畏は毒性を緩和する場合に限って用いるべきであると説いている。

傷寒論

『漢書』芸文志「方伎略」経方のジャンルで、現在まで伝えられている医書はなく、最古の経方書としては後漢後期の張仲景《ちょうちゅうけい》によって撰述された著作（古くは「張仲景方」などと呼ばれていた）が、現在『傷寒論《しょうかんろん》』『金匱要略《きんきようりゃく》』として伝えられている。張仲景は正史等に伝がなく、詳しい事跡はわからないが、南陽（河南省南陽県）の出身で、名は機、字は仲景、長沙（湖南省）の太守であったとされる。『傷寒論』の自序「傷寒雑病論集」によれば、二〇〇人を越えていた張仲景の一族が、建安元年（一九六）以来、わずか一〇年でその三分の二が亡くなり、その内の七割（九〇人以上）の死亡原因が「傷寒」という急性熱性病であった。そこで『素問《そもん》』『九巻《きゅうかん》（霊枢《れいすう》）』『八十一難《はちじゅういちなん》（難経《なんぎょう》）』

等を参照して、「傷寒」と「雑病」の論、併せて一六巻を著した。「傷寒」に関する論が『傷寒論』、「雑病（傷寒以外の種々の疾病）」に関する論が『金匱要略』に当たる。

『傷寒論』は、脈や傷寒に関する病理・診断（第一～四篇）、傷寒の病期経過と各病期の治療法（第五～一二篇）、霍乱《かくらん》の脈と治療（第一三篇）、大病回復後の治療（第一四篇）、既出の条文を汗・吐・下などの治療法別に再編した部分（第一五～二二篇）から成っている。特に①太陽病→②陽明病→③少陽病→④太陰病→⑤少陰病→⑥厥陰病の病期進行の理論と、病邪が体表にあれば汗をかかせる発表剤、病邪が体内に進行したら下痢させる下剤、病気が進行し衰弱した状態には補剤といった、各病期に応じた治療原則とその処方は後世に影響を及ぼし、『傷寒論』は「処方の祖」として尊重された。もともとは傷寒という急性熱性病の治療法であったものが、その他の病気にも応用されるようになり、現在に至るまで漢方治療の現場で使用されている。

医事制度の形成

伝統的な中国社会において、官職は周代の制度に淵源を持つという発想があり、「医学」「医療」あるいは「保健衛生」に関する官職もまた、漢代に成立する『周礼』天官に「医師」「食医」「疾医」「瘍医」「獣医」の五階等の記述がある。

「医師」は、現在のメディカルドクターの意味ではなく、医薬行政を担当する官僚のこと。薬物の調製や供給、医療従事者の監督や査定を職掌とし、かたわら王室・卿・大夫らの医療にも従事する。「食医」は、天子に提供する食事に関する、管理栄養士である。四季に応じて主食・副菜・飲料が人体に及ぼす寒冷温熱の作用を考え、調和するように献立を作ることを職掌とする。「疾医」は四季の流行病など一般人の各種の内科的疾病の治療に当たる医者たちで、治療結果を「医師」に報告する義務を負った。「瘍医」は一般人の各種の外科的疾病の治療に当たる医者たちで、疾医同様、治療結果を「医師」に報告する義務を負った。「獣医」は農耕および軍事上に有用な牛馬の治療にあたる医者で、同じく「医師」に報告する義務を負った。『周礼』の記載は、理念的なものであったと思われるが、病気治療の報告義務という考え方からは、中国において古くから病気と治療が記録されていたことが推測される。

2 医学古典の流伝

魏晋南北朝における医学古典の伝承

漢代の典籍成立と宋代の印刷術による典籍再編の間にあって、魏晋南北朝から隋唐期にかけての時期は、典籍の整理と注釈が行われた時代であるといえる。

「黄帝内経」系医書のテキスト成立の歴史を概観すれば、『素問』『霊枢』は共に、もと九巻×各九篇の八一篇から成っていた。『素問』では斉・梁間の全元起《ぜんげんき》が五世紀末に初めて『黄帝素問』に注解を施したが、この時点で既に九巻のうち一巻を欠き、八巻になっていた。七六二年に唐の王冰《おうひょう》（七一〇～八〇四）が編成と字句の改定を行い、また欠けていた巻七を補って「運気七篇《うんきしちへん》」と呼ばれる篇を追加するなどの大改訂を行い、全二四巻八一篇に再編した。初めて注解が施された全元起本に対して、これを次注本と呼ぶ。「運気七篇」については、六朝時代の文献、王冰の偽作、五代～北宋の後補の諸説がある。

『甲乙経《こういつきょう》』は『黄帝三部針灸甲乙経《こうていさんぶしんきゅうこういつきょう》』といい、西晋・皇甫謐《こうほひつ》（二一五～二八二）の編纂にかかるとされる。「黄帝三部」とは『素問』『霊枢』『明堂《めいどう》』を指し、三部を編者自身の経験に照らして整理している。前半に病理、後半に治療が説かれている。『素問』『霊枢』の校勘、『明堂』の輯佚の上でも、有用な典籍である。

本草書は、その後新種の薬物に関する知見が増加し、斉・梁の陶弘景《とうこうけい》（四五六～五三六）は、『神農本草』収載薬物三六五種に、後漢末に作られた『名医別録《めいいべつろく》』収載薬物三六五種を加えて計七三〇種とし、七目に分類し注記を加えて『神《しん》農本草経《のうほんぞうきょう》集注《しっちゅう》』三巻を編纂した。当初、『神農本草』に由来する薬物は朱書、『名医別録』に由来する薬物は墨書し、注記は小字で記された。「朱墨雑書」のさまは、トルファン出土の残片（ベルリン国立図書館所蔵）によって見ることができる。七目分類とは金石（玉石）・草木・虫獣・果・菜・米食・有名無用で、巻一：序録、巻二：玉石、巻三：草木上、巻四：草木中、巻五：草木下、巻六：虫獣、巻七：果・菜・米食・有名無用の七巻本も作られている。陶弘景は医薬学者であると同時に道教信仰者（道士）として著名で、『神農本草経集注』の注記にも不老長生を追求する道教的色彩が反映されている。

経方では、西晋・王叔和《おうしゅくか》が「張仲景方」を再編した。また王叔和は『素問』『針経（霊枢）』『難経』『傷寒論』『金匱要略』等の古文献を再編して『脈経』一〇巻を撰述した。『脈経』は脈理・脈象について詳説し、また多くの文献を引用しているので輯佚・校勘にも有用である。陶弘景は葛洪《かっこう》（二八三～三四三）の『肘後救卒方《ちゅうごきゅうそつほう》』三巻を増補して、五〇〇年頃に『肘後百一方《ちゅうごひゃくいっぽう》（肘後備急方《ちゅうごびきゅうほう》）』八巻を著した。『神農本草経集注』の場合と同じく、葛洪の原著と増補部分を区別して「朱墨雑書」で書写された。葛洪・陶弘景ら道士は仙薬を求めて錬丹術に努めたので、それが劉宋・雷斅《らいこう》の『雷公炮炙論《らいこうほうしゃろん》』三巻などに見られるような製薬技術（修治《しゅうち》）の発達を促した。しかし他方では道教の流行から、文人たちが寒食散《かんしょくさん》（五石散《ごせきさん》）と呼ばれる亢精神薬を愛用し、その副作用に苦しんだこともよく知られている。

隋唐代、律令体制下の医学古典と臨床

歴代王朝による医療および医学教育に関する制度は、『唐六典《とうりくてん》』によれば、六世紀前半までは職掌がなお未分化で、名称も古代からの官名である太医（令・丞）を称したが、北斉の時に門下省のもとに皇帝の医務を職掌とする尚薬局が置かれ、隋の煬帝《ようだい》の時に皇帝の衣食住を管轄する殿内省のもとに移され、唐代はこれを継承して殿中省のもとに尚薬局が置かれた。尚薬局の長は奉御（二人）で、五品下であった。

医学教育機関（および宮廷官人の医療）については、劉宋の太医令秦承祖《しんしょうそ》が四四三年に設置したのが最初とされ、隋代には太常寺のもとに太医署が置かれ、唐代もこれを継承した。太医署の長は太医令（二人）で、従七品下。教官は医博士、助教、針博士、針助教、按摩博士、呪禁博士などに分かれていた。

『唐六典』では医博士が医生に授ける医書として『本草（神農本草経集注）』『甲乙経』『脈経』をあげ、針博士が針生に授ける医書としては『素問』『黄帝針経（霊枢）』『明堂』『脈訣』『流注図《るちゅうず》』『偃側図《えんそくず》』『赤烏神針経《せきうじんしんぎょう》』などがあげられている。

これを実際の律令の規定によって確認してみよう。唐令そのものは伝存しないが、唐の律令の影響下に作成された日本の「医疾令《いしつりょう》」によって、唐令も窺い知ることができる。それによれば、医生には『甲乙経』『脈経』『本草（神農本草経集注）』『小品方』『集験方』が課され、針生には『唐六典』と同じ『素問』『黄帝針経（霊枢）』『明堂』『脈訣』『流注

図』『偃側図』『赤烏神針経』が課されている。

「医疾令」に記される『素問』は、前述した全元起本『黄帝素問』と考えられる。

『小品方』は、劉宋・陳延之《ちんえんし》によって五世紀後半に著された『小品方』一二巻のことで、唐代を通じて経方書の典範として重視された。同書は長らく佚書であったが、一九八四年に東京の尊経閣《そんけいかく》文庫でその一部が発見され、国内外の注目を集めた。

その後、日本では天平宝字元年（七五七）の勅によって学習すべき典籍が改定されて、医生には『太素』『甲乙経』『脈経』『本草（神農本草経集注）』が課され、全元起本『黄帝素問』に替わって『黄帝内経太素《こうていだいけいたいそ》』が学ばれるようになった。『黄帝内経太素』三〇巻は、唐初の道士楊上善《ようじょうぜん》が、『素問』『針経』を合わせて内容別に再編し注釈を加えたテキストで、『素問』『針経』に替わって内経医書の典範として学ばれた。長らく佚書であったが、江戸時代後期の考証学者の調査によって発見され、京都の仁和寺《にんなじ》等に二五巻分が現存している。

本草書では、延暦六年（七八七）に典薬寮《てんやくりょう》の進言により陶弘景『神農本草経集注』に替わって『新修本草《しんしゅうほんぞう》（唐本草）』を採用し、以後これがスタンダードになる。『新修本草』二〇巻は顕慶四年（六五九）に蘇敬《そけい》らによって編纂され、『神農本草経集注』に拠りながら、百数十種の薬物を増補・加注し八五〇種の薬物を収録している。同書も仁和寺等に残巻が現存している。

「医疾令」『小品方』『太素』『新修本草』の例が示すように、宋代に印刷術が定着する以前、六朝隋唐期の中国医学の姿を知るには、日本に豊富に残されている佚存文献や敦煌等の出土文献が重要な意義を持つ。同様に、平安前期に丹波《たんばの》康頼《やすより》が撰述し平安時代の古写本が残る『医心方《いしんほう》』三〇巻（九八四年成）は、中国中世医学の重要な資料となっている。

隋唐期に作られ後世に影響の大きかった医方書としては、隋の太医博士・巣元方《そうげんぽう》等が煬帝の勅命によって六一〇年に編纂した『諸病源候論《しょびょうげんこうろん》』五〇巻が、以後の疾病分類の規範となった点で重要である。このほか、唐初の道士孫思邈《そんしばく》が七世紀後半に編纂した『千金方《せんきんほう》』三〇巻・『千金翼方《せんきんよくほう》』三〇巻や、王燾《おうとう》が先行する医書を分類整理して七五二年に編纂した『外台秘要方《げだいひようほう》』四〇巻なども著名である。『外台秘要方』は佚存文献を多く含み、輯佚校勘に有用な典籍として知られている。

また、『隋書《ずいしょ》』経籍志《けいせきし》には仏教医学書が著録されており、インドや西域から新しい医学が伝来したことが知られる。『経効産宝《けいこうさんぽう》』や『顱顖経《ろしんきょう》』のような婦人科・小児科の専著が生まれていることも、この時代の新しい動きと言える。

3 医学古典の新展開

宋代印刷文化と医学　宋王朝による医療行政および医学教育に関する制度としては、翰林院（皇帝直属の学芸家組織）のもとに翰林医官院（局）が置かれ、医療行政を担当した。また皇帝の医務・薬物を担当する部局として、御薬院・尚薬局が開設された。

医学教育を担当する部局は、隋唐以来の太常寺管轄下の太医署が、太医局と改められ、一〇七六年に独立した医学教育機関となった。科目は九科（大方脈・風科・小方脈・瘡腫兼折傷・産科・眼科・口歯兼咽喉・針灸・金瘡兼書禁）からなり、医生の定員は嘉祐中（一〇六〇年前後）に一二〇人であったものが、後に王安石の新法による三舎法導入によって拡大され、熙寧～元豊頃（一〇七〇年前後）には三〇〇人に達した。

この医学教育の動きと並行して、医学知識の普及に大きな役割を果したのが宋王朝による医書の校正版刻事業である。仁宗の命により嘉祐二年（一〇五七）に専門の部局として「校正医書局」が開設され、掌禹錫《しょううせき》、林億《りんおく》、蘇頌《そしょう》、張《ちょう》洞《どう》、孫奇《そんき》、高保衡《こうほこう》、孫兆《そんちょう》らの学者を動員して校正作業が行われ、主要医書が続々と刊行された。

『嘉祐《かゆう》補注本草』二〇巻　『図経本草』二〇巻（嘉祐七年〔一〇六二〕）
『傷寒論』一〇巻（治平二年〔一〇六五〕）
『金匱玉函経』八巻（治平三年〔一〇六六〕）
『金匱要略』三巻（治平三年〔一〇六六〕）

『備急千金要方』三〇巻（治平三年〔一〇六六〕）
『千金翼方』（治平四年〔一〇六七〕）
『脈経』一〇巻（熙寧元年〔一〇六八〕）
『黄帝三部針灸甲乙経』一二巻（熙寧二年〔一〇六九〕）
『外台秘要方』四〇巻（熙寧二年〔一〇六九〕）
『重広補注黄帝内経素問』二四巻（熙寧二年〔一〇六九〕）

これらは最初、大型の大字本として刊行され、後にあらためて普及のために小字本として校訂版刻された。この北宋原刊本はいずれも伝存しないが、これらの医学古典の源流に遡上すると、北宋刊本に帰着することは動かしがたい事実であり、この時の校訂版刻は中国医学文化史上、画期的かつ決定的なことであったと言える。

この校正医書局における版刻からやや遅れて、北宋当時、完全な本がなかった『霊枢（針経）』も、高麗から献上された『黄帝針経』九巻を底本として一〇九三年に刊行された。針灸・経穴については、王惟一《おういいつ》が『銅人腧穴針灸図経《どうじんしゅけつしんきゅうずけい》』三巻（一〇二六年）を著し、翰林医官院に石刻して建碑され、版刻されて流布した。

本草学では、建国間もない九七三年に国子監《こくしかん》で編纂刊行された『開宝重定本草《かいほうちょうていほんぞう》』が『新修本草』を増補し、前掲の校正医書局による『嘉祐補注本草』はそれをさらに増訂したものである。その後、民間医の唐慎微《とうしんび》が『嘉祐本草』『図経本草』とその他の諸書を参看して『経史証類備急本草《けいししょうるいびきゅうほんぞう》（証類本草《しょうるいほんぞう》）』三一巻を編纂した。『証類本草』は唐慎微の生前には刊行されなかったが、その後さまざまなバージョンが北宋末から南宋にかけて刊行された。主なものに『経史証類大観本草（大観本草《たいかんほんぞう》）』（一一〇八年）、『政和新修経史証類備用本草（政和本草《せいわほんぞう》）』（一一一六年）、『紹興校定経史証類備急本草（紹興本草《しょうこうほんぞう》）』がある。

この他に北宋の医書としては、皇帝の命による先行医書の収載処方や民間処方まで集成した大部の医方書が注目される。北宋初期、太宗の命により翰林医官らが『太平聖恵方《たいへいせいけいほう》』一〇〇巻（九九二年）を編纂し、北宋末期には徽宗《きそう》の命により『太平聖恵方』をベースに『聖済総録《せいさいそうろく》』二〇〇巻（一一一八年頃）が編纂された。また一般庶民向けの薬剤頒布所が開設され、そこでの処方集が編纂刊行された。当初「太医局方《たいいきょくほう》」と呼んでいた処方集は、大観年間（一一〇七〜一一一〇）に『和剤局方《わざいきょくほう》』五巻（収録処方二九七種）として編集刊行され、さらに南宋にかけて漸次増補されて、紹興二一年（一一五一）に『（太平恵民《たいへいけいみん》）和剤局方《わざいきょくほう》』一〇巻に改められ、淳祐年間（一二四一〜五二）に完成している（収録処方七八八種）。これらの医書は、宋王朝の歴代皇帝たちが「経世済民」の観点から、医薬学に高い関心を示したことを示すものと言える。

医学理論については、一説に五代〜北宋に後補されたともいわれる『素問』の「運気七篇」が基盤となって「運気論」が盛行し、劉温舒《りゅうおんじょ》が『素問入式運気論奥《そもんにゅうしきうんきろんおう》』三巻（一〇九九年成）を著し、前述の『聖済総録』でも「運気論」が詳述されている。この「運気論」の盛行は次代の新しい医学理論の展開を準備した。

次いで南宋期に入ると、医家個人の編纂にかかる数多くの処方集が作られ版刻されて、少なからず伝存している。

金元代における新しい医学理論の展開

宋代の印刷技術によって基盤となる医学典籍が出そろった後を受けて、金元時代（一一一五〜一三六八）には、内経（生理・病理）と方論（治療学）と本草（薬理）の本来は異なる理論をもつ典籍間の理論的統合が試みられた。それを代表するのが「金元四大家《きんげんよんたいか》」と称される医家たちである。

劉完素《りゅうかんそ》（一一二〇〜一二〇〇）は、「内経」の五運六気説を深く研究し、疾病の多くが「火熱」によって起こると考え（「六気皆従火化」、火熱病因説）、寒涼剤を使用し「心火」を降下する治療を得意としたので、「寒涼派」と呼ばれる。著書に『素問病機気宜保命集《そもんびょうききぎほめいしゅう》』『素問玄機原病式《そもんげんきげんびょうしき》』等がある。

張従正《ちょうじゅうせい》（一一五六〜一二二八、字子和《しか》）は、劉完素の医説の影響を受けながらも、天地・水穀の外邪を汗・吐・下の方法によって体外に排出することを治療の基本とした。攻撃療法を多用したので、「攻下派」と呼ばれる。著書に『儒《じゅ》門事親《もんじしん》』五巻（一二二八年）がある。

李杲《りこう》（一一八〇〜一二五一、号東垣《とうえん》）は、師である張元素《ちょうげんそ》（一一五一〜一二三四）の「臓腑弁証《ぞうふべんしょう》（臓腑の疾病分類）」の医説を継承して、脾胃《ひい》の内傷を説き、「土《ど》」を補する治療を多用したので「補土派《ほどは》」と呼ばれる。著書に『内外傷辨惑《ないがいしょうべんわく》論《ろん》』（一二四七年）、『脾胃論《ひいろん》』（一二四九年）等がある。

朱震亨《しゅしんこう》（一二八一～一三五八、号丹渓《たんけい》）は、劉完素再伝の弟子羅知悌《らちてい》に学び、劉完素の火熱病因説をさらに進めて、「火熱」によって疾病が起こりやすい理由を身体の「相火《そうか》」の妄動によって説明した。その治療は、滋陰降火剤《じいんこうかざい》を多用したので、「養陰派」と呼ばれる。著書に『和剤局方』への批判を含んだ『局方発揮《きょくほうはっき》』や『格致餘論《かくちよろん》』がある。

このほか、元・滑寿《かつじゅ》（字伯仁《はくじん》）が著した『十四経発揮《じゅうしけいはっき》』（一三四一年）と『難経本義』（一三六六年）は、前者が日本で最も普及した経穴学書となり、後者は中国・日本で最も流布した『難経』のテキストとなった。

明清の医事制度と臨床各科

明朝による医療行政および医学教育に関する制度は、元朝を踏襲して始まった。元朝は医療・医薬・医学に関する中央機関として医学提挙司《いがくていきょし》を置き、宮廷医務と医官教育だけでなく、各地方の医学校や恵民薬局の管理を行った。明朝では機関名称こそは医学提挙司から太医院に改めたが、機構は元朝を継承し、その職掌は内廷における皇帝の医務と外廷におけるその他の宮廷医務、医術十三科（大方脈《たいほうみゃく》・小方脈《しょうほうみゃく》・婦《ふ》人《じん》・瘡瘍《そうよう》・針灸《しんきゅう》・眼《がん》・口歯《こうし》・接骨《せっこつ》・傷寒《しょうかん》・咽喉《いんこう》・金鏃《きんぞく》・按摩《あんま》・祝由《しゅくゆう》）の教授、および地方の医学校や恵民薬局の管理であった。清朝の制度も基本的に明朝を踏襲した。明清期は科挙の制度化が進んだ時代であり、太医院の医学教育と選抜においても、細かな規程が定められていた。また医学の専門分化が進んだ時代であり、各分野に有用かつ特色のある書籍が著された。

内経では、馬蒔《ばじ》（号玄台《げんたい》）が『黄帝内経素問註証発微《こうていだいけいそもんちゅうしょうはつび》』（一五八六年）、『黄帝内経霊枢註証発微《こうていだいけいれいすうちゅうしょうはつび》』（一五八八年）を著した。『霊枢』全篇への加注、『素問』『霊枢』両書への加注は、これが最初である。また張介賓《ちょうかいひん》（一五六三～一六四〇）は『素問』『霊枢』を内容別に分類再編して注を加え、『類経《るいきょう》』三二巻（附『図翼』一一巻・『附翼』四巻、一六二四年序刊）を著した。この両著は「黄帝内経」全体の通覧を容易にした。

『傷寒論』に関しては、元末明初の王履《おうり》が『医経溯洄集《いけいそかいしゅう》』を著して『傷寒論』の王叔和《おうしゅくか》による竄入を論じた後、方《ほう》有執《ゆうしつ》（一五二三～九三）の『傷寒論条辨《しょうかんろんじょうべん》』（一五九一年）、喩昌《ゆしょう》（一五八五～一六六四、字嘉言《かげん》）の『傷寒尚論篇《しょうかんしょうろんへん》』（一六四八年）、程応旄《ていおうぼう》『傷寒論後条辨《しょうかんろんこうじょうべん》』（一六七〇年）等、その錯簡や竄入を校訂しようとする著作が相継いだ。これが江戸時代中期の古方派に影響を与えたとされる。

本草では、明初の周憲王《しゅうけんおう》（明・太祖の五男）による『救荒本草《きゅうこうほんぞう》』（一四〇六年）が新分野を拓き、孝治帝の命によって編纂された『本草品彙精要《ほんぞうひんいせいよう》』四二巻（一五〇五年）が勅撰本草書の掉尾を飾った。李時珍《りじちん》（一五一八～九三？）は伝統的な本草書の分類を改変した『本草綱目《ほんぞうこうもく》』四二巻（一五七八年成）を著して本草学・博物学に影響を与えた。一方で古本草の復元が試みられ、盧復《ろふく》（一六一六年）や孫星衍《そんせいえん》（一七九九年）による『神農本草経』の復元が知られている。復元の精度としては日本の佚存文献を駆使した幕末の森枳園《もりきえん》（一八五四年）による著作が評価されている。

数多く著された医方書のうち代表的なものに、劉純《りゅうじゅん》『玉機微義《ぎょくきびぎ》』（一三九六年）、熊宗立《ゆうそうりつ》『医書大全《いしょたいぜん》』（一四四六年）、虞摶《ぐたん》『医学正伝《いがくせいでん》』八巻（一五一五年）、李梴《りてん》『医学入門《いがくにゅうもん》』（一五七五年）、呉昆《ごこん》『医方考《いほうこう》』（一五八四年）、龔廷賢《きょうていけん》『万病回春《まんびょうかいしゅん》』（一五八七年）、王肯堂《おうこうどう》『証治準縄《しょうちじゅんじょう》』（一六〇八年）、陳実功《ちんじつこう》『外科正宗《げかせいそう》』（一六一七年）等があり、江戸時代の日本でも覆刻されて広く流通した。

針灸書では明・高英《こうえい》『針灸聚英《しんきゅうじゅえい》』（一五二九年）等があったが、乾隆以降の清朝宮廷では針灸を禁じたためしだいに衰微し、その復興は民国期を俟つことになる。

新しいジャンルの医書としては、戴笠《たいりゅう》（曼公《まんこう》）らによる天然痘の治療法（治痘術《ちとうじゅつ》）や、呉有性《ごゆうせい》の温病《うんびょう》に関する専著『温疫論《うんえきろん》』（一六四二年）があげられる。

医学類書・医学叢書の出現も、医学文化・出版文化が爛熟した明清期の特徴と言える。『東垣十書《とうえんじっしょ》』、『薛氏医案《せっしいあん》』一六種七七巻（一五五八年以前）、徐春甫《じょしゅんぼ》編『古今医統大全《ここんいとうたいぜん》』一〇〇巻（一五五六年刊）、張介賓《ちょうかいひん》編『景岳全書《けいがくぜんしょ》』六四巻（一六二四年）、王肯堂《おうこうどう》編・呉勉学《ごべんがく》刊『古今医統正脈全書《ここんいとうせいみゃくぜんしょ》』四四種等のほか、官撰のものでは清・乾隆帝の命によって編纂刊行された『医宗金鑑《いそうきんかん》』九〇巻（一七四九年）が知られている。

生死が人類の関心事である以上、医学は常に学術上の重要な位置を占め、その歴史や文化が豊富な蓄積を持つことは不思議ではない。「学」を重視する中国古典世界において、「術」の典型である医学は必ずしも重視されたとばかりは言えない。しかしながら、以上概説した通り、長い歴史的背景を持つ中国医学は、陰陽五行論に象徴されるように、中国とその周辺地域の自然観や身体観にも深く関わる。また大量に生産された医学文献は、書物文化史から見ても看過できない。本章では十分言及できなかったが、中国とその周辺地域、また中国と他の文化圏との交流の点でも、医学・医術は多様な事象を生みだした。さまざまな意味において、中国医学はきわめて魅力に富む学問領域である。

参考文献

【一般的・入門的文献】
① 根本幸夫・根井養智『陰陽五行説』(薬業時報社、一九九一年)
＊陰陽五行説に関する簡便な入門書。その発生と展開を漢方・針灸の臨床に配慮しながら概説する。
② 山田慶児『中国医学はいかにつくられたか』(岩波新書、一九九九年)
＊中国医学の起源から確立にいたる過程を、出土資料や黄帝内経に力点をおいて解説する。
③ 川原秀樹『毒薬は口に苦し』(大修館書店、二〇〇一年)
＊本草学の成立と展開について中国古代から宋代までを概説し、併せて六朝〜唐代貴族社会の道教流行を紹介する。
④ 小曽戸洋『新版　漢方の歴史』(大修館書店、二〇一四年)
＊『漢方の歴史』(一九九九)の増補改訂版。著者の書誌文献研究を基盤とする医学古典研究が平易に説かれる。
⑤ 小曽戸洋・天野陽介『針灸の歴史』(大修館書店、二〇一五年)
＊初めてのコンパクトな針灸通史で、『漢方の歴史』の姉妹編というべき内容である。

【専門的文献】
① 北京中医学院主編『中国医学史講義』(燎原書店、一九七四年)
＊中国共産党寄りの歴史観によって説かれているが、簡要を得た記述・内容になっている。
② 石田秀実『中国医学思想史』(東京大学出版会、一九九二年)
＊古代の古典理論形成から現代中医学理論まで、思想史として説かれた中国医学通史。

③　小曽戸洋『中国医学古典と日本』（塙書房、一九九六年）

＊日本伝存資料や江戸期考証学者の業績を基盤に、文献学・書誌学の立場から中国医学古典の成立と展開を解説している。近刊の浦山きか『中国医書の文献学的研究』・真柳誠『黄帝医籍研究』（汲古書院、二〇一四年）も、それぞれ文献学・書誌学から中国医書にアプローチした研究成果である。

④　傅維康主編、川井正久訳『中国医学の歴史』（東洋学術出版社、二〇〇〇年）

＊古代から清末にいたるオーソドックスな中国医学史の通史。巻末に方剤名一覧表・医薬年表の附録あり。

第十三章　日本漢詩文

合山林太郎

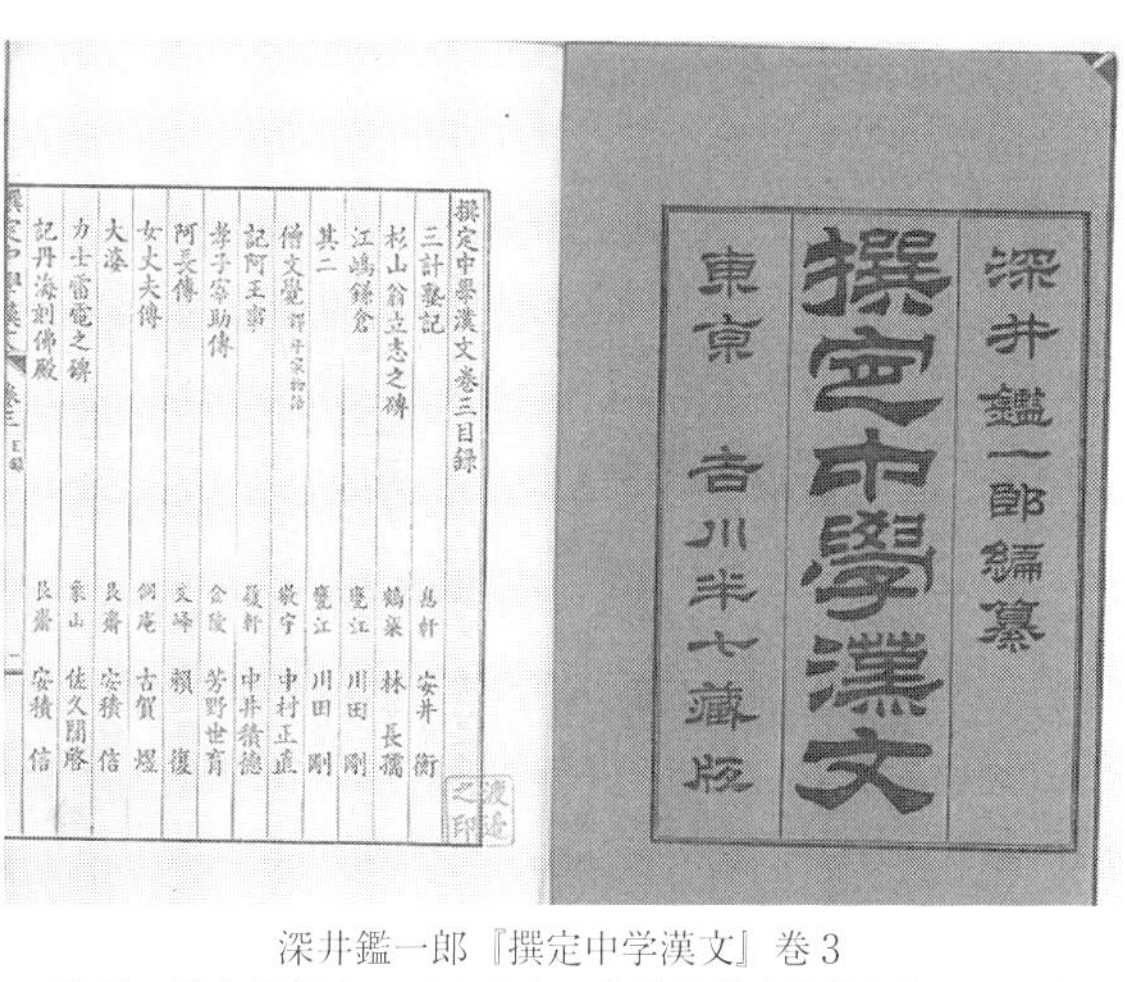

深井鑑一郎『撰定中学漢文』巻3
（戦前の漢文教科書には日本人の作品が多く掲載されている）

今日、日本人の中で漢詩文を作る人は必ずしも多くない。しかし、かつての日本においては、漢詩文を作ることはごく自然に行われていた。

たとえば、テレビ番組に、各家庭にある骨董品を発掘し、値付けするものがある。その中で、しばしば軸物（掛幅）が登場するが、その多くには漢詩が書かれている。また、幕末・維新期を題材とした時代小説においては志士の漢詩などがよく引用されている。これらのことは、昔日の漢文文化の名残なのである。

日本人と漢詩文との関わりは、古代にまでさかのぼる。平安時代の宮廷や鎌倉・室町時代の禅僧の間で、漢詩文はさまざまな目的のために作られた。詩作の文化は、江戸時代において、よりひろく社会に浸透し、多数の漢詩集が編まれている。漢文は、学問の場などにおいて盛んに用いられており、たとえば、著名な医学書『解体新書』は漢文で書かれている。近代に入っても、森鷗外や夏目漱石の世代までは、漢詩愛好者が多かった。

おびただしい量にのぼる漢詩文作品には個人の心情が表現され、また、政治や学術などの領域において、書記言語として重要な役割を果たしてきた。その過程では、漢文学習の方法や理想とすべき漢詩のあり方など、さまざまな事柄について議論が交わされ、こうした蓄積は日本の文化の上で欠かすことのできない財産となっている。

本章では、このような日本の漢詩文にはどのような歴史があり、時代ごとにどういった特徴を持っていたのかについて見ていく。説明にあたっては、江戸・明治時代の漢詩の歴史を中心に据える。

1 古代・中世の日本漢詩文

まず、中世以前の漢詩文の状況について略述していく。

奈良・平安時代の漢詩文

わが国において最も古い漢詩集である『懐風藻《かいふうそう》』（七五一年）には、近江朝から奈良時代後期まで、すなわち七世紀後半から八世紀半ばまでの漢詩文が収められている。『懐風藻』の詩は、六朝・初唐の文学を学んだ形跡が見られるが、日本人的な言葉の誤用（和習《わしゅう》）などが多く、いわゆる近体詩の音韻規則に合わない詩も多い。

八世紀初頭の嵯峨朝は、『凌雲集《りょううんしゅう》』（八一四年）、『文華秀麗集《ぶんかしゅうれいしゅう》』（八一八年）、『経国集《けいこくしゅう》』（八二七年）の勅撰三集の編纂が行われるなど、漢詩文が盛んに作られた時期であった。曹丕の言葉を踏まえ、「文章は経国の大業、不朽の盛事」と『経国集』の序に記していることからもわかるとおり、この時期の作品は、朝廷と密接に関連した政治的な色彩の濃いものが多い。すなわち、自らも優れた詩作の技量を有した嵯峨天皇が臣下と唱和し、朝廷の盛んな様を祝いでいるのである。その詩は多く観念的で、中国的である。

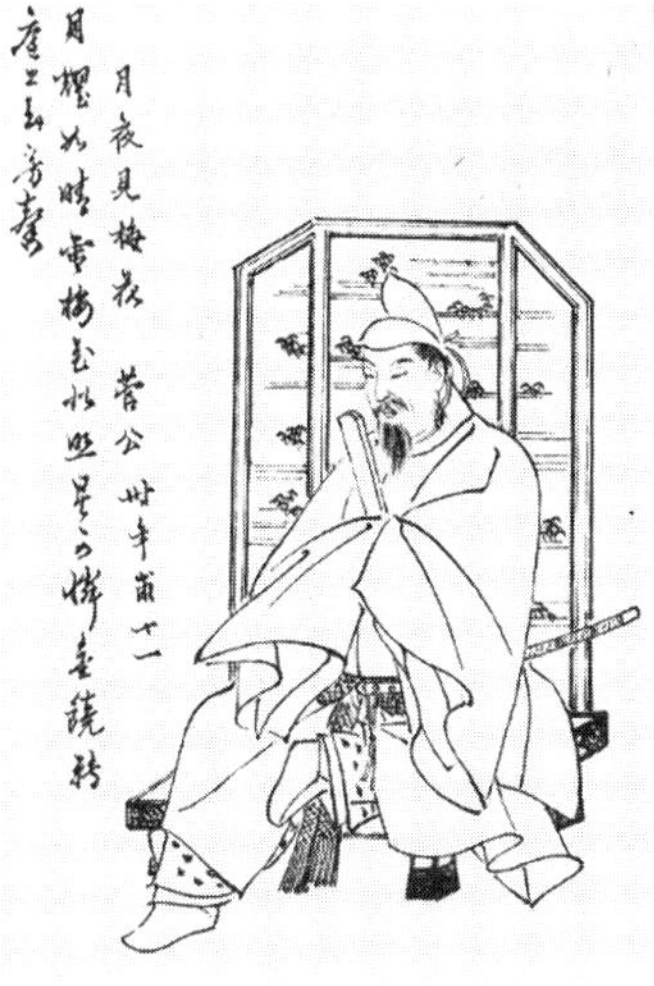
菅原道真像（菊池容斎『前賢故実』巻五，雲水無尽庵，明治元年刊，国立国会図書館蔵）

九世紀になると、島田忠臣《しまだのただおみ》（八二八～八九二）、都良香《みやこのよしか》（八三四～八七九）ら優れた詩人が現れ、自らの心情をより自在に詩の中で表現し得るようになる。続いて漢文世界の巨人である菅原道真《すがわらのみちざね》（八四五～九〇三）が登場し、平安時代の漢詩文文化の頂点を形成することとなる。

道真がどのような人物であったかについては、諸説がある。繊細な感性を持ちつつ、宮廷政治の波瀾に立ち向かい挫折していった人物という見方、儒者的としての強い経世意識のもと、漢詩文を武器に自らのキャリアを自覚的に築いていった人物であるとの捉え方など、さまざまな道真像が描かれている。ただ、生涯にわたってその詩文が残っている点は貴重であり、それらからは、宮廷に仕える「詩臣」としての矜持、讃岐滞在時における民衆の困苦への眼差し、太宰府流謫後の深い絶望と閑適の境地への希求など、さまざまな情緒が読み取れる。

この九世紀の前半に、『白氏文集《はくしぶんしゅう》』が渡来し、これ以降、それまでの初唐を意識した詩風は廃れ、漢詩の世界は、ほとんど白居易《はくきょい》（七七二～八四六）一辺倒とでも言うべき状況を呈する。これは、白居易の詩の表現が平易であり、日本人にとって学びやすかったことにもよるが、「諷喩」「閑適」「感傷」などの分類によっても明らかな、その豊かな詩の内容が人々を魅了したからにほかならない。道真も、白詩の知識を縦横に用いて、その時々の思いを詩にしている。

なお、この時期に到来した漢籍は、詩文、史書などさまざまであるが、それらの文献について記録した書籍としては、藤原佐世《ふじわらのすけよ》（八四七～八九七）によって編まれた『日本国見在書目録《にほんこくげんざいしょもくろく》』（八九一年頃）がある。

道真の後も、兼明親王《かねあきらしんのう》（九一四～九八七）や慶滋保胤《よししげのやすたね》（生年未詳～一〇〇二）など、個性豊かな詩人が登場し、大江匡《おおえのまさ》衡《ひら》（九五二～一〇一二）が自らの儒者としての業績を誇らかに揚言するなどしている。その後、『本朝文粋《ほんちょうもんずい》』（一一世紀中頃成立）が成立し、これまで述べた文人たちの作品が網羅的に収録されている。また、後代に至るまで古典として親しまれることとなる『和漢朗詠集《わかんろうえいしゅう》』（一一世紀初成立）も編纂されている。貴族たちの詩作はその後も続き、清原家などの博士家の学問の興隆を導くことになるが、漢詩文の新しい担い手として、次の時代には五山の禅僧が登場する。

鎌倉・南北朝・室町時代の漢詩文

鎌倉末期から江戸初期までの約三〇〇年間、漢文学は、京都および鎌倉の五山と呼ばれる名刹を中心に、禅院の僧侶たちによって主導された。五山文学と呼ばれるこの一連の流れの沿革をどうとらえるかについては諸説あるが、深い学識を誇る元からの渡来僧一山一寧《いっさんいちねい》（一二四七～一三一七）によって大きく発展したことは間違いない。夢窓疎石《むそうそせき》（一二七五～一三五一）や春屋妙葩《しゅんおくみょうは》（一三一一～八八）をはじめ、さまざまな師承関係の中で受け継がれながら、江戸時代の初めまで続いている。法語や偈頌など、禅宗独特の文芸が発達するとともに、詩や四六文なども多く制作されており、代表的な詩人として、義堂周信《ぎどうしゅうしん》（一三二五～八八）や絶海中津《ぜっかいちゅうしん》（一三三六～一四〇五）らがよく知られている。特に絶海の詩集『蕉堅稿』は、夏目漱石（一八六七～一九一六）が愛読したことで知られている。

書画や造園などと同様、禅的な境地を表す際、漢詩は有効な芸術の形式であり、多くの僧侶が作った「山居」の詩をはじめ、詩禅一致の閑寂優美な心境を表す作品が多数作られている。ただ一方で、禅僧の生活は、宗教政策への建言、禅林の行事や寺社の運営など、多くの実務をともなっており、詩文は、そのような中で意思疎通を円滑に行うためのツールとして機能してもいる。

白居易の圧倒的な影響下にあった前代とは異なり、この時期の詩作は、唐の杜甫《とほ》（七一二～七七〇）や北宋の蘇軾《そしょく》（一〇三六～一一〇一）、黄庭堅《こうていけん》（一〇四五～一一〇五）らが好まれ、後には、高啓《こうけい》（一三三六～七四）をはじめ、元・明の詩人もよく読まれた。また、『三体詩《さんたいし（さんていし）》』や『唐宋聯珠詩格《とうそうれんじゅしかく》』などの絶句を集めた詞華集が人気を博した。こうした漢籍の受容は、抄物《しょうもの》と呼ばれる講義の筆記録や、僧侶たちが残した語彙集などを通じてなされている。

この時代、京都、鎌倉の五山では、五山版と呼ばれる書籍が印行された。五山版は、禅籍が主であったが、『詩人玉《しじんぎょく》屑《せつ》』などの詩話、『韻府群玉』のような類書（類書の機能をも兼ねる）、『東坡先生詩《とうばせんせいし》』などの個人の詩集（別集）も出版されている。

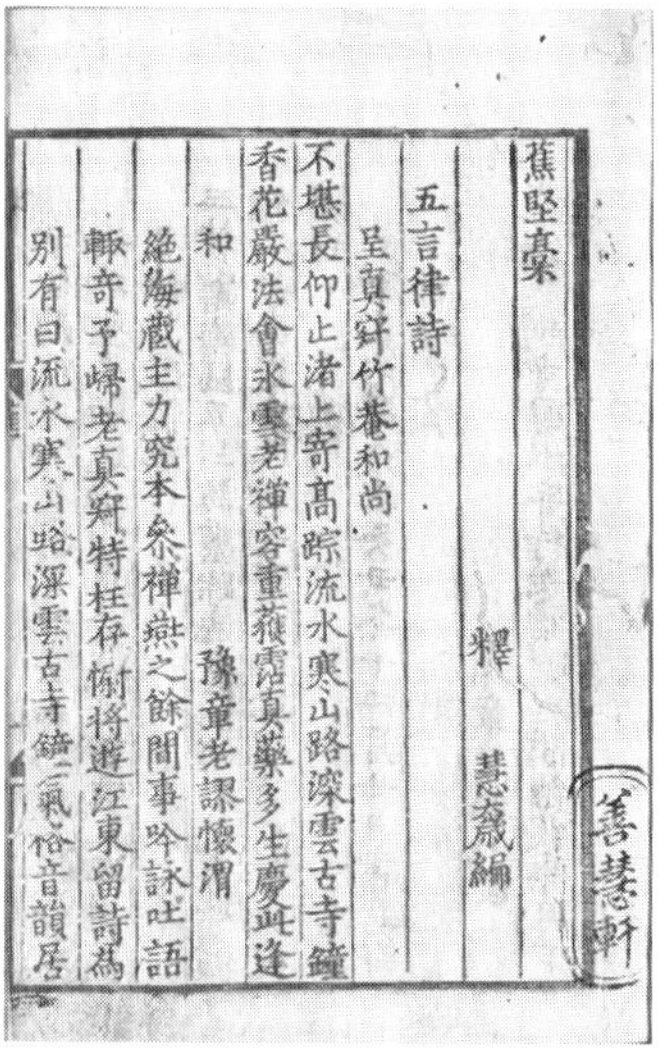
蕉堅稾　釋　慧鳳編
五言律詩
呈真寂竹菴和尚
不堪長仰止渚上寄高蹤流水寒山路深雲古寺鐘
香花嚴法會氷雪老禅容重獲霑真薬多生慶此逢
和　豫章老謬懐渭
絶海蔵主力究本参禅燕之餘間事吟詠吐語
輒奇予帰老真寂特枉存慰将遊江東留詩為
別有曰流水寒山路深雲古寺鐘之氣格音韻居

『蕉堅稿』（国立国会図書館蔵）

一五世紀以降、明へ渡航する僧が減り、詩文制作のレベルは、やや低下する。また、応仁の乱による京の荒廃は、五山の勢力にも大きな打撃を与えている。ただ、その文化的伝統はなお継続しており、たとえば、江戸時代初期においては、徳川幕府と結びついた林家などの新興勢力に相対するものとして、京都の五山の一団はなお存在感を示している。

2 江戸時代の漢詩文

以下、江戸時代の漢詩文について、やや詳細に講じていく。まず、江戸の漢詩文制作の基盤をなした漢籍の流入と流布の状況について述べる。

漢籍輸入および和刻本

江戸時代においては、書籍を収載した江浙《こうせつ》地方や寧波《にんぽう》などからの船が、長崎へ来航し、将軍家や大名家だけではなく、書肆によっても購入され、市井に出まわった。

特に清の統治が安定し、船舶による商品の往来が盛んになると、江南地方で刊行された書籍が短時間で日本において入手可能となる。一九世紀の儒者朝川善庵《あさがわぜんあん》（一七八一〜一八四九）は、清代の文人顧禄《ころく》の詩集『頤素堂詩鈔《いそどうししょう》』が、刊行後一年を経ないうちに、江戸の本屋で売られていたと述べており（和刻本『清嘉録《せいかろく》』序文）、漢籍流入のスピードがいかに速かったかを教えてくれる。

こうした日本への漢籍の盛んな流入は、東アジア全体で見ても注目すべきことであったらしい。たとえば、一七一九年の通信使の書記官として来訪した申維翰《シン・ユハン》（一六八一〜未詳）は、中国の江南地方の文人の詩文集が長崎経由で日本に入ってきていたことについて言及し、それが日本の詩文の表現に影響を与えているのではないかと指摘している（『海游録』）。また、一九世紀前半に活躍した朝鮮の文人李尚迪《イ・サンジョク》（一八〇四〜六五）は、大槻玄沢《おおつきげんたく》（一七五七〜一八二七）によって編纂された煙草に関する随筆『蔫録《えんろく》』（一七九六年）に清代に刊行された随筆が多く掲載されていることに驚きを隠さない（「蔫録を読む」『恩誦堂集』続集・文・巻二）。朝鮮よりも日本の方にこうした書籍が多量にかつ早く流入していた場合があったのである。

また、渡来した漢籍の一部は、句読や訓点などが施され、リプリントに近いかたちで出版されている。このように日本において刊行された漢籍を和刻本《わこくぼん》と呼ぶ。

輸入された漢籍と和刻本とでは、後者の方がはるかに人々の目に止まる可能性が高い。そもそも日本国内で出回る書籍の数が、和刻本の方が圧倒的に多いことに加え、和刻本には、訓点が付されているため、読解が容易となるからである。芭蕉なども読んだと言われる杜甫の詩の注解書『杜律集解《とりつしっかい》』をはじめ、多くの詩文の注釈書が和刻され、日本人が漢詩文を制作する強固な基盤が形成されていくのである。

漢詩と儒学

大量の漢籍が流入する中、一七世紀から一八世紀初頭にかけて、さまざまな流派の学問が興隆することとなる。たとえば、藤原惺窩《ふじわらせいか》（一五六一～一六一九）が京学を創始し、また、林羅山《はやしらざん》（一五八三～一六五七）は林家《りんけ》を開き、江戸幕府の儒家としての地位を得ている。ただ、この時期、儒学者たちは、詩を作ることはなお当然のことと考えられていたわけではない。山崎闇斎《やまざきあんさい》の一派をはじめ、詩を学び制作することにほとんど意味を認めない人々も少なからずいた。そのような中で、古学を提唱した伊藤仁斎《いとうじんさい》（一六二七～一七〇五）・東涯《とうがい》（一六七〇～一七三六）父子や、古文辞学《こぶんじがく》を信奉した荻生徂徠《おぎゅうそらい》（一六六六～一七二八）とその一派（蘐園《けんえん》学派）は、詩の重要性を説き、漢詩文化に隆盛をもたらした。

たとえば、伊藤東涯などは、『詩経』を重視し、『詩経』に描かれた人々の心情の流露、すなわち「人情」を理解することによって、自身と異なる境遇で育った人々とも円滑に交際することができると説いている。

徂徠一派は、詩を作ることが人格形成に与える影響を重視し、いにしえの言語や心情を学ぶことが、学問において不可欠であると論じている。すなわち、その内容が道徳的でない場合であっても、古代の人間の感情を作詩などによって祖述することは、人間のあり様を知るうえで重要であり、大いに振興されるべきであると説いた。

こうした主張が社会に浸透し、人々が漢詩を制作する気運も高まってゆく。たとえば、笠原雲渓《かさはらうんけい》という一八世紀初頭に活躍した詩人は、京都において、はじめて詩の講義によって生計を立てたと伝えられている（『日本詩史《にほんしし》』巻三）。都市部においては、経史の学だけではなく、詩に関する知識への需要があったことを示している。さらに、一八世紀半ばになると、『詩語砕錦《しごさいきん》』（一七六七年）をはじめ、詩学作法書も多数刊行されるようになる。

漢詩を愛好する風潮が生じるのに、大きな影響を与えたのが、徂徠一派による『唐詩選《とうしせん》』の推奨であった。明代の文人李攀龍《りはんりゅう》（一五一四～七〇）が編纂したと言われる『唐詩選』は、盛唐の詩人の作を収録した詞華集であるが、徂徠門下随一の漢詩人として知られる服部南郭《はっとりなんかく》（一六八三〜一七五九）が、この書を校訂・出版し、広く流布した。以後、白文、訓点付など、さまざまな種類の『唐詩選』テキストが日本で出版されている。

『唐詩選』については、国字解《こくじかい》ものと呼ばれる講話体の注解書が多数刊行されたことが知られている。服部南郭の手になると言われる『唐詩選国字解《とうしせんこくじかい》』をはじめ、その数は一〇を超えている。後には、『唐詩選画本《とうしせんえほん》』という、集中の詩篇について、内容を表す画を掲げ、詩意についての解説を付した絵本も作られている。これらの出版は、多くの場合、書肆小林新兵衛《こばやししんべえ》（嵩山房《すうざんぼう》）が行っており、営利的な収入が得られるほど、漢詩文化の裾野が広がっていたことが理解される。

『唐詩選画本　初編』「竹里館」

漢詩の大衆化

一九世紀に入ると、漢詩や漢文を制作する人々が増加し、知識人にとっての共通の教養という色彩が濃くなる。これは、寛政の改革以降、藩校が設立され、それと呼応するように、全国に私塾などの教育機関が開かれたことによる。

このような状況のもと、三都（江戸、京、大坂）において、職業的な漢詩人が多数活躍するようになる。彼らは、詩社を作り、門弟から教授料を徴収し詩作の指導を行うなどして生計を立てている。

また、職業的漢詩人は、本屋（出版社）などと結びつき、商業的出版を盛んに行った。『文政十七家絶句《ぶんせいじゅうしちかぜっく》』（一八二九年）にはじまる、元号絶句集《げんごうぜっくしゅう》は、その代表的な例である。これは、その時代時代の大家の作品を集め、書名に刊行時の元号を付した詞華集であり、多く売れ、本屋に大きな利益をもたらした。

そもそも漢詩人に限らず、一九世紀の都市においては、文事に携わる者が経済的に自活し得る環境が整っていて、近

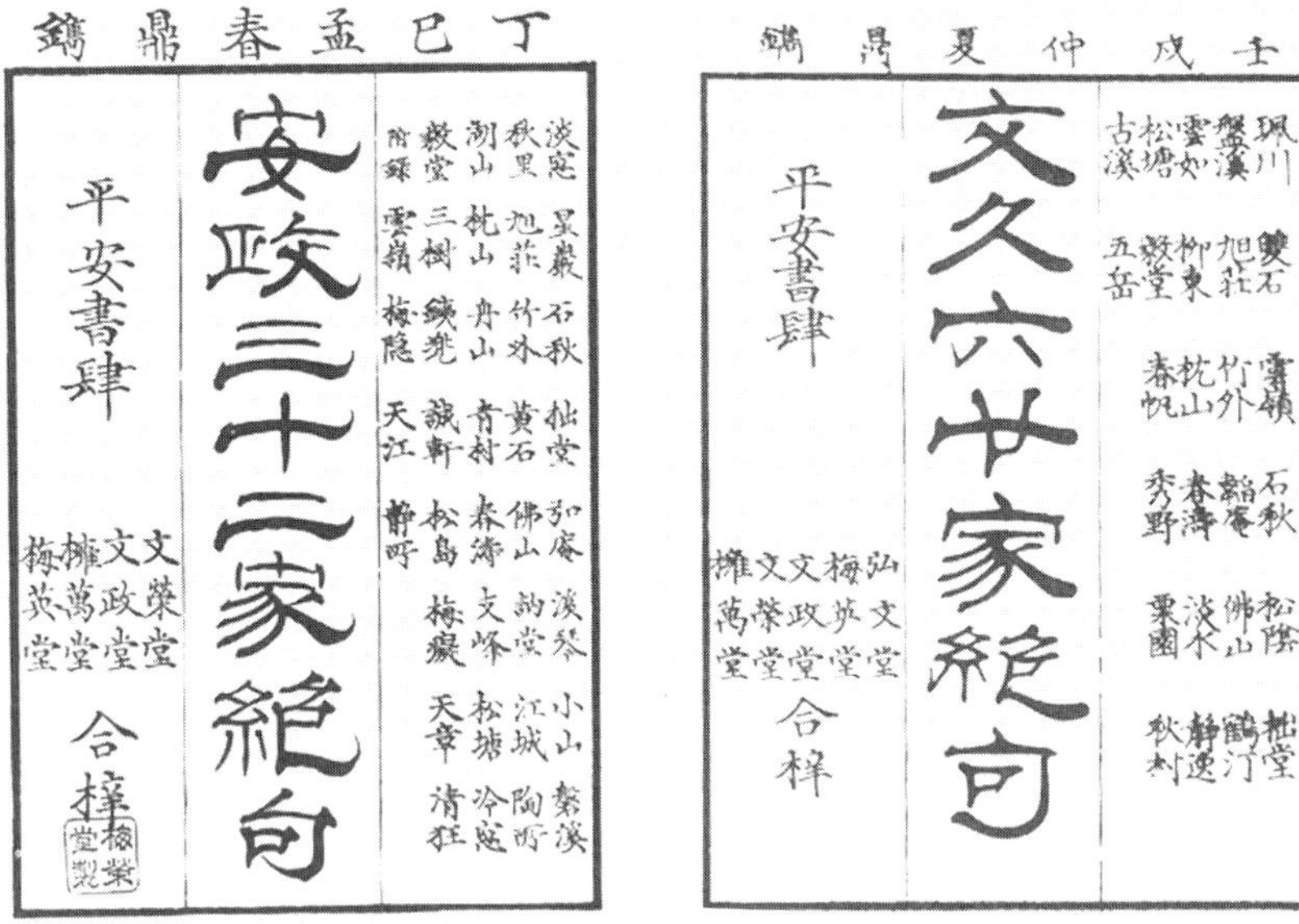

元号絶句集（『安政三十二家絶句』『文久二十六家絶句』）**見返し**
（『詞華集日本漢詩』第8巻，汲古書院，1983年より）

世後期以降、各地で開催された書画会《しょがかい》はそのよい例と言えよう。書画会では、プロモーターである会主《かいしゅ》が運営を取り仕切り、料亭に学者、詩人、画家、俳諧師などを集め、一般の客は入場料を支払って会場に入り、思い思いの墨客に書画を揮毫してもらう（市島春城《いちじましゅんじょう》「評判記より書画会へ」『市島春城随筆集』）。このようにして、詩人たちは自身の文業とそれによって得た名声を、収入へと変えていった。

ただ、以上のような漢詩文と経済活動との結びつきは、時に批判を呼ぶこととなる。金銭を得ることによって、詩作や批評の純粋性は失われ、漢詩壇は党派性を帯び、門派ごとに詩人が勢力を争うようになる。周滑平《すこっぺい》『妙々奇談《みょうみょうきだん》』（一八一九年頃）は、同時代人の詩を批評し、好評を博した『五山堂詩話《ござんどうしわ》』（一八〇七〜三二年）の著者菊池五山《きくちござん》（一七六九〜一八四九）をはじめ、当時の儒者や詩人の多くがこうした傾向を帯びていることを指摘している。

漢詩を作る者も専業化し商業出版が盛んになった。このことを象徴するものとして、この時期の「文人」という語の持つニュアンスを指摘しておきたい。文人とは、本来、詩書画などの芸術全般について深い理解を持ち、政治と離れて風雅の道に生きる人々のことを意味する。しかし、江戸時代後期になると、この語は、銅臭まみれの職業文筆家というニュアンスをも帯びるようになるのである。やや後の作品となるが、仮名垣魯文《かながきろぶん》（一八二九～九四）の『安愚楽鍋初編《あぐらなべしょへん》』（一八七一年）では、書画会で酔っ払う「文人」の様子が、諷刺とともに描かれている。

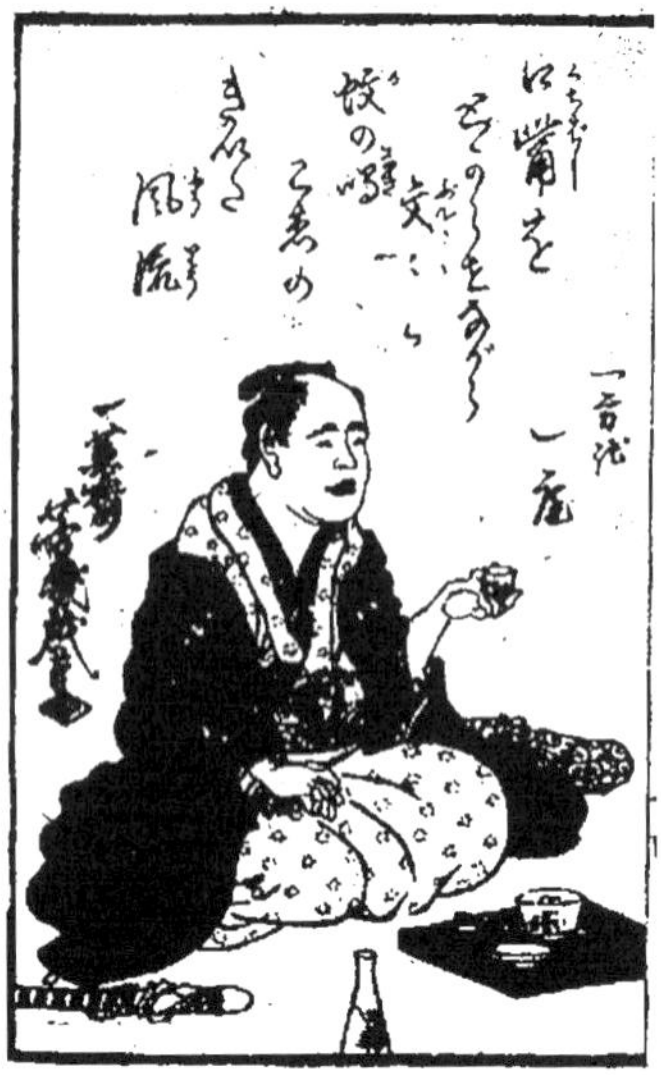
仮名垣魯文『安愚楽鍋初編』「生文人の会談」（国立国会図書館蔵）

3 江戸漢詩における表現の問題

江戸時代における詩風転換

江戸時代の漢詩制作の状況は以上のとおりであるが、そこではどのような漢詩が作られたのであろうか。江戸時代には、さまざまな詩のあり方が模索されているが、一つの見やすいポイントとなるのが、徂徠一派の主張する古文辞《こぶんじ》派的な考え方が一八世紀中盤に浸透し、それに対抗する動きが、一八世紀後半から一九世紀にかけて起こってくるということである。

徂徠とその一派は、「擬古」、すなわち、自身の詩を古《いにし》えの詩になぞらえることを主張している。具体的には、「文は秦漢《しんかん》、詩は盛唐《せいとう》（漢文については秦・漢時代の作品を、漢詩については盛唐時代の作品を学ぶ）」というスローガンのもと、力強い表現を持ち、内容の点でも情感豊かな盛唐の詩を、言葉も含めて模倣して作ることにより、古代の人々のあり方を学ぼうと考えたのである。

元々、こうした考え方は、李攀龍《りはんりょう》や王世貞《おうせいてい》（一五二六～九〇）らをはじめとする、明代中国の古文辞派と呼ばれる詩人たちによって主張されたものであり、徂徠たちはそれを日本へ輸入したのであった。

これに対して、一八世紀後半から、盛唐の詩ばかりを軌範とするこうした考え方が批判され、現実の生活感情に即してより自由に詩を作るべきであるという主張が唱えられるようになった。上方《かみがた》では、六如《りくにょ》（一七三四～一八〇一）や菅茶《かんちゃ》山《ざん》（一七四八～一八二七）が、宋・元の詩を参考としながら日常生活を活写したものから歴史を題材としたものまで、さまざまな詩を作っている。

江戸では、明末の袁中郎《えんちゅうろう》（名・宏道《こうどう》、一五六八～一六一〇）の詩論に学びながら、山本北山《やまもとほくざん》（一七五二～一八一二）が徂徠一派の詩作のあり方に異を唱えている。北山は『作詩志彀《さくししこう》』（一七八三年）を著し、古文辞派的な価値観に染まった一八世紀中頃の詩について、「陳爛腐臭《ちんらんふしゅう》に耐《た》え」ない（あまりにも古臭く形骸化していること）と断じた上で、たとえ、その詩が浮靡軟弱《ふびなんじゃく》であるなどの批判を受けたとしても、過去の作品を模倣することをやめ、自身の真情を詠うべきであると説いている。

同じ時期に江戸において活躍した市河寛斎《いちかわかんさい》（一七四九～一八二〇）と、彼が率いる江湖詩社《こうこししゃ》の同人たち（柏木如亭（一七六三～一八一九）、大窪詩仏（一七六七～一八三七）など）も、中晩唐や南宋の詩を学んだ平明軽俊な詩のあり方を標榜し、新しい詩の傾向が社会に浸透するのに大きな役割を果たした。

これらの詩人の多くは、徂徠一派の詩のあり方を強く批判している。ただ、彼らの目標とする詩のあり方は必ずしも一様ではない。総じて言えば、唐宋元明清の各代の詩の中から、自らの個性に合ったものを学び、独自の風をなすことにつとめているのである。

以上に見た二つの詩観は、古典主義と反古典主義と概括することができよう。そして、これらの考え方は、ともに明清時代の中国の詩論に端を発している。そこで、中国の詩学における呼称に従い、徂徠の詩に対する考え方を支持する人々を古文辞派、または格調派と呼び、また、それに反発した人々を清新性霊《せいしんせいれい》派、あるいは単に性霊《せいれい》派と言うことが慣習となっている。

格調と性霊

以上に述べた詩観の違いについて、実作をあげながら確認していこう。たとえば、徂徠一派の詩は、次に掲げる服部南郭「牛門《ぎゅうもん》にて、「出塞」の韻の安の字を分かち得たり」（『南郭先生文集初編』巻五）などを一つの代表例と見なすことができる。「征旗　朝《あした》に払《はら》ふ　塞雲の寒、直《ただ》ちに燕然《えんぜん》を指して掌上《しょうじょう》に看《み》る。十万の健児斉《ひと》しく剣を按《あん》ず、更に人の長安を憶《おも》ふを道《い》ふ無し。」

これは、牛込（牛門）にある徂徠邸において作られた題詠《だいえい》である。「燕然」とは、モンゴルにある山の名である。詩は、中国北方を根拠とする匈奴との戦いについて詠っている。すなわち、軍旗が翻り、燕然山を間近に見る中、無数の兵士がみな剣の柄に手をかけ、戦いが始まるのを待っており、誰も都の長安を恋しがるような者はいないと述べている。

中国古代の詩などにしばしば詠われた、辺境の兵士たちの意気軒高な様を、詩の題材としているのであるが、他にも、寵愛を失った宮女の嘆きなど、古代中国における伝統的な詩のテーマを詠ったものは、徂徠一派の詩に多数確認できる。当時の日本の現実を詩に詠う場合も、彼らは、あたかも唐代の世界であるかのような表現を用いた。友との別れを惜しむ際は、唐代の詩と同じように激烈に感情を述べ、また、都市の繁華を詠う際は、唐代の長安を思わせる華やかな修辞によって詩を作っている。

反徂徠派の詩の例としては、大窪詩仏《おおくぼしぶつ》の「白小」（『詩聖堂集三編』巻八）をあげたい。「三寸の銀絲《ぎんし》　好膾材《こうかいざい》、罾《そう》を挙ぐれば潑剌《はつらつ》として　雪花　摧《くだ》く。小魚　亦《ま》た愛す　春光の好《よ》きを、直《ただ》ちに落花流水を遡《さかのぼ》りて来《きた》る」。

詩の前半は、白魚がなますのよい材料となること、また、四手網の中で跳ね踊る白魚がまるで雪花をくだいたかのようであることを詠っている。後半は、機知の句であり、白魚が春に川をさかのぼるのは、彼らにも花を愛でる心があるからなのだろうかと述べている。「落花流水」とは、散った花びらが浮かぶ川の流れのことである。

以上はやや極端な例であるが、二つの詩では、その詩のスタイルに大きな違いがある。中国的であり、振幅の大きな感情を詠うことを喜ぶ前者に対し、後者においては日本的な情緒に着目し、それを繊細な表現で述べようとしている。

性霊派の詩に対する評価の変遷

以上に見た江戸時代の詩のあり方を理解する上で、注意すべきことが一つある。それは、こうした詩風の推移についての記述のありようは、後世の人々の評価軸や価値観によって大きく影響を受けているという点である。

より具体的に見よう。たとえば、今日、この時期の日本の漢詩の理解に影響力を持っている著作として、富士川英郎《ふじかわひでお》や中村真一郎《なかむらしんいちろう》の評論がある。彼らは、一九六〇年以降、相次いで江戸時代の漢詩文について随筆や評論を発表し、その中で、江戸後期の漢詩人の写実的な詩を高く評価した。中村自身の回想によれば、それは「現代の詩的感覚から、特に寛政以後の近代的な性霊派に属する詩人たちを再評価した」（「江戸漢詩の流行について」『日本古典文学大系』月報七〇）ものであった。

彼らが評価する詩の典型として、菅茶山の「即事《そくじ》」（『黄葉夕陽村舎詩《こうようせきようそんじゃし》』巻三）をあげることができる。この詩は、「渓村　雨無くして　二旬餘、石瀬《せきらい》　沙灘《さだん》　水　涸《か》れ初《そ》む。満巷の蝉声《せんせい》　槐影《かいえい》の午、山童　戸《こ》に沿《そ》いて　香魚を売る」というものであり、日照りが続く夏の昼下がり、村中に蝉の声が響き、槐《えんじゅ》の木が濃い影を落す中を、山から来た子どもが、家々の軒を伝って鮎を売っていると詠っている。富士川は『江戸後期の詩人たち』（一九六六年）において、菅茶山の章の最初に、この詩を掲げており、また、中村も自らの著作『江戸漢詩』（一九八五年）においてこの詩を取り上げ、称賛している。

富士川、中村の著作は、江戸漢詩の再評価という点で大きな役割を果たしており、きわめて意義深い。ただ、彼らは、写生や抒情を趣旨とする繊細な詩を評価する傾向があり、そのため、江戸後期の詩の持つ多様性がやや見えにくくなってしまった点には注意が必要であろう。

茶山について言うならば、たとえば、黒川洋一は、「平易なことばをもって、日常卑近の生活のうちに題材を取り、滋味あふれる詩を作った……だけであるならば、われわれは茶山を大詩人というわけにはゆくまい」（『江戸詩人選集第四巻（六如・菅茶山）』解説）と述べ、むしろ思想性を持つ長篇詠史詩などを、茶山の本領が発揮されたものと捉えるべきであると主張している。また、小財陽平は、社会諷刺を内容とする作品にこそ、茶山の詩人としての真面目があると論じている（『菅茶山とその時代』）。

また、江湖詩社の同人であった大窪詩仏や菊池五山、そして、その流れをうける幕末の詩人大沼枕山《おおぬまちんざん》（一八一八〜九一）は、いずれも詠物詩を多作している。これらの詩には、事物の描写を趣旨とする詩とともに、故事を用いた衒学的・観念的な詩も見られる。こうした作品群をどう評価するのか、なお十分に検討がなされていないように思われる。

より巨視的に論じるならば、古文辞派と性霊派の文学史的記述のあり方についても再考が必要かもしれない。富士川、中村ともに慎重に価値判断を避けているが、性霊派の側に比重を置いて江戸漢詩を捉えていることは間違いない。しかし、異なる評価基準によって判断した場合、むしろ格調派の方が高く評価されることもある。明治期の漢詩人の森槐南《もりかいなん》（一八六三〜一九一一）は、長編古詩における技量や詩に表れた学識の深さという点から見て、古文辞派の詩の方が性霊派の詩より遥かに優れていると述べている（「詩問」『新新文詩《しんしんぶんし》』二集）。

写生や抒情を内容とする詩は、今日に生きる私たちにとって共感しやすい。しかし、現代人とは異なる感覚によって作られた詩についても、その意義を考える必要があるだろう。

4 江戸漢詩の周辺

漢詩と狂詩

江戸時代の漢詩については、よりひろい視野から考えてゆく必要もある。その際、有効な視点を提供するのが、狂詩《きょうし》である。狂詩は、詩形は漢詩に倣いつつ、通俗的な漢語や和語を詩中に取り入れ、日常の生活や卑近な風俗を描き、滑稽や諷刺を狙うものである。

具体的な例をいくつか見ることとしよう。たとえば、寝惚先生《ねぼけせんせい》（大田南畝《おおたなんぽ》（一七四九〜一八二三）「貧鈍行《ひんどんこう》」のように言葉遊びによって、自嘲の念とともに世相を諷刺した作品がある。「貧《ひん》と為《な》り　鈍《どん》と為《な》る　世をいかんせん、食うや食わずや　吾《わ》が口過《くちすぎ》。君　聞かずや、挊《かせ》ぐに追い付く貧乏多し」。これは、「稼ぐに追いつく貧乏なし」（一生懸命頑張れば、必ず貧乏から脱出できるの意）ということわざをふまえつつ、都市生活の中では、どう頑張っても貧乏から脱出できないと詠っている。すなわち、「人は貧乏になれば頭まで愚鈍になるが、どうすることもできない。自分の生活は食うや食わず矢のその日暮らし。地獄の沙汰も金次第、金さえあれば何事も思うがままであると世間では言われているが、実際のところ、いくら働いても貧乏から抜け出ることができないのだ」と述べている。

また、これも寝惚先生の作であるが、「直利簡《ちょくりかん》」（『通詩選笑知《つうしせんしょうち》』）のように、有名な中国の詩のパロディーをなしているものもある。この詩は、「一坐　遊興の裏《うち》、金銀　復《ま》た少々。呼《よ》べども　人　到《いた》らず、傾城《けいせい》　来《きた》りて　相《あ》い照《て》らす」というものであり、今日の国語（漢文）教科書などにも掲出されている王維《おうい》の「竹里館《ちくりかん》」（「独坐す　幽篁《ゆうこう》の裏《うち》、琴《きん》を弾《だん》じ復《ま》

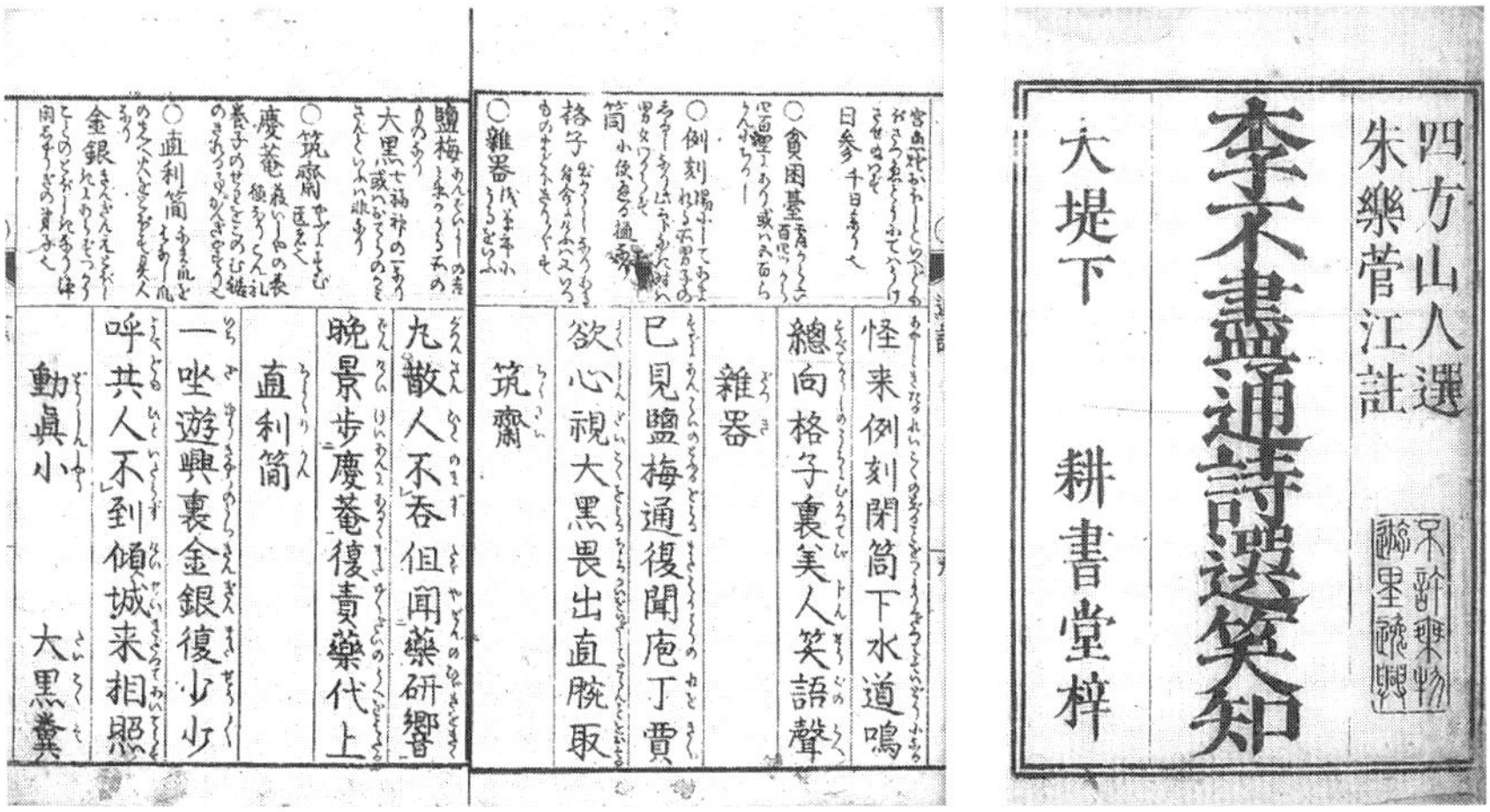
『通詩選笑知』（国立国会図書館蔵）

た長嘯《ちょうしょう》す。深森《しんしん》　人　知らず、明月来たって　相《あ》い照らす」）をふまえている。王維の詩は、人里離れた山中での閑寂な気持ちを詠うものであるが、南畝の詩は、その語をなぞりながら、遊女から相手にされないずぼらな客のことを描いている。王維の詩の持つ雅な響きそのままに、遊郭という卑俗な世界が活写されるところに、この作の面白みがある。

このほかにも、擬音語・擬態語を用いるものなど、狂詩の内容はさまざまである。特に、大田南畝をはじめ、古文辞派の詩人にこうした狂詩に手を染める人々が存在したという点は注目すべきであろう。すなわち、江戸時代の漢詩人は、一方において調子の高い漢詩を作るとともに、もう一方において、狂詩という遊びの文学によって、それを崩すことを楽しんでいたのである。

漢文の状況

漢文についても、漢詩と同様、漢籍の流入の増加や、教育システムの発達の中で、時代が進むにつれ、より多くの人が制作・享受することとなる。

漢文制作のための学習において、特徴的なものとして「訳文《やくぶん》」と「復文《ふくぶん》」をあげることができる。伊藤東涯の「訳文法式《やくぶんほうしき》」（『刊謬正《かんびゅうせい》俗《ぞく》』（一六九〇年）、『文林良材《ぶんりんりょうざい》』（一七〇一年）所収）によって説明しよう。「訳文」とは、漢文の訓読を書くことであるが、その際、漢字は原則として平仮名に置き換え、また、訓読で読むことのない置き字については、丸でその数と位置のみを示す。「復文」とは、「訳

大雅堂義亮「頼山陽先生画像」
（『頼山陽全書』より）

文」によってできた訓読文を、原文を見ずに元の漢文に戻すことである。これらの作業を繰り返すことにより、句法や語法の誤り、助辞の間違いを正すことができるのである。

このほかに、皆川淇園《みながわきえん》（一七三五～一八〇七）も、「射《しゃ》覆《ふく》の法」と呼ばれる学習法を主張している。これは、仮名で置き換えた訓読を見ながら、指定された字数通りに元の漢文に復元するというものである（『習文録』）。

漢文の場合、漢詩とは異なり、歴史や地理、医学などの学術のための書記言語として多く使用された。別の言い方をするならば、より実用的な目的で享受・制作されたと言える。

ただ、その中でも、文章のスタイルがいかにあるべきかという議論は行われた。たとえば、先に詩において見た古文辞派と性霊派の対立はその一つであり、前者の徂徠一派が達意の文章よりも、修辞に重きを置いた文章を学ぶべきであると述べ、明代の李攀龍や王世貞の作を尊重したのに対し、後者の北山らは、こうした李・王の風を「舌口読《ぜっこうよむ》べからず解《かい》すべからざる（音読できず、また理解もできない）」（『作文志彀《さくぶんしこう》』、一七七九年）と断じ、韓愈《かんゆ》や明末の袁中郎《えんちゅうろう》の文章を好もしいものとしてあげている。

この時代、特に優れた漢文作品として人々の間に知られたのは、詩人としても名高い頼山陽《らいさんよう》（一七八〇～一八三二）の『日本外史《にほんがいし》』（一八二七年）であり、斎藤拙堂《さいとうせつどう》（一七九七～一八六五）の『月瀬記勝《つきがせきしょう》』（一八五一年）である。山陽の文章は、劇的な構成と訓読した際の音調の見事さによって多くの人々の心をとらえた。また、拙堂は、華麗な修辞を駆使しながら、月ヶ瀬の梅の美しさを華やかに叙している。

また、江戸後期以降は、序跋論説などの短い文章を書くことが盛んに行われた。篠崎小竹《しのざきしょうちく》（一七八一～一八五一）の

金色夜叉（紅葉）

金色夜叉成縉緝。正編出後幾經年。從來須受遇才譜。
此後未知何日饒。夢境迷離一死僊。文情深厚兩心纏。
篇篇自有篇篇妙。無限波瀾筆筆圓。

薄命の花（探塩）

幾寒年甘兩髮華。琵琶一曲樂平家。多情等任多才患。
薄倖人猶薄命花。女俠精神轉堅硬。妓流面目抵矜誇。
半於閨險如參透。末路何須向客嗟。

釣道樂（弦斎）

男兒立志出家鄉。只有圍碁樂不忘。百道樂中先學釣。
小新聞裏別生光。風清坐水渡頭石。海穩栗濱波際莊。
一流弦齋硏意筆。滑稽埋篋互商量。

めぐる泡（宙外）

當日破綻難破交。夫妻無實任人嘲。跡蹤飄似風前絮。
心緒迴如水上泡。此病經年成癒症。惟情一字不能拋。
須知意想加鍛鍊。現有文推更字敲。

寶の山（露伴）

寶藏縱開又寶山。童兒搜索各開顏。虬蟠水陸互爭處。
鳥獸弟兄相讓間。母鹿約全翻獲赦。老狐慾過自招患。
室識妙似伊蘇昔。健筆待君添又删。

紅梅御殿（麗水）

獨有爽風不世情。貧家雖落亦春聲。短篇稗史書師戀。
一串珠璣撰子窩。麗水文章仍駒彈。紅梅御殿頗鮮明。
悠然不盡烟波遠。漸覺津津餘味生。

評林

○老南州

○紫芝朱

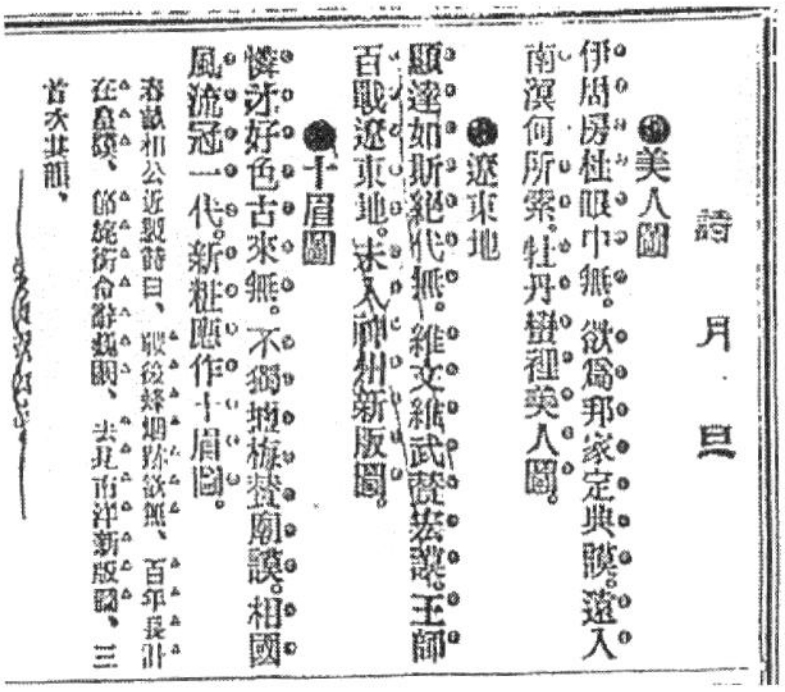

詩月旦

●美人圖

伊周房杜眼中無。欲爲邦家定典謨。遂入南溟何所索。牡丹叢裡美人圖。

●遼東地

顯達如斯絕代無。維文維武豈容誣。王師百戰遼東地。未入神州新版圖。

●十眉圖

憐汝好色古來無。不獨妝梅費刷謨。相國風流冠一代。新粧應作十眉圖。

春畝相公近製詩曰、殺役蜂烟蹤欲無、百年長計在燕謨、爵旋衔命辭鵲國、未見市洋新版圖、三首次其韻、

さまざまな時事批評漢詩欄　「韻語陽秋」（『文芸』2号，1902年8月），「評林」（『日本』1887年3月22日），「詩月旦」（『毎日新聞』1896年6月14日）

編纂にかかる『今世名家文鈔《きんせいめいかぶんしょう》』（一八四九年）などのアンソロジーの編纂は、その表れである。これらの短い文章（小品文と言う）においては、明清の作品からの影響が顕著であり、たとえば、神田喜一郎《かんだきいちろう》は、山陽の「百合伝」（『山陽遺稿』巻三）に、明末の文人侯方域の文章の面影があることを指摘している（「日本の漢文学」『神田喜一郎全集』第九巻）。

5 明治時代の漢詩文

漢詩文と近代の社会・文化

明治時代に入っても、漢詩はなお社会に影響力を持っている。出版ジャーナリズムと漢詩の結びつきはその一例である。具体的には、『新文詩《しんぶんし》』や『明治詩文《めいじしぶん》』、『花月新誌《かげつしんし》』など、漢詩文を主要な内容とする雑誌が多数登場し、『朝野新聞《ちょうやしんぶん》』や『郵便報知新聞《ゆうびんほうちしんぶん》』など多くの新聞に漢詩欄が設けられた。

また、古詩などの長詩の形態を豊富に持つ点や新語彙の取り込みが容易にできる点などを評価され、漢詩は、西洋の詩を日本に移植する場合の受け皿になることを期待されてもいた。西洋の叙事詩を意識して作られた哲学者の井上哲次郎《いのうえてつじろう》（一八五六〜一九四四）「孝女白菊詩《こうじょしらぎくのし》」などはそのよい例である。

専門漢詩壇も発展した。特に森槐南をはじめとする、若手の漢詩人は、明治の文学世界にさまざまな足跡を残しており、特に彼らが塡詞《てんし》と呼ばれる中国の俗文芸作品を多数作ったことは、よく知られている。森鷗外（一八六二〜一九二二）の小説『雁』の中では、一八八〇年代のこととして、「槐南、夢香《むこう》（注　上《うえ》夢香のこと）なんぞの香奩体《こうれんたい》の詩を最も気の利いた物だと思う位の事であった」と記されているが、こうした艶体詩《えんたいし》（艶治な表現を多用する詩、美しい女性などを題材とする）の流行も、彼ら若手漢詩人たちの活動によって引き起こされた事象であった。

一八九〇年代の新聞雑誌には、時事批評漢詩欄とでも呼ぶべきものが多く設けられている。『日本』新聞の「評林」欄が代表的なものであり、掲載された詩篇は、政治や社会の事件について批評・諷刺を内容としている。こうした時事批評漢詩欄は、当時人気を博したが、これも多くは、国分青厓《こくぶせいがい》（一八五七〜一九四四）や野口寧斎《のぐちねいさい》（一八六七〜一九〇五）ら、若手の漢詩人の手になるものであった。

このように漢詩は一面で発展を遂げている。ただ、全体として見たならば、漢詩の衰微とでも言うべき現象が起こっている。それは、明治期以降の近代的な教育制度の中では、漢詩文を作ることは求められず、それを読解・理解することの方に重きが置かれるようになったからである。すなわち、日本人が漢詩を作るという伝統は、この時期、消滅していったのである。

和歌や俳諧の世界で革新運動が起こったのと同様、漢詩を時代に合った形に変化させようという動きも起こるが、漢詩は、元来が中国語の文芸であるため、他の和語の文芸のように、使用する語彙を大きく変更するなどのことは難しい。また、新しく創出された新体詩という詩のジャンルは、漢詩が持つ長さや複雑さといった特徴を、かなりの部分、代替するものであった。このようにして、明治末年には、漢詩は主要な文芸の地位から滑り落ちていった。

なお、大正期において、森鷗外や夏目漱石（一八六七〜一九一六）が盛んに漢詩を制作したことが知られているが、これらは、彼らの特殊な状況によってもたらされたものと言えよう。鷗外の場合、政治家たちとの社交が、詩作の契機となったと言われる。漱石については、修善寺の大患や『明暗』の執筆など、特定の時期に「無題」詩を多く作っているが、これも、漢詩に西洋文学への反措定を求め、また、禅について深い関心を持っていたという、漱石の個人的事情に起因するものと考えられよう。

明治・大正・昭和における漢文文化

漢文についても、漢詩と同様、明治の前半における隆盛とそれ以降の衰退という構図を描くことができる。ただ、漢詩を含め、これらが、近代日本の文化の基層を形成したことも事実である。以下、その具体的な様相を見よう。

まず、漢文や漢文訓読体の文章が、政治の領域（法律など）、学術の世界（論文）、さらには、文芸作品（政治小説など）まで、さまざまな分野で用いられた。特に、詔勅《しょうちょく》類は、専門知識を持つ漢文学者の手を経ることが普通であり、元号などとともに、漢学の知識がその作成に不可欠であったし、また、教育勅語《きょういくちょくご》の起草などに深く関与した井上毅《いのうえこわし》（一八四三〜九五）をはじめ、官僚も相当の漢学の知識を持っていた。なお、近年の研究では、こうした漢文文化の知的総体を、その国際的なひろがりとともにとらえるため、「漢文脈」という語がしばしば用いられている（齋藤希史『漢文脈の近代』）。

このほか、江戸時代の教育とは密度の点で比較にならないものの、旧制中学校では漢文の教育が行われ、江戸時代の儒学者の文章が教えられた。特に頼山陽や青山延于《あおやまのぶゆき》（一七七六〜一八四三、『皇朝史略《こうちょうしりゃく》』の著者）らの手になる日本の歴史に関する記述が多く掲載されている。

さらに近世日本の漢詩についても、明治期以降のさまざまな文化の中で紹介・発信されることで、人口に膾炙し、社会に大きな影響を与えた。「腰間《ようかん》の秋水《しゅうすい》（刀のこと）、鉄断《た》つべし。人触《ふ》るれば人を斬《き》り、馬触るれば馬を斬る」と詠う頼山陽「前兵児謡《ぜんへこのうた》」（『山陽詩鈔』巻四）は、詩吟や剣舞の場で親しまれた。また、「言《い》うをやめよ　他郷《たきょう》苦心多しと」の詩句で知られ、故郷を離れ、学舎において学友と切磋琢磨することの重要性について詠った広瀬淡窓《ひろせたんそう》（一七八二〜一八五六）の「桂林荘雑咏」（『遠思楼詩鈔《えんしろうししょう》』巻上）は、ベストセラーとなった徳富蘆花《とくとみろか》（一八六八〜一九二七）の『思出《おもいで》の記』（一九〇一年）にも引用されている。
漢詩文を実際に制作することとは別に、こうした漢文文化はなお根強く残り、日本漢詩文は社会や文化に影響を与え続けたと言えよう。

参考文献

＊ここに掲げた参考文献は、江戸時代（近世）以降の日本漢詩文に関するもの、また総説的な内容を持つものに限定している。古代・中世に関するものをはじめ、日本漢文学については、他にも多くの優れた著作があるが、これらについては、各位が参照されたい。なお、本文中に取りあげた文献は割愛した。

【一般的・入門的文献】

① 村上哲見『中国文学と日本　十二講』（創文社、二〇一三年）
＊漢字到来以降の、日本人の漢籍受容および詩文制作についての状況について触れながら、わかりやすく記述する。書籍流通や出版などをも視野に入れつつ、江戸時代まで辿る。

② 鈴木健一『日本漢詩への招待』（東京堂出版、二〇一三年）
＊古代から近代までの代表的な漢詩を一首ずつ取り上げ丁寧に解説した書。それぞれの時代の主要な人物および作品が取り上げられており、実際に詩を味わいながら、日本漢詩の歴史についてイメージを持つことができる。

③ 日野龍夫・高橋圭一『太平楽府他——江戸狂詩の世界』（平凡社〈東洋文庫〉、一九九一年）
＊銅脈先生『太平楽府』、安穴先生（中島棕隠）『太平新曲』、植木玉崖『半可山人詩鈔』の三点の狂詩集について注解を付す。いずれも江戸時代を代表する狂詩家であり、三者三様の作風をうかがうことができる。

④ 富士川英郎『江戸後期の詩人たち』（一九六六年、麦書房、後、平凡社〈東洋文庫〉、二〇一二年）
＊六如以降の性霊派の詩人たちの作品が、絶句を中心に、その生涯や詩作の背景とともに紹介されている。戦後の江戸漢詩再評価の契機となった書であり、収録される詩はいずれも平明繊細であり、現代を生きる我々にも共感しやすい。

⑤ 中村真一郎『江戸漢詩』（岩波書店、一九八八年）
＊古今東西の文学についての該博な知識を持つ著者が、自身の趣味にしたがい、自由に江戸時代の漢詩文を鑑賞・論評した書。

散文と詩に分けて論述される。詩では「自然」「都市生活」「家庭」「愛欲」「女流」「海外」の章が設けられている。

【専門的文献】

① 日野龍夫『日野龍夫著作集』（第一～三巻、ぺりかん社、二〇〇五年）
＊第一巻「江戸の儒学」および第三巻に「近世文学史」に漢詩文に関する考察が多く収められている。江戸時代における『荘子』理解など、思想史と関連する論考、服部南郭ら、古文辞学派の文人の詩作の意義を述べた論考が特に重要である。

② 揖斐高『江戸詩歌論』（汲古書院、一九九八年）
＊江戸時代の漢詩と和歌の歴史を、後期を中心に考察している。漢詩隆盛の概況、「詠物詩」「詠史詩」「竹枝詞」などの流行、抒情詩人柏木如亭の業績など、この時期の漢詩のあり方を考える上で標準となる論考が備わる。

③ 大谷雅夫『歌と詩のあいだ――和漢比較文学論攷』（岩波書店、二〇〇八年）
＊奈良時代以前から現代まで、詩歌全般を対象としながら、言葉やイメージに焦点を当てながら、日本における中国文学の受容とその変容について考察する。与謝蕪村をはじめとして、数々の解釈上の新見を含む。

④ 池澤一郎『江戸文人論――大田南畝を中心に』（汲古書院、二〇〇〇年）
＊古文辞派の詩的表現について俯瞰しつつ、江戸中期の文人大田南畝の漢詩人としての業績に新たな光を与える。永井荷風をはじめ、江戸文学に親炙した近代文学者の業績についても、漢詩文との関わりを軸に考察する。

⑤ 合山林太郎『幕末・明治期の日本漢詩文の研究』（和泉書院、二〇一四年）
＊幕末・明治期の漢詩文の沿革と特徴を、森春濤や槐南ら専門漢詩人たちの世界とそれを取り巻く社会や文化との関わりを中心に分析した書。森鷗外や正岡子規ら近代文学者と漢詩文との関わりについても言及している。

第十四章　東西文化交渉

陶　徳民

W・A・P・マーティンとその中国人学生たち
（*The Lore of Cathay* より）

幕末明治の日本にも多大な影響を及ぼした『天道遡源《てんどうそげん》』・『万国公法』の著訳者で清末北京の「お雇い」でもある米国人W・A・P・マーティンは、外国の使節に対する清朝皇帝の「叩頭《こうとう》強要」問題を次のように糾弾したことがある。

「西洋列強の最初の使者が訪れた時、宮殿の敷居でこの問題に遭遇し、その後数世紀にわたりこの問題が消えなかった。……宮殿に入る使者はいつも九回の叩頭を求められている。」「なぜ彼らは中国をその進歩を阻む儀礼から解放する努力をしないのだろうか。」（マーティン著、沈弘ほか訳『華甲《かこう》記憶——ある米国宣教師の見た晩清帝国』広西師範大学出版社、二〇〇四年）

いわゆる三跪九叩頭《さんききゅうこうとう》の礼は本来、清朝の臣下や北京入りの藩属国の朝貢使節が皇帝に対して執るべきものだが、なぜこれを西洋諸国の使節にまで要求しようとしたのか。また逆に、同時代のローマ教皇はなぜ中国人カトリック教徒の親、祖先および孔子に対する礼拝の慣習を禁止しようとしたのか。本章は、古来の東西文化交渉史の全体像を概観した後、異文化の中枢部に入り込んだマーティンやルイ一四世の「お雇い」中国人黄嘉略《こうかりゃく》の目撃記を手掛かりにその答えを提示したい。ついでに、四書五経《ししょごきょう》を英訳したイギリス人宣教師J・レッグ、およびその翻訳事業に協力し、名著『普仏戦紀』の作者として日本に招かれた王韜《おうとう》などの儀礼観にも触れる。これによって東西文化交渉におけるもっともデリケートな部分、交渉当事者のプライドに関わる部分を浮き彫りにしたいと思う。

1 東西文化交渉史の概観

「東西交渉」史観と「中西交通」史観

「東を代表する中国文化と西を代表するヨーロッパ文化の相互交渉の歴史」を概観する好著として、約五〇年前に出版された矢沢利彦『東西文化交渉史』（中村出版社、一九五七年）があげられる。その内容構成は次の通りである。

一　新航路発見以前における東西の文化交渉
1　彩色土器　2　スキタイ文化　3　セレスと大秦　4　ガンダーラ文化
5　景教　6　製紙法と印刷術　7　也里可温《エルケオン》
二　近世におけるカトリック教と西洋学芸の東伝
1　ヨーロッパ人の東航　2　開拓の時代　3　繁栄の時代　4　典礼論争
5　迫害の時代　6　西洋芸術と技術
三　一七・八世紀における中国文化の西漸
1　茶　2　工芸品　3　絵画・建築・風俗　4　思想
四　近代における中国キリスト教伝道
1　カトリック布教の再興と発展　2　プロテスタント伝道の開拓と発展
3　反キリスト教運動　4　現代中国におけるキリスト教
五　ヨーロッパ近代文化の中国への影響
1　哲学と文学　2　政治思想　3　産業　4　制度

これは、いわば陸のシルクロード経由の東アジアと西アジア・ヨーロッパとの交渉の諸相、とくに宗教間の交渉を焦

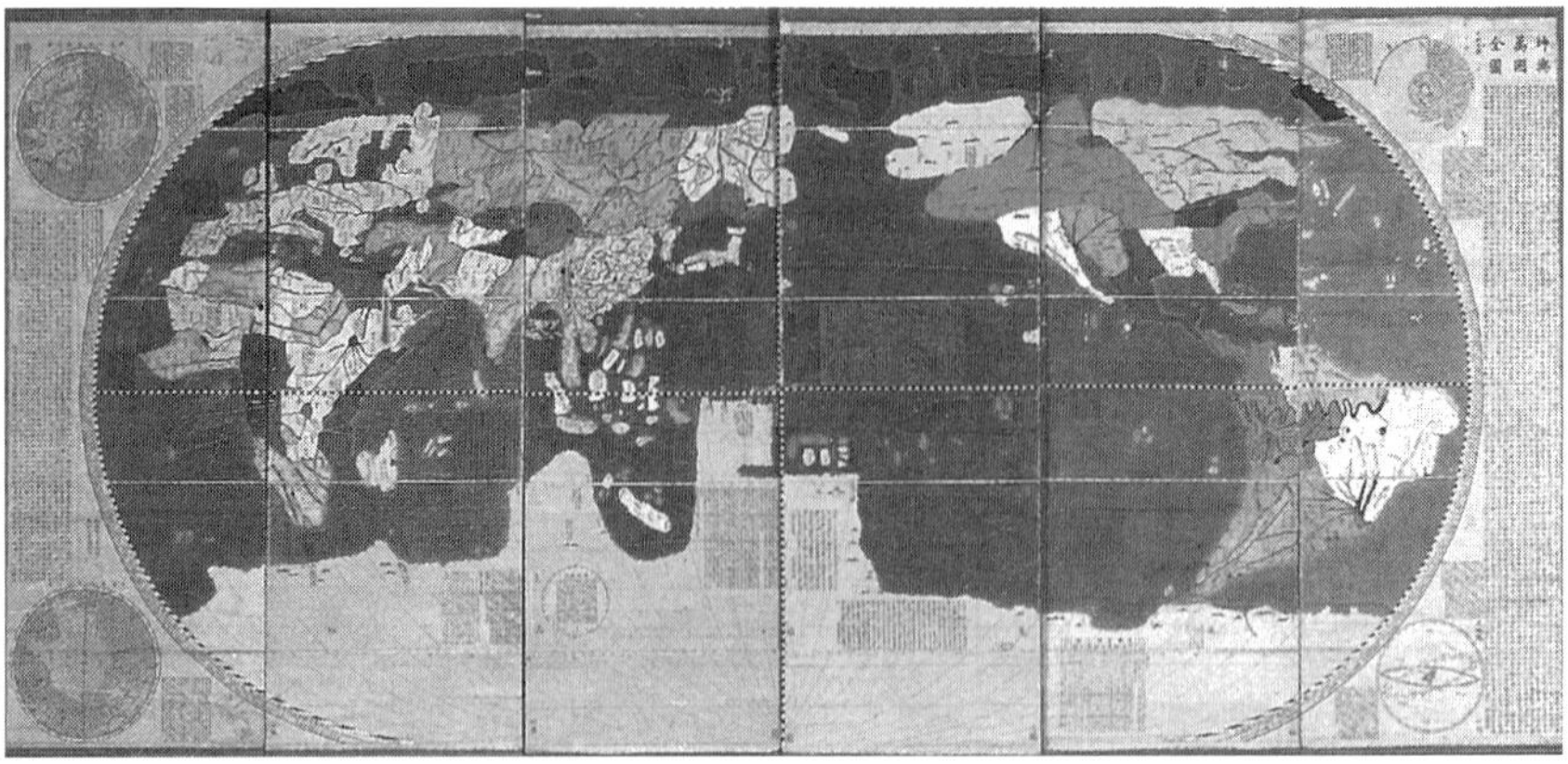

M・リッチが北京で完成した「坤輿万国地図」（『山川世界史総合図録』より）

点化した概観である。これと好個の対照となっているのは、一九五三年台湾で初版された、新航路発見以前の海のシルクロード経由の交流も重視した方豪『中西交通史』である。同書は中国の歴代王朝による時期区分と、南洋・インドおよび西南アジアをもカバーする内容構成をしているため、仏教の伝来（法顕《ほっけん》・玄奘《げんじょう》などのインド訪問・仏典蒐集を含む）やアフリカの東海岸に到達した鄭和《ていわ》の大航海なども視野に入れている。玄奘『大唐西域記《だいとうさいいきき》』のタイトルに示されているように、そもそも中国人学者にとって、古代のインドも広義的な西域の一部であり、「中西交通史」や「中西関係史」の一部として語らねばならない対象である。清末の「百日維新」運動が挫折した後、日本で一四年の亡命生活を余儀なくされた啓蒙思想家の梁啓超《りょうけいちょう》（字は卓如、一八七三〜一九二九）も「中国の智識線（知識体系）と外国の智識線と相接触したことは、晋・唐間の仏学はその第一回であり、明末の暦算学は第二回である」と、仏教伝来を明末以降の西洋暦算学の伝来と並んで中国の外来文化受容史上の二大事象と見ているのである。

一方、矢沢など日本人・韓国人研究者の広い視野と鋭いアプローチが、黄時鑑《こうじかん》など中国本土の「中西関係史」研究者の間で次のような自省を喚起している。その結果、黄は、自著「中西関係史」のタイトルを「東西交流史」に改めたのである。

我々中国人学者は「中西関係史」を研究するにあたって、西から東への歴史の動きに着目し、往々にしてこの動きの終点を中国までにして考察するが、もっと東へ注目しなかった。韓国と日本の学者たちの取り扱い方はすこし異なり、そのような歴史の動きを東西交渉史と彼らが定義している。彼らはそれぞれ自身なりの立脚点から出発し、中国と西洋との交渉史を把握すると同時に、韓国あるいは日本と西洋との交渉史を身につけなければならない。こういう点から言うと、韓国・日本の学者の視野は中国の学者より広いではないだろうか。歴史の動きそのものから見ると、「西学」（西洋の学問）と仏教の東へ伝わったルートは、そもそも中国で中止されていなかった。我々の学術視野を「中西」（中国と西洋）から「東西」（東洋と西洋）に広げると、もっと多くの資料が発見でき、「中西関係史」の研究課題をより深くよりうまく扱えるだろうと思う（『黄時鑒文集』Ⅲ、上海中西書局、二〇一一年）。

ヒトが「交渉」・「交流」の主体

さて、矢沢は「交渉」を使い、黄は「交流」を使い、この二つの言葉の違いをどうとらえるべきだろうか。一般的に、「交流」は友好な接触や交際というイメージがあり、当事者双方に有益で建設的な結果や影響がもたらされるというニュアンスで使われる場合が多いようである。これに対して、「交渉」はもともと、①双方は接触によって関係が結ばれること、②双方がある懸案事項を解決するために折衝・談判を行うこと、というような二つの意味があるが、現在、主として②の意味で使われているため、緊張をともなう駆け引きというイメージが強い。しかし、異文化の接触は当事者に有害な結果ないし激しい衝突をもたらす可能性も十分にありうるということを考えると、「交渉」はさまざまな接触によって引き起こしたあらゆる連鎖反応をとらえる上で、またそれらの事象に対する研究者の中立的姿勢を示す上でより相応しい言葉だと思う。そして、交渉参加者は必ずしも二者とは限らず、一対多や多対多の交渉といった場合も少なくない。このような場合を表現する言葉としても「交渉」のほうがより適切であろう。

そして、矢沢も方豪も示しているように、歴史上の東西交渉は実に森羅万象であり、多岐にわたっている。しかし、ごく簡単に要約・抽象化すれば、それらはヒト・モノ・情報の流動による刺激反応の連鎖に過ぎず、しかも三者の中でヒトはつねに中心的な位置を占めていると言えよう。なぜならば、文化の創造者と伝承者はヒトであり、異文化間の接触や交渉の担い手もヒトであり、またそのような接触や交渉のもたらすさまざまな結果や影響の受け手も結局ヒトであるため、いわゆる文化交流や文化交渉の物語や構図は、ヒトという肝心な要素を抜きにして語れないし、描けないからである。

2 ルイ一四世の「お雇い」中国人黄嘉略

ローマ教皇と康熙帝の「典礼論争」

一六八五年早春、二隻のフランス艦船がルイ一四世の派遣したイエズス会布教団を乗せて極東に向かって出帆した。一行の中の二人、ジェルビヨン（Jean-Francois Gerbillon、張誠）とブーヴェー（Joachim Boubet、白晋）がシャム・寧波《にんぽう》を経由して北京に入り、宮廷に奉仕することになった。当時は康熙帝《こうきてい》とイエズス会との蜜月期であり、ジェルビヨンは早くも目覚しい功績を立てた。まず、一六八九年ロシアとネルチンスク条約を締結する際のラテン語通訳をつとめた。中国の統一を果たした康熙帝はロシア軍の南下を阻止しようとしたため、双方の攻防が繰り返された。事態を収拾し両国の境界線を定めたこの条約は結局、ロシア側の譲歩で成立したが、ジェルビヨンなどの周旋に負うところが大きかった。そして、一六九三年康熙帝は熱病を患っていた時、ジェルビヨンなどの献上したキニーネ（マラリア治療の特効薬）を服用して快癒した。その感謝の気持ちを表すために、康熙帝は宮城西門内の敷地を下賜し、後にフランス系宣教師の本拠地となった天主堂・北堂の建立を認めた。さらに、宣教師の三大功労、すなわち暦法の編修、軍器火砲の製造およびロシアとの交渉を理由に、カトリック教の布教活動を公式に許可した。一方、ブーヴェーは康熙帝のルイ一四世へ贈与する書籍四九冊を携えて帰国し、数年後は康熙帝の希望通り宣教師や数学者を一〇名ほど北京に連れてきた。

このようにルイ一四世との関係を深めていた康熙帝は、一方「典礼論争《てんれいろんそう》」でローマ教皇と衝突するようになった。論争の焦点となった問題は次の三つに要約できる。

①　中国人天主教徒が祖先崇拝の諸儀式に参加することを許してよいか。
②　彼らが孔子崇拝の儀式に参加することを認めてよいか。
③　キリスト教のデウスを訳するのにどのような中国語表現を用いたらよいか。

これらの問題について、一〇〇年前のマテオ・リッチ（Matteo Ricci、利瑪竇《りまとう》、一五五二〜一六一〇）というイエズス会布教の先駆者がすでに遭遇したが、儒教の価値を尊重し中国人の慣習を寛容する姿勢で諸矛盾をうまく乗り越えた。いわゆる「リッチ規範」（利瑪竇《りまとう》規矩《ルール》）である。しかし、ここにきて、中国布教区の棲み分けおよび主導権や影響力をめぐるローマ教皇、ポルトガル、スペインおよびフランスの間の競合やカトリック教の各会派間の争いなどによって、問題は再びクローズアップされた。一七〇四年、教皇は典礼を異端的なものと判定し、天・上帝などの文字の使用や、祖先や孔子に対する犠牲奉献ならびに位牌の供用を禁止する勅諭《ちょくゆ》を発布した。これに激怒した康熙帝は、教皇の特派使節に帰国を命じただけでなく、中国在住の西洋人宣教師に対し免許制度を実行しはじめた。すなわち「リッチ規範」を認めた宣教師に限って、国籍・年齢・所属修道会・入国年月・永遠に帰国しない旨の誓約を漢文と満州文で印字した「信票《しんぴょう》」（滞在許可書）を発給し、それ以外の者は一切国外追放するという苛烈な対策であった。

科学アカデミーを創立するルイ 14 世
（『山川世界史総合図録』より）

一七〇九年春、スペイン系布教団体フランシスコ会所属の宣教師安多尼《あんとにお》（Antonio de la Concemcion）が広東省から遥々と上京し「信票」受領した。事後の報告によれば、宮殿で待機の際、まず「大官の検査」があり、持参した八つの贈り物について「皇帝はその中の五つを選び、残りを我々に返還するよう命じたが、実際、宦官《かんがん》たちの手に入った」。後に「皇帝の前で

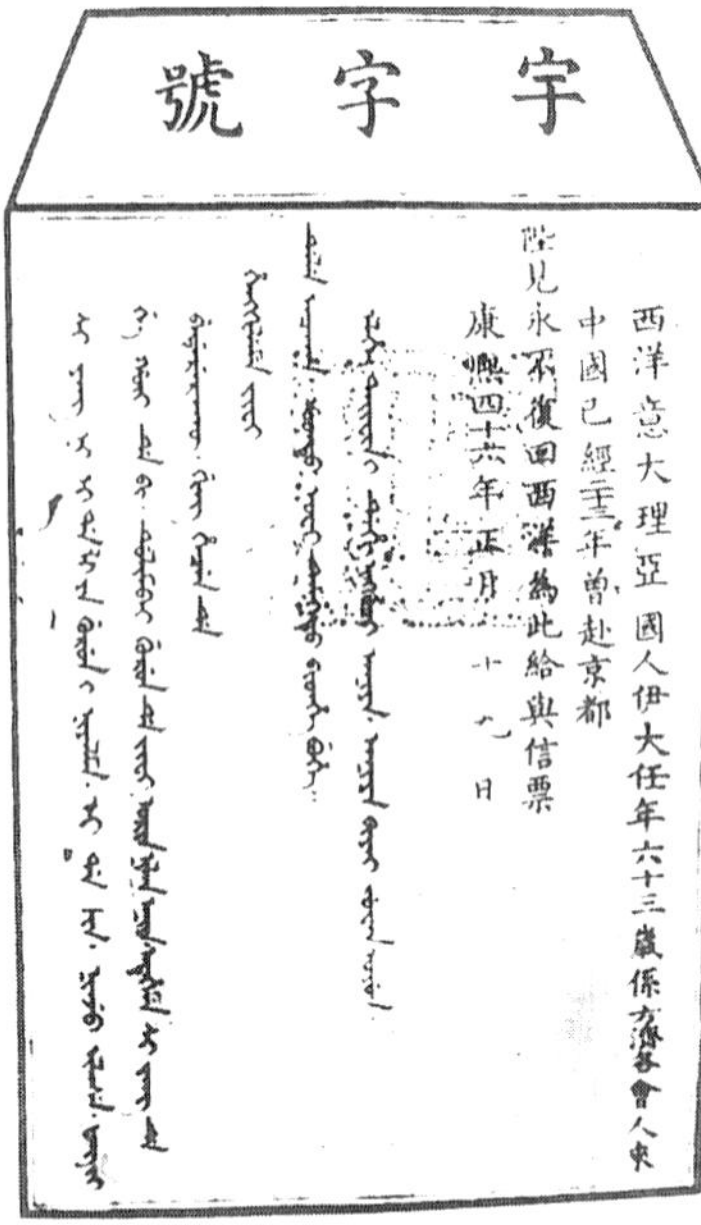
宇字號

西洋意大理亞國人伊大任年六十三歲係方濟各會人來
中國已經三十二年曾赴京都
陛見永不復回西洋為此給與信票
康熙四十六年正月十九日

山東省臨清州のイタリア宣教師キエサ（Bernardino della Chiesa 伊大任）**が受領した信票**（『イエズス会士中国書簡集1 康熙編』より）

跪いて叩頭し、終わると跪いたままで、一人ずつ年齢のことを聞かれ、尋問が終わり次第、退去させられた。……三日後、我々のところに印票が送られた。」

その前年の一一月、江西省で長く布教活動をしていた同会所属の宣教師、王雄善《おうゆうぜん》（Juan Fernandez Serrano）と華夏寧《かかねい》（Diego de Santa Rosa）の二人が「信票」受領のために宮殿に入った際、康熙帝の険しい表情から従来の「ヨーロッパ人に対する友好な態度が少しも見えなかった」。皇室に勤めていたイエズス会士に教えてもらった結果、次のような内実がわかった。康熙帝の寵愛する王子の重症をめぐりイタリア人「御医」と中国人「太医」の診断結果が正反対で、結局起死回生ができなかった。なぜか康熙帝は怒りを爆発させ、宮中の召使いを多く殺し、皇太子を廃すると同時に彼を他の王子二人、親王三人とともに幽閉《ゆうへい》し、第四子も責め叩かれたという（崔維孝『明清時代スペイン・フランシスコ会の中国布教の研究』中華書局、二〇〇六年）。

黄嘉略の西教観

黄嘉略（Arcade Hoange、本名は黄日昇、一六七九～一七一六）は、カトリック教各会派の布教活動が盛んに行われていた福建省に生まれ、嘉略は生後半月の受洗時につけられた洗礼名である。幼い頃からローマ教皇庁布教聖省に所属のパリ外国宣教会の李岱《りだい》（Philibert Le Blanc）および梁弘任《りょうこうにん》（Artus de Lionne）にラテン語とカトリック教の教義を学び、郷里の挙人について伝統的学問も勉強した。一五歳の時に郷里を出て、七年にわたり各省を遊歴し見聞を広げた。一七〇二年、梁はローマ教皇に典礼論争の現状について報告するように命じられ、黄を連れてヨーロッパに戻った。翌年三月、彼らは教皇に謁見したが、使命を果たすためにローマに継続滞在した。一七〇六年春、二人はパリに移った。その後、黄はフランス人女性と結婚し、娘一人をもうけたが、一七一六年一〇月、三七歳の時に逝去した。

黄は、信仰心の篤いカトリック教徒であった。儒教の祭祀方式に対する彼の軽蔑は、そのローマ滞在時の日記によく表れている。

十一月初八日　サン・グレゴリウス堂に赴く。亡くなった親と親戚などのために祈禱する。これは先に亡くなった教友を追念する祭日で、西洋諸国のお墓参りの日にあたる。この祭日前後の日は、西洋では老若男女を問わず聖堂へ祈禱に行き、明かりや蝋燭《ろうそく》を点す大勢の人で賑わいを見せ、華やかな雰囲気に包まれる。これこそ正理である。我が中国は違い、禽獣《きんじゅう》の肉を使い、鬼神《きしん》を叫びながら拝むが、その祖先がどこに帰し、どこから来たるものか、また誰が祈禱を受けるかも分からない。ああ、西洋の人々は祖先を知らず、神明を崇めないなどと笑ってはいけない。余はそれを大変恥ずかしく思う。

ある日、列聖式《れっせいしき》に参列した後、また儒教の浅薄な生死観を批判した。このような反儒教の姿勢は、次節で触れるその反体制の立場と深く繫がっていると考えられる。

ああ、吾が天主聖教の聖人は生前どれだけ修徳し、謙虚で人を愛したことか。天地万物の主を知り、人々を天国への道に導き、人の死後は天福災難の賞罰があり、世の中を軽んじ、世栄・世楽をすべて足の下に踏みつけ、ただ死後の天国で永福・永業を受けることを目指す。豈に中国のいわゆる聖人賢者と同じ、天地万物の真原も知らず、死後の永遠の報いにも、善人の由来する所にも、善をなす能力の根源にも触れないだろうか。ただこの世の虚栄を一時的に楽しみ、父母と祖先を天地万物のように祭るだけではないか。彼らは豈に吾が天主聖教はまず上主を欽愛《きんあい》し、次に父母を孝愛《こうあい》するという正理を知っているだろうか。

注目すべきは、このように「天主聖教」（＝カトリック教）を礼賛《らいさん》している黄は、イエズス会士の迷信加担やパリ外国宣教会士の横行覇道《おうこうはどう》にも批判の矛先を向けた。「中国人は世界で最も迷信に囚われる民族の一つである。……もっと不思議なのは、欽天監《きんてんかん》の長であるイエズス会士グリマールディ（Philippus-Maria Grimaldi、閔明我）がなんと占星術に長ける一味の首領であることで、それらの迷信の読み物にいずれも彼の名前が印字されている」。一方、「典礼論争」問題を深刻化し、梁弘任にローマに派遣し教皇に現状報告させたメーグロ（Charles Maigrot、閻當）という福建代牧区《だいぼくく》の宗座がいた。彼は省都の福州で家屋を購入しパリ風の教会堂に改造するため、その正門を拡大し深紅色に塗ろうとした。皇帝やお寺の専用色である深紅色を使うと、みんなの福運が吹っ飛ばされてしまうという危惧により、現地の住民が猛烈な反対運動を展開した。しかし、メーグロはたまたま現地に立ち寄っている康熙帝側近のイエズス会士を迎え自宅に滞在させることによって改修工事を強行した。衆人の怒りを招いたこの権威をかさに着た愚行について、黄は強く非難した。

モンテスキューの中国像に影響した黄嘉略の祖国観

一七世紀末期と一八世紀初期のパリは、中国ブームに包まれていた。一七〇〇年元日、ベルサイユ宮殿のダンスパーティに、ルイ一四世が自ら中国式の籠に乗り込んで現れ、満場の喝采を博した。同年にフランス学士院院長となり、後日に王室学術総監ともなったビグノン（Jean-Paul Bignon、一六七〇～一七四三）がブーヴェーの助言で中国研究を視野に入れた。ちょうどこの時期のパリに姿を現した黄は自然に注目の的となり、ビグノン氏に中国語翻訳者として雇われた。『漢語字典』と『漢語文法』のほか、『中華帝国通論』の編修も計画されたが、後者は一部しかできていなかった。

黄がパリで過ごした最も刺激的時期は、おそらく青年モンテスキュー（Charles-Louis de Montesquieu、一六八九～一七五五）と対談した日々であろう。黄の日記によると、一七一三年九月一二日から同年一二月五日まで、モンテスキューは黄の自宅を七回訪ねた。後に整理されたモンテスキューの「私と黄先生との談話における若干の中国関係評述」によれば、対談の内容は中国の歴史、言語、文化、宗教信仰、政治制度、経済生活、社会風俗などの方面に及んだ。そこでは、清王朝を含む中華帝国の暗黒な一面に対する次のような辛辣な批判が見えるのである。

この帝国は長く続いていたが、終始同じ帝国であったわけではない。かつて何回もの分裂があったのである。中国の皇帝を理解したい人はまず先入観を捨て、また通常中国の政治制度を敬慕するような気持ちを捨てなければならないと信じている。そのような敬慕は我々に間違った考えを生じさせ、中国は世界で最も偉大な帝国であると思わせてしまうのである。……周知のように、中国は韃靼人に二度侵入されたことがあり、今でも韃靼人の統治下で呻吟している。……中国ほど内戦の多い国はなく、一つ、また一つの家族が走馬灯のように政権の座に押し上げられたり、降ろされたりして帝位争奪戦を繰り広げ、新しい簒奪者が在位の皇帝を退陣させると、全国が不和と混乱に陥ってしまう。

この民族は世界で最もよく管理されている国だと自負している。中国とは中央の国であると思い、その周辺の国々を野蛮国と見なす。中国政府は国内の安定を維持することに長じているが、外来の侮辱に抵抗するのは得意ではない。

私は中国政府の内部構造をじっくり見たい。君主が無限の権力を所有し、教権と俗権を一身に集めている。皇帝が文人教派の首領であるため、臣民の財産も生命も皇帝の手に握られている。気が変わりやすい暴君はそれらを思いのままに処置することができる。

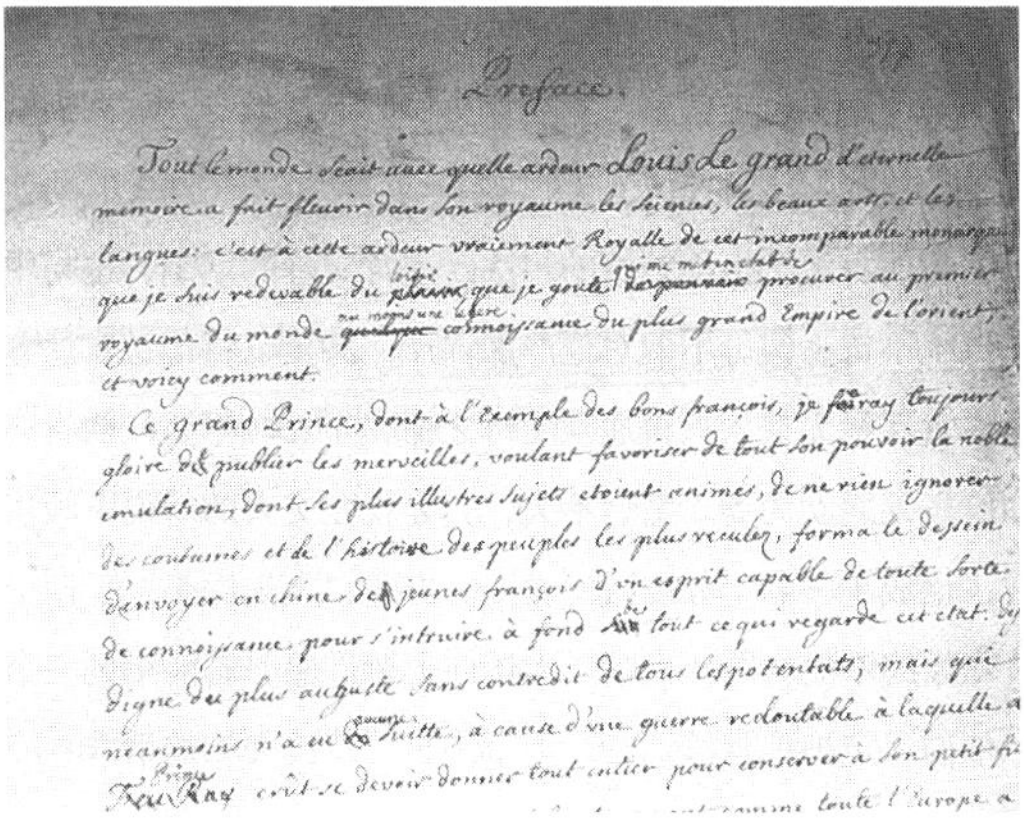
Preface.

Tout le monde sçait avec quelle ardeur Louis le grand d'éternelle memoire a fait fleurir dans son royaume les sciences, les beaux arts, et les langues: c'est à cette ardeur vraiment Royalle de cet incomparable monarque que je suis redevable du plaisir que je goute ... procurer au premier royaume du monde ... connoissance du plus grand Empire de l'orient, et voicy comment.

Ce grand Prince, dont à l'exemple des bons françois, je feray toujours gloire de publier les merveilles, voulant favoriser de tout son pouvoir la noble emulation, dont ses plus illustres sujets etoient animés, de ne rien ignorer des coutumes et de l'histoire des peuples les plus reculez, forma le dessein d'envoyer en chine des jeunes françois d'un esprit capable de toute sorte de connoissance pour s'instruire à fond de tout ce qui regarde cet etat ... digne du plus auguste sans contredit de tous les potentats, mais qui neanmoins n'a eu ... suitte, à cause d'une guerre redoutable à laquelle ... Prince crût se devoir donner tout entier pour conserver à son petit ... comme toute l'Europe a

黄嘉略『漢語文法』序言（自筆）
（『黄嘉略与早期法国漢学』より）

中国は周辺国を野蛮視している、王朝更迭が国家を分裂と混乱に陥れている、無限の権力を独占している歴代の君主が臣民の生命財産を弄んでいるというこれらの告発は痛烈さを極め、ルソーと比定される明末清初の思想家黄宗羲の君主専制主義批判を想起させるほどである。このような認識に基づいてこそ、『ペルシア人の手紙』や『法の精神』で知られる偉大な思想家モンテスキューの否定的中国像が形成され、中国礼賛の風潮の中での異色な存在になった。梁啓超が「我所思兮在何処　盧孟高文我本師」（私の思いはどこにおよんだのだろうか。ルソーとモンテスキューの名文が私を啓蒙してくれた先生だ）と述懐したことがあるが、しかし、彼はモンテスキューの名文に素材を提供したのは、ルイ一四世の「お雇い」中国人である黄嘉略だったということを知るすべもなかった。

3 「叩頭問題」の行方を見守ったマーティン

西学導入と布教権獲得

W・A・P・マーティン（丁韙良、一八二七〜一九一六）は一八五〇年中国寧波で布教活動を始め、早くも四年後に『天道遡源』という布教の名著を出した。一〇年後にまた中国人学者の協力を得てハーバード大学教授H・ホイートンの名著『万国公法』を漢訳し、清朝政府の助成で出版した。両書は日本語・朝鮮語にも訳され、近代東アジアの精神世界と国際関係に計り知れない影響を与えた。特に後者の提示した国家主権とその相互尊重、国家間の平等往来原則および国際法・条約の遵守などの新しい国際秩序観念は、従来の華夷秩序および中華思想の打破に決定的な根拠となった。その意味で、同書はマテオ・リッチが一六〇二年北京で完成した中国最初の世界地図「坤輿《こんよ》万国全図」に匹敵するほどの重要性をもっていると言える。

一八六四年、マーティンは清国税関の総税務司《そうぜいむし》でイギリス人のロバート・ハートの推薦で北京同文館《どうぶんかん》（外務省にあたる総理各国事務衙門《そうりかっこくじむがもん》に直属した洋学人材の養成所）の教習（教師）となり、五年後に総教習《そうきょうしゅう》（教務主任）と昇進し、在職の三〇年間で大きく貢献した。同館の性格と役割について、彼は次のように紹介したことがある。「同文館が最初に設けた目標は通訳の人材を養成することであったが、外国の文献を自国のために使えるように、通訳よりもう一つレベルの高い翻訳者を養成することまで発展した。……すでに翻訳された書籍は国際公法、経済学、化学、物理学、自然地理、歴史、フランスとイギリスの法典、解剖学、生理学、薬物学、外交領事指南などの領域にわたり、他の内容を題材とするものもあった。……もし科学者が井戸を掘る人に譬えられるならば、翻訳者は送水管のような役割を果たしていると言えよう」と。

一八九八年の「百日維新」運動で北京大学の前身である「京師大学堂《けいしだいがくどう》」が発足し、マーティンはその総教習に就任した。開校時の孔子祭典に、彼の提言（「これは中国文化の最重要な象徴であり、お雇いとして敬意を表すべきだ」）で義務づけられていない外国人教習が全員参加した。義和団事件後の一九〇一年、一旦閉校した同大学が再開され、マーティンは総教習を再任した。これは、晩清政府がお雇い外国人学者に与えた最高の地位と名誉といえよう。

このように数々の業績を上げたマーティンは、生涯の誇りとして自負している一つの達成があり、列強に先んじて米中間の一八五八年「天津条約」締結で中国におけるキリスト教の布教権を確立したことである。イェール大学図書館古文書部に、ペリー来航に随行しペリーの推薦で中国駐在外交官となったS・W・ウィリアムズ（衛三畏、一八一二〜八四）という宣教師の文庫があるが、その中に、マーティンが米中天津条約締結の際に起草した交渉文案が残っている。この両者による粘り強い交渉の結果、布教解禁の条項が次のような文面となった。

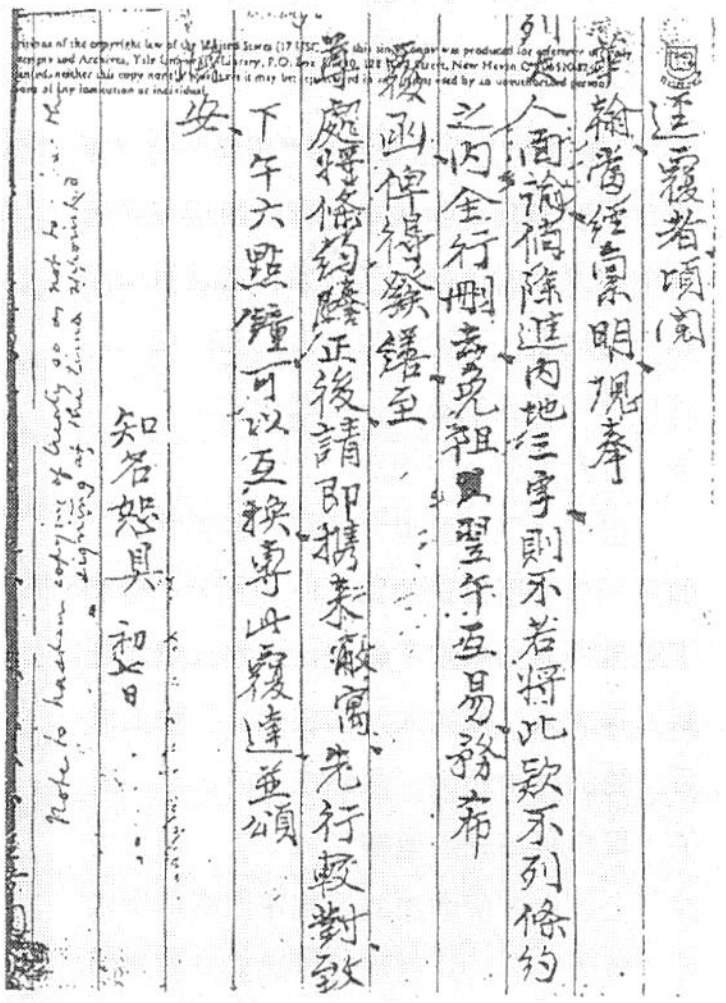

米中天津条約交渉時のマーティンの文案
（陶徳民「イェール大学図書館ウィリアムズ文庫から見た1858年米中間のキリスト教解禁交渉」『或問』第9号より）

耶蘇基督聖教は天主教ともいい、もともと人間に善行を教えるものであり、自分に行って欲しいと思うことを他者にも行うよう教えている。従って今後、あらゆる真面目に布教するものや信教するものに対して配慮や保護を与えるべきで軽蔑や迫害を加えてはならない。教規に従い平和裡に布教するものと信教するものに対して、介入や邪魔は一切許されない。

「礼儀の邦」中国に関する認識

マーティンは長年の中国滞在を通じて「礼儀の邦」といわれる中国の諸相をつぶさに目撃できた。たとえば旧正月に、家々に春聯《しゅんれん》（旧正月の風習の一つで、赤い紙に各種縁起の良い対句を書き家の入口などに貼る紙）が飾られ、人々がお互いに挨拶する。ある旧正月、「私の召使も私に一礼をした。そして、遠くいる母親に対する遥拝《ようはい》を許してほしいと言った。……この息子は北京の方角に向かって九回叩頭の礼をし、母親の健康と長寿を祈った。これは親孝行を表す美しい形式であり、中国人の祖先崇拝を育み、人間関係の緊密化において極めて大きな役割を果たしている。」「同文館の生活の一重要な部分も礼儀である。……休暇が終わると、学生たちはみな正装をして各自の教習に額《ひたい》に手をかざして挨拶し、またすべての人が総教習に敬礼して挨拶する。休みを願い出る際や休みが終わる際に、学生はかならず挨拶をし、加給や昇進の場合、その礼節はよりいっそう周到なものになる。」そして、「礼部」は政府の主要部門の一つ、『礼記』は儒教の主要経典の一つとなっており、礼儀は一種の統治の道具として社会の隅々にまで浸透している。ある学校の教科書は三〇〇〇以上の礼儀規範を列挙している。このようにすれば、教養のある学生はどんな場合でも適切な時間に相応しい振る舞いを示せるそうである。

皇帝が署名予定の文書に対する清朝役人の三跪九叩頭の礼
（『華甲記憶』より）

礼儀は上官、特に皇帝のことに関わる場合に一層厳粛になる。北京から遠く離れている外交交渉の現場もその例外ではなく、必ず執り行うことになっている数々の儀礼の手続きが一つでも省けない。調印予定の条約の文面に皇帝の名前を正式に記入する前に、皇帝の前で三跪九叩頭の礼をするのと同じように、蝋燭をつけ線香を立てなければならない。皇帝のところに使者を派遣しようとする時もそうである。

「叩頭強要」の論理と作法に対する観察

冒頭で触れた「西洋列強の最初の使者」はイギリスのマカートニー使節団であり、一七九三年九月一四日、一行は熱河《ねっか》の離宮で乾隆帝《けんりゅうてい》に謁見した。中国側は使節団を少なからず優遇したが、マカートニーを朝貢国《ちょうこうこく》からの使いとして扱った。したがって、皇帝に謁見するときは三跪九叩頭の礼を行ってほしいと繰り返し要求した。折衝の結果、片膝をついて跪き、皇帝の手に接吻するというマカートニーの提案したヨーロッパ流の方式を中国側は部分的に受け入れた。すなわち信任状（中国からみれば朝貢国王の「表文」）をマカートニーが直接皇帝に手渡すことも認めたが、皇帝の手に接吻することだけは、中国側の希望で省略された。叩頭せずに済んだということは、遥々と遠いイギリスから皇帝に敬意を表しに来た、その遠さの故に英国式の儀礼を認めてやったということであって、マカートニーを貢使として扱ったことに変わりはなかった（マカートニー著、坂野正高訳注『中国訪問使節日記』平凡社、一九六九年）。

一八五九年七月下旬、米中間の天津条約批准書を交換するために北京入りした米国公使ウォード（J. E. Ward）も同じジレンマに陥っていた。中国側から最初は、皇帝に謁見してから批准書を交換するという日程を告げてきたのだが、しかし、どうやってその数々の煩雑な儀礼をこなせばよいのか。一回叩頭をするだけでよいとも知らされたが、米国公使の反対で二週間にわたる話し合いの結果、中国側は遂に叩頭の礼を省き、ただ跪くだけでよいと譲歩した。しかし、それでもウォードは跪くことを拒否し、「私はゴッドと女性の前でしか跪かないのだ」と言った。しかし、「皇帝というのは、上帝（ゴッド）のような存在だ」と中国の全権代表桂良《けいりょう》はすぐ反論した。双方はこの点をめぐって対峙し、日が経つにつれて対立がますます激しくなっていく。ウォードは絶対に譲歩せず、跪くより殺されたほうがましだと中国人に伝えてほしいとマーティンに命令した。結局、中国側から、皇帝がとても我々に会いたいと願っているので、跪かなくてもよい。しかし、我々の使節は跪いたということを象徴するために、前にクロスをかけたテーブルを置かなければならないという連絡がきた。にもかかわらず、謁見当日に、三跪九叩頭の大礼はやはり不可欠だと言われた。ウォードは怒りを爆発させ、謁見を辞退し、マーティンなどの随員に礼服を脱がせるように指示した。清朝政府は結局、一行に北京からの退去を命じた。

諸外国の公使たちは、一八七四年になって初めて宮中に入り、叩頭せずに皇帝に謁見した。公使の発言が順番で読み上げられた後、通訳がそれを中国語に訳す。その後、「恭親王《きょうしんおう》」奕訢《えききん》が「竜椅」（皇帝の玉座）の足まで登り、跪いて一五歳の皇帝のために満州語で伝達するという流れであった。竜椅の後ろには孔雀の羽毛で飾られた巨大なシルクの屏風が掛けてあり、その後ろに西太后《せいたいこう》が座っている。謁見後、イギリス公使T・ウェード（威妥瑪）が自ら起草し、マーティンに添削させた記事の公表で公使たちが決して跪かなかったと強調したが、それにもかかわらず、その場にいなかった保守的清の大臣たちは、諸外国の公使たちはきっと跪いていただろうと固く信じていた（前掲『華甲記憶』）。

4 東西融和の唱道と「典礼論争」の決着

王韜とレッグの運命的出会い

青年期の王韜《おうとう》（一八二八～九七）は南京での科挙試験に落第したため、父の後任の形で上海墨海《ぼっかい》書館のロンドン宣教会員W・メドハースト（麦都思）の新約聖書漢訳事業を手伝うようになった。後に太平天国に上海攻略について献策した問題で清朝政府の指名手配を受けたため、香港への避難を余儀なくされた。

王韜は香港英華《えいか》書院の初代院長を務めていたロンドン宣教会員J・レッグ（理雅各、一八一五～九七）に雇われ、その五経英訳の助手となった。一八六七年、レッグは英国に一時帰国したが、すぐ王韜を呼び寄せ、翻訳事業を続行した。その出会った中国学者のなかで王韜を儒教典籍に最も詳しい者と認めているからであった。このように、王韜は聖書漢訳と五経英訳への協力によって東西間の思想交流の最先端に立つ人物となった。

王韜はまる二年間で大英帝国の現状を目撃しただけでなく、フランスのシノロジーの大家であるS・ジュレン（儒蓮）とも会った。のちにロンドン宣教会の香港印刷所を買い取り、『循環日報』を創刊した。その名著『普仏《ふふつ》戦紀』に現れている豊富な世界知識と鋭敏な国際感覚は日本の漢学者たちに買われ、一八七九年日本への招聘訪問に繋がった。その先、レッグも『中国経典』英訳本の出版で有名人となった。日本駐在イギリス公使H・パークスが手紙を通じて、「日本政府が君の訳書『中国経典』を一〇部注文した。もし日本で仕事をされたいならば、日本政府は新しく創設する大学の学長として招聘する用意がある」と伝えてきた。また夫人と日本旅行をする時、携行のトランクに印字されているレッグの名前に気付いた長崎税関の役人が、著名な訳者本人であることを確認したうえ、通関検査の免除という特別扱いをしてやった。

東西の融合を唱えた王韜

上海での新約聖書漢訳事業が完成後の一八五三年夏、王韜は重病に罹り、死ぬかもしれないと恐れていた時、メドハーストに受洗申請書を出した。当時の王韜は確かに祖先祭祀儀式の無用を認め、上帝のみが奉祀されるべきことに賛成していた。しかし、この青年期の考えはその一生を貫く信念とならなかった。正規の儒教教育を受けた王韜は、結局「孝道」を捨てることができなかった。後年、宣教師たちが条約上の権利で教勢を拡大しようとしたことを見て、王韜は、中国人はその好奇心のゆえにキリスト教に改宗されやすい面もあるが、一旦祖先祭祀の停止を強要されると、彼らはきっと信教をやめてしまうだろう。教会に対抗するため、康熙帝の聖諭と善書の講釈が有効であり、そこに孝道や祖先祭祀が最重要事項となっているからであると指摘した。

イギリス滞在中、王韜はオックスフォード大学で講演し、次の主張を唱えた。

J・レッグの一家と王韜
（『朝覲東方――理雅各評伝』より）

孔子の道は人道である。人がいれば道がある。人類が滅ぼさない限り、その道は永続する。西洋の有識者が道を論ずれば必ず天に遡源する。しかし、道を伝える責任は人に帰す。……古代の聖人は次のように述べていたのではないか。東方に聖人がいる、此の心は同じく、此の理は同じである。西方に聖人がいる、此の心は同じく、此の理は同じである。一言でもってこれを論断すれば、その道は大同であるといえる。

満場の拍手を博したこの講演で、王韜は孔子の道と泰西の天道はともに人道に依存しているため、切磋琢磨の過程をへて将来は必ずや大同の道に帰すだろうという楽観な展望を示した。

「上帝」の賛美歌を吟じたレッグ

一九世紀後半に頻発する「反洋教《はんようきょう》」というキリスト教を排斥する紛争事件の多くは、宣教師から祖先崇拝の廃止を強要された中国人信者の反感の爆発によるものだという研究結果がある。一方、宣教師や外交官による条約上の特権の濫用は一部の事件の深刻さを増した。このような事態に鑑み、レッグは自らの遺言執行人に、「万が一、自分が殺された場合、英国政府が自分の為に清国政府に対して賠償要求をされないことを切望する」という遺言を手渡した。また、中国に対するイギリスのアヘン輸出を常に厳しく批判していた。

中国に対するこの善意の背後には、レッグの次のような判断があった。「彼らの文明と我々のものとかなり異なっており、彼らは早くも蒙昧と野蛮から抜け出した。四千年以来、彼らがこの土地で生息、労働、収穫、繁栄という事実を考えたら、この民族はある種の良い性格を持っているはずだと推測せざるをえない。アルジェリア、ペルシア、ギリシア、ローマなどの帝国は一度隆盛を極めた後に次第に衰退してしまったが、今まで文明を続いている帝国は中国しかない。その原因は一体何だろうか。明らかに、かの国民の中にある最も偉大な徳性と力によって育まれた道徳と社会ルールが存在」し、この民族の祖先たちが「ゴッドのことがわかっていた」、中国古典の中の「上帝」観念（殷の甲骨文・周の金文に記載された中国の祖先神）はゴッドのことに対応しているものだ、と。それだけでなく、レッグは康熙帝の「聖諭」（一六七〇年に公布された臣民の道徳規範、全部で十六条）にも共感していた。その内容やニュアンスにおいて、孝行を尽くすというヴィクトリア朝の中流階級の尊ぶ道徳に相似し、聖書の第五誡命（「あなたの父と母を敬え」云々《うんぬん》）の内容ともほぼ同じだと認めた。

一八七三年帰国する前、レッグは中国北部への大旅行をした。長城、泰山や曲阜の孔子廟だけでなく、北京の天壇にも登った。この時の体験について、後にオックスフォード大学教授となったレッグは、『中国の宗教』という講演録で次のように回顧した。「過去の四千年近くの歴史において歴代の中国皇帝は、その都で唯一の「上帝」を敬虔に拝みつつあることを考えると、この事実は私に奇妙かつ愉快な気持ちを生じさせた。その日の早朝、北京の南郊にある天壇の上に立っていた時、私の心の奥にこの点に深く感銘した。私は靴を脱いで、素足で一歩一歩に天壇の一番高い所に登っていき、大理石で敷かれている中心部の壁の周りに埃一つだにかぶっていない、その上は青い円天井である。同行の友達と手をつないで、我々はずっと上帝の賛美歌を吟唱していた」(N・ジラルド著、段懐清ほか訳『東方への巡礼――理雅各《レッグ》評伝』広西師範大学出版社、二〇一一年)。

清朝とローマ教皇庁の唯我独尊主義の放棄

明治日本に留学した現代中国の代表作家魯迅が逝去前に次のように回想したことがある。「我が家の応接間の中央に、一枚の位牌が供えられていた。そのうえに金字で必ず絶対的に尊敬と服従をせねばならない五つのものが書かれている。「天・地・君(君主)・親(両親)・師(師匠や先生)」と。これは、ある意味で中国人の伝統的社会秩序観を最も凝縮的に反映していると言えよう。

これについて、本章で取り上げたリッチ、レッグおよびマーティンなどはある程度の理解を示した。一方、先に触れたウィリアムズが一八五九年に自らに対する他者の崇拝を求めたローマ教皇と清朝皇帝に共通した唯我独尊の意識と支配の論理を次のように洞察している。

叩頭儀礼の真の性格が、今日ほど入念に述べられたことはない。これまで僕の考えてきた通り、中国人は誰もが、この儀礼を宗教的なものとして見做している。この点は確信できた。そうなると、イエズス会士たちの口にしたあの言い逃れは、どうなるのであろうか(イエズス会の神父たちは、一六、一七世紀に、中国宮廷の厚遇を受け、皇帝との謁見のたびに、すすんで叩頭儀礼の方法に従った)。

彼らは、単に形式的な儀式にすぎないと断言した。この言葉に基づいて、オランダ使節ティツングは、たしか一七九六年に北京を訪問したとき、叩頭儀礼を何度も行っている。相手が教皇であれ、皇帝であれ、臣下の表明する崇拝には、実際、少しも差異がない。皇帝と教皇は両者ともに、崇拝を要求する。それは、両者が、天国の地上的代理人だからである、神の座にすわり、神々にふさわしい敬意を要求するのだ。

下跪叩頭なしの謁見を外国人に許したなら、皇帝は天子であると教育されてきた国民に、どんな動揺を生み出すことになるのか。皇帝に仕える高官たちの悩みの種は、その一点に集中していた。天子に謁見するときには、床に平伏し恭順を表明せずに、接見しようとする行為が、危険この上ないものなのだ（F・ウェルズ・ウィリアムズ著、宮澤真一訳『S・ウェルズ・ウィリアムズ生涯と書簡』高城書房、二〇〇八年）。

外交や布教に絡んでいた「儀礼問題」は、二〇世紀になってようやく解決された。義和団事件後の一九〇一年に清朝の外務部という諸外国の外務省と完全に対等する機構が設けられ、従来の「理藩院《りはんいん》」や「総理各国事務衙門《そうりかっこくじむがもん》」といった華夷秩序の理念を体現した旧体制と決別された。一方、一九三九年一二月八日、ローマ教皇庁布教聖省がピウス一二世の指示で孔子崇拝と祖先崇拝に対する従来の禁令を全部撤回した。前者は「孔子祭典は、孔子に対する宗教的敬礼をするわけではなく、この偉人に相応の尊敬を与え、本国の文化を尊重するものである」と、後者は「死者、死者の影像やその位牌の前で拝礼することは善挙であり、当然行うべきである」という理由で正当化された（林治平『基督教と中国論集』宇宙光出版社、一九九三年）。

このように、清朝（一九一一年辛亥革命で中華民国に取って代わった）とローマ教皇庁の権力中枢部の自己中心主義と他者に対する差別待遇は数百年の時間をへてようやく克服されたのである。建設的な東西文化交渉のあり方を示したものとして高く評価されるべきものであろう。

参考文献

【一般的・入門的文献】

① 写真記録刊行会編『写真記録「東西文化と交流」の世界史』（日本ブックエース、二〇一一年）
＊「古代世界とヘレニズム」・「陸と海のシルクロード」および「イスラム・中国・日本」というテーマで直観的に世界の文化遺産と歴史を辿れる恰好な一冊。

② 松田壽男『東西文化の交流』（講談社、二〇〇五年）
＊シベリア森林民とモンゴリア遊牧民が活躍した北のステップ地帯を貫くルートも、東南アジアの沿海諸港を中継点とする海上

の道も「シルクロード」と同様に東と西を結んだ重要なルートであったと力説した好著。

③　寺田隆信『鄭和——中国とイスラム世界を結んだ航海』（清水書院、一九八一年）

＊一五世紀前期、世界最大の船隊を率い、東南アジアから、インド洋・ペルシャ湾・紅海の沿岸をへて、アフリカ東海岸にいたる海域を舞台に七回にわたって航海し、三十数か国を訪問した明王朝の宦官鄭和に関する物語。

④　榎一雄『ヨーロッパとアジア』（大東出版社、一九八三年）

＊一次資料に基づいた「漢字の西方伝播」、「マルコ＝ポーロの財産」、「『デカメロン』とアジア」など珠玉の論考。特に「一八世紀フランスに流寓の中国人」はルイ一四世の「お雇い」中国人黄嘉略に関する最初の詳細研究と言える。

⑤　増田渉『西学東漸と中国事情——「雑書」札記』（岩波書店、一九七九年）

＊自ら翻訳した魯迅の作品を魯迅本人に添削してもらった著者の近代日中文化関係史。万国公法・海国図志・阿片始末・海外新話・満清紀事・太平天国などに関する論考。薩摩と倭寇、国姓爺鄭成功など明時代関係のものも含まれる。

【専門的文献】

①　玄奘著、水谷真成訳『大唐西域記』全三巻（平凡社、一九九九年）

＊七世紀、唐の高僧・玄奘法師が書いたインドへの求法旅行の記録。百数十の国々を遊歴し、さまざまな困難と遭遇した末、大部の経典を携えて帰国した。地理・民族・言語・風俗・物産などを記した世界旅行記の白眉。

②　平川祐弘『マッテオ・リッチ伝』全三巻（平凡社、一九六九年）

＊明末の中国に渡り、カトリック教と西洋の文化を伝えたイエズス会の宣教師、東西文化交流の道を拓いた先駆者であるマッテオ・リッチ（漢名利瑪竇）の生涯に関する評伝。日本・朝鮮に対するその影響も紹介されている。

③　マカートニー著、坂野正高訳注『中国訪問使節日記』（平凡社、一九六九年）

＊一七九三年、イギリス政府が北京政府との直接交渉により閉鎖的広東貿易体制を突破し貿易拡大を図るために使節団を派遣した。乾隆帝への謁見や中国社会の実態などを記録したマカートニー団長の貴重な日記。

④　後藤末雄著、矢沢利彦校訂『中国思想のフランス西漸』（平凡社、一九六九年）

＊ルイ一四世の中国趣味、清朝におけるフランスイエズス会士の活動および自国に紹介する中国の精神文明、百科全書派・政治家・東洋学者および一般知識階級の中国思想との接触、当時の辞典における中国記事などを含む。

⑤　容閎著、百瀬弘訳注『西学東漸記——容閎自伝』（平凡社、一九七五年）

＊イェール大学を卒業した容閎が曾国藩・李鴻章など洋務運動期の大物政治家に人材育成の必要性を力説した結果、一八七二年より一二〇名の少年をアメリカ長期留学させる計画が実施された。近代中国人海外留学の先駆者の自伝。

コラム10

貨幣

柿沼陽平

中国の代表的な貨幣に、銭（いわゆるコイン）がある。銭はもともと農具を意味する語で、春秋戦国時代頃からコインをも意味するようになった。それは基本的に青銅製であるが、鉄、銀、鉛、もしくは黄金などを主成分とする場合もあった。戦国時代以来、人々は日用品と高級品とを問わず、銭によって好きな商品を買うことができるようになった。もっとも、中国史上、好きな商品を購入するための貨幣は、必ずしも銭だけに限られない。たとえば麻織物・絹織物・黄金・穀物・銀などが、時と場所におうじて、貨幣とされることがあった。とはいえ、戦国時代以来、それらの諸貨幣の中でも、銭が富の象徴として最も重視されてきたことは間違いない。なお現代中国では人民元を数える際に、硬貨か紙幣かを問わず、口語で「～塊銭《クワイチエン》」などとよぶが、ここにも「貨幣といえば銭だ」とする伝統的発想の影響がみてとれる。このように銭は古来、貨幣としてたいへん重視され、なによりも経済と密接な関わりのあるモノとみられてきた。

だが、よく考えると、一見無関係にみえる銭と文化とのあいだにも、じつは密接な関係がある。銭は古来、経済的な交換手段としてだけでなく、中国文化と深く関係し、双方向的に影響を与えあっていたのである。本コラムではその一端を紹介する。

銭の形状

第一に、銭の形状を見てみよう。もともと春秋戦国時代の銭の形状はさまざまであった。その代表的な型として宝貝《たからがい》、農具、刀などがあげられる。宝貝を模した銭を蟻鼻銭《ぎびせん》、農具を模した銭を布銭《ふせん》、刀を模した銭を刀銭《とうせん》とよぶ。宝貝は中国東南の海で産する巻貝の一種で、王から家臣への賜与物、あるいは家臣間での贈与品として、殷代以来貴重なものとされていた。蟻鼻銭はそのような殷代文化の影響を受けたものといわれている。また布銭を生んだ黄河中流域では、古来農業が盛んで、農具は作物を生む富の象徴であった。それゆえ当地では、布銭が鋳造されたといわれる。刀銭の鋳造には河北の戎《じゅう》とよばれる人々が関与していたとされる。彼らは武装して商業を営んでおり、刀は富の象徴であったため、刀銭を鋳造したという。このように春秋戦国時代の銭の形状は、当時の地域文化をそれぞれ一定程度反映したものである可能性が高い。これらはどれもまだ仮説の域を脱していないものの、ともかく当時の人々が経済的な利便性・合理性のみを考えて銭の形状を決定したわけでないことは確かである。さもなくば、一体誰が尖っていて使いにくい刀銭などを鋳造するであろうか。

刀　銭

　戦国時代中期になると、秦では半両銭《はんりょうせん》が鋳造され、それが秦のいわゆる天下統一とともに全土へと広まった。この半両銭の形状も、たんに使いやすいという理由で決められたものではない。表面には「半両」の二字が凸形に鋳込まれ、円形で、中心には四角形の穴（方孔《ほうこう》）があいている。つまり半両銭は方孔円銭《ほうこうえんせん》である。戦国秦の人々は、まだ自分たちが地球という丸い星の上に暮らしているとはおもわず、地上は平べったい四角形をしており、天空は丸い（おそらく半球状）と考えていた。このような世界観を「天円地方《てんえんちほう》」とよび、方孔円銭はそれを具現化したものであったとおもわれる。半両銭の直径は最大で一〇センチにおよぶものもあるが、多くは二～三センチくらいで、方孔円銭の形状は日本古代の富本銭《ふほんせん》や和同開珎にも受け継がれた。このように中国古代の銭の形状は、どれも当時の各地域における文化や思想を反映したものであった。

半両銭

銭にまつわる美術品

　第二に、銭に対する人々の経済的欲望は、銭に関係する美術品の数々を生み出した。たとえば揺銭樹《ようせんじゅ》。これは銭のなる木で、世界でも類を見ない後漢時代四川《しせん》地方特有の青銅器である。四川地方では殷周時代に樹木を象った青銅器が出土しており、揺銭樹はその文化の影響を受けたものと見られる。また揺銭樹を見ると、青銅製の枝に五銖銭《ごしゅせん》の実がなっており、随所に西王母《せいおうぼ》や仏教に関係する意匠《いしょう》が施されている。西王母は中国古来の代表的な神仙の一人である。仏教は後漢時代頃には四川地方で流布しつつあった。つまり揺銭樹は、銭に対する人々の経済的欲望と、神樹思想、仏教思想、あるいは西王母伝説などが融合して生まれた青銅器であった。

また銭の紋様（銭紋《せんもん》）をほどこした磚《せん》（いわゆるレンガ）や土器も見つかっている。これは、あたかも五円玉や百円玉をあしらった家屋の壁や食器のごときもので、現代の日本人からみれば、やや卑俗《ひぞく》な印象を受ける。

加えて、厭勝銭《えんしょうせん》（花銭《かせん》などともいう）も忘れてはならない。厭勝銭とは、まじないをこめた円銭で、護符・卜卦・玩賞用などとして漢代頃から清代頃まで用いられた。銭にさまざまな紋様を描いたものや、「千秋万歳《せんしゅうばんざい》」「龍《りゅう》飛鳳舞《ひほうぶ》」などの吉祥語《きっしょうご》を配したものもある。さらに葬式で紙銭《しせん》を燃やす習俗などは、今も残っている。紙銭は冥銭《めいせん》・冥鈔《めいしょう》などともよばれる紙幣で、それを燃やした煙にのって、お金が死者や神仏に届くという信仰に基づく習俗である。これは、人々がお金にこだわり、死後も貧乏になりたくないと考えてきたことをしめす。厭勝銭も紙銭も、現実世界の貨幣の形状とは違い、技巧に富んだものが多く、見方によっては美術品の一種といえるものである。

揺銭樹

銭にまつわる思想と文学

第三に、銭に対する人々の経済的欲望は、銭に関わる思想と文学を生み出した。その一例が『銭神論《せんしんろん》』である。『銭神論』は、西晋《せいしん》の元康《げんこう》年間（西暦二九一～二九九年）に、魯褒《ろほう》がしるした書である。流伝の過程は明瞭でなく、それ以前にあった成公綏《せいこうあん》『銭神論』に基づいて作られたともいわれる。魯褒『銭神論』は断片しか残っていないので、内容には不明な点も多い。だがそれが当時の拝金主義的世相を批判した書であることは疑いない。そこには司空公《しくうこう》子《し》と綦母先生《きぼせんせい》という架空の人物が登場する。司空公子は都で遊び暮らす富貴な御《おん》曹司《そうし》、綦母先生は白髪まじりになってもなお就職先の決まらない人物。司空公子は、手土産も持たずに就職活動を続ける綦母先生をこう批判する。世の中はカネであり、贈り物のカネもたずに仕官先を求めても無駄ですよ、と。そして司空公子は、たたみかけるようにこうのべる。

銭紋の磚

「人々が銭に親しむことは、あたかも兄貴に親しむかのようです」、「銭というのは、翼もないのに空を飛べるし、足もないのに走れます」、「銭があれば、危険も安全となり、死者も生き返ります」、「銭があれば、鬼でもこき使えるといいます」等々。このように司空公子に語らせることによって、『銭神論』の作者魯褒は、たんに銭の力を誇張したかったのではない。むしろ諧謔《かいぎゃく》によって、銭を至上とする世情を批判したかったのである。なお、現代日本では拝金主義者のことを「守銭奴《しゅせんど》」とよんで蔑《さげす》むことがあるが、この語も『銭神論』の成立よりも少し前となる、後漢時代にはじめて登場したものである。

このほかに、「世の中には貨幣よりも大事なものがある」という趣旨の諺となると、その存在はもっと古くから確認できる。たとえば、「黄金百斤《ひゃっきん》（約二五キログラム）を得るは、季布《きふ》の一諾《いちだく》を得るに如《し》かず」。前漢初期の季布は信頼を重んじる人物で、彼が何らかの依頼に「うん」と答えれば、その依頼は必ず実現した。ゆえに季布の「うん」は黄金百斤よりも価値があるという諺が生まれたのである。また唐代（特に六五〇年代）に編まれた孫思邈《そんしばく》の医学全書に『千金方《せんきんほう》』がある。その書名は、人命を千金より重いとする孫思邈の考えに由来する。『銭神論』のように拝金主義的世相を直接批判した作品以外にも、このように銭や貨幣に関わりをもった諺や書籍は数え切れないほど存在する。

贈与される銭

第四に、銭の使い方に注目される。このコラムの冒頭でのべたように、銭は一般に市場で商品売買をするときに用いられる。だが銭は、それだけでなく、贈与や賞与の対象として用いられることもある。今でも、それと似たような事例は数多い。たとえば頑張って働いた社員などに対して、会社からおくられる賞与であるボーナス。あるいは、年初に親や年配の方から子どもたちにおくられる贈与のお年玉。また冠婚葬祭《かんこんそうさい》でお金をつつんで渡す例もある。これらは、市場で商品売買をする場合とは異なるお金の用法であろう。それを「相手の関心を買うための行為」と見なし、商品売買と同一視した場合、贈与や賞与は賄賂《わいろ》ともよびうるものになる。これらの定義に関しては諸説ありうるが、ともかく問題は、これらに似た事例が中国史上にも散見することである。たとえば前漢時代には、葬式に参加する場合、銭や絹織物をつつむのが一般的であった。結婚式に出る場合には銭や黄金をつつむのが常識であった。病気のお見舞いには絹織物を持参するのが普通であった。友人などが遠方に出張する時には銭を餞別《せんべつ》とするのが礼儀であった。このような銭（と他の貨幣）の使いわけは、狭い意味での経済的な利便性や合理性によっては説明しきれない。また、どのような場合に何を贈与・賞与・賄賂とするのかも、利便性や合理性によってのみ決定づけられていたわけではない。これらの慣行の少なくとも一部は、当時の文化的な背景によって決定づけられたものである。その意味で、銭などの諸貨幣は、歴代の中国文化と密接な関係をもっていたといえよう。

参考文献

柿沼陽平『中国古代の貨幣——お金をめぐる人々と暮らし』（吉川弘文館、二〇一五年）
黒田明伸『貨幣システムの世界史 増補新版——〈非対称性〉をよむ』（岩波書店、二〇一四年）
宮澤知之『中国銅銭の世界』（思文閣出版、二〇〇七年）

あとがき

海外旅行をして「カルチャーショック」を受けた、という方も多いであろう。長年親しんできた言葉や習慣が、海外では通じない。特に、長期の個人旅行をしたという方は、苦労するケースが多い。最も基本的な衣食住ですら、いちいち気に障る。最悪の場合は、それが許容限度を超えて、精神的ダメージを受け、ふさぎ込んで帰国するというような場合すらある。短期間のパック旅行では、添乗員が何から何まで世話をしてくれるので、そうした衝突を体験しないですむ。だが、単独の旅行では、一つひとつの言動が、そのまま異文化との格闘となるのである。

一方、そうした異文化との接触をプラスに受け止める人もいる。異文化は自身を照らす鏡となり、新鮮な自己発見がある。思いがけない自分を再発見し、成長の糧とすることができる。そして、他国への敬意や親愛の情もわいてくる。自分が求めていたものはこれだ、というような爽快感を得られることもある。肉体的には疲れて帰国したはずなのに、時間が経つとまた行きたくなる。そうした不思議な心情を、異文化は呼び起こしてくれる。

ともかく、これほどまでにグローバル化が進んだ現代社会において、他国の文化を正しく理解することは、きわめて重要である。中でも中国は、古来、日本を含む東アジア世界に多大の影響を及ぼしてきた。その文化を理解することは、中国を知るとともに、東アジアとは何か、また日本とは何かを問うことにもなるであろう。

そうした思いで本書は企画されたのであるが、その際、知恵を絞ったのは、構成である。「文化史」ならば、時代を追って記述すれば良さそうなものであるが、「思想史」や「文学史」と違って、時代順の記述は困難であることが予想された。そこで、テーマによってそれぞれの視点から中国文化に迫るという方法をとることとした。加えて、章と章の間にコラムを挟み、適度なスパイスとなるよう配慮した。

執筆陣は、斯界の第一人者から若手研究者まで、また、専攻や所属学会もさまざまである。こうした総合性が本書の最大の特色であろう。それはとりもなおさず、「文化」の解明が一筋縄ではいかないことを意味している。大きな網をかけないと文化の理解は難しいのである。

本書の試みが一定の成果を収めたのかどうか。それは読者のご判断にお任せしたい。本書の取り組みが、中国文化の理解に少しでも役立つことができるのであれば、幸いである。

ミネルヴァ書房からは、前著『概説 中国思想史』『名言で読み解く中国の思想家』に続いて、三たびお声掛けいただいた。今回も、編集部の下村麻優子さんには大変お世話になった。厚く御礼を申し上げたい。いつものことながら、下村さんと全原稿を一日かけて読み合わせたが、それは、編者にとって至福のひとときであるとともに、各原稿との厳しい異文化接触でもあった。

二〇一五年一〇月

湯浅邦弘

中国文化史年表

凡 例

（1）「時代」「年号」「西暦」「関連事項」「関係資料」よりなる。
（2）人物については没年を記し、生年がわかる場合は（ ）内に記載する。
（3）「関係資料」について、文献の成立や編纂の年代が重要なものについては、その年に記載している。それ以外のものについては、作者の没年の箇所に主要著作を掲載している。
（4）三国や南北朝などの分裂期に関しては、各国の出来事に対する各国の年号を「（国名）年号」と記した。
（5）日本の事柄には、冒頭に「＊」を付す。〔 〕内は、日本の年号。

時代	年号	西暦	関連事項	関係資料
殷 （前1600頃～前1100頃）		**紀元前** 前一六〇〇頃 前一三〇〇頃	湯王《とうおう》、夏の桀王《けつおう》を滅ぼし、亳《はく》を都とする。 盤庚《ばんこう》、殷《いん》を都とする。（他に、前一四〇〇年頃とする説もあり）	殷墟 甲骨文字
西周 （前1100頃～前770）		前一一〇〇頃	武王、殷の紂王《ちゅうおう》を滅ぼし即位。鎬京《こうけい》を都とする。	毛公鼎（前八二七～前七八二）
	平王一	前七七〇	平王、洛邑《らくゆう》に遷都（周の東遷）。	

東周（前770〜前256）

春秋時代（前770〜前453）

四九	前七二二	『春秋《しゅんじゅう》』の記事始まる。	
襄王一	前六五一	斉《せい》の桓公《かんこう》、覇者《はしゃ》となる（葵丘《ききゅう》の会盟《かいめい》）。	
七	前六四五	斉の管仲《かんちゅう》、没。	
二〇	前六三二	晋の文公《ぶんこう》、覇者となる（践土《せんど》の会盟）。	
霊王二四	前五四八	斉の崔杼《さいちょ》が主君の荘公を殺害する。	
景王二三	前五二二	鄭《てい》の子産《しさん》、没。	
敬王一四	前五〇六	呉王闔廬《こうりょ》の軍が、楚の都、郢《えい》を陥落させる。 この頃、孫子（孫武）が活躍。	
二〇	前五〇〇	斉の晏嬰《あんえい》、没。	
二四	前四九六	呉王闔廬、没。	
三一頃	前四八九頃		晋・侯馬盟書《こうばめいしょ》（一九六五年出土、山西省）
三九	前四八一	『春秋』の記事終わる。	
四一	前四七九	孔子（前五五一？〜）、没。	
貞定王一六	前四五三	韓《かん》・魏《ぎ》・趙《ちょう》が晋の智氏《ち》を滅ぼして自立。戦国時代の開始（戦国時代の開始を前四〇三年とする説もあり）。	
考王八頃	前四三三頃	この頃、墨子《ぼくし》が活動。	曾（随）・曾侯乙墓《そうこういつぼ》竹簡（一九七八年出土、湖北省）
安王二一頃	前三八一	呉子（呉起《ごき》）、没。	
烈王三	前三七三	炭素一四の年代測定による上博楚簡《しゃんはくそかん》の上限。	
顕王一〇	前三五九	秦の孝公《こうこう》、商鞅《しょうおう》を登用して変法《へんぽう》を行う。	
一六	前三五三	桂陵《けいりょう》の戦い。魏が趙に侵攻し、趙が斉に援軍を求める。斉の孫臏《そんぴん》の計略により、斉軍が魏軍を破る。	
二八	前三四一	馬陵《ばりょう》の戦い。魏・趙の連合軍が韓を攻め、韓が斉に援軍を求める。孫臏の計略により、斉が魏を完全に破る。魏の将軍、龐涓《ほうけん》が自害。	
三一	前三三八	商鞅、没。	

戦国時代(前453～前221)	赧王一頃	前三一四頃	恵施《けいし》、没。	
	六～	前三〇九～		秦・青川秦牘《せいせん》(一九七九年出土、四川省)/楚・包山楚簡(一九八六年出土・湖北省)
	八頃	前三〇七頃		
	一五頃	前三〇〇頃	郭店《かくてん》一号楚墓の造営時期。	楚・郭店楚簡(一九九三年出土、湖北省)/楚・上博楚簡(一九九四年以前出土、湖北省)
	二五頃	前二九〇頃	荘子《そうじ》(前三六五頃～)、没。	
	二六頃	前二八九頃	孟子《もうし》(前三七二頃～)、没。	
	三六	前二七九	藺相如《りんしょうじょ》、趙王を助け秦王と澠池《べんち》で会見(澠池の会)。	
	三七	前二七八	秦の将軍白起《はくき》、楚の都の郢《えい》を攻略。楚は陳に遷都(郭店楚簡・上博楚簡の書写・成立の下限)。屈原、没。	屈原『離騒《りそう》』
	五九	前二五六	秦が周を滅ぼす。	
	五九～	前二五六～		睡虎地《すいこち》秦簡(一九七五年出土、湖北省)
	始皇帝三〇頃	前二一七頃		
	恵公六頃	前二五〇頃	公孫龍《こうそんりゅう》(前三二〇頃～)、没。	
	始皇帝七頃	前二四〇頃	鄒衍《すうえん》、没。	
	一二	前二三五	呂不韋《りょふい》、没。	呂不韋『呂氏春秋《りょししゅんじゅう》』
	一四	前二三三	韓非子《かんぴし》、没。	韓非子『韓非子《かんぴし》』
	一七頃	前二三〇頃	荀子《じゅんし》(前三二〇頃～)、没。	
	二五～	前二二二～		里耶《りや》秦簡(二〇〇二年出土、湖南省)
秦(前221～前206)	始皇帝二六	前二二一	秦王の嬴政《えいせい》、天下を統一し、始皇帝を称す。貨幣・度量衡・文字などの統一。	
	三四	前二一三	医薬・農業・卜占《ぼくせん》以外の書物が焼き払われる(焚書《ふんしょ》)。挟書律《きょうしょりつ》の制定。	
	三五	前二一二	咸陽で数百人の学者が坑埋《あなう》めにされる(坑儒《こうじゅ》)。	
	二世皇帝一	前二〇九	陳勝《ちんしょう》・呉広《ごこう》の乱。	

王朝	年号	西暦	事項	文献
	二	前二〇八	李斯《りし》、没。	
前漢（前206～後7）	高祖一	前二〇六	秦王の子嬰《しえい》、劉邦《りゅうほう》（高祖）に降伏し、秦滅ぶ。	
	五	前二〇二	劉邦、皇帝として即位。洛陽を都とする（後、長安に遷都）。	
	恵帝四	前一九一	挾書律の廃止。	
	少帝恭二頃	前一八六頃	長沙馬王堆《ちょうさまおうたい》漢墓二号墓。	張家山《ちょうかざん》漢簡（一九八三年出土・湖北省）
	少帝弘四	前一八〇	呂氏《りょし》一族、誅滅。	
	文帝三	前一七七	劉長、審食其《しんいき》を殺害する。	
	一一頃	前一六九頃	賈誼《かぎ》（前二〇一頃～）、没。	賈誼『新書《しんじょ》』
	一二	前一六八	長沙馬王堆漢墓三号墓（一号墓はこの後数年の間）。	馬王堆帛書（一九七三年出土・湖南省）
	景帝前三	前一五四	呉楚七国《ごそしちこく》の乱。	この頃、魯（山東省曲阜）の孔子旧宅より「壁中書」発見。
	建元一～元狩五頃	前一四〇～前一一八頃		銀雀山《ぎんじゃくざん》漢簡（一九七二年出土・山東省）
	建元二	前一三九	張騫《ちょうけん》、西域に向け出発。	
	五	前一三六	武帝、五経博士《ごきょうはかせ》を置く。	
	元狩一	前一二二	劉安《りゅうあん》（前一七九～）、没。	劉安『淮南子《えなんじ》』
	四	前一一九	塩鉄専売制《えんてつせんばいせい》の開始。	
	元封一	前一一〇	武帝、封禅《ほうぜん》を行う。	
	太初一頃	前一〇四頃	武帝、太初暦を作る。董仲舒《とうちゅうじょ》（前一七九頃～）、没。	董仲舒『春秋繁露《しゅんじゅうはんろ》』
	天漢二	前九九	李陵《りりょう》、匈奴に降服。翌年、司馬遷宮刑《しばせんきゅうけい》。	この頃、北京大学蔵西漢竹書の書写。
	征和二	前九一	巫蠱《ふこ》の乱。戻太子《れいたいし》・衛皇后《えいこうごう》、没。	
	始元一	前八六頃	司馬遷《しばせん》（前一四五頃～）、没。	司馬遷『史記《しき》』
	六	前八一	塩鉄《えんてつ》会議開催。	宣帝期、桓寛《かんかん》が塩鉄会議の内容を

王朝	年号	西暦	事項	文化
	地節四	前六六	霍《かく》氏一族滅ぶ。	『塩鉄論《えんてつろん》』として編集。
	甘露三	前五一	石渠閣《せききょかく》会議。	
	建平一	前六	劉向《りゅうきょう》（前七七〜）、没。	劉向『新序《しんじょ》』『説苑《ぜいえん》』『列女伝《れつじょでん》』
	元始一	**紀元後** 一	王莽《おうもう》、安漢公となり政権を執る。	
	五	五	平帝、没。王莽、孺子嬰《じゅしえい》を皇太子とし、自ら摂政となる。	
新（8〜23）	初始一	八	王莽、即位。国号を「新」に改める。前漢滅亡。	
	天鳳五	一八	赤眉《せきび》の乱。	
	更始一	二三	劉歆《りゅうきん》、没。	劉歆『七略《しちりゃく》』
後漢（25〜220）	建武一	二五	劉秀《りゅうしゅう》（光武帝）、即位して漢を復興（後漢）。洛陽を都とする。	
	七頃	三一頃	桓譚《かんたん》（前四〇頃〜）、没。	桓譚『新論《しんろん》』
	建初四	七九	白虎観《びゃっこかん》会議の開催。	班固《はんこ》『白虎通義《びゃっこつうぎ》』
	永元三	九一		王充《おうじゅう》『論衡《ろんこう》』成立。
	四	九二	班固（三二〜）、没。	班固『漢書《かんじょ》』
	一二	一〇〇頃	王充（二七〜）、没。	許慎《きょしん》『説文解字《せつもんかいじ》』成立。
	一三	一〇一	賈逵《かき》（三〇〜）、没。	
	元興一	一〇五	蔡倫が製紙法を改良。	
	延光三	一二四頃	許慎（三〇頃〜）、没。	
	和平一	一五〇頃	五斗米道《ごとべいどう》（天師道《てんしどう》）の教団化。	
	延熹九	一六六	馬融《ばゆう》（七九〜）、没。第一次党錮《とうこ》事件。	馬融『春秋三伝異同説《しゅんじゅうさんでんいどうせつ》』
	永康一頃	一六七頃	王符《おうふ》（八〇頃〜）、没。	王符『潜夫論《せんぷろん》』
	建寧二	一六九	第二次党錮事件。	
	熹平四	一七五	太学門外に石経《せっけい》を建立（熹平《きへい》石経）。	

王朝	年号	西暦	事項	著作
	光和五	一八二	何休《かきゅう》（一二九〜）、没。	何休『春秋公羊解詁《しゅんじゅうくようかいこ》』
	七	一八四	黄巾《こうきん》の乱。	
	初平三	一九二	蔡邕《さいよう》（一三三〜）、没。	
	建安五	二〇〇	鄭玄《じょうげん》（一二七〜）、没。	鄭玄『六芸論《りくげいろん》』『駁五経異義《ばくごきょういぎ》』『毛詩《もうし》鄭箋《ていせん》』「三礼注《さんらいちゅう》」
	六	二〇一	趙岐《ちょうき》、没。	趙岐『孟子章句《もうししょうく》』
	一四	二〇九	荀悦《じゅんえつ》（一四八〜）、没。	荀悦『申鑒《しんかん》』
	二四	二一九	仲長統《ちゅうちょうとう》（一七九〜）、没。	仲長統『昌言《しょうげん》』
三国（220〜280）	（魏）黄初一	二二〇	魏の曹操《そうそう》（武帝）（一五五〜）、没。魏の曹丕《そうひ》（文帝）、即位。洛陽《らくよう》を都とする。九品官人法（九品中正制度）の導入。	曹操「魏武帝注孫子《ぎぶていちゅう》」
	（蜀）章武一	二二一	蜀の劉備《りゅうび》（昭烈帝）、即位。成都《せいと》を都とする。	
	（呉）黄龍一	二二九	呉の孫権《そんけん》（大帝）、即位。建業《けんぎょう》を都とする。	
	（魏）正始一〜	二四〇〜	洛陽の太学に「正始石経《せいしせっけい》（三体石経）」建立。	
	嘉平一頃	二四九頃		何晏『論語集解《ろんごしっかい》』、王弼『周易注《しゅうえきちゅう》』『老子注《ろうしちゅう》』
	（魏）嘉平一	二四九	何晏《かあん》（一九〇頃〜）、没。王弼《おうひつ》（二二六〜）、没。	
	（魏）甘露一	二五六	王粛《おうしゅく》（一九五〜）、没。	王粛『聖証論《せいしょうろん》』
	（魏）景元三	二六二	嵇康《けいこう》（二二三〜）、没。	嵇康『養生論《ようせいろん》』『声無哀楽論《せいむあいらくろん》』
	（魏）四	二六三	阮籍《げんせき》（二一〇〜）、没。	阮籍『通易論《つうえきろん》』『達荘論《たつそうろん》』『大人先生伝』『詠懐詩《えいかいし》』
西晋（265〜316）	泰始一	二六五	司馬炎《しばえん》（武帝）、洛陽を都とし、西晋《せいしん》を建国。	
	咸寧五	二七九	河南省汲《きゅう》郡の戦国時代の古墓から「汲冢書《きゅうちょうしょ》」出土。	
	太康一	二八〇	西晋が呉を滅ぼし、天下を統一する。	
	四	二八三	山濤《さんとう》（二〇五〜）、没。	
	五	二八四	杜預《どよ》（二二二〜）、没。	杜預『春秋経伝集解《しゅんじゅうけいでんしっかい》』

	永康一	三〇〇	裴頠《はいぎ》（二六七～）、没。	裴頠『崇有論《すうゆうろん》』
	永安一	三〇四	五胡十六国《ごこじゅうろっこく》の時代（～四三九）。	
	永興二	三〇五	王戎《おうじゅう》（二三四～）、没。	
	永嘉六	三一二頃	郭象《かくしょう》（二五二頃～）、没。	郭象『荘子注《そうじちゅう》』
東晋（317～419）	建武一	三一七	司馬睿《しばえい》（元帝）、即位。建業《けんぎょう》を都として、東晋《とうしん》を建国。	
	建元一	三四三	葛洪《かっこう》（二八三～）、没。	葛洪『抱朴子《ほうぼくし》』『神仙伝《しんせんでん》』
	永和九	三五三		王羲之「蘭亭序《らんていじょ》」
	昇平五	三六一？	王羲之《おうぎし》（三〇三?～）、没。	
	太和一	三六六	支遁《しとん》（三一四～）、没。	支遁『阿弥陀仏像讃《あみだぶつぞうさん》』
	咸安一	三七一	孫綽《そんしゃく》（三一四～）、没。	孫綽『喩道論《ゆどうろん》』『論語注《ろんごちゅう》』
	太元一〇	三八五	道安《どうあん》（三一二～）、没。	
	義熙五	四〇九	鳩摩羅什《くまらじゅう》（三五〇～）、没。	鳩摩羅什『妙法蓮華経《みょうほうれんげきょう》』『阿弥陀経《あみだきょう》』などの仏典翻訳。
	一〇	四一四	僧肇《そうじょう》（三八四～）、没。	僧肇『肇論《じょうろん》』
	一二	四一六	慧遠《えおん》（三三四～）、没。	慧遠『沙門不敬王者論《しゃもんふけいおうじゃろん》』
	（宋）永初一	四二〇	劉裕《りゅうゆう》（武帝）、即位。建康《けんこう》を都として、劉宋《りゅうそう》を建国。	
		四三三	謝霊運《しゃれいうん》（三八五～）、没。	
		四三四	竺道生《じくどうしょう》（三一〇頃～）、没。	
	（北魏）太延五	四三九	北魏の拓跋燾《たくばつとう》（太武帝《たいぶてい》）、華北を統一。	
	（宋）元嘉二一	四四四	劉義慶《りゅうぎけい》（四〇三～）、没。	劉義慶『世説新語《せせつしんご》』
	（北魏）太平真君七	四四六	北魏太武帝、仏教を弾圧する。	
		四四七	何承天《かしょうてん》（三七〇～）、没。	
		四四八	寇謙之《こうけんし》（三六五頃～）、没。	
	（南斉）建元一	四七九	蕭道成《しょうどうせい》（高帝）、南斉《なんせい》を建国。	
	（梁）天監一	五〇二	蕭衍《しょうえん》（武帝）、梁を建国。	
	（梁）天監七	五〇八	任昉《じんぼう》（四六〇～）、没。	任昉『述異記』

南北朝（420～589）		五一〇	范縝《はんしん》（四五〇～）、没。	范縝『神滅論《しんめつろん》』
		五二九	菩提達摩《ぼだいだるま》、没。	
	（西魏）大統一	五三五	北朝、北魏が東魏と西魏に分裂。	
		五三六	陶弘景《とうこうけい》（四五六～）、没。	陶弘景『真誥《しんこう》』『神農本草経集注《しんのうほんぞうきょうしっちゅう》』
		五四二	曇鸞《どんらん》（四七六～）、没。	
		五四五	皇侃《おうがん》（四八八～）、没。	皇侃『論語義疏《ろんごぎそ》』
	（梁）太清三	五四九	蕭衍（梁武帝《うぶてい》）（四六四～）、没。	
	（北周）孝閔帝一 （陳）永定一	五五七	北朝、宇文護《うぶんご》・宇文覚《うぶんかく》（孝閔帝）が西魏を滅ぼし、北周《ほくしゅう》を建国。南朝、陳霸先《ちんはせん》（武帝）が陳を建国。	
	（北周）建徳六	五七七	北周武帝、仏教を弾圧する。	
	（隋）開皇一	五八一	楊堅《ようけん》（文帝）、北周から禅譲され、隋を建国。大興《たいこう》（長安）を都とする。	
隋（581～617）	開皇九	五八九	隋、陳を滅ぼし、南北を統一する。仏教復興。	
	一五	五九五	科挙制度始まる（一説に、六〇五）。	
	仁寿二頃	六〇二頃	顔之推《がんしすい》（五三一～）、没。	顔之推『顔氏家訓《がんしかくん》』
	大業六	六一〇		巣元方『諸病源候論』
	武徳一	六一八	李淵《りえん》（高祖）、即位。長安を都とする。	
	四頃	六二一頃	祆教《けんきょう》（ゾロアスター教）伝来。	
	貞観七	六三三		五経《ごきょう》定本の成立。
	九	六三五	王遠知《おうえんち》（五二八～）、没。景教《けいきょう》（ネストリウス派キリスト教）伝来。	
	一九	六四五	顔師古《がんしこ》（五八一～）没。玄奘《げんじょう》、西域より帰国。	顔師古『漢書注《かんじょちゅう》』、玄奘『大唐西域記《だいとうさいいきき》』
	二二	六四八	孔穎達《くようだつ》（五七四～）、没。	
	永徽四	六五三		『五経正義《ごきょうせいぎ》』成立。
	顕慶四	六五九		蘇敬ら『新修本草』
	麟徳一	六六四	玄奘《げんじょう》（六〇二～）、没。	玄奘『成唯識論《じょうゆいしきろん》』

唐（618～907）	永隆二	六八一	善導《ぜんどう》（六一三～）、没。	善導『観無量寿経疏《かんむりょうじゅきょうそ》』
	神功一	六九七	王玄覧《おうげんらん》（六二六～）、没。	王玄覧『玄珠録《げんじゅろく》』
	先天一	七一二	玄宗《げんそう》、即位。	＊太安万侶『古事記』
	開元一	七一三	開元《かいげん》の治（～七四一）。	
	九	七二一	劉《りゅう》知幾《ちき》（六六一～）、没。	劉知幾『史通《しつう》』
	二三	七三五	司馬承禎《しばしょうてい》（六四七～）、没。	司馬承禎『坐忘論《ざぼうろん》』
	天宝五	七四六頃		李瀚《りかん》『蒙求《もうぎゅう》』
	天宝一一	七五二		王燾『外台秘要方』
	一四	七五五	安禄山《あんろくざん》・史思明《ししめい》の乱（～七六三）。	
	宝応一	七六二		王冰『黄帝内経素問』を再編。李白（七〇一～）、没。
	大暦五	七七〇	杜甫《とほ》（七一二～）、没。	＊百万塔陀羅尼
	一三	七七八	呉筠《ごいん》、没。	呉筠『形神可固論《けいしんかころん》』
	元和一四	八一九	柳宗元《りゅうそうげん》（七七三～）、没。	柳宗元『天説《てんせつ》』『非国語《ひこくご》』
	長慶四	八二四	韓愈《かんゆ》（七六八～）、没。	韓愈『原道《げんどう》』『論仏骨表《ろんぶつこつひょう》』
	開成二	八三七	「開成石経《かいせいせっけい》」建立。	
	会昌一	八四一	李翺《りこう》（七七二～）、没。	李翺『復性書《ふくせいしょ》』
	二	八四二	劉禹錫《りゅううしゃく》（七七二～）、没。	劉禹錫『天論《てんろん》』
	五	八四五	武宗、仏教を弾圧する（会昌の廃仏《はいぶつ》）。	
	六	八四六	白居易《はくきょい》（七七二～）、没。	白居易『白氏文集《はくしもんじゅう》』
五代十国（907～960）	（後梁）開平一	九〇七	朱全忠《しゅぜんちゅう》（太祖）、唐を滅ぼし後梁《こうりょう》を建国。開封《かいほう》を都とする。	
	（後周）顕徳二	九五五	後周《こうしゅう》の世宗《せいそう》、廃仏令《はいぶつれい》を出す。	
	建隆一	九六〇	趙匡胤《ちょうきょういん》（太祖）、即位。開封《かいほう》を都とする。	
	雍熙一	九八四		＊丹波康頼『医心方』
	淳化二以前	九九一以前		郭忠恕《かくちゅうじょ》『汗簡《かんかん》』

北宋

(960〜1126)

淳化三	九九二	宋と遼の和約「澶淵《せんえん》の盟」成る。	『太平聖恵方』
景徳一	一〇〇四	真宗《しんそう》、天書が降ったことをきっかけに道教を推進する。	『景徳伝灯録《けいとくでんとうろく》』の編纂。
大中祥符一	一〇〇八	玉皇《ぎょくこう》大帝の信仰広まる。	
天聖五頃	一〇二七頃		張君房《ちょうくんぼう》『雲笈七籤《うんきゅうしちせん》』
宝元一	一〇三八		雪竇重顕《せっちょうじゅうけん》『雪竇頌古《せっちょうじゅこ》』
慶暦三	一〇四三	仁宗《じんそう》時代の「慶暦《けいれき》新政」始まる。范仲淹《はんちゅうえん》(九八九〜一〇五二)・欧陽脩《おうようしゅう》・胡瑗《こえん》(九九三〜一〇五九)・孫復《そんぷく》(九九二〜一〇五七)・石介《せっかい》(一〇〇五〜五四)ら活躍する。	
四	一〇四四		夏竦《かしょう》『古文四声韻《こぶんしせいいん》』
皇祐四	一〇五二	雪竇重顕(九八〇〜)、没。	
嘉祐二	一〇五七	校正医書局開設。	
嘉祐五	一〇六〇		欧陽脩『新唐書』
熙寧二	一〇六九	王安石《おうあんせき》、「新法」を開始。科挙制度と学校制度を改革。	王安石『三経新義《さんけいしんぎ》』
三	一〇七二	欧陽脩(一〇〇七〜)、没。	
六	一〇七三	周敦頤《しゅうとんい》(一〇一七〜)、没。	周敦頤『太極図説《たいきょくずせつ》』
八	一〇七五		張伯端《ちょうはくたん》『悟真篇《ごしんへん》』
一〇	一〇七七	邵雍《しょうよう》(一〇一一〜)・張載《ちょうさい》(一〇二〇〜)、没。	邵雍『皇極経世書《こうきょくけいせいしょ》』、張載『正蒙《せいもう》』
元豊三	一〇八〇		「武経七書《ぶけいしちしょ》」成立。
五	一〇八二	張伯端(九八七〜)、没。	蘇軾《そしょく》「赤壁《せきへき》の賦《ふ》」
六	一〇八三	曾鞏《そうきょう》(一〇一九〜)、没。	
八	一〇八五	程顥《ていこう》(一〇三二〜)、没。神宗《しんそう》(一〇四八〜)、没。新法が一旦廃され、旧法が復活する(以後、新法派と旧法派と抗争が南宋初期まで続く)。	
元祐一	一〇八六	王安石(一〇二一〜)・司馬光(一〇一九〜)、没。	司馬光《しばこう》『資治通鑑《しじつがん》』
紹聖二	一〇九五	沈括《しんかつ》(一〇三一〜)、没。	沈括『夢渓筆談《むけいひつだん》』

建中靖国一	一一〇一	蘇軾（一〇三六〜）、没。	
崇寧三	一一〇四	王安石、孔子廟に配享（〜一一二六）。	
大観一	一一〇七	程頤《ていい》（一〇三三〜）、没。	
政和二	一一一二	蘇轍《そてつ》（一〇三九〜）、没。	
三	一一一三		徽宗《きそう》、『万寿道蔵《ばんじゅどうぞう》』を編纂させる。
五	一一一五	金、建国。	
重和一頃	一一一八		『聖済総録』
宣和七	一一二五	金、遼を滅ぼす。	
靖康一	一一二六	靖康《せいこう》の変。	
建炎一	一一二七	金軍により徽宗・欽宗《きんそう》が捕えられ、北宋滅亡。趙構《ちょうこう》（高宗）、即位して宋を復興（南宋）。のち臨安《りんあん》に都を置く。	
紹興五	一一三五	円悟克勤《えんごこくごん》（一〇六三〜）、没。	円悟克勤『碧巌録《へきがんろく》』
一二	一一四二	宋と金の和議成る。	
二六	一一五六	秦檜《しんかい》によって禁圧されていた道学が公認される。	
二七	一一五七	宏智正覚《わんししょうがく》（一〇九一〜）、没。	
隆興一	一一六三	大慧宗杲《だいえそうこう》（一〇八九〜）、没。	
乾道六	一一七〇	王重陽《おうちょうよう》（一一一二〜）、没。	
淳熙二	一一七五	朱熹《しゅき》と陸九淵《りくきゅうえん》による会談（「鵝湖《がこ》の会《かい》」）。	朱熹・呂祖謙《りょそけん》『近思録《きんしろく》』
六	一一七九	朱熹、白鹿洞《はくろくどう》書院を復興。	
七	一一八〇	張栻《ちょうしょく》（一一三三〜）、没。	張栻『南軒易説《なんけんえきせつ》』『論語解《ろんごかい》』
八	一一八一	呂祖謙（一一三七〜）、没。	
一四	一一八七	＊栄西《えいさい》、入宋。帰国（一一九一）後、臨済宗《りんざいしゅう》を伝える。	
紹熙三	一一九二	陸九淵（一一三九〜）、没。	
五	一一九四	陳亮《ちんりょう》（一一四三〜）、没。	
慶元一	一一九五	慶元党禁による朱子学弾圧始まる（〜一二〇二）。	

時代	年号	西暦	事項	著作
南宋（1127〜1279）	五	一一九九	＊俊芿《しゅんじょう》、入宋。帰国（一二一一）後、朱子学を伝える。	
	六	一二〇〇	朱熹（一一三〇〜）、没。	朱熹『四書集注《ししょしっちゅう》』（『大学章句《だいがくしょうく》』『中庸章句《ちゅうようしょうく》』『論語集注《ろんごしっちゅう》』『孟子《もうし》集注《しっちゅう》』）
	嘉泰三	一二〇三	陳傅良《ちんふりょう》（一一三七〜）、没。	
	開禧一	一二〇五	袁枢《えんすう》（一一三一〜）、没。	袁枢『通鑑紀事本末《つがんきじほんまつ》』
	二	一二〇六	チンギス＝ハン、即位。モンゴル帝国の成立。	
	嘉定三	一二一〇	陸游《りくゆう》（一一二五〜）、没。	
	八	一二一五	金の中都、陥落。	
	一六	一二二三	葉適《しょうせき》（一一五〇〜）、没。＊道元《どうげん》、入宋し、帰国（一二二七）後、曹洞宗を伝える。	
	宝慶三	一二二七	チンギス＝ハン、西夏を滅ぼす。	
	紹定一	一二二八	白玉蟾《はくぎょくせん》（一一九四〜）、没。	
	端平一	一二三四	金、モンゴル・南宋軍に攻められ、滅亡。	
	二	一二三五	真徳秀《しんとくしゅう》（一一七八〜）、没。＊円爾弁円《えんにべんえん》、入宋し、帰国（一二四一）後、京都東福寺を開く。	真徳秀『大学衍義《だいがくえんぎ》』
	嘉熙一	一二三七	魏了翁《ぎりょうおう》（一一七八〜）、没。	
	淳祐一	一二四一	周敦頤・張載・程顥・程頤・朱熹を孔子廟に従祀する。朱子学の正統性確立。	
	四	一二四四	耶律楚材《やりつそざい》（一一九〇〜）、没。	
	六	一二四六	＊南宋の禅僧、蘭渓道隆《らんけいどうりゅう》が来日。鎌倉建長寺の開祖。	
	景定一	一二六〇	フビライ＝ハン、即位。	
	咸淳六	一二七〇		『朱子語類』編纂。
	七	一二七一	フビライ＝ハン、国号を「元」と改める。	
	一〇	一二七四	＊元軍の日本遠征（元寇《げんこう》、文永《ぶんえい》の役《えき》）〔文永一一〕。	
	景炎一	一二七六	南宋の臨安、陥落。	

王朝	年号	西暦	事項	著作
元（1279〜1367）	至元一六	一二七九	南宋、元軍の攻撃により滅亡。	
	一七	一二八〇	授時暦の完成。黄震《こうしん》（一二一三〜）、没。	黄震『黄氏日抄《こうしにっしょう》』
	一八	一二八一	許衡《きょこう》（一二〇九〜）、没。＊元軍の日本遠征（元寇、弘安《こうあん》の役《えき》）〔弘安四〕。	許衡『魯斎遺書《ろさいいしょ》』（『大学直解』『中庸直解』『小学大義』）
	一九	一二八二	文天祥《ぶんてんしょう》（一二三六〜）、没。	
	元貞二	一二九六	王応麟《おうおうりん》（一二二三〜）、没。	王応麟『困学紀聞《こんがくきぶん》』『玉海《ぎょくかい》』
	皇慶二	一三一三	元の建国当初に中止された科挙再開の詔が下される。	
	延祐三	一三一六	郭守敬《かくしゅけい》（一二三一〜）、没。	程端礼《ていたんれい》『程氏家塾読書分年日程《ていしかじゅくどくしょぶんねんにってい》』
	元統一	一三三三	呉澄《ごちょう》（一二四九〜）、没。	呉澄『礼記纂言《らいきさんげん》』『呉文正集』
	至元一	一三三五	科挙の中止。	
	六	一三四〇	科挙の再開。	
	一一	一三五一	紅巾《こうきん》の乱。	
	洪武一	一三六八	元の大都、陥落。朱元璋《しゅげんしょう》（太祖・洪武帝《こうぶてい》）、即位。国号を「明」とし、南京を都とする。	
	三	一三七〇	科挙の制度が定められる（「設科詔《せっかしょう》」）。	
	六	一三七三	利挙の中止。	
	一七	一三八四	利挙の再開（「科挙成式《かきょせいしき》」）。	
	三〇	一三九七	洪武帝、『六諭《りくゆ》』を発布。	
	建文四	一四〇二	永楽帝《えいらくてい》、即位。方孝孺《ほうこうじゅ》（一三五七〜）、没。	『永楽大典《えいらくたいてん》』編纂。
	永楽三	一四〇五	鄭和、七回の航海（西洋下り）を開始（〜一四三三）。	
	一三	一四一五		「永楽三大全《えいらくさんたいぜん》」（『五経大全《ごきょうたいぜん》』『四書《ししょ》大全《たいぜん》』『性理大全書《せいりだいぜんしょ》』）刊行。
	一九	一四二一	北京へ遷都。	
	正統元	一四三六	この頃に童子試（童試）の制度が始まる。	
	一〇	一四四五	（独）ヨハネス・グーテンベルク、活版印刷技術を考案。	
	天順八	一四六四	薛瑄《せっせん》（一三八九〜）、没。	薛瑄『読書録《どくしょろく》』

明
（1368～1644）

成化元	一四六五	この頃から八股文が答案作成に用いられるようになる。	
成化五	一四六九	呉与弼《ごよひつ》（一三九一～）、没。	呉与弼『日録《にちろく》』
二〇	一四八四	胡居仁《こきょじん》（一四三四～）、没。	胡居仁『居業録《きょぎょうろく》』
弘治八	一四九五	丘濬《きゅうしゅん》（一四一九～）、没。	丘濬『大学衍義補《だいがくえんぎほ》』
一三	一五〇〇	陳献章《ちんけんしょう》（一四二八～）、没。	陳献章『白沙子全集《はくさしぜんしゅう》』
正徳三	一五〇八	王守仁《おうしゅじん》、龍場《りゅうじょう》で大悟する。	
一三	一五一八		王守仁『朱子晩年定論《しゅしばんねんていろん》』『古本大学《こほんだいがく》』『伝習録《でんしゅうろく》』（現行本の上巻）刊行。
一六	一五二一	王守仁、この頃「致良知《ちりょうち》」説を提唱。	
嘉靖六	一五二七	「四句教《しくきょう》」をめぐり、王畿と銭徳洪との間で議論（天泉橋問答《てんせんきょうもんどう》）。	
七	一五二八	王守仁（一四七二～）、没。	
一九	一五四〇		高儒「百川書志」
隆慶六	一五七二	薛瑄、孔子廟に従祀。	『王文成公全書《おうぶんせいこうぜんしょ》』（冒頭の三巻が『伝《でん》習録《しゅうろく》』）刊行。
万暦六	一五七八		李時珍《りじちん》『本草綱目《ほんぞうこうもく》』
七	一五七九	張居正《ちょうきょせい》（一五二五～八二）、全国の書院を閉鎖させる。	
一二	一五八四	陳献章・胡居仁・王守仁、孔子廟に従祀。	
二〇	一五九二	＊豊臣秀吉の朝鮮出兵（文禄の役）〔文禄一〕。	
二五	一五九七	＊豊臣秀吉の朝鮮出兵（慶長の役）。姜沆《かんはん》（一五六七～一六一八）、日本に連行される（～一六〇〇）〔慶長二〕。	
二八	一六〇〇	＊関ヶ原の戦い。藤原惺窩《ふじわらせいか》、徳川家康に謁見する〔慶長五〕。	
三〇	一六〇二	李贄《りし》（一五二七～）、没。マテオ・リッチ（利瑪竇《りまとう》一五五二～一六一〇）、北京で李之藻の協力を得て	李贄『焚書《ふんしょ》』『蔵書《ぞうしょ》』

三一	一六〇三	「坤輿万国全図」を製作。	利瑪竇『天主実義《てんしゅじつぎ》』
三二	一六〇四	＊徳川家康、征夷大将軍になる〔慶長八〕。東林書院《とうりんしょいん》、顧憲成《こけんせい》（一五五〇～一六一二）らによって復興される。＊林《はやし》羅山《らざん》、藤原惺窩の門に入る〔慶長九〕。	
三三	一六〇五	＊林羅山、二条城で徳川家康に謁見〔慶長一〇〕。	
三五	一六〇七		王圻《おうき》『三才図会《さんさいずえ》』
四四	一六一六	ヌルハチ（清の太祖）、後金を建国。	
四七	一六一九	＊藤原惺窩（一五六一～）、没〔元和五〕。	
崇禎三	一六三〇	＊林羅山、上野《うえの》忍岡《しのぶがおか》に私塾を開く〔寛永七〕。	
六	一六三三	＊鎖国令（奉書船以外の渡航禁止）〔寛永一〇〕。	
八	一六三五	＊鎖国令（海外渡航禁止・帰国禁止）〔寛永一二〕。	
九	一六三六	ホンタイジ（清の太宗）、国号を後金より「清」と改める。＊鎖国令（ポルトガル人を出島に移す）〔寛永一三〕。	
一二	一六三九	＊鎖国令（ポルトガル人来航禁止）〔寛永一六〕。	
順治一	一六四四	明、滅亡。清、北京に遷都。	
三	一六四六	馮夢龍《ふうぼうりょう》（一五七四～）、没。	馮夢龍『笑府《しょうふ》』『喩世明言《ゆせいめいげん》』『警《けい》世通言《せいつうげん》』『醒世恒言《せいせいこうげん》』
一四	一六五七	＊林羅山（一五八三～）、没〔明暦三〕。	
一六	一六五九	＊朱舜水《しゅしゅんすい》、日本に亡命。	
康熙一	一六六二	明の永暦帝没後、明の王統滅ぶ。＊伊藤仁斎《いとうじんさい》、古義堂《こぎどう》を開く〔寛文二〕。	
一二	一六七三	三藩の乱。	
一五	一六七六		黄宗羲《こうそうぎ》『明儒学案《みんじゅがくあん》』
二一	一六八二	顧炎武《こえんぶ》（一六一三～）、没。	顧炎武『日知録《にっちろく》』
二九	一六九〇	＊徳川綱吉の命により、忍岡の孔子廟を湯島に移築	

			（湯島聖堂《ゆしませいどう》）。あわせて林家の学問所も移転（講堂・学寮を整備）〔元禄三〕。	
	三一	一六九二	王夫之《おうふうし》（一六一九〜）、没。	王夫之『周易外伝《しゅうえきがいでん》』『読通鑑論《どくつがんろん》』
	三四	一六九五	黄宗羲（一六一〇〜）、没。	黄宗羲『明夷待訪録《めいいたいほうろく》』
	四三	一七〇四	康熙帝、在中国の西洋人宣教師に対する「信票」（滞在許可書）制度を実施。	
	四四	一七〇五	＊伊藤仁斎（一六二七〜）、没〔宝永二〕。	＊伊藤仁斎『論語古義《ろんごこぎ》』『孟子古義《もうしこぎ》』
	五二	一七一三	モンテスキュー、パリの黄嘉略を訪れる。	
	五五	一七一六	＊享保の改革〔享保一〕。	
	五七	一七一八	李光地（一六四二〜）、没。	
	五九	一七二〇	＊漢訳洋書の輸入制限を緩和〔享保五〕。	
雍正	二	一七二四	＊懐徳堂《かいとくどう》設立〔享保九〕。	
	四	一七二六	＊懐徳堂、官許学問所となる〔享保一一〕。	
	六	一七二八	＊荻生徂徠《おぎゅうそらい》（一六六六〜）、没。	＊荻生徂徠『弁道《べんどう》』『弁名《べんめい》』『論語徴《ろんごちょう》』
乾隆	二三	一七五八	恵棟《けいとう》（一六九七〜）、没。	恵棟『九経古義《きゅうけいこぎ》』
	二七	一七六二	江永《こうえい》（一六八一〜）、没。	
	三七	一七七二		『四庫全書《しこぜんしょ》』編纂（〜一七九〇）。
	四二	一七七七	戴震《たいしん》（一七二三〜）、没。	戴震『孟子字義疏証《もうしじぎそしょう》』
	五二	一七八七	＊寛政の改革、始まる〔天明七〕。	
	五五	一七九〇	＊老中・松平定信、昌平坂学問所内での教育を朱子学専一にするよう林家に指示（寛政異学の禁）〔寛政二〕。	
	五八	一七九三	イギリスのマカートニー使節団、熱河の離宮で乾隆帝に謁見。科挙試験で「五経」が必修になる。	
	六〇	一七九五		趙翼《ちょうよく》『廿二史劄記《にじゅうにしさっき》』（自序）

清（1644～1911）

嘉慶二	一七九七	王鳴盛《おうめいせい》（一七二〇～）、没。 ＊昌平坂学問所、幕府直轄の学問所となる〔寛政九〕。	
五	一八〇〇	阮元《げんげん》、詁経精舎《こけいしょうじゃ》を設立。	
六	一八〇一	章学誠《しょうがくせい》（一七三八～）、没。	章学誠『文史通義《ぶんしつうぎ》』
九	一八〇四	銭大昕《せんたいきん》（一七二八～）、没。＊中井竹山《なかいちくざん》（一七三〇～）、没〔文化一〕。	＊中井竹山『非徴《ひちょう》』『草茅危言《そうぼうきげん》』 ＊大田錦城『九経談』
一〇	一八〇五	紀昀《きいん》（一七二四～）、没。	紀昀『四庫全書総目提要《しこぜんしょそうもくていよう》』
一二	一八〇七		段玉裁《だんぎょくさい》『説文解字注《せつもんかいじちゅう》』
一七	一八一二	趙翼（一七二七～）、没。	
二〇	一八一五	段玉裁（一七三五～）、没。	
二二	一八一七	＊中井履軒《なかいりけん》（一七三二～）、没〔文化一四〕。	＊中井履軒『七経逢原《しちけいほうげん》』『史記雕題《しきちょうだい》』
二三	一八一八	孫星衍《そんせいえん》（一七五三～）、没。	孫星衍「平津館叢書」
二五	一八二〇	阮元、学海堂を設立。	
道光一二	一八三二	王念孫《おうねんそん》（一七四四～）、没。	王念孫『読書雑志《どくしょざっし》』
一四	一八三四	王引之《おういんし》（一七六六～）、没。	王引之『経義述聞《けいぎじゅつぶん》』『経伝釈詞《けいでんしゃくし》』
一九	一八三九	＊蛮社《ばんしゃ》の獄《ごく》〔天保一〇〕。	
二〇	一八四〇	アヘン戦争（～一八四二）。	
二九	一八四九	阮元《げんげん》（一七六四～）、没。太平天国の乱（～一八六四）。	阮元『皇清経解《こうせいけいかい》』
咸豊四	一八五四		＊森枳園《もりしょうえん》『神農本草経攷注《しんのうほんぞうきょうこうちゅう》』
五	一八五五		マーティン『天道溯原』
六	一八五六	第二次アヘン戦争（～一八六〇）。林則徐《りんそくじょ》（一七五八～）、没。	
八	一八五八	天津条約・安政条約成立。	
同治三	一八六四		マーティン『万国公法』
六	一八六七	＊大政奉還、王政復古の大号令〔慶応三〕。	
七	一八六八	＊一時閉鎖していた昌平坂学問所が官立の「昌平学校」として再開〔明治一〕。	

王朝	年号	西暦	事項	著作
	八	一八六九	＊版籍奉還。＊懐徳堂閉校〔明治二〕。	
	九	一八七〇	＊昌平学校、休校。そのまま廃校へ〔明治三〕。	
	一二	一八七三	レッグ、曲阜の孔子廟と北京の天壇を訪れる。	
	一三	一八七四	西洋諸国の公使、北京の宮中で同治帝に謁見。	
	光緒八	一八八二	陳澧《ちんれい》（一八一〇～）、没。	陳澧『東塾読書記《とうじゅくどくしょき》』
	一七	一八九一		康有為《こうゆうい》『新学偽経考《しんがくぎけいこう》』
	二〇	一八九四	日清戦争（～一八九五）。	
	二一	一八九五		厳復《げんぷく》『天演論《てんえんろん》』
	二三	一八九七		康有為『孔子改制考《こうしかいせいこう》』
	二四	一八九八	戊戌《ぼじゅつ》変法。譚嗣同《たんしどう》（一八六五～）、没。	
	二六	一九〇〇	義和団《ぎわだん》事変。	
	二七	一九〇一	清政府の外務部が発足。（英）オーレル・スタイン尼《に》雅《や》遺跡を発見。	
	二八	一九〇二	八股文が廃止される。	梁啓超《りょうけいちょう》「新民説」
	三一	一九〇五	科挙廃止。＊中国同盟会、東京にて成立〔明治三八〕。	
	三三	一九〇七	兪樾《ゆえつ》（一八二一～）、没。	
	三四	一九〇八	孫詒譲《そんいじょう》（一八四八～）、没。皮錫瑞《ひせきずい》（一八五〇～）、没。	
	宣統三	一九一一	辛亥《しんがい》革命。清朝、崩壊。	
中華民国（1912～）	民国一	一九一二	中華民国成立。	
	四	一九一五	陳独秀《ちんどくしゅう》（一八七九～一九四二）が『青年雑誌』を上海で創刊、新文化運動始まる。	
	六	一九一七	王先謙《おうせんけん》（一八四二～）、没。	王先謙『荀子集解《じゅんししっかい》』『皇清経解続編《こうせいけいかいぞくへん》』
	八	一九一九	パリ講和会議への抗議から五四運動が起こる。劉師《りゅうし》培《ばい》（一八八四～）、没。	
	九	一九二〇		梁啓超『清代学術概論《しんだいがくじゅつがいろん》』

一〇	一九二一	厳復（一八五四～）、没。	
一四	一九二五	孫文《そんぶん》（一八六六～）、没。	
一六	一九二七	康有為（一八五八～）・王国維《おうこくい》（一八七七～）、没。	
一八	一九二九	梁啓超（一八七三～）、没。	
二五	一九三六	章炳麟《しょうへいりん》（一八六八～）、没。	章炳麟『訄書《きゅうしょ》』『章氏叢書《しょうしそうしょ》』
二八	一九三九	ローマ教皇庁教聖省が孔子・祖先崇拝に関する禁令を撤回。	
二九	一九四〇	羅振玉《らしんぎょく》（一八六六～）、没。	

中華人民共和国
（1949～）

	一九四九	中華人民共和国成立。国民政府、台湾に移る。	
	一九六二	胡適《こせき》（一八九一～）、没。	
	一九六五	姚文元《ようぶんげん》（一九三二～二〇〇五）が論文「新編歴史劇「海瑞罷官《かいずいひかん》」を評す」を発表、「プロレタリア文化大革命」の発端となる。	
	一九六六	党中央委員会総会で「プロレタリア文化大革命についての中国共産党中央委員会の決定」を採択。「文化大革命」が本格的に開始。	
	一九六九	陳寅恪《ちんいんかく》（一八九〇～）、没。	
	一九七一	中国図書館（図書）分類法の作成開始。	
	一九七二	銀雀山漢墓竹簡《ぎんじゃくざんかんぼちっかん》（銀雀山漢簡《ぎんじゃくざんかんかん》）の出土。ユネスコ世界遺産条約採択。	
	一九七三	馬王堆漢墓帛書《まおうたいかんぼはくしょ》（馬王堆帛書《まおうたいはくしょ》）の出土。	
	一九七五	睡虎地秦墓竹簡《すいこちしんぼちっかん》（睡虎地秦簡《すいこちしんかん》）の出土。	
	一九七六	毛沢東《もうたくとう》（一八九三～）、没。「文化大革命」が事実上、終息。	
	一九七七	鄧小平《とうしょうへい》（一九〇四～一九九七）が復権し、党大会が「第一次文化大革命を勝利のうちに終結した」旨を宣言。	

一九八七	万里の長城、北京と瀋陽の故宮、秦の始皇帝陵と兵馬俑、敦煌莫高窟、泰山、周口店の北京原人遺跡などが世界遺産に登録される。
一九九四	山東省曲阜の三孔（孔子廟、孔府、孔林）が世界遺産に登録される。
一九九七	雲南省麗江旧市街が世界遺産に登録される。
一九九八	郭店《かくてん》楚《そ》墓《ぼ》竹簡《ちっかん》（郭店楚簡《かくてんそかん》）の公開。
二〇〇一	上海《しゃんはい》博物館《はくぶつかん》蔵《ぞう》戦国《せんごく》楚《そ》竹書《ちくしょ》（上博楚簡《しゃんはくそかん》）の公開開始。
二〇〇二	里耶《りや》秦簡発掘。
二〇〇四	東牌楼《とうはいろう》後漢簡発掘。
二〇〇六	殷墟が世界遺産に登録される。
二〇一〇	岳麓書院蔵秦簡《がくろくしょいんぞうしんかん》（岳麓秦簡《がくろくしんかん》）の公開開始。清華《せいか》大学蔵戦国竹簡（清華簡）の公開開始。
二〇一四	炳霊寺石窟が世界遺産に登録される。

人名索引

あ 行

哀公（魯） 15, 193, 194, 200, 209
青山延于 353
朝川善庵 340
足利衍述 296
新井白蛾 296
安世高 255
伊尹 209
池大雅 161
韋荘 150
市河寛斎 345
一山一寧 338
伊藤仁斎 341
伊藤東涯 341
井上毅 353
井上哲次郎 352
井上靖 23
隠公（魯） 193, 205
禹 187, 189, 304
ウィリアムズ，S. W. 369, 375
慧遠 143
閻若璩 79
袁枢 211
袁世凱 231
衍聖公 17
袁中郎 345
炎帝 304
閻立本 139, 145
王安石 225
王維 145, 156, 160
王惟一 328
王懿栄 19, 37
王応麟 54
皇侃 103
王羲之 51
王献之 51
王鏊 234
王肯堂 331
王冰 324
王国維 38
王充 281
王叔和 325, 330
王世貞 344
王重陽 258
王韜 372, 373
王燾 326
王圓籙 23
王蒙 160
王莽 43
欧陽脩 156
欧陽詢 52
王陽明 105
王履 330
大江匡衡 338
大窪詩仏 345
大田南畝 348
大沼沈山 347
荻生徂徠 341
温庭筠 150

か 行

何晏 103
郭若虚 151
郭茂倩 173
柏木如亭 345
華佗 318
葛洪 325

滑寿　330
顔回　16, 96, 104
顔元孫　54
顔師古　54
顔之推　102, 103
顔真卿　52
菅茶山　344, 347
韓仲民　291
漢の武帝　170
韓非　112, 114
紀昀　78
菊池五山　343
義堂周信　338
堯　189
共工　187
許慎　42, 91
巨然　160
虞世南　52
虞摶　331
屈原　170, 273, 274
鳩摩羅什　255, 256
孔穎達　291
嵇康　141
倪瓚　160
恵文王（魏）　305
桀王　19
玄奘三蔵　256
厳嵩　237
玄宗　176
元帝　284
乾隆帝　231
胡一桂　296, 298
高英　331
黄嘉略　358, 362, 364, 367, 377
康熙帝　362-364, 366, 373, 374
高啓　339
寇謙之　257
黄公望　160
孔子（孔丘）　15, 90, 107, 108, 165, 188, 189, 193-196, 198, 206, 209, 211, 253, 260, 281, 292, 293
黄時鑒　360
高儒　78
后稷　188
黄宗羲　367
黄帝　187, 215, 290, 304, 317
黄庭堅　161, 339
皇甫謐　324
洪邁　147
顧炎武　55, 105
顧愷之　141
国分青厓　352
顧憲成　232
呉昆　331
呉鎮　160
呉道玄　145
呉有性　331

さ　行

蔡元定　296
斎藤拙堂　350
宰予　106
蔡邕　138
蔡倫　50, 68
嵯峨天皇　337
左丘明　194, 195
子夏　97, 104
子家（鄭）　207
子貢　17, 93, 98
始皇帝（秦）　12, 18, 42, 66, 79, 115, 206
子思　16
子張　97
篠崎小竹　350
司馬光　211, 225
司馬遷　196-198, 202, 211, 292
司馬談　196, 197
司馬貞　285
島田忠臣　337

車胤　106
謝霊運　143
蚩尤　215
周憲王　331
周公（旦）　107, 292
周敦頤　105
朱雲　247
朱熹（朱子）　103, 104, 226, 292, 296, 299
朱慶餘　150
朱元璋　274
朱震亨（丹渓）　330
舜　189, 310
春屋妙葩　338
荀勗　77
荀子　92, 93, 101
昭王（楚）　200, 206, 208
章学誠　211
鄭玄　290
葉公　200, 208
鍾繇　52
商鞅　241
女媧　187
徐春甫　331
支婁迦讖　255
子路　90, 91, 93, 96, 100, 105, 281
沈周　160
秦承祖　325
神農　317
申維翰　340
鄒衍　318
菅原道真　337
スタイン，オーレル　23, 67
西王母　380
成公綏　381
西太后　372
成帝　284
西伯（文王）　292
契　188
絶海中津　338
全元起　324, 326
荘王（楚）　206, 207
曾鞏　199, 203
蒼頡　36, 187
倉公　318
荘周（荘子）　257
曹植　141
曾参　16
曾先之　198
曹操　178
宗炳　142
巣元方　326
蘇敬　326
蘇軾　54, 153, 156, 158, 196, 274, 339
蘇秦　203-205
蘇轍　154
孫康　106
孫思邈　326, 382
孫星衍　78, 331

た　行

太祖（明）　226
太宗（宋）　224
太宗（唐）　51
戴笠（曼公）　331
高倉健　22
滝川亀太郎　286
段賛善　151
段玉裁　91
丹波康頼　326
紂（王）　19, 292
張介賓　330, 331
張儀　203-205
張彦遠　140
張之洞　231
張従正（子和）　329
張政烺　290
張仲景　322
張飛　217

張文虎　286
張陵　257
褚少孫　284-286, 289
陳延之　326
陳実功　331
陳寿　287
龔廷賢　331
程伊川　104
程応旄　330
鄭虔　138
鄭谷　151
程端礼　232
湯王（殷）　19, 209
董其昌　48, 159
董源　160
桃源瑞仙　296, 298, 301
陶弘景　324, 325
董作賓　37
唐慎微　328
董仲舒　319
鄧椿　155
徳富蘆花　353
杜甫　146, 148, 178, 339
壱与　287

な 行

中島敦　90
夏目漱石　352
野口寧斎　352

は 行

梅堯臣　156
梅賾　79, 80
裴松之　287
白居易　180, 224, 338
柏舟宗趙　296
馬蒔（玄台）　330
服部南郭　341, 345, 346
馬場信武　279, 296, 298
林羅山　341
馬融　292
范寛　160
班固　77, 195, 198, 211, 286
盤古　186
伴信友　279, 287
皮日休　150
卑弥呼　287
平沢常矩　296
広瀬淡窓　353
馮道　70
馮夢龍　106
武王　19
伏羲　187, 290, 317
婦好　66
藤原佐世　338
藤原惺窩　341
武丁　65
武帝　197
武霊王（趙）　216
文王（周）　290, 310
文徴明　160
文帝（隋）　223
文同　153
米芾　160
米友仁　160
ペリオ　23
扁鵲（秦越人）　318, 321
包羲　292
方豪　360
方有執　330

ま 行

マーティン，W. A. P.　358, 368, 369
マカートニー　377
馬承源　283
皆川淇園　350
都良香　337
夢窓疎石　338

明帝　255
孟子　16, 92, 93, 195, 201
毛沢東　276
森鷗外　352
森槐南　348, 352
森枳園　331
モンテスキュー　366, 367

や　行

矢沢利彦　359
山本北山　345
熊宗立　331
喩昌　330
楊上善　326
雍正帝（清）　16, 310
煬帝　223
葉天祐吉父　297
楊万里　147
容閎　378
与謝蕪村　138, 161
慶滋保胤　338

ら　行

雷斅　325
頼山陽　350
来知徳　291
羅振玉　38
李瀚　210
陸亀蒙　150
六如　344
李杲（東垣）　329
李斯　18, 42, 86
李思訓　145, 160
李時珍　331
李昭道　145
李成　160
李中　151
リッチ，マテオ　363, 377
李梴　331
李白　147, 175
李攀龍　341
劉安　281
劉淵　310
劉温舒　329
劉鶚　19, 38
劉完素　329
劉義慶　210
劉向　77, 198, 200-202, 210, 319
劉歆　77, 200, 319, 320
劉三吾　229
劉純　331
柳宗元　196
劉知幾　211
劉邦　15
梁啓超　360, 368
梁弘任　364, 366
呂布　218
林億　327
ルイ14世　362, 366, 377
ルソー　367, 368
レッグ，J.　372-374
老聃（老子）　77, 257
ローマ教皇　362, 364, 375
魯迅　375, 377
盧復　331
魯褒　381

事項索引

あ　行

青谷上寺地遺跡　288
阿嵯耶観音　256, 257
安史の乱　179
イエズス会　362, 364, 365, 375, 377
『医学正伝』　331
医学提挙司　330
『医学入門』　331
医経　320
『医経溯洄集』　330
医疾令　325
『医書大全』　331
『医心方』　326
以銭代蓍法　296
『医宗金鑑』　331
夷狄　303, 304
移動する学校　95
位牌　363, 375
韋編三絶　98, 99
『医方考』　331
依法治国　129
陰　267
韻　167
殷　281, 301
隠逸（隠遁）　143
陰間　267
殷墟　11, 19, 36, 37, 282
殷墟博物館　20
印刷術　70
陰曹地府　261, 262, 269
印譜　84
『韻府群玉』　339
陰陽　280, 318
宇宙生成論　189
『温疫論』　331
運気七篇　324
運気論　329
雲梯　219
雲夢（県）睡虎地秦簡　50, 306
『永楽大典』　77
易　317
『易』　99
『易』繫辞下伝　299
易占い　300
易学　300
『易学啓蒙』　296
『易学啓蒙図説』　296
『易学啓蒙翼伝』　296
『易学小筌』　296
『易学哲学史』　301
『易経』　291
易占　299, 300
閲巻　238
『淮南子』　281, 319
燕射歌辞　173
厭勝銭　381
艶体詩　352
王家台秦墓竹簡『帰蔵』　293
横吉　285, 286
王者に外なし　312
王者は夷狄を治めず　312
横吹曲辞　173
乙榜　239
折本　72
オルドス青銅器文化　30
音楽の言語化　181
温故知新　97, 98

音節　167

か　行

夏　281, 303, 305, 306
華　304-306
掛　295
雅　165
夏・殷・周の学校　93
鎧　218
解額　224
華夷観念　304, 307
懐挟　242
会元　234
解元　232
会試　226
解試　224
華夷思想　303, 307
楷書　44
外象（外卦）　298
開成石経　51, 70
界線　74
外中国　312
『懐風藻』　337
「怪力乱神を語らず」　188
画院　155
夏王朝　30
雅楽　177
餓鬼　262, 263
科挙　55, 112, 123, 124, 223, 248
「学」「思」の併用　97
「学」「問」の字義　91
楽人　178
格調　345
『画継』　155
『花月新誌』　351
画工　139
卦爻辞　293
歌行体　175
家刻本　71
科試　232
卦辞　292
卦序　291
科場案　242
加上説　187
家神　266
華人　258, 259
華人社会　257
画聖　141
『画禅室随筆』　160
何尊　304
画中有詩（画中に詩有り）　156, 158
カトリック　359, 362-365, 377
画の如し（picturesque）　149
楽府　170
『楽府詩集』　173
紙　68
神　253
「神のいさめ」　248
臥遊　142
唐古・鍵遺跡　288
カラスク青銅器文化　30
漢化　308
勧学文　105
宦官　108
関係（グワンシ）　135
官刻本　71
『顔氏家訓』　102
『顔氏字様』　54
『漢書』　195, 196, 198
『漢書』芸文志　77, 291, 292, 319
『漢書』地理志　286
寒食散（五石散）　325
巻子本　72
感性　183
監生　228
感生帝説　188
『観世音応験記』　256
関節　242

漢族　257, 261, 264, 269, 304
漢唐注疏学　103
簡牘　39
観念　303
『観音経』　256
観音菩薩　256, 268, 269
漢碑　46
『韓非子』　114, 115
官府蔵書　77
漢文脈　353
完璧　246
関防印　87
漢隷　43
『干禄字書』　54
鬼　254, 261, 262, 265, 267
鬼怪　261, 262
擬古楽府　172
偽古文『尚書』　79, 80
紀事本末体　211
妓女　181
鬼人　261
棄絶　308, 312
帰蔵　290
義疏の学　103
紀伝体　197
羈縻　309, 312
蟻鼻銭　379
器物の精　262
騎兵　216
熹平石経　51, 70
亀卜　281, 287, 289, 301
弓　217
杞憂　249
『救荒本草』　331
九州　304
『急就編』　53
九品官人法　223
窮理　105
興　166
教・学相長ず　91
匡郭　74
郷試　226
行書　44
仰韶文化　281
兄妹始祖神話　187
杏壇　16
胸中の竹　154
教坊　177
挙業　232
曲　175
居敬　105
『玉機微義』　331
玉皇大帝　266, 268, 269
玉皇廟　19
御者　215
挙人　233
巨人開闢神話　186
魚尾　74
『儀礼』　296
『金匱要略』　322, 323
琴曲歌辞　174
銀雀山漢墓　80
『近思録』　104
近代曲辞　174
欽天監　366
金文　32, 39, 66, 192, 193
今文『尚書』　79
句読　108
黒呪術　264
郡県　312
訓詁学　79
君子　90, 96, 100
「君子」「小人」の対比　97
磬　66
掲暁　235
『景岳全書』　331
経義　225
景教　359

『経効産宝』　327
『経国集』　337
形似　159
繋辞　292
『経史証類大観本草（大観本草）』　328
『経史証類備急本草（証類本草）』　328
京師大学堂　369
霓裳羽衣　176
傾城　247
「蛍雪の勤め」　247
啓発　98
経方　320
経脈　319
刑民不分　128
恵民薬局　330
『外科正宗』　331
戟　217
『外台秘要方』　326
剣　218
乾嘉の学　55
元号絶句集　342
現実主義　115
元宵節　273
厳打　126-128
厳罰　117, 119, 120, 126, 127
蠱　261, 264
恋心　168
孝　255
恒　190
甲　218
貢院　233
好学　96, 98
校勘　71
行巻　224
『孝経』　103
甲骨文字（甲骨文）　11, 20, 32, 37, 65, 192, 193, 282, 300
爻辞　292
考試官　237
孔子旧宅壁中書　16
孔子廟　15
考証学　79
攻城兵器　220
洪水神話　186
校正医書局　327
後生畏るべし　108
『恒先』　190
『黄帝三部針灸甲乙経（甲乙経）』　324
『黄帝内経素問註証発微』　330
『（黄帝内経）素問』　321
『（黄帝内経）霊枢』　321
『黄帝内経』　321
『黄帝内経太素』　326
『黄帝内経霊枢註証発微』　330
『（黄帝八十一）難経』　321
「江南にて李亀年に逢う」　178
『洪範五行伝論』　319
郊廟歌辞　173
孔府　16
黄榜　240
号房　237
侯馬盟書　39
孔林　17
胡楽　175
五経　188, 291
五行　318
『五経正義』　54
『国語』　195, 196, 205, 209
刻辞　282
国子監　227
国情　133
小口書　74
刻符　37
国風　166
五経　104
五経魁　239
『古今医統大全』　331
『古今医統正脈全書』　331

孤魂野鬼　263
五山　338
『五山堂詩話』　343
古辞　172
故事　192
互市　310
故事成語　246
故事成語事典的類書　249
五銖銭　380
五常　116
鼓吹曲辞　173
胡仙　262
五臓六腑　319
胡蝶装（粘葉装）　73
五通神　266
国慶節　276
骨卜　281, 287
蠱毒　264
五斗米道　257
胡服騎射　216
古文　43
古文辞　345
鼓盆　249
糊名　225
古隷　43
今草　44
魂魄　254
「坤輿万国全図」　368

さ　行

西域　175
采葛　167
蔡侯紙　68
歳試　228
西周　282
西方浄土　261, 268
『西遊記』　269
策　223
錯卦　291
『作詩志彀』　345
冊命儀礼　33
左国史漢　198
雑卦　292
雑歌謡辞　174
雑曲歌辞　174
冊封　303
鑽　288
三陰三陽　318
三跪九叩頭　358, 371
三教合一　258, 260
三教同源　258
讖言　168
三孔　15
『三国志』魏書・東夷伝　287
『三国志演義』　218
『三才図会』　77
『三字経』　54
三舎の法　225
『三十六計』　135
山水画　142
山水詩　143
「山水を画く序」　142
三省　101
三節構造　44
『三体詩』　339
山魈　262, 263, 266
詞　175
蓍（筮竹）　294
四夷　304, 307
四科　96
之卦　294
詩画一律　158
『史記』　196-198, 202, 204, 207
『史記』亀策列伝　284, 289, 293
『史記』太史公自序　284
四教　96
『詩経』　165, 202, 304, 341
『詩経』大序　169

詩吟　353
死刑　126-128
至公堂　237
『詩語砕錦』　341
自己修養　96, 102, 103
『四庫全書』　78
『四庫提要』（『四庫全書総目提要』）　78
『資治通鑑』　211
時事批評漢詩　352
死者　254, 255
四書　104
詩書画三絶　138
四書義　226
四書五経　358
詩書礼楽　93, 96
四針眼訂法　73
『詩人玉屑』　339
蓍筮　289
自然神　266
子孫　254, 255, 265
詩中に画有り（詩中有画）　156
『史籀編』　53
『史通』　211
四配　16
四壩文化　29
詩賦　226
四部分類　77, 78
司母戊鼎　20
写意　153
「子夜歌」　173
社会効果　128, 129
藉車　220
写真　143
写本　71
上海博物館蔵戦国楚竹書（上博楚簡）　205, 209, 283
上海博物館蔵戦国楚竹書『周易』　293
上博楚簡『鄭子家喪』　207
上博本　294
儒　253
周　281
習　308
周易　290, 291
『周易』　290
『周易』繫辞下伝　292
『周易』繫辞上伝　295
『周易抄』　296
『周易正義』　291
『周易本義』　296, 299
周王朝　312
修己　105
宗教　253
秀才科　223
『十三経注疏』　79
十三経注疏『周易正義』　302
習書簡　48
戎狄　307
十殿閻王　268
『十八史略』　198
十翼　292
『十四経発揮』　330
儒学　301
硃巻　238
儒教　253-255, 268
儒教国教化　112
朱子学　103
守城兵器　220
守銭奴　382
術　116-118
『周礼』　94, 139, 283, 289
『周礼』天官　323
舜　310
盾　219
『淳化閣帖』　55
『荀子』　305
『荀子』勧学篇　100
『春秋』　193-197
『春秋公羊伝』（『公羊伝』）　194, 195, 305

『春秋穀梁伝』(『穀梁伝』) 194, 195, 305
『春秋事語』 205
『春秋左氏伝』(『左伝』) 90, 194-196, 207-209, 289, 302, 304
『春秋繁露』 319
春節 272
春聯 370
書院蔵書 78
象 292
頌 166
城 219
正一教 257, 258
縦横家 203, 204
商王朝 31
『傷寒尚論篇』 330
『傷寒論』 322, 323
『傷寒論後条辨』 330
『傷寒論条辨』 330
象形 283
状元 241
『蕉堅稿』 338
『紹興校定経史証類備急本草(紹興本草)』 328
上国 312
省試 223
衝車 219
『尚書』 283, 295
小象 292
『尚書正義』 79, 80
小人 100, 107
章草 44
正倉院 175
『証治準縄』 331
上帝 371, 373, 374
鐘鼎彝器 39
小篆 43
床弩 219
『小品方』 326
『笑府』 106
捷報 236
「上邪」 171
尚薬局 325, 327
笑話 106
城隍 267
諸夏 305, 307
諸華 305
序卦 292
書画会 343
『書経(尚書)』 79, 289, 304
「女史箴の図」 141
書聖 51
書籍 64
除夕 272
『諸病源候論』 326
シルクロード 176, 359, 376, 377
時令思想 319
神 261, 265
秦王朝 312
「新楽府」 174
『針灸聚英』 331
シンクレティズム 260
震卦 299
秦公簋 307
進士科 223
秦始皇帝兵馬俑博物館 15
進士題名碑 241
『新修本草(唐本草)』 326
『新序』 199, 200
人神 265
新石器時代 281
神僊 320, 321
人治 124, 125
真と仮 147
『神農本草』 322
『神農本草経』 331
『神農本草経集注』 324
秦の始皇帝陵 14
秦の兵馬俑 14

信票　363, 364
『新文詩』　351
人民調停　124
新約聖書　373
神霊　253
秦隷　43
神話　186
睡虎地秦簡　41
『隋書』経籍志　78, 291, 327
水墨画　149
数字卦　290
『図画見聞誌』　151
勢　116, 118, 122, 216
性　308
精　261, 262
性悪説　92
生員　228
『説苑』　199, 200, 208
精怪　261-263
西学　361
清華大学蔵戦国竹簡（清華簡）　80, 209
清華大学蔵戦国竹簡（肆）　290
制義　234
筮儀　296
成語　246
『聖済総録』　329
正始石経　51
正始三体石経　70
成周　304
西周王朝　32
清商曲辞　173
聖人　101, 102
性善説　92
正体　41
青銅彜器　30
成文法　114
正榜　239
『筮法』　290
『正卜考』　287
清明節　275
聖諭　374
性霊　345
『政和新修経史証類備用本草（政和本草）』　328
『世説新語』　210
切諫　248
説卦　292
折檻　247
石経　51
石鼓　66
石鼓文　43
切磋琢磨　93
『薛氏医案』　331
『説文解字』　91
『説文解字』序　42
『説文解字注』　53
『千金方』　326, 382
『千金翼方』　326
『戦国策』　202, 204, 205, 305
『戦国縦横家書』　204
『千字文』　53
戦車　215
禅譲　189
全真教　258
『銭神論』　381, 382
銓選　224
線装本　73
銭紋　381, 382
疏　74
相火　330
蔵経洞　23
綜卦　291
捜検　233
捜検官　233
曾侯乙墓　218
曾侯乙墓竹簡　40
送子観音　256
宗室科挙　231

叢書　77
蔵書印　86
象鼻　74
走馬楼呉簡　52
宋明性理学　103
草隷　41
相和歌辞　173
添外題　73
俗体　41
楚国故事　206, 208, 209
『楚辞』　170
訴訟嫌い　124
祖先　253-255, 261, 262, 265
祖先祭祀　253, 254, 262
祖先崇拝　254, 255, 363, 376
『素問』　324
『素問入式運気論奥』　329
祖霊　254
『孫子』　135
『孫子』の兵法　216

た　行

太一　189
『太一生水』　189
太医院　330
『大易断例卜筮元亀』　297, 298
大衍の数　295
『大学』　104
太楽署　177
題画詩　146
『大義覚迷録』　310
泰山　11, 17
太医署（太医局）　325, 327
大象　292
大乗仏教　256, 256
大乗仏教圏　256
題簽（外題）　73
大篆　43
大伝　292
『大唐西域記』　360
対読官　238
大比　224
岱廟　17
『（太平恵民）和剤局方』　329
『太平聖恵方』　328
太平道　257
宝貝　379
七夕　275
魂　253, 254
彖　292
探花　241
端午　264
端午節　272-274
彖辞　292
短柄武器　218
知・仁・勇　97
竹林の七賢　141
知貢挙官　237
治人　105
竹簡　66
治痘術　331
チベット族　256
注　74
中夏　306
中華　303, 306
中華思想　303
『（中経）新簿』　77
中原地域　304
『肘後救卒方』　325
中国　303, 304, 306, 307, 312, 313
中国共産党の正統性　128
中国図書館分類法　80
中国文字博物館　21
『肘後百一方（肘後備急方）』　325
中山国嚳王墓　45
繇辞　283, 301
中秋節　272, 274
中心—周縁構造　312

中筮法　296
籀文　43
中或（國）　304
朝貢　303
「長恨歌」　171
長柄武器　217
重陽節　275
『通鑑紀事本末』　211
『月瀬記勝』　350
泥活字印刷　71
『程氏家塾読書分年日程』　232
貞人　65
擲銭法　296, 298
『弟子』　90
デジタルデータ　81
転位　310, 312
天円地方　380
天下　304, 312
天下為公　133
伝奇小説　181
殿試　224
『伝習録』　105
天主聖教　365
天人相関　319
天水紙　50
天星観楚墓　294
天朝　312
天庭　266, 267
天命　313
典礼論争　362, 366, 372
伝臚　240
弩　217
刀　218
道　189
『東垣十書』　331
同化　308, 312
東嶽大帝　268
道教　257, 266, 268
同考試官　237
陶寺遺跡　29
童子試　228
『唐詩選』　341
『唐詩選画本』　342
『唐詩選国字解』　342
東周　282
『銅人腧穴針灸図経』　328
刀銭　379
『唐宋聯珠詩格』　339
饕餮文　31
東牌楼後漢簡　47
『唐六典』　325
謄録　225
謄録官　238
徳　313
徳治　97
読書　106
読巻官　240
『杜律集解』　341
敦煌学　24
敦煌莫高窟　11
トンパ文字　22

な　行

内／外　312
内／外構造　312
内象（内卦）　298
内中国　312
南海観音　256
『難経本義』　330
南北巻　229
南北二宗　159
尼雅遺跡　67
二次的農耕社会　28
『日知録』　105
『日本外史』　350
『日本国見在書目録』　338
『日本詩史』　341
日本十進分類法　80

日本文化 250
二里崗 282
二里頭文化 30
二里頭文化期 38
涅槃像 24
農耕社会 28

は 行

牌位 253, 254, 265
魄 254
博学 101
『白氏文集』 338
帛書 66, 67
帛書『周易』 293
白話小説 77
恥 134
波磔 43
八分 43
八旗科挙 231
莫高窟 22
八股文 234
八達嶺 13
蛮夷 307
『万国公法』 358, 368
版心 74
版築 13
反復形式 168
反洋教 374
万里の長城 11, 12, 312
半両銭 380
比 166
美意識 183
肥筆 48
弥封官 238
白衣観音 256, 257, 268
「百川書志」 78
『百衲奥』 296
百万塔陀羅尼 70
『百家姓』 54
廟神 265
昼寝 106
琵琶 176
「琵琶引」 180
賦 166, 170
風 165
風水 265
封泥 84
武器 215
舞曲歌辞 174
復文 350
巫祝 253
布銭 379
仏 261
仏教 268
太占 287
富本銭 380
不亦楽乎 95
阜陽双古堆漢墓竹簡『周易』 293
不老長生 257
不惑 246
『文華秀麗集』 337
文化大革命（文革） 17, 126, 127
文言 292
『文史通義』 211
焚書坑儒 15, 79
文人 343
文人画 153
文房四宝 49
「平津館叢書」 78
兵法 135
炳霊寺石窟 25
ペー族 257, 261, 264
編年体 197, 211
変法 123
法 113, 116–118, 122
矛 217
戈 217
包角・角裂れ 73

法家思想　112, 113, 119
榜眼　241
法曲　177
方伎略　320
封建　312
方孔円銭　380
坊刻本　71
包山楚墓　294
望山楚墓　294
法実証主義　117
『邦人不称』　208
冒籍　228
封禅　66
封禅の儀　18
法治　129
法治主義　121-123, 125
房中　320, 321
包背装　73
放榜　235
墨戯　161
卜甲　282
卜骨　282
卜辞　20
木主　253, 254
『卜書』　283
卜筮　280
卜筮祭禱簡　282, 294
牧畜型農耕社会　28
墓誌　51
墓誌碑　51
補陀落　256
墨巻　238
歩兵　216
本卦　294
本筮法　296
本草学　322
『本草綱目』　331
『本草品彙精要』　331
『本朝文粋』　338
翻訳科挙　231

ま　行

馬王堆（前）漢墓　45, 68, 321
馬王堆漢墓帛書（馬王堆帛書）　204, 205
馬王堆漢墓帛書『周易』　293
マカートニー使節団　371
間口洞窟遺跡　288
媽祖　260
『万病回春』　331
見出し語　249
『脈経』　325
『妙法蓮華経』　256
『妙々奇談』　343
民間歌謡　165
民間信仰　260
明朝体　75
『名医別録』　324
明遠楼　237
冥界　253, 262, 265
明経科　223
『明治詩文』　351
盟主（覇者）　305
銘石書　51
蓍草　280
面子　133
毛公鼎　38
『孟子』　305
毛伝　168
蒙恬造筆　49
『蒙求』　106, 210
木版印刷　55
目録学　77
文字統一　42
木簡　66

や　行

訳文　350
耶蘇基督聖教　369

ユネスコ　11
陽　267
妖怪　261
陽間　267
揺銭樹　380, 381

ら　行

『礼記』　91, 94, 280, 296
『雷公炮炙論』　325
「洛神の賦の図」　141
落款　87
蘭亭序　52
梨園　177
六義　165
六経　99
六芸　94
六書　48
リッチ規範　363
立碑の禁　50
律令　122
略筮法　296
里耶秦牘　41
竜山文化　281
『凌雲集』　337
輪廻転生　253
『類経』　330
類書　77, 248
礼儀の邦　369
麗江　21
『霊枢（針経）』　328
隷変　39
礼楽思想　169
「歴代帝王図巻」　140
『歴代名画記』　140
『列女伝』　199-202, 208
連山　290
ローマ教皇庁　376
扐　295
『顱顖経』　327
魯壁　16
論　227
『論語』　19, 90, 108, 305
『論衡』　281
『論語義疏』　103
『論語集解』　103
『論語集注』　104

わ　行

『和漢朗詠集』　338
和刻本　340
『和剤局方』　329
割注　74
和同開珎　380
和蕃公主　310

執筆者紹介（所属，執筆分担，執筆順，＊印は編著者）

＊湯《ゆ》浅《あさ》邦《くに》弘《ひろ》（大阪大学大学院文学研究科教授，序章，第一章，コラム３，あとがき）

宮《みや》本《もと》一《かず》夫《お》（九州大学大学院人文科学研究院教授，コラム１）

横《よこ》田《た》恭《きょう》三《ぞう》（跡見学園女子大学文学部教授，第二章，コラム２）

中《なか》村《むら》未《み》来《き》（福岡大学人文学部専任講師，第三章，コラム５）

佐《さ》藤《とう》一《かず》好《よし》（大阪教育大学教育学部教授，第四章）

宇《う》田《だ》川《がわ》幸《ゆき》則《のり》（名古屋大学大学院法学研究科教授，第五章）

古《ふる》田《た》茂《しげ》美《み》（元 香港貿易発展局日本首席代表，コラム４）

浅《あさ》見《み》洋《よう》二《じ》（大阪大学大学院文学研究科教授，第六章）

谷《たに》口《ぐち》高《たか》志《し》（佐賀大学文化教育学部准教授，第七章）

草《くさ》野《の》友《とも》子《こ》（大阪大学大学院文学研究科助教，第八章，コラム８）

福《ふく》田《だ》一《かず》也《や》（大阪教育大学非常勤講師，コラム６）

鶴《つる》成《なり》久《ひさ》章《あき》（福岡教育大学教育学部教授，第九章）

椛《かば》島《しま》雅《まさ》弘《ひろ》（京都産業大学非常勤講師，コラム７）

川《かわ》野《の》明《あき》正《まさ》（明治大学大学院教養デザイン研究科教授，第十章）

近《こん》藤《どう》浩《ひろ》之《ゆき》（北海道大学大学院文学研究科教授，第十一章）

渡《わた》邉《なべ》英《ひで》幸《ゆき》（愛知教育大学人文社会科学系准教授，コラム９）

町《まち》　泉《せん》寿《じゅ》郎《ろう》（二松学舎大学文学部教授，第十二章）

合《ごう》山《やま》林《りん》太《た》郎《ろう》（慶應義塾大学文学部准教授，第十三章）

陶《とう》　徳《とく》民《みん》（関西大学文学部教授，第十四章）

柿《かき》沼《ぬま》陽《よう》平《へい》（帝京大学文学部専任講師，コラム10）

《編著者紹介》

湯浅　邦弘（ゆあさ・くにひろ）

1957年　島根県生まれ。
1985年　大阪大学大学院文学研究科（中国哲学専攻）博士後期課程中退。
1997年　博士（文学，大阪大学）。
現　在　大阪大学大学院文学研究科教授。
主　著　『概説 中国思想史』（編著）ミネルヴァ書房，2010年。
『名言で読み解く中国の思想家』（編著）ミネルヴァ書房，2012年。
『軍国日本と『孫子』』ちくま新書，2015年。
『入門 老荘思想』ちくま新書，2014年。
『竹簡学——中国古代思想の探究』大阪大学出版会，2014年。
『論語』中公新書，2012年。
『故事成語の誕生と変容』角川叢書，2010年。
『菜根譚』中公新書，2010年。
『諸子百家』中公新書，2009年。
『孫子・三十六計』角川ソフィア文庫，2008年。
『戦いの神——中国古代兵学の展開』研文出版，2007年。
『上博楚簡研究』（編著）汲古書院，2007年。

テーマで読み解く中国の文化

2016年3月15日　初版第1刷発行　〈検印省略〉
2019年5月30日　初版第2刷発行

定価はカバーに
表示しています

編著者　湯　浅　邦　弘
発行者　杉　田　啓　三
印刷者　藤　森　英　夫

発行所　株式会社　ミネルヴァ書房
607-8494　京都市山科区日ノ岡堤谷町1
電話代表　(075)581-5191
振替口座　01020-0-8076

亜細亜印刷・藤沢製本

ISBN978-4-623-07509-6
Printed in Japan

概説 中国思想史
湯浅邦弘 編著
A5判四二六頁 本体三〇〇〇円

名言で読み解く中国の思想家
湯浅邦弘 編著
A5判三九六頁 本体三〇〇〇円

教養としての中国古典
湯浅邦弘 編著
A5判三六四頁 本体三〇〇〇円

中国文化 五五のキーワード
武田雅哉
加部勇一郎
田村容子 編著
A5判二九八頁 本体二五〇〇円

朱子学入門
垣内景子 著
四六判二三二頁 本体二五〇〇円

概説 日本思想史
佐藤弘夫編集委員代表
A5判三七六頁 本体三二〇〇円

概説日本政治思想史
西田 毅 編著
A5判四一六頁 本体三二〇〇円

宗教学入門
棚次正和
山中 弘 編著
A5判二七六頁 本体二八〇〇円

倫理学概説
小坂国継
岡部英男 編著
A5判三五四頁 本体三〇〇〇円

ミネルヴァ書房
http://www.minervashobo.co.jp/